Mensch **und Politik**

Sozialkunde Bayern

Klasse 12

Dr. Florian Hartleb
Christian Raps
Dr. Andreas Wilhelm

Schroedel

Mensch und Politik
Sozialkunde Bayern
Klasse 12

Dr. Florian Hartleb
Christian Raps
Dr. Andreas Wilhelm

mit Materialbeiträgen von Anton Egner, Karl-Heinz Meyer, Günther Misenta, Dr. Gerhard Schnorrenberger und Wolfgang Sinz

in Zusammenarbeit
mit der Verlagsredaktion

Online-Werkservice

Ergänzungsmaterialien zu den Mensch-und-Politik-Schülerbänden finden Sie regelmäßig im Online-Werkservice von Schroedel @ktuell unter: www.schroedel.de/schroedel-aktuell

Druck A [1] / 2010

Alle Drucke der Serie A sind im Unterricht parallel verwendbar. Die letzte Zahl bezeichnet das Jahr dieses Druckes.

Redaktion: Dr. Martin Reichinger
Herstellung: Sabine Schmidt, Hannover
Lay-out: Janssen Kahlert, Hannover
Grafik: Langner & Partner, Hannover
Satz: media service schmidt, Hildesheim
Druck und Bindung: westermann druck GmbH, Braunschweig

ISBN 978-3-507-**10873**-8

INHALTSVERZEICHNIS

[1] Von den beiden hier angebotenen Kapiteln ist eines auszuwählen.

[2] zur fakultativen und eigenständigen Lektüre

[3] zur Vertiefung und Erweiterung

VORWORT

„Mensch und Politik" – Lernhilfe und Impulsgeber

In der Informationsgesellschaft ist eine breite und vertiefte Allgemeinbildung die notwendige Bedingung dafür, sicher urteilen zu können und in der Gesellschaft Verantwortung zu übernehmen. Gerade das Fach Sozialkunde in der gymnasialen Oberstufe des Freistaats Bayern fördert die Entwicklung der Schülerinnen und Schüler zu verantwortungsbewussten Staatsbürgern und befähigt sie zu überlegtem und zielgerichtetem Handeln. Im Sinne der wertorientierten Persönlichkeitsbildung und vor dem Hintergrund der Internationalisierung von Hochschule und Arbeitswelt leistet der vorliegende Oberstufenband „Mensch und Politik" dabei einen wichtigen Beitrag sowohl als Orientierungs- und Lernhilfe wie auch als Impulsgeber für politisches Denken und demokratisches Engagement.

sicher zum G8-Abitur

Die Vorgaben des neuen G8-Lehrplans in Bayern betreffen Inhalte, Didaktik und Methoden des Sozialkundeunterrichts. Angestrebt werden eine geschichtsbasierte und problemorientierte Vermittlung von Faktenwissen und eine methodengestützte Anleitung zum Verständnis der Akteure, Strukturen und Prozesse in den internationalen Beziehungen. Beabsichtigt wird im Speziellen die Auseinandersetzung mit grundlegenden Fragen der europäischen Einigung, der internationalen Friedens- und Sicherheitspolitik sowie den Merkmalen und Dimensionen der Globalisierung. Verlag und Autoren reagieren mit dem vorliegenden Band auf die neuen Herausforderungen: „Mensch und Politik" ist passgenau zum G8-Lehrplan entwickelt worden und so angelegt, dass die in der 12. Jahrgangsstufe geforderten Kenntnisse im Fach Sozialkunde erworben werden können. Das Werk ermöglicht damit die sichere Vorbereitung auf das Abitur in Bayern.

konzeptionelle Schwerpunkte

Die Reihe „Mensch und Politik" ist konsequent nach dem Doppelseitenprinzip aufgebaut. Die Doppelseiten bieten unterrichtspraktische Abschnitte und enthalten *Autorentexte, Materialien* und *Aufgaben.*

- Die ausführlichen *Autorentexte* entsprechen dem neuesten fachwissenschaftlichen Stand und stehen mit den Materialblöcken in einem Verhältnis von einem zu zwei Dritteln. Sie führen in die Teilthemen ein, vermitteln fundiertes Grundlagenwissen und eröffnen Perspektiven. Die Kernproblematik des Themas wird im Autorentext stets durch textliche wie bildliche Elemente umrissen. Zahlreiche „Historische Exkurse" erleichtern dabei den Brückenschlag zwischen geschichtlich gewachsenen Bedingungen und gegenwärtigen Herausforderungen.

Zeichnung: Thomas Plaßmann

- Sorgfältig ausgewählte statistische und visualisierende *Materialien* bieten Zahlen, Fakten und kontroverse Bewertungen. Sekundärtexte bereiten das Thema auf, regen zur Problematisierung an und unterstützen die Sicherung von Grundlagenkenntnissen vor dem Hintergrund aktueller Nachrichten und zeitlos aktueller Debatten. Die Vielfalt der Materialien – Fotografien, Karikaturen, Statistiken, Karten und Texte unterschiedlicher Gattungen, teils in englischer Sprache – eröffnet dem Lehrer Freiräume zur individuellen Schwerpunktsetzung und motiviert den Schüler zur eigenständigen Lektüre des Lehrbuchs.
- Die *Aufgaben* am Ende eines jeden Themenabschnitts erschließen Autorentext und Materialien gleichermaßen, stoßen die Auseinandersetzung mit ihnen an und bereiten die Schülerinnen und Schüler auf Prüfungsfragen vor.

Sozialkunde und Geschichte

Wie bereits in der Jahrgangsstufe 11 ermöglichen die Lerninhalte und Aufgabenstellungen des vorliegenden Sozialkundebandes eine enge Zusammenarbeit mit dem Fach Geschichte und tragen so zur Stärkung und Vertiefung des historisch-politischen Bewusstseins der Schüler bei. Durch die historische Perspektive, die auch Vorwissen aus früheren Jahrgangsstufen fruchtbar machen soll, erkennen die Schüler, in welchem Grad Situationen und Herausforderungen der gegenwärtigen internationalen Beziehungen von der Geschichte bestimmt sind.

Wissenserwerb und Kompetenzgewinn

Wissenserwerb und Kompetenzgewinn wecken nicht nur das Interesse an politischen Strukturen und Prozessen, sondern bilden die Basis für Studierfähigkeit und selbstständiges Lernen. Vier eigens hervorgehobene Methodendoppelseiten dienen in diesem Sinne dem gezielten Methodenlernen und ermutigen zu handlungsorientierten Unterrichtsphasen, ohne aufzugeben, was Stand der Fachdidaktik ist.

„Abiturtrainer Sozialkunde"

Das Angebot eines „Abiturtrainers Sozialkunde" im Schlusskapitel richtet sich ausdrücklich an die Schüler und gestattet eine erfolgreiche Vorbereitung auf mögliche Operatoren und Aufgabenstellungen in der bevorstehenden Abiturprüfung. Punktuelle Querverweise in den Materialien ermöglichen in diesem Zusammenhang die rasche Verknüpfung von Inhalten verwandter Themenbereiche. Ein umfangreiches Glossar und ein Personenregister dienen der Vertiefung und weiterführenden Information.

Lehrerband und Online-Werkservice

Bei Texten aus dem Internet werden stets das Portal und das Zugriffsdatum angegeben, denn der abgedruckte Text existiert in manchen Fällen nicht dauerhaft. Anhand der genannten Homepage kann die Qualität der Quelle eingeschätzt und nach aktuellem Material gesucht werden. Ein Begleitband für die Hand der Lehrerin und des Lehrers liefert ergänzende Informationen, Lösungsvorschläge zu den Aufgaben und Arbeitsblätter. Internetarbeitsblätter und interaktive Materialien zu Themen dieses Bandes und weiteren Themen sind im Online-Werkservice abrufbar unter *www.schroedel.de.*

Der besondere Dank der Autoren gilt Frau Melani Barlai, Frau OStRin Sigrid Raps sowie dem Verlagsredakteur, Herrn Dr. Martin Reichinger, für ihre freundliche Unterstützung.

OStR Christian Raps, Tann
Dr. Florian Hartleb, Neuburg am Inn
Dr. Andreas Wilhelm, Erlangen

im Juni 2010

I. Aspekte der europäischen Einigung

Von der europäischen Idee zur Europäischen Union

An der Küste des heutigen Libanon lebte der griechischen Sage nach eine phönizische Königstochter von ganz besonderer Schönheit. In diese verliebte sich der Göttervater Zeus und entführte sie in Gestalt eines Stieres auf die Insel Kreta, wo er sich alsbald zurückverwandelte. Den Erdteil, auf dem die beiden gelandet waren, benannte Zeus nach seiner schönen Prinzessin: „Europa".

Europa, Tochter des Agenor, wird von Zeus in Gestalt eines Stieres entführt; Fresko, Pompeji, 1. Jh. n. Chr.

Die Europäer blicken auf ein gemeinsames christliches Erbe, ihre Kulturen sind allesamt in der griechischen Philosophie, im römischen Recht und in der Aufklärung verwurzelt. Es sollte dennoch eine lange Zeit vergehen, bis der Name „Europa" für einen in Frieden und Freiheit bewohnten Kontinent stehen würde. Die Geschichte Europas nämlich war die längste Zeit vor allem eine Geschichte von Kriegen, geprägt von Monarchen, Tyrannen und Diktatoren, die die von ihnen besiegten Völker unterjochten und versuchten, den Kontinent oder Teile davon unter ihre Herrschaft zu bringen oder mit Gewalt zu vereinen: Der letzte Versuch endete mit dem Zweiten Weltkrieg und hinterließ millionenfachen Tod, unsagbares Leid und gigantische Verwüstung. Erst im Angesicht dieser gewaltigen Katastrophe in der Menschheitsgeschichte begannen Bestrebungen zu einer europäischen Einigung (Integration), da man letztlich erkannt hatte, dass Frieden und Wohlstand nur durch die Zusammenarbeit in einem freien und geeinten Europa zu garantieren waren.

Diese Erkenntnis herrschte bei einigen gelehrten und weitblickenden Männern und Frauen schon seit der Europäischen Aufklärung vor: So etwa zeigte sich Immanuel Kant (1724–1804) in seiner Schrift „Zum ewigen Frieden" (1795) davon überzeugt, dass ein solcher nur durch eine Föderation europäischer Staaten, durch einen Friedensbund aus stabilen und republikanisch verfassten Demokratien, gewährleistet werden könne. Mitte des 19. Jahrhunderts schlug der französische Dichter Victor Hugo (1802–1885) die Bildung der „Vereinigten Staaten von Europa" vor.

Luftaufnahme der zerstörten Stadt Würzburg; vorne links die Neumünsterkirche, in der Mitte der Dom; 11. April 1945

Die Idee eines vereinigten Europas erreichte jedoch erst nach der Urkatastrophe des 20. Jahrhunderts, dem Ersten Weltkrieg, eine breitere Schar von Anhängern. 1922 gründete der österreichische Graf Coudenhove-Kalergi (1894 – 1972) die „Paneuropa-Union" und forderte einen Zusammenschluss des Kontinents, da „Europas Politik einem neuen Kriege zu[steuere]". Der Graf scheiterte mit seinen Bemühungen allerdings am starren Nationalismus der europäischen Völker und einer vom Ersten Weltkrieg und seinen Folgen weithin beeinflussten Politik – ebenso scheiterte der französische Außenminister Aristide Briand (1862 – 1932), der 1929 die Bildung einer „Europäischen Union" anregte.

Richard Coudenhove-Kalergi (1894 – 1972)

Der erste Ansatz zur Bildung einer europäischen Vereinigung stammte nach dem Zweiten Weltkrieg vom vormals britischen Premierminister Winston Churchill (1874 – 1965), vorgetragen in der berühmten Züricher Rede vom 19. September 1946:

„Wir alle müssen der Vergangenheit den Rücken kehren. Wir müssen in die Zukunft schauen. Wir können es uns nicht leisten, den Hass und die Rachegefühle, welche den Kränkungen der Vergangenheit entsprangen, durch die kommenden Jahre mitzuschleppen. […] Ist die Unbelehrbarkeit der Menschheit die einzige Lehre der Geschichte? Lasst Gerechtigkeit, Gnade und Freiheit herrschen! […] Ich sage Ihnen jetzt etwas, das Sie erstaunen wird. Der erste Schritt zu einer Neuschöpfung der europäischen Völkerfamilie muss eine Partnerschaft zwischen Frankreich und Deutschland sein. […] Es gibt kein Wiederaufleben Europas ohne ein geistig großes Frankreich und ein geistig großes Deutschland. Wenn das Gefüge der Vereinigten Staaten von Europa gut und richtig gebaut wird, so wird die materielle Stärke eines einzelnen Staates weniger wichtig sein. Kleine Nationen werden genau soviel zählen wie große, und sie werden sich ihren Rang durch ihren Beitrag für die gemeinsame Sache sichern. […] Bei all diesen dringenden Aufgaben müssen Frankreich und Deutschland zusammen die Führung übernehmen. Großbritannien, das britische Commonwealth, das mächtige Amerika, und, so hoffe ich wenigstens, Sowjetrussland – denn dann wäre tatsächlich alles gut – sollen die Freunde und Förderer des neuen Europa sein und dessen Recht, zu leben und zu leuchten, beschützen. Darum sage ich Ihnen: Lassen Sie Europa entstehen!"

Quelle: Winston Churchills Europa-Rede, Universität Zürich, 19. 9. 1946; abrufbar unter www.zeit.de (Zugriff am 22. 9. 2009)

Churchills Rede erregte im Nachkriegseuropa sogleich allergrößtes Aufsehen, da es unvorstellbar war, dass die vielfachen Kriegsgegner und „Erbfeinde" Frankreich und Deutschland die Motoren einer europäischen Einigung werden sollten. Doch Churchill sollte Recht behalten: Eine Europäische Gemeinschaft konnte nur mit den beiden wichtigsten Staaten im Herzen des Kontinents gelingen. Aber wer sollte den ersten Schritt tun?

Der Anstoß kam aus Frankreich, wenn auch nicht aus altruistischen Motiven: Nachdem Frankreich in der ersten Hälfte des 20. Jahrhunderts zweimal von Deutschland angegriffen worden war, es den Gegner beide Male jedoch nicht aus eigener Kraft hatte besiegen können, war in Paris überlegt worden, wie man die von Deutschland ausgehende Kriegsgefahr bannen konnte, ohne künftig auf britische oder US-amerikanische Hilfe angewiesen zu sein. Für den französischen Außenminister Robert Schuman (1886 – 1963) lag der Schlüssel dazu in der Kontrolle der Schwerindustrie: Wenn es gelang, die deutsche Kohle- und Stahlproduktion und damit die für die Herstellung von Kriegswaffen zentralen Industrien zu kontrollieren, so konnte Deutschland ohne das Wissen Frankreichs nicht mehr aufrüsten. Für Deutschland lag der Vorteil des sogenannten „Schuman-Plans" vor allem darin, die Souveränität über das Ruhrgebiet zurückzugewinnen, dessen Wirtschaftskraft für den

Wiederaufbau eine wichtige Rolle spielte. Überdies erhielt die neu gegründete Bundesrepublik die Chance, in die Gemeinschaft der europäischen Völkerfamilie zurückzukehren, aus der Deutschland nach dem Zweiten Weltkrieg ausgestoßen war.

Frankreichs Außenminister Robert Schuman in einer zeitgenössischen Karikatur; Zeichnung: Klaus Pielert, 1950

Mit der Gründung der „Europäischen Gemeinschaft für Kohle und Stahl" (EGKS; auch: Montanunion) im April 1951 wurde schließlich die Kohle- und Stahlproduktion Frankreichs, Deutschlands, Italiens und der Benelux-Staaten (Belgien/ Niederlande/ Luxemburg) der Aufsicht einer Hohen Behörde unterstellt. Dabei lösten die Schaffung eines gemeinsamen Marktes für Kohle und Stahl und die schrittweise Beseitigung von Zöllen schon bald die ursprüngliche, präventive Absicht der Montanunion ab: Es war eine gemeinsame Grundlage für die wirtschaftliche Entwicklung in den Mitgliedstaaten entstanden!

Als mit dem Scheitern der „Europäischen Verteidigungsgemeinschaft" (EVG) im August 1954 der ehrgeizige Versuch einer militärischen Integration Europas zunächst ad acta gelegt worden war, konzentrierten sich die europäischen Staats- und Regierungschefs umso stärker darauf, die wirtschaftliche Einigung des Kontinents voranzutreiben. Das hehre Ziel einer politischen Einigung aber verloren sie nicht aus den Augen. Nach zwei Jahren zäher Verhandlungen wurden 1957 schließlich die „Römischen Verträge" unterzeichnet. Mit der Gründung der „Europäischen Wirtschaftsgemeinschaft" (EWG) und der „Europäischen Atomgemeinschaft" (EAG; auch: Euratom) existierten nun parallel zur EGKS zwei weitere Gemeinschaften auf bedeutsamen Politikfeldern: Während durch den EWG-Vertrag u. a. eine Zollunion mit freiem Personen-, Dienstleistungs-, Waren- und Kapitalverkehr sowie eine gemeinsame Agrar- und Verkehrspolitik geschaffen wurden, sollte die Atomgemeinschaft die Voraussetzungen für die Entwicklung einer zivilen Kernindustrie schaffen. Ziel war es, den Lebensstandard in Europa möglichst rasch anzuheben.

Bundeskanzler Konrad Adenauer (links) bei der Unterzeichnung der „Römischen Verträge" am 25. März 1957

Zwar wurden durch den „Fusionsvertrag" 1967 die Organe von Montanunion, EWG und Euratom zu einem gemeinsamen Rat und einer gemeinsamen Kommission der Europäischen Gemeinschaft (EG) verschmolzen. Eine tiefgreifende Weiterentwicklung der Gemeinschaft aber scheiterte am französischen Staatspräsidenten Charles de Gaulle (1890 – 1970), der eine Erweiterung der EG – vor allem den Beitritt Großbritanniens – zweimal strikt ablehnte, weil er befürchtete, die französische Führungsrolle in Europa einzu-

büßen. Erst 1973 konnten die sechs Gründerstaaten die EG um Großbritannien (sowie Dänemark und Irland) bzw. 1981 um Griechenland und 1986 um Spanien und Portugal erweitern.

Der Beitritt Großbritanniens wirbelte die Verhältnisse in der EG durcheinander. Ausschlaggebend für den Schritt der Briten war nämlich das Interesse am Freihandel mit den kontinentaleuropäischen Nachbarn und weniger der Wunsch nach einer politischen Integration. Daher weigerte sich die britische Regierung in den 1970er Jahren, nationale Befugnisse auf die gemeinschaftlichen Organe zu übertragen; anstelle einer Vertiefung des Integrationsprozesses strebte London vielmehr die Erweiterung der EG an. Die durch die Ölpreisschocks 1973 und 1979 ausgelösten Wirtschaftskrisen trugen ihren Teil zur Störung des ins Stocken geratenen politischen Integrationsprozesses bei.

Erst am Ende der Dekade nahm die politische Einigung wieder Fahrt auf, als Bundeskanzler Helmut Schmidt und der französische Staatspräsident Valéry Giscard d'Estaing im Jahr 1978 das Europäische Währungssystem (EWS) initiierten und 1979 die Abgeordneten des Europäischen Parlaments erstmals direkt gewählt wurden. Das vorerst wichtigste Etappenziel seit den Römischen Verträgen erreichte man im Jahr 1987, als die „Einheitliche Europäische Akte" (EEA) in Kraft trat. Dieser erste Reformvertrag der EG sah die Vollendung des Binnenmarktes bis 1993 vor, stärkte die Rolle des Europäischen Parlaments und dehnte die Kompetenzen der Gemeinschaft u. a. auf die Politikfelder Gesundheit, Technologie sowie Umwelt- und Verbraucherschutz aus. Mit der Gründung der Europäischen Union (EU) im Jahr 1993 trat der Integrationsprozess dann in eine völlig neue Phase ein …

1. Erklären Sie unter Rückgriff auf Ihr historisches Wissen, warum und bei wem die Züricher Rede des britischen Premierministers Churchill (S. 9) im Jahr 1946 für Aufsehen sorgte.
2. Interpretieren Sie die Karikatur auf S. 10 vor dem Hintergrund der Abbildungen auf S. 8.
3. Diskutieren Sie die Vor- und Nachteile, die Ihnen persönlich aus den Freiheiten des europäischen Binnenmarkts (S. 11) entstehen.

1. Der europäische Integrationsprozess – von Maastricht nach Nizza

„Gigantisch! Und dieses niedliche Köpfchen!" – Zeichnung links: Jupp Wolter, undatiert (vor 1992); Zeichnung rechts: Gerhard Mester, 1996

von der EG zur EU

Mit dem Fall der Mauer und dem Niedergang des Warschauer Paktes war zum ersten Mal seit der Gründung der Europäischen Gemeinschaften 1957 die Möglichkeit in greifbare Nähe gerückt, den gesamten europäischen Kontinent nicht nur wirtschaftlich zusammenzuführen, sondern auch politisch zu einen. Die deutsche Wiedervereinigung wirkte als Katalysator des europäischen Integrationsprozesses und öffnete den Weg zu den Verträgen von Maastricht und Amsterdam. Deren Vertragstexte bilden bis heute das Fundament der Europäischen Union (EU).

Vertrag von Maastricht

Gegründet wurde die Europäische Union am 1. November 1993 durch Inkrafttreten des 1992 unterzeichneten Vertrags von Maastricht. Die zwölf Gründungsnationen verzichteten darin freiwillig auf Teile ihrer staatlichen Souveränität, indem sie der EU eine Vielzahl von Zuständigkeiten im wirtschaftlichen *und* politischen Bereich übertrugen. Nachstehend die wichtigsten Bestimmungen des Vertrags von Maastricht:

- *Säulenstruktur:* Die EU ersetzt nicht die Europäischen Gemeinschaften (EGKS, EAG, EG), sondern fasst diese in ihrer ersten, supranationalen Säule zusammen. Die zweite, rein zwischenstaatliche Säule besteht aus der neu geschaffenen Gemeinsamen Außen- und Sicherheitspolitik (GASP). Die dritte, ebenfalls zwischenstaatliche Säule beinhaltet die Zusammenarbeit in den Bereichen Justiz und Inneres (JI).
- *Währungsunion:* Bis 1999 sollte eine gemeinsame Währung, der „Euro", geschaffen werden (vorerst als „Buchgeld"); am 1. Januar 2002 wurde der Euro als Zahlungsmittel in zwölf EU-Staaten („Eurozone") eingeführt. Sitz der neuen Europäischen Zentralbank (EZB) wurde auf deutsches Betreiben hin Frankfurt am Main.
- *Demokratisierung:* Die Kompetenzen des Europäischen Parlaments (EP) wurden erweitert. Insbesondere bei der Gesetzgebung in bürgernahen Politikfeldern wie Gesundheit, Bildung oder Verbraucherschutz wurde dem EP ein Mitentscheidungsrecht gegenüber dem Rat der EU, d. h. gegenüber den Mitgliedstaaten, eingeräumt.

- *Unionsbürgerschaft:* Mit der Einführung einer Unionsbürgerschaft erhielten alle Einwohner der EU-Länder das aktive und passive Wahlrecht bei Kommunalwahlen und der Europawahl sowie das Petitionsrecht.
- *Subsidiaritätsprinzip:* Um zu verhindern, dass die EU die Politik in Lebensbereichen regelt, die bereits auf lokaler, regionaler oder nationaler Ebene gestaltet werden können, wurde das Subsidiaritätsprinzip für alle Politikbereiche festgeschrieben.

Vertrag von Amsterdam

Nach der Aufnahme der neuen EU-Mitglieder Schweden, Finnland und Österreich 1995 drängten die bereits Anfang der 1990er Jahre durch Assoziierungs- und Stabilisierungsverträge an die EU gebundenen mittel- und osteuropäischen Staaten zur EU-Vollmitgliedschaft. Damit erhielt der europäische Integrationsprozess eine neue Dynamik, für die mit dem 1999 in Kraft getretenen Vertrag von Amsterdam die Weichen gestellt werden sollten. Mit diesem Vertrag wurde der Maastrichter Vertrag ergänzt. Im Vergleich zu 1993 waren die Amsterdamer Ergebnisse aber nur ein Kompromiss auf dem kleinsten gemeinsamen Nenner und zeigten eher das Auseinanderdriften der Mitgliedstaaten und eine Zurückhaltung beim Vorantreiben des Einigungsprozesses. Nachstehend die wichtigsten Bestimmungen des Vertrags von Amsterdam:

- *Stabilitäts- und Wachstumspakt:* Die Mitgliedstaaten beschlossen die Einhaltung fiskalischer Disziplin. Der Pakt verpflichtet alle Mitglieder, mittelfristig einen zumindest ausgeglichenen Haushalt anzustreben. Dabei soll – unabhängig von der konjunkturellen Lage (Ausnahme: eine tiefgreifende Rezession) – ein Haushaltsdefizit von 3 Prozent des Bruttoinlandsprodukts (BIP) nicht überschritten werden.
- *Europol:* Stärkung der „Polizeilichen und Justiziellen Zusammenarbeit in Strafsachen" (PJZS) sowie Errichtung der Polizeibehörde „Europol" mit Sitz in Den Haag.
- *„Mr. GASP":* Weiterentwicklung der Gemeinsamen Außen- und Sicherheitspolitik durch die Schaffung des Amtes eines „Hohen Vertreters für die GASP".
- *Sicherheit und Verteidigung:* Die Übernahme der „Petersberg-Aufgaben" in den Rechtsbestand der EU schuf die Grundlage für die „Europäische Sicherheits- und Verteidigungspolitik" (ESVP).
- *Parlament:* Erweiterung der Mitspracherechte.

Vertrag von Nizza

Die Themengebiete, die die Vertreter der Mitgliedstaaten während der Vertragsverhandlungen von Amsterdam aufgrund von Differenzen ausgeklammert hatten, sollten in einem weiteren EU-Reformvertrag, dem Vertrag von Nizza, beschlossen werden. In Nizza ging es konkret um die Handlungsfähigkeit der EU angesichts der „Osterweiterung" 2004. Nachstehend die wichtigsten Bestimmungen des im Jahr 2001 unterzeichneten und 2003 in Kraft getretenen Vertrags von Nizza:

- *Ratsstimmen:* Die Stimmgewichtung im Rat der EU orientierte sich stärker an der Einwohnerzahl der Mitgliedstaaten: So hatten z. B. Deutschland, Frankreich, Großbritannien und Italien je 29 Stimmen, Luxemburg hingegen vier, Malta drei.
- *EU-Kommissare:* Entgegen der Amsterdamer Beschlüsse, die die Größe der EU-Kommission auf 20 Mitglieder beschränkt hatten, wurde die Behörde nun vergrößert und strukturell verändert; so z. B. durfte jedes Land nur noch einen Kommissar stellen. Die Kommission hatte daher 25 Mitglieder im Jahr 2005 bzw. 27 im Jahr 2007.
- *Parlament:* Die Sitze im EU-Parlament wurden auf 732 beschränkt (EU 25). Die Verteilung orientierte sich fortan stärker an der Einwohnerzahl: Während Frankreich, Großbritannien und Italien je neun ihrer bisher 87 Sitze verloren, behielt Deutschland alle seine 99 Sitze. Das EP erhielt weitere Kompetenzen.

MATERIAL

1 Die drei Säulen der Europäischen Union nach dem Vertrag von Nizza

MATERIAL

2 In dubio pro Europa – Präzedenzfälle des Europäischen Gerichtshofs

• **Cassis-de-Dijon-Urteil – Musterbeispiel für den Binnenmarkt:** Ein deutscher Lebensmittelkonzern hatte vor dem Europäischen Gerichtshof (EuGH) in Luxemburg geklagt, weil ihm die Einfuhr eines französischen Likörs aus schwarzen Johannisbeeren (frz.: cassis) unter Hinweis auf deutsche Gesetze verboten worden war. Nach deutschem Recht mussten Liköre mindestens 32% Alkohol haben, der „Cassis" aber hat weniger als 20%. Der Gerichtshof entschied 1978, das deutsche Einfuhrverbot widerspreche den Verträgen der Gemeinschaft, die den freien Warenverkehr zwischen den Mitgliedstaaten fördern und Einfuhrbeschränkungen verbieten. Der Gerichtshof stellte den Grundsatz auf: Was in einem Mitgliedsland der Gemeinschaft nach dort gültigem Recht verkauft werden darf, das darf auch in allen anderen Mitgliedsländern verkauft werden.

• **Bosman-Urteil – Steilvorlage für Freizügigkeit:** Berühmt geworden ist auch ein Urteil des Gerichtshofs aus dem Jahr 1995, dem eine Klage des belgischen Profi-Fußballers Jean-Marc Bosman zugrunde gelegen hatte. Eine Folge dieses Urteils ist, dass seither auf deutschen Fußballplätzen für Spieler aus anderen Staaten der EU nicht mehr die „Ausländer-Regel" gilt, die es einem Verein verbietet, mehr als drei ausländische Spieler pro Spiel einzusetzen. [...] Die Begründung: Staatsangehörige aus anderen Staaten der EU dürfen nicht als Ausländer behandelt werden, denn die EU-Verträge verbieten innerhalb des Binnenmarktes jede Diskriminierung, also Schlechterstellung eines Unionsbürgers aufgrund der Nationalität. Jeder hat das Recht, überall zu arbeiten.

• **Soldatinnen-Urteil – die neue Front der Gleichberechtigung:** Das deutsche Soldatengesetz erlaubte Frauen nur den Zugang zum Sanitäts- und Musikdienst. Dagegen klagte eine Frau vor dem EuGH. Der entschied: Der vollständige Ausschluss von Frauen aus allen bewaffneten Einheiten der Bundeswehr widerspricht der EU-Richtlinie zur Gleichbehandlung von Mann und Frau. Das deutsche Grundgesetz und das Soldatengesetz mussten geändert werden.

Aus: Claus D. Grupp: Europa 2001. Alles Wissenswerte über die Europäische Union, Stuttgart 2001, S. 53 f.

1. Erläutern Sie die drei Säulen der EU (M 1). Erschließen Sie den Schwerpunktbereich.
2. Weisen Sie an den in M 2 gezeigten Beispielen nach, welchen Einfluss die EU auf das Leben des einzelnen EU-Bürgers nimmt.

MATERIAL 3

Wechselkurse und Transferkosten vor der Einführung des Euro

Gegenwärtig [1995] betragen die reinen Umtausch- bzw. Transferkosten von Währungen innerhalb unseres gemeinsamen Marktes pro Jahr rund 30 Mrd. Mark. Sie können leicht verstehen, wie das kommt. Stellen Sie sich vor: Sie steigen morgen in aller Frühe in Fuhlsbüttel in ein Flugzeug und haben 1 000 DM in die Brieftasche gesteckt. Damit fliegen Sie nach Stockholm. Sie geben keine Mark aus, keinen Pfennig. Sie tauschen den Betrag lediglich in schwedische Kronen um. Anschließend fliegen Sie sofort weiter nach Kopenhagen; dort tauschen Sie das Geld um in dänische Kronen. Anschließend fliegen Sie weiter nach London, nach Dublin, nach Amsterdam, nach Brüssel, nach Paris, nach Madrid, nach Lissabon, Rom; Athen nicht zu vergessen. Sie geben überall keinen Pfennig aus. Sie tauschen Ihr Geld immer nur um in die Währung des jeweiligen Landes. Nach Luxemburg brauchen sie nicht zu reisen; denn die Luxemburger waren die einzig Klugen in Europa; sie haben sich keine eigene Währung geleistet. Was glauben Sie, wie viel von ihren 1 000 DM Sie noch haben, wenn Sie abends wieder in Hamburg ankommen? Es verbleiben Ihnen weniger als die Hälfte [...]. Nun ist zwar keiner so verrückt, durch alle 15 Länder zu reisen und sein Geld dauernd umzutauschen. Es gibt ja Kreditkarten dafür. Aber das Beispiel [...] macht deutlich, dass die tatsächlichen Transferkosten enorm sind.

Zeichnung: Horst Haitzinger, 1991

Aus einem Vortrag von Alt-Bundeskanzler Helmut Schmidt vom 14. November 1995; Text leicht gekürzt

MATERIAL 4

Konvergenzkriterien und Sanktionsmechanismus des Stabilitätspakts

Im Vertrag von Maastricht wurden Bedingungen (Konvergenzkriterien) festgelegt, die ein Land erfüllen muss, um der Wirtschafts- und Währungsunion (WWU) beitreten zu können:

Preisstabilität: Die Inflationsrate darf nicht mehr als 1,5 Prozentpunkte über der Inflationsrate der drei preisstabilsten Mitgliedstaaten liegen.

Haushaltsdefizit: Die Neuverschuldung darf 3 % des Bruttoinlandsprodukts nicht überschreiten.

Verschuldung: Die öffentliche Verschuldung (in Deutschland: Gesamtverschuldung von Bund, Ländern und Kommunen) darf max. 60 % des Bruttoinlandsprodukts betragen.

Zinsen: Der Zinssatz für langfristige Anlagen (Staatsschuldverschreibungen) darf nicht mehr als 2 Prozentpunkte über dem der preisstabilsten Mitgliedsstaaten liegen. [...]

Sollte ein EU-Mitglied die Obergrenze der Neuverschuldung überschreiten, muss es zwischen 0,2 und 0,5 % des BIP bei der EZB hinterlegen. Wird die Obergrenze auch im Folgejahr überschritten, so wird die Einlage in eine Geldbuße umgewandelt.

Nach: Bruno Zandonella: Konvergenzkriterien; in: Pocket Europa. EU-Begriffe und Länderdaten, Bonn 2005; Autorentext

1. Ordnen Sie die Beispiele in M 2 den Säulen der EU (M 1) zu und erklären Sie, unter welchen Umständen supranationales Recht dem nationalen Recht vorgeht.
2. Erörtern Sie unter Berücksichtigung von M 3 die Folgen, die das Scheitern einer gesamteuropäischen Währung gezeitigt hätte.
3. Interpretieren und bewerten Sie die Karikatur unter Berücksichtung von M 3 und M 4.

MATERIAL

5 Die GASP

Die Außenpolitik gehört in Europa zu den Kernelementen nationalstaatlicher Souveränität. […]
Der Übergang […] zur Gemeinsamen Außen- und Sicherheitspolitik durch die Beschlüsse des Europäischen Rates von *Maastricht* war insofern lediglich ein weiterer kleiner Schritt auf dem Weg zu einer tatsächlichen gemeinsamen Außenpolitik der EU. Nach wie vor blieben die Regeln der außenpolitischen Zusammenarbeit „intergouvernemental" ausgestaltet. […]
Durch den Vertrag von *Amsterdam* wurden die institutionellen Bestimmungen der GASP erneut fortentwickelt. Der Rat kann in einer „Gemeinsamen Strategie" die grundlegenden Linien der gemeinsamen Politik bestimmen. Dies muss einstimmig geschehen. Zu Fragen der Ausführung kann dagegen mit qualifizierter Mehrheit entschieden werden. Nur aus sehr gewichtigen Gründen kann ein Land einen Mehrheitsbeschluss verhindern. […]
Durch die Ernennung Javier Solanas zum „Generalsekretär des Rates und Hohen Vertreter für die Gemeinsame Außen- und Sicherheitspolitik" auf dem Gipfeltreffen der Staats- und Regierungschefs 1999 in Köln wurden der GASP Gesicht und Stimme verliehen. Die „Troika", die die EU nach außen vertritt, setzt sich aus Präsidentschaft, Hohem Vertreter und Kommission zusammen. […]
Der Europäische Rat von *Nizza* beschloss die Einsetzung neuer, ständig in Brüssel angesiedelter Gremien zur Stärkung der GASP und zum Aufbau der Europäischen Sicherheits- und Verteidigungspolitik (ESVP) als dem militärischen Arm der GASP. Sie blieb dennoch von allen Politikbereichen, mit denen sich die EU befasst, am stärksten durch zwischenstaatliche Elemente geprägt. […]
Die Ziele der Gemeinsamen Außen- und Sicherheitspolitik werden heute klar definiert:

- die Wahrung der gemeinsamen Werte, der grundlegenden Interessen und der Unabhängigkeit und territorialen Unversehrtheit der Union;
- die Stärkung der Sicherheit der Union und ihrer Mitgliedstaaten in allen ihren Formen;
- die Wahrung des Friedens und die Stärkung der internationalen Sicherheit […];
- die Entwicklung und Stärkung von Demokratie und Rechtsstaatlichkeit sowie die Achtung der Menschenrechte und Grundfreiheiten. […]

In die Gemeinsame Außen- und Sicherheitspolitik sind alle Akteure des außenpolitischen Handelns der Regierungen eingebunden:

- Die Staats- und Regierungschefs als „Europäischer Rat". Sie legen die allgemeinen Grundsätze und Leitlinien der GASP fest. Sie können einstimmig gemeinsame Strategien beschließen, die für alle Staaten bindend sind und von der EU durchgeführt werden.
- Die Außenminister, die monatlich unter Anwesenheit eines Mitglieds der Europäischen Kommission im Rat zusammentreten. Der Rat kann auf der Basis einer gemeinsamen Strategie mit qualifizierter Mehrheit gemeinsame Standpunkte oder Aktionen beschließen. […] Für Beschlüsse, die nicht auf einer gemeinsamen Strategie beruhen, ist Einstimmigkeit erforderlich.
- Das Politische und Sicherheitspolitische Komitee (PSK) mit Sitz in Brüssel, das die Tagesarbeit leistet. Die Mitglieder des PSK erhalten ihre Weisungen direkt aus den Außenministerien der Mitgliedstaaten, die ihrerseits über die „Europäischen Korrespondenten" miteinander in Kontakt stehen. […]
- Die Botschafter der Mitgliedstaaten und die Delegationen der EU-Kommission überall in der Welt und bei internationalen Organisationen; sie arbeiten im Rahmen der GASP eng zusammen und stimmen sich gegenseitig ab. Bei allen Beschlüssen, für die Einstimmigkeit vorgeschrieben ist, kann ein Mitgliedstaat sich der Stimme enthalten; er kann damit aber Beschlüsse nicht verhindern (man spricht von „konstruktiver Enthaltung"). […]
- Für das Europäische Parlament ist lediglich eine beratende Rolle vorgesehen. Der Vorsitz und die Kommission unterrichten das Europäische Parlament regelmäßig über die Entwicklung der GASP. Das Europäische Parlament kann Anfragen oder Empfehlungen an den Rat richten und einmal jährlich eine Aussprache über die diesbezüglich erzielten Fortschritte führen.

Nach: Wirklicher Souveränitätsverzicht fällt weiter schwer; in: EU-Info.Deutschland; abrufbar unter www.eu-info.de/europa/eu-aussenpolitik/ (Zugriff am 2. 10. 2009); Text leicht verändert

Querverweis: Kapitel II.7

MATERIAL

„Unerträgliche Diskriminierung" 6

Brüssel – Nachdem endlich die letzte gültige Fassung des Vertragsentwurfs von Nizza in den Hauptstädten in Reinschrift und Übersetzung eingetroffen ist, verstärkt sich die Kritik an der französischen EU-Präsidentschaft und an der ungerechten Stimmenverteilung im Ministerrat, die der Gipfel der EU-Staats- und Regierungschefs am vergangenen Wochenende beschlossen hatte.

Großbritannien und Spanien gelten als die großen Sieger des Gipfeltreffens. Beide haben ihre Vetorechte bewahren und ihre bisherigen Stimmenrechte im Ministerrat ungeschmälert auf die Zeit nach der Erweiterung der Union hinüberretten können. Für Spanien kommt reicher Geldsegen hinzu. […]

Auf der Verliererseite stehen Deutschland, Belgien, Portugal – und die EU-Kommission. Deutschland ist in der Stimmengewichtung klar unterrepräsentiert, hat aber nicht entsprechende Kompensationen auf anderem Gebiet mit nach Hause nehmen können. Die EU-Kommission ist nicht gestärkt worden. Sie hat im Vertrag von Nizza vielmehr hinnehmen müssen, dass ihr Präsident, der bisher Kommissare in eigener Verantwortung entlassen konnte, ab sofort vor einer solchen Personalentscheidung eine Abstimmung innerhalb der Kommission durchführen muss.

David O'Sullivan, der irische Generalsekretär der EU-Kommission, hat sich mit dem Gipfelergebnis nicht als stiller Beamter abfinden wollen. Ohne den französischen Staatspräsidenten [Jacques Chirac] zu nennen, greift er dessen EU-Präsidentschaft an. „Es war ein EU-Gipfel der starken Emotionen", schreibt er und fügt überdeutlich hinzu: „Die französische Präsidentschaft hatte offensichtliche Schwierigkeiten, die richtige Ausgewogenheit in den Entscheidungen zu finden."

O'Sullivan berichtet, die EU-Kommission habe während des Gipfels in einem eigenen „Beichtstuhlverfahren" versucht, bessere Kompromisse zu erzielen als die Präsidentschaft. Ihre Vorschläge – in ihrer vertragsmäßigen Aufgabe als Makler der europäischen Interessen – seien aber von Chirac nicht berücksichtigt worden. […]

Im Europäischen Parlament wächst allerdings die Kritik am Vertrag von Nizza. Der Vorsitzende des Auswärtigen Ausschusses, Elmar Brok, ist empört. Die Zuteilung der Sitze im Europäischen Parlament sei für die Zeit nach der Erweiterung willkürlich und im Widerspruch zu bestehenden Vereinbarungen getroffen worden. „Ungarn wird zwei Sitze weniger als Portugal haben, obwohl es mehr Einwohner zählt", bemängelt Brok und spricht „von unerträglicher Diskriminierung".

Viele Abgeordnete aus allen Fraktionen des Straßburger Parlaments teilen Broks kritische Haltung zum Vertrag von Nizza. Sie dürfen allerdings nur ihre Meinung zu dem Dokument abgeben. Selbst eine Mehrheit des Parlaments gegen den Vertrag würde ihn nicht ungültig machen. Entscheidend werden die Ratifikationsverfahren in den einzelnen europäischen Hauptstädten sein.

Aus: Rudolf Wagner: „Unerträgliche Diskriminierung", in: Spiegel Online vom 15. 12. 2000 (www.spiegel.de); Zugriff am 2. 10. 2009

1. Erarbeiten Sie aus M 5, welche Personen und Institutionen in die GASP eingebunden sind.
2. Beschreiben Sie die Ziele der GASP (M 5) und recherchieren Sie zu aktuellen außenpolitischen Aktivitäten der Mitgliedstaaten im GASP-Rahmen (Tipp: *www.auswaertiges-amt.de*). Vergleichen Sie Anspruch und Wirklichkeit der GASP.
3. Erarbeiten Sie aus M 6 die Kritik am Vertrag von Nizza aus Sicht von Mitgliedstaaten, EU-Kommission und EU-Parlament und nehmen Sie persönlich Stellung.
4. Interpretieren Sie die Karikaturen auf S. 12 und überprüfen Sie mithilfe der Autorentexte auf S. 12/ 13 und S. 18/ 19 sowie des Internets, inwieweit die Darstellungen heute noch Bestand haben.

2. Der europäische Integrationsprozess – von der gescheiterten Verfassung zum Vertrag von Lissabon

„Die Welt von heute braucht ein starkes, geeintes, friedliches Europa."

Valéry Giscard d'Estaing, aus der Eröffnungsrede vor dem Konvent zur Zukunft Europas, 26. Februar 2002

Osterweiterung der EU

Wie schon nach Amsterdam, so war auch nach Nizza die nächste Reformrunde der Europäischen Union bereits absehbar. Erneut nämlich hatten die Staats- und Regierungschefs nur Kompromisslösungen aushandeln können, und es blieb fraglich, ob die EU für die Bewältigung der 2004 anstehenden Erweiterung um zehn mittel- und osteuropäische Staaten wirklich bereit war. Die Osterweiterung bot die Chance, die Teilung in ein Ost- und Westeuropa endgültig zu überwinden und auf dem europäischen Kontinent den weltweit größten einheitlichen Wirtschaftsraum zu schaffen.

Europäischer Verfassungskonvent

Mit der wachsenden Vielfalt im supranationalen Staatenverbund stand andererseits zu befürchten, dass die Entscheidungsfindung nun viel komplizierter werden würde. Um die Handlungsfähigkeit der EU auch bei 25 Mitgliedstaaten zu gewährleisten, entschied sich der Europäische Rat zu einer wirklich grundlegenden Reform der EU: Im Dezember 2001 setzte er auf seinem Gipfel im Brüsseler Vorort Laeken eine verfassunggebende Versammlung ein und beauftragte diese, Vorschläge für einen neuen EU-Vertrag auszuarbeiten. Im Juni 2003 legte der Europäische Verfassungskonvent den Staats- und Regierungschefs seinen „Entwurf eines Vertrags über eine Verfassung für Europa" vor. Der Konvent unter der Leitung des ehemaligen französischen Staatspräsidenten Valéry Giscard d'Estaing hatte mit dieser Europäischen Verfassung ein Dokument geschaffen, das die EU demokratischer und bürgernäher und ihre Organe zugleich effektiver und transparenter machen sollte.

Europäische Verfassung

Zu den zentralen Inhalten der Verfassung zählte neben der Reform von Kommission, Parlament und Rat die Charta der Grundrechte. Die darin garantierten Rechte und Freiheiten sollten nun für alle EU-Bürger vor dem Europäischen Gerichtshof (EuGH) einklagbar werden. Die seit langem verwendeten staatsanalogen Symbole wie die Europaflagge, die Europahymne („Ode an die Freude"), der Europatag (9. Mai) und der Euro wurden erstmals in einem Gründungsvertrag genannt. In der Präambel wurde bewusst auf das kulturelle, religiöse und humanistische Erbe Europas hingewiesen. Dass Zielrichtung und Inhalt der Verfassung in den Mitgliedstaaten dennoch umstritten waren, zeigte ein emotional geführter politischer und gesellschaftlicher Diskurs, der im Mai und Juni 2005 in das doppelte „Nein" der per Volksabstimmung befragten Bürger Frankreichs und der Niederlande mündete. Diese Ablehnung bedeutete das „Aus" für die EU-Verfassung, die in sämtlichen EU-Staaten – gemäß den dort jeweils geltenden konstitutionellen Bestimmungen – per Parlamentsbeschluss oder per Referendum hätte ratifiziert werden müssen.

Berliner Erklärung

Nach einer von den Regierungschefs selbst verordneten „Denkpause" wurde unter deutscher Ratspräsidentschaft ab Januar 2007 ein erneuter Versuch unternommen, die EU zu reformieren. In einem überarbeiteten Vertrag sollten dabei die wesentlichen Elemente der gescheiterten Europäischen Verfassung „gerettet" werden, insbesondere die Abschnitte zu den institutionellen Reformen. Anlässlich des 50. Jahrestages der Unterzeichnung der Römischen Verträge appellierte Bundeskanzlerin Angela Merkel in ihrer Berliner Erklärung vom 25. März 2007 an den Willen der Staats- und Regierungschefs zu weiterer Integration. Unter der nachfolgenden portugiesischen EU-Ratspräsidentschaft war es daraufhin möglich, im Dezember 2007 den Vertrag von Lissabon zu unterzeichnen. Im Gegensatz zum Verfassungsentwurf baut dieser auf den bestehenden Verträgen auf – er ersetzt sie nicht. Die Ratifikation des Lissabon-Vertrags oblag nun in allen EU-Mitgliedstaaten den nationalen Parlamenten, mit Ausnahme Irlands: Dort sollte das Volk in einem Referendum direkt über den Vertrag befinden. Nachstehend die zentralen Bestimmungen des Lissabon-Vertrags, der am 1. Dezember 2009 in Kraft trat:

Plakat einer Anti-EU-Kampagne in Irland, (2008). Die Iren lehnten den Reformvertrag von Lissabon zunächst ab, stimmten ihm aber in einem zweiten Anlauf im Oktober 2009 zu.

Vertrag von Lissabon

- *EU-Ratspräsident:* Ein hauptamtlicher Präsident übernimmt jeweils für zweieinhalb Jahre die Leitung des Europäischen Rates und sorgt damit für Kontinuität.
- *EU-Außenbeauftragter:* Die Funktionen des EU-Außenkommissars und des Hohen Vertreters für die GASP werden im Amt eines „Hohen Vertreters der Union für Außen- und Sicherheitspolitik" vereint.
- *EU-Parlament:* Die Zahl der Abgeordneten wird von 785 (EU 27) auf 751 (2014) reduziert. Deutschland erhält mit 96 Sitzen am meisten, Malta mit sechs am wenigsten. Das Mitentscheidungsverfahren wird zur Regel, d. h. Parlament und Rat entscheiden gemeinsam.
- *EU-Kommission:* Der Kommissionspräsident wird auf Vorschlag des Europäischen Rates vom EU-Parlament gewählt. Jedes Land stellt einen Kommissar.
- *„Doppelte Mehrheit":* Ab 2014 gilt ein Beschluss im Rat als angenommen, wenn ihm 55 % der Staaten zustimmen und diese zugleich 65 % der EU-Bevölkerung repräsentieren.
- *Kompetenzen/Subsidiarität:* Die Zuständigkeiten der EU werden klar festgelegt in ausschließliche, geteilte und unterstützende. Eine Mehrheit der nationalen Parlamente kann binnen acht Wochen Einspruch gegen beabsichtigte Rechtsakte (Verordnungen, Richtlinien, Beschlüsse) erheben, wenn sie nationale Kompetenzen verletzt sieht.
- *Innen- und Rechtspolitik:* Die EU betreibt eine gemeinsame Politik auf den Gebieten Asyl, Einwanderung und Kontrolle der Außengrenzen und weitet die Justiz- und Polizeizusammenarbeit aus. Einzelne Staaten können dieser Zusammenarbeit fernbleiben.
- *Verteidigung:* Die EU betreibt eine „Gemeinsame Europäische Verteidigungspolitik" (GSVP); hierbei ist eine verstärkte Zusammenarbeit möglich, an der nur ein Teil der Staaten teilnimmt.
- *Charta der Grundrechte:* Sie wird vom Lissabon-Vertrag losgelöst, unabhängig davon jedoch verbindlich, allerdings nicht in Ländern wie Großbritannien oder Polen.
- *Säulenstruktur:* Aufhebung der bisherigen Säulenstruktur des Maastrichter Vertrags.
- *Bürgerbegehren:* Wenn mindestens eine Million EU-Bürger ein Gesetz zu einem bestimmten Sachverhalt wünschen, muss die EU-Kommission tätig werden.

MATERIAL
1 Out now!

Zeichnung: *Wolfgang Horsch*, 2003

MATERIAL
2 Pressestimmen zum französischen »NON« (30. Mai 2005)

- **The English "Daily Mail"**: "Yesterday was nothing less than the beginning of the second French revolution. The first, in 1789, was an explosion of anger against the corrupt and broken Bourbon monarchy. [...] As I saw in Paris, France is in the grip of a revolt against another sleaze-ridden ancien regime – the European political class. This self-perpetuating elite, which has governed France since the end of the second world war, is even more arrogant and corrupt than the Bourbons who were sent to the guillotine 216 years ago. [...] The consequences of this second revolution may be just as wide-reaching. For this new revolution could destroy the power of the complacent Brussels bureaucrats who have defined how their fellow Europeans live their lives for half a century."[1]
- **Die Prager „Lidové Noviny"**: „Das französische „Nein" war ein Nein zu jener Europäischen Union, in der seit der jüngsten Erweiterung viele für die gleiche Arbeit zehnmal weniger verdienen als die meisten Franzosen und dafür ohne Streik auch noch länger arbeiten. Es war ein Nein zu jener EU, die den französischen Bauern die Zuschüsse kürzen will, damit tschechische Landwirte einst so viel einnehmen können wie ihre französischen Kollegen. Nein, jene Franzosen, die gegen den EU-Verfassungsvertrag stimmten, wollten nichts wissen von einer Liberalisierung des europäischen Arbeitsmarktes, und die Vorstellung, dass irgendwelche Rumänen oder Polen ebenso große Europäer sein sollen wie sie, jagt ihnen Angst ein. Der Champagner der Verfassungsgegner knallte in erster Linie in Frankreich, in zweiter Linie aber auf einem Friedhof – auf dem Friedhof einer Vision der Europäischen Union."[2]
- **Die spanische „El Mundo"**: „Mit ihrer Unbeweglichkeit haben die Franzosen die EU in die schwerste Krise der Geschichte gestürzt. Wenn ein kleines oder mittleres Land die EU-Verfassung abgelehnt hätte, hätte die Abstimmung wiederholt werden können. In Frankreich geht das nicht, auch weil das Referendum wegen der hohen Beteiligung ein großes Maß an Legitimität besitzt. Die EU befindet sich in einer Sackgasse [...]. Europa kehrt zurück in die Ära nationaler Egoismen."[3]

[1] Aus: Peter Oborne, Daily Mail, 30 May 2005
[2/3] Aus: Ingo Uhlenbruch: Internationale Presse zur Abstimmung über die EU-Verfassung in Frankreich, in: Deutsche Welle, 30. 5. 2005

1. Interpretieren Sie die Karikatur (M 1) und diskutieren Sie deren Aussage.
2. Erarbeiten Sie aus den Pressestimmen (M 2) die Reaktionen europäischer Medien auf das französische „Nein" zur EU-Verfassung und bewerten Sie diese.

MATERIAL

Fit für die Zukunft? 3

Das Münchener „Centrum für angewandte Politikforschung“ (CAP) über den Vertrag von Lissabon:

„Nach über sechs Jahren hat die Reformdebatte in der Europäischen Union auf dem informellen Treffen der EU-Staats- und Regierungschefs am 18./ 19. Oktober 2007 in Lissabon eine entscheidende Hürde genommen: Die Regierungen der EU-Mitgliedstaaten einigten sich unter portugiesischem Vorsitz auf ein neues Vertragswerk, mit dem die Europäische Union fit gemacht werden soll für die künftigen internen und externen Herausforderungen. [...] Das Mandat legte eindeutig den gescheiterten Verfassungsvertrag als Verhandlungsgrundlage für einen neuen EU-Vertrag fest, die darin enthaltenen Bestimmungen sollten weitestgehend übernommen werden. Das Verfassungskonzept an sich, einschließlich der damit verbundenen Symbolik wie Flagge, Hymne oder die Bezeichnung „EU-Außenminister“, wurde jedoch aufgegeben. Die bestehende Rechtsgrundlage sollte stattdessen in Form eines Änderungsvertrags in der Tradition der Verträge von Maastricht, Amsterdam und Nizza reformiert werden. Dies bedeutet, dass sich die EU auch künftig auf zwei Verträge gründet, den Vertrag über die Europäische Union (EUV) und den Vertrag über die Europäischen Gemeinschaften (EGV), der in Vertrag über die Arbeitsweise der Union (VAU) umbenannt wird.“

Zeichnung: Heiko Sakurai, 2005

Aus: Sarah Seeger/ Leyla Yüzen: Und nun Blick nach vorn!, in: CAP Aktuell 13 (2007), S. 1 ff.

Querverweis: S. 100, M 2

MATERIAL

„Politische Feigheit“ 4

Klaus Hänsch, Präsident des EU-Parlaments von 1994 bis 1997 und Mitglied im Europäischen Verfassungskonvent 2002/ 2003, über den neuen Reformvertrag:

„Die Wiedereinsetzung von „Verordnung“ und „Richtlinie“ anstelle der neuen Bezeichnungen „Europäisches Gesetz“ und „Europäisches Rahmengesetz“ sowie die Rücknahme des Titels „Europäischer Außenminister“ sind mehr als Vertragskosmetik zur Weichzeichnung des „Vertrags-Profils“. Dahinter steckt schlicht politische Feigheit – eine durchaus symptomatische. Die niederländische Regierung vor allem wollte die politischen und rechtlichen Realitäten in der Union vor den Bürgerinnen und Bürgern verschleiern. Wenn sich die Europapolitik schon weigert, die Dinge bei den Namen zu nennen, die die Bürger verstehen, wundert es nicht, dass sie die Herausbildung emotionaler Bindungen an die EU auch durch den Verzicht auf die Nennung der Symbole wie Fahne und Hymne verhindern will.“

Aus: Klaus Hänsch: Ende gut – alles gut? Anmerkungen zum Reformvertrag, in: integration 4/ 2007, S. 499–502; hier: S. 500

1. Interpretieren Sie obige Karikatur. Diskutieren Sie auf Basis von M 3, M 4 und des Autorentextes (S. 18/19), ob der Lissabon-Vertrag nichts anderes ist als die „wach geküsste“ Verfassung.

MATERIAL
5 EU-Referendum

Zeichnung: Klaus Stuttmann, 2008

MATERIAL
6 Das Abstimmungssystem nach dem Vertrag von Nizza

In bestimmten Bereichen, wie z. B. der GASP oder der Steuer-, Asyl- und Migrationspolitik, war gemäß dem Vertrag von Nizza (weiterhin) Einstimmigkeit erforderlich. Für alle anderen Ratsentscheidungen genügte eine qualifizierte Mehrheit. Für diese qualifizierte Mehrheit waren nach dem EU-Beitritt Rumäniens und Bulgariens im Jahr 2007 258 der 345 Stimmen und zugleich zwei Drittel der Staaten nötig.

Speziell beim Mitentscheidungsverfahren nach Art. 251 EG-Vertrag, bei dem Rat und Parlament gleichberechtigt über einen Vorschlag der Kommission entschieden, bestand die qualifizierte Mehrheit aus 258 der 345 Stimmen und zugleich mehr als der Hälfte der Staaten.

Außerdem konnte ein Mitglied verlangen, dass geprüft wird, ob diese einfache Mehrheit mindestens 62 % der EU-Bevölkerung entsprach. War dies nicht der Fall, so kam es zu keiner Entscheidung. Seit dem Vertrag von Nizza galt das Mitentscheidungsverfahren in 43 Bereichen, darunter z. B. im Binnenmarkt, dem Datenschutz und in der Sozialpolitik.

Land	Einwohner (in Mio.)	Stimmen im Rat der EU
Deutschland	81,9	29
Frankreich	65,4	29
Vgt. Königreich	61,7	29
Italien	60,2	29
Spanien	46,9	27
Polen	38,1	27
Rumänien	21,5	14
Niederlande	16,6	13
Griechenland	11,2	12
Tschechien	10,5	12
Belgien	10,7	12
Ungarn	10,0	12
Portugal	10,6	12
Schweden	9,3	10

Land	Einwohner (in Mio.)	Stimmen im Rat der EU
Österreich	8,3	10
Bulgarien	7,6	10
Slowakei	5,4	7
Dänemark	5,5	7
Finnland	5,3	7
Litauen	3,3	7
Irland	4,5	7
Lettland	2,3	4
Slowenien	2,0	4
Estland	1,3	4
Zypern	0,8	4
Luxemburg	0,5	4
Malta	0,4	3
EU 27	501,8	345

Autorentext; Stand: Mai 2010

MATERIAL

Der Coup von Lissabon 7

In Lissabon wurde endlich der Streit beigelegt, der die EU seit zwei Jahren fast völlig politisch gelähmt hatte. [...] Die Beschlüsse ebnen den Weg für weitreichende Reformen ab 2009. Sie sollen dazu führen, dass die EU besser – und vor allem auch einheitlicher – auf Herausforderungen wie Terrorismus, wirtschaftliche Konkurrenz und die sozialen Nöte der Menschen in den Mitgliedstaaten reagieren kann. Kurzum: Der Vertrag von Lissabon könnte dafür sorgen, dass sich die EU nach Jahren der Stagnation und Selbstbezogenheit wieder mit dem beschäftigt, wofür sie einst gegründet worden ist: der Politik für die Menschen in Europa. [...]

Von 2014 an entscheiden die EU-Mitgliedsländer im Rat nach der doppelten Mehrheit. [...] Zu mehr Themenfeldern als bisher können Beschlüsse mit Mehrheit statt mit Einstimmigkeit gefasst werden. [...] Dazu ist es höchste Zeit, will die EU nicht weiter Vertrauen verspielen. Entsprechend erleichtert, wenn auch angesichts der zähen Verhandlungen und der abgerungenen Zugeständnisse wenig euphorisch, gaben sich die Politiker nach ihrem Treffen. Bundeskanzlerin Angela Merkel wertete die Einigung als großen Erfolg – auch der deutschen Ratspräsidentschaft. Europa werde mit dem Reformvertrag besser funktionieren, sagte sie.

➡ Querverweis: S. 152f., Methode

Aus: Barbara Hans: Der Coup von Lissabon, in: Spiegel Online vom 19. 10. 2007 (www.spiegel.de); Zugriff am 7. 10. 2009

MATERIAL

Präambel zur Grundrechtscharta der EU 8

Die Völker Europas sind entschlossen, auf der Grundlage gemeinsamer Werte eine friedliche Zukunft zu teilen, indem sie sich zu einer immer engeren Union verbinden. In dem Bewusstsein ihres geistig-religiösen und sittlichen Erbes gründet sich die Union auf die unteilbaren und universellen Werte der Würde des Menschen, der Freiheit, der Gleichheit und der Solidarität. Sie beruht auf den Grundsätzen der Demokratie und der Rechtsstaatlichkeit. Sie stellt die Person in den Mittelpunkt ihres Handelns, indem sie die Unionsbürgerschaft und einen Raum der Freiheit, der Sicherheit und des Rechts begründet. Die Union trägt zur Erhaltung und zur Entwicklung dieser gemeinsamen Werte unter Achtung der Vielfalt der Kulturen und Traditionen der Völker Europas sowie der nationalen Identität der Mitgliedstaaten und der Organisation ihrer staatlichen Gewalt auf nationaler, regionaler und lokaler Ebene bei. Sie ist bestrebt, eine ausgewogene und nachhaltige Entwicklung zu fördern und stellt den freien Personen-, Waren-, Dienstleistungs- und Kapitalverkehr sowie die Niederlassungsfreiheit sicher. [...]

➡ Querverweis: S. 11

Aus: Charta der Grundrechte der EU, in: Amtsblatt der Europäischen Gemeinschaften 2000/C 364/01 vom 18. 12. 2000, S. 8

1. Interpretieren Sie die Karikatur (M 5) und diskutieren Sie die demokratische Legitimation des Vertrags von Lissabon durch die deutsche Bevölkerung.
2. Erläutern und bewerten Sie das Abstimmungssystem nach „Nizza" (M 6).
3. Begründen Sie, inwieweit der Vertrag von Lissabon (M 6, M 7 und Autorentext S. 19) für die künftige Funktionsfähigkeit der EU unabdingbar ist.
4. Verfassen Sie auf der Grundlage des Autorentextes (S. 18/ 19) und M 3 bis M 7 einen Kommentar für Ihre Heimatzeitung zum Vertrag von Lissabon.
5. Arbeiten Sie aus M 8 die zentralen Begriffe heraus und nehmen Sie persönlich Stellung zu dieser – auch für Sie geltenden – Präambel.

Szenario: „Die Zukunft der EU"

Ein Szenario soll einen schlüssigen Ausblick auf mögliche Entwicklungen bieten. Folgende Entwicklungsphasen sind denkbar:

1. Fundierungsphase: In dieser Phase sammeln Sie Informationen, um die „Ist-Situation" genau kennenzulernen. Diese „Ist-Situation" dient als Ausgangsbasis für ein Zukunftsszenario. Nur Szenarien, die sich auf sorgfältige Untersuchungen und Analysen stützen, sind wohl fundiert. Sie sind mit hoher Wahrscheinlichkeit plausibel, weshalb sie – wenn sie bestimmte Fragen aufwerfen – ernst genommen werden. Am Beginn einer Szenarioentwicklung steht eine sorgfältige Literatur- und Datenanalyse bereits veröffentlichten Materials zum „Ist-Zustand" und eventuell bereits konzipierter Szenarien zum gleichen oder einem verwandten Thema. Hinzu kommt die Befragung von Experten mit Blick auf deren Vorstellungen zu künftigen bzw. alternativen vergangenen Entwicklungen. Fragen Sie „Ihre" Experten auch nach den Entwicklungen, die diese als wahrscheinlich/ unwahrscheinlich bzw. als wichtig/ unwichtig ansehen sowie nach den Faktoren und Akteuren, die sie als Triebfedern oder Hemmnisse für eine bestimmte Entwicklungsrichtung erachten. Neben Einzelbefragungen können auch Umfragen mit größeren Personengruppen durchgeführt werden.

2. Analytische- bzw. Kritikphase: Eine sorgfältige Analyse und Systematisierung der gesammelten Informationen, z. B. mithilfe einer Mind-Map, ist für die Szenarioentwicklung von entscheidender Bedeutung. Folgende Fragen helfen Ihnen bei der Sichtung und Sortierung des Materials:

- Welche der gesammelten Informationen benötige ich zur Szenarioentwicklung?
- Welche Auswirkungen hat ein Szenario für die mittel- oder unmittelbar betroffenen Menschen, Regionen, Staaten oder die Welt insgesamt?
- Welche aktuellen oder vergangenen Diskussionen, Sachverhalte und Ereignisse machen die Auseinandersetzung mit meinem Thema sinnvoll?

3. Konstruktionsphase: Die Entwicklung eines Szenarios unterscheidet sich deutlich von einer sonstigen wissenschaftlichen Arbeit. Sie arbeiten zwar auf Grundlage gesicherter Fakten und Daten, müssen diese aber mithilfe Ihrer Fantasie weiterentwickeln. Dabei ist es wichtig, nicht allein „wünschenswerte", sondern „plausible" Szenarien zu entwickeln. Weitere Kriterien, die Ihr Szenario erfüllen sollte, sind innere Schlüssigkeit, Infragestellung gängiger Annahmen und Attraktivität für die Zielgruppe. Nach der Entwicklung des Szenarios erfolgt die erneute Überprüfung auf Plausibilität und Schlüssigkeit. Erst nach der Überarbeitung und Optimierung Ihres Konzepts ist Ihr Szenario bereit für eine erfolgreiche Präsentation im Kursrahmen.

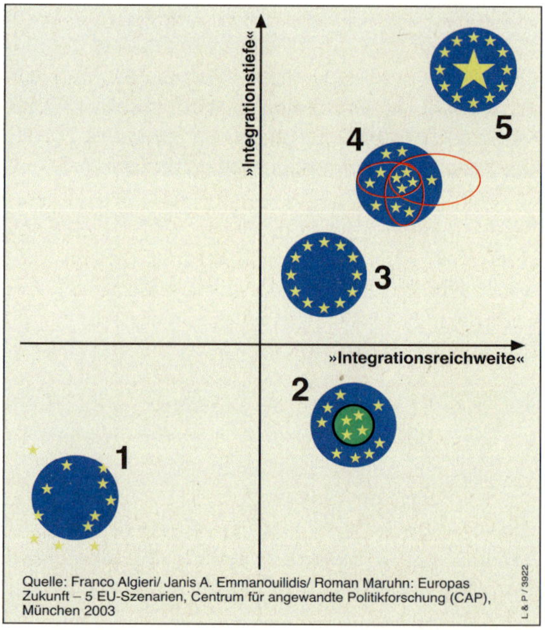

Quelle: Franco Algieri/ Janis A. Emmanouilidis/ Roman Maruhn: Europas Zukunft – 5 EU-Szenarien, Centrum für angewandte Politikforschung (CAP), München 2003

Bei der Entwicklung eines Szenarios zur Zukunft der EU kommen fünf Möglichkeiten in Betracht, die Sie evtl. in häuslicher Vorbereitung oder im Rahmen eines Projekttages ausarbeiten müssen. Hierfür bietet sich z. B. der bundesweite EU-Projekttag an.

1 Titanic-Szenario: Es beschreibt eine tiefgreifende Gefährdung der EU bis hin zur Auflösung des europäischen Integrationsprozesses. Dabei gelingt es der EU immer weniger, außen- und innenpolitische Probleme zu meistern. [...] Es kommt zur Handlungsunfähigkeit aufgrund einer unterbliebenen stetigen Anpassung der EU an neue Gegebenheiten. Statt einer fortschreitenden Übertragung weiterer Zuständigkeiten an die EU werden diese an die Nationalstaaten zurückverlagert. Die langfristige Folge wäre eine Reduktion der EU auf die wirtschaftliche Zusammenarbeit und im Extremfall deren Auflösung.

2 Geschlossenes Kerneuropa: Es lässt sich kein Konsens über die Weiterentwicklung der EU zwischen allen Mitgliedstaaten herstellen. Dadurch ist die Möglichkeit eines weiteren Ausbaus der politischen Union nicht mehr gegeben und das Denken der europäischen Bürger renationalisiert sich. Die Idee einer politischen Union bleibt jedoch das Ziel einiger weniger Staaten. Diese Wenigen schließen sich zusammen, um außerhalb der EU einen Bund des „Geschlossenen Kerneuropa“ zu bilden. [...] Im Laufe der Zeit treten die Institutionen von „Kerneuropa“ in Konkurrenz zu den Institutionen der EU und werden dominierend. Der Zugang zu „Kerneuropa“ wird den meisten anderen Staaten, die nicht von Beginn an Mitglied sind, aus machtpolitischen Gründen erschwert. Die EU reduziert sich währenddessen zu einer „Freihandelszone“, die sich ständig erweitert, u. a. weil die Beitrittsbedingungen weniger streng sind.

3 Methode Monnet: Die Entwicklung der EU verläuft in ähnlich kleinen, aber beständigen Schritten weiter wie in den vergangenen Jahrzehnten. Eine tiefgreifende Reform des politischen Systems unterbleibt. Alle Mitgliedstaaten verbinden weiterhin die Zusammenarbeit im Binnenmarkt und der Währungsunion sowie der Wille, Frieden und Freiheit im Rahmen der EU aufrecht zu erhalten. Außenpolitisch bleibt die EU in der zweiten Reihe hinter den USA, da es nicht möglich ist, auf diesem Gebiet einen gesamteuropäischen Konsens herzustellen. [...]

4 Europa der offenen Kerne: Die Mehrheit der EU-Mitgliedstaaten befürwortet eine Weiterentwicklung der politischen Union. Diese vertiefungswilligen Staaten bringen den Integrationsprozess im Rahmen der bestehenden EU voran, indem sie ihre Zusammenarbeit in bestimmten Politikfeldern intensivieren. [...] Der Beitrittsdruck zur EU wird entschärft, indem Kandidatenländer in einzelnen Politikbereichen mit der EU bereits vor ihrer Mitgliedschaft kooperieren.

5 Supermacht Europa: Die Reformen in der EU zur Verwirklichung der politischen Union werden auf breiter Basis voran getrieben. Aufgrund seines militärischen, wirtschaftlichen und bevölkerungspolitischen Potenzials entwickelt sich Europa zur neuen Supermacht, deren Status, ähnlich wie in den USA, auch die Wertschätzung der Bevölkerung hervorruft. Die Mitgliedstaaten übertragen immer mehr Rechte auf die supranationalen EU-Institutionen, bis einer Staatswerdung Europas nichts mehr im Weg steht.

Nach: Werner Weidenfeld: Europa leicht gemacht, Bonn 2007, S. 130 ff.

➡ Querverweis: Kapitel II.7

1. Entwickeln Sie eines der hier vorgestellten Szenarien gemäß der Methode von S. 24.
2. Diskutieren Sie, welches der genannten Szenarien Sie für wahrscheinlich und/oder wünschenswert halten.

3. Die Organe der EU im Überblick

Zeichnung: Kommission der Europäischen Gemeinschaften

Die EU – ein Staatenverbund

Das politische System der Europäischen Union hat weltweit kein Vorbild. Kein Mitgliedstaat findet das Abbild seines eigenen institutionellen Gefüges in der EU wieder. Dies liegt vor allem daran, dass die EU weder ein zentralistischer Staat wie etwa Frankreich noch ein föderalistisch aufgebauter Bundesstaat wie z. B. die Vereinigten Staaten von Amerika ist. Sie ist aber auch kein Staatenbund, d. h. keine Konföderation wie etwa die „Südstaaten" der USA von 1861–1865, und auch keine Allianz wie die NATO, denn ihre Eingriffsmöglichkeiten in die Souveränität ihrer Mitglieder sind weitaus stärker. Das Bundesverfassungsgericht hat die EU 1993 als einen „supranationalen Staatenverbund" klassifiziert und damit für ein neuartiges politisches Gebilde einen neuen Begriff geschaffen. Diesem Gebilde „sui generis" wurden seit seiner Gründung stetig neue Zuständigkeiten und Kompetenzen übertragen, die Befugnisse seiner Organe dabei kontinuierlich erweitert.

Der Europäische Rat – Weichensteller Europas

Der Europäische Rat setzt sich aus den Regierungschefs der Mitgliedstaaten zusammen. Er übt in der EU die politische Führung aus und hat die Richtlinienkompetenz. Seit Inkrafttreten des Vertrags von Lissabon sitzt dem Europäischen Rat ein hauptamtlicher Präsident mit einer Amtsdauer von zweieinhalb Jahren vor, der die regelmäßigen Ratstreffen koordiniert und leitet und somit die Effizienz des Organs erhöht. Im Europäischen Rat werden die politischen Leitlinien und grundsätzlichen Ziele der EU festgelegt sowie Entscheidungen in politisch sensiblen Bereichen wie der Aufnahme neuer Staaten oder der Änderung der Verträge einstimmig getroffen.

Der Rat der EU bzw. Ministerrat – „Länderkammer" und Gesetzgeber

Im Rat der Europäischen Union bzw. Ministerrat sitzt je ein Minister pro Mitgliedstaat. Je nach anstehendem Sachgebiet tagt der Rat in unterschiedlicher Zusammensetzung, u. a. als Rat der Außen-, Landwirtschafts-, Wirtschafts- oder Finanzminister, die dann jeweils verbindlich für ihre Regierungen handeln. Als Kammer der Mitgliedstaaten fungiert der Rat dabei als Gesetzgeber, d. h. er verabschiedet die von der Kommission vorgeschlagenen Richtlinien und Verordnungen. Rund 95 Prozent der EU-Gesetze werden gemäß dem Vertrag von Lissabon gemeinsam mit dem Europäischen Parlament beschlossen. Je nach Politikfeld entscheidet der Rat einstimmig oder mit einfacher, meist jedoch mit qualifizierter Mehrheit, die ab 2014 eine „doppelte Mehrheit" sein wird. Der Ratsvorsitz rotiert halbjährlich zwischen den Mitgliedstaaten.

Die EU-Kommission – Europas Motor ...

Die Europäische Kommission ist das supranationale Exekutivorgan der EU. Sie hat das alleinige Initiativrecht bei der Gesetzgebung, trägt die Alleinverantwortung für den

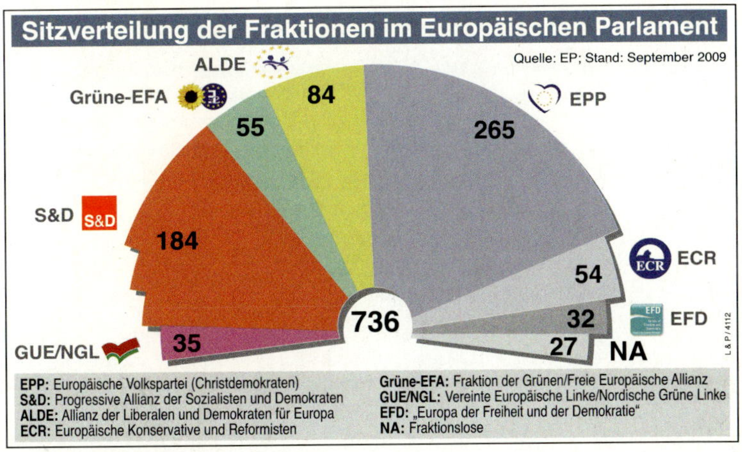

Vollzug der Richtlinien und Verordnungen und vertritt die EU in Wirtschaftsfragen auf internationaler Ebene. Die Kommission wacht als „Hüterin der Verträge" außerdem über die Einhaltung des Gemeinschaftsrechts und verwaltet den EU-Haushalt. Zur Bewältigung ihrer Aufgaben beschäftigt sie rund 23 000 Beamte. Die EU-Kommissare werden von den nationalen Regierungen nominiert und vom Europäischen Parlament bestätigt. Jedes Land stellt einen Kommissar. Der Kommissionspräsident fungiert als Bindeglied zwischen Ministerrat und Parlament, denn er nimmt an deren wichtigen Sitzungen ebenso teil wie an den Tagungen des Europäischen Rates.

... und „Regierung"

Das EU-Parlament – „Bürgerkammer" und Gesetzgeber

Das Europäische Parlament ist die Vertretung der rund 500 Mio. EU-Bürger und das einzige direkt gewählte Organ. Die Legislaturperiode beträgt fünf Jahre. Gemäß dem Lissabon-Vertrag sitzen (ab 2014) 751 Abgeordnete im EP; die Plenarsitzungen finden in Straßburg statt, die Ausschüsse tagen in Brüssel. Die Abgeordneten bilden staatenübergreifende Fraktionen: Es stimmen also nicht die deutschen Abgeordneten geschlossen, sondern in der Regel die Delegierten einer Fraktion – unabhängig ihrer Herkunft – gemeinsam ab. Das Parlament ist neben dem Ministerrat das zweite Legislativorgan der EU; wie in demokratischen Staaten ist es mitverantwortlich für den Haushalt und wählt den „Regierungschef", in der EU also den Kommissionspräsidenten. Es stimmt ferner der Einsetzung der Kommission zu. Spricht das Parlament der Kommission mit Zweidrittelmehrheit das Misstrauen aus, so zwingt es diese zum Rücktritt.

Der Hohe Vertreter – Außenbeauftragter der EU

Zwischen dem Ministerrat und der EU-Kommission steht der Hohe Vertreter der Union für Außen- und Sicherheitspolitik. Obgleich seine Befugnisse nicht mit denen eines klassischen Außenministers gleichzusetzen sind, vereint der Hohe Vertreter theoretisch eine große Machtfülle auf sich: Er führt den Vorsitz im Rat für Auswärtige Angelegenheiten und übt als Vizepräsident der Kommission zugleich die Funktion des ehemaligen EU-Außenkommissars aus („Doppelhut"); ernannt wird er vom Europäischen Rat.

EuGH, EZB und EuRH

Hat ein nationales Gericht Zweifel über Auslegung oder Gültigkeit einer Rechtsvorschrift der EU bzw. über die Vereinbarkeit von nationalem Recht mit EU-Recht, so kann es sich an den Europäischen Gerichtshof (EuGH) wenden. Ihm gehören 27 Richter an, die jeweils von den nationalen Regierungen für sechs Jahre berufen werden. Die Europäische Zentralbank (EZB) ist die Notenbank in der EU und als „Hüterin der Währung" u. a. verantwortlich für die Preisstabilität, die Geldpolitik und die Wechselkurs-Geschäfte. Geleitet wird die EZB von sechs Direktoren aus verschiedenen „Euro"-Ländern. Dem Europäischen Rechnungshof (EuRH) gehört ein Mitglied je EU-Staat an. Er prüft, inwieweit die Einnahmen und Ausgaben der EU wirksam, ordnungsgemäß und wirtschaftlich eingesetzt werden.

MATERIAL
1 Die Organe der EU

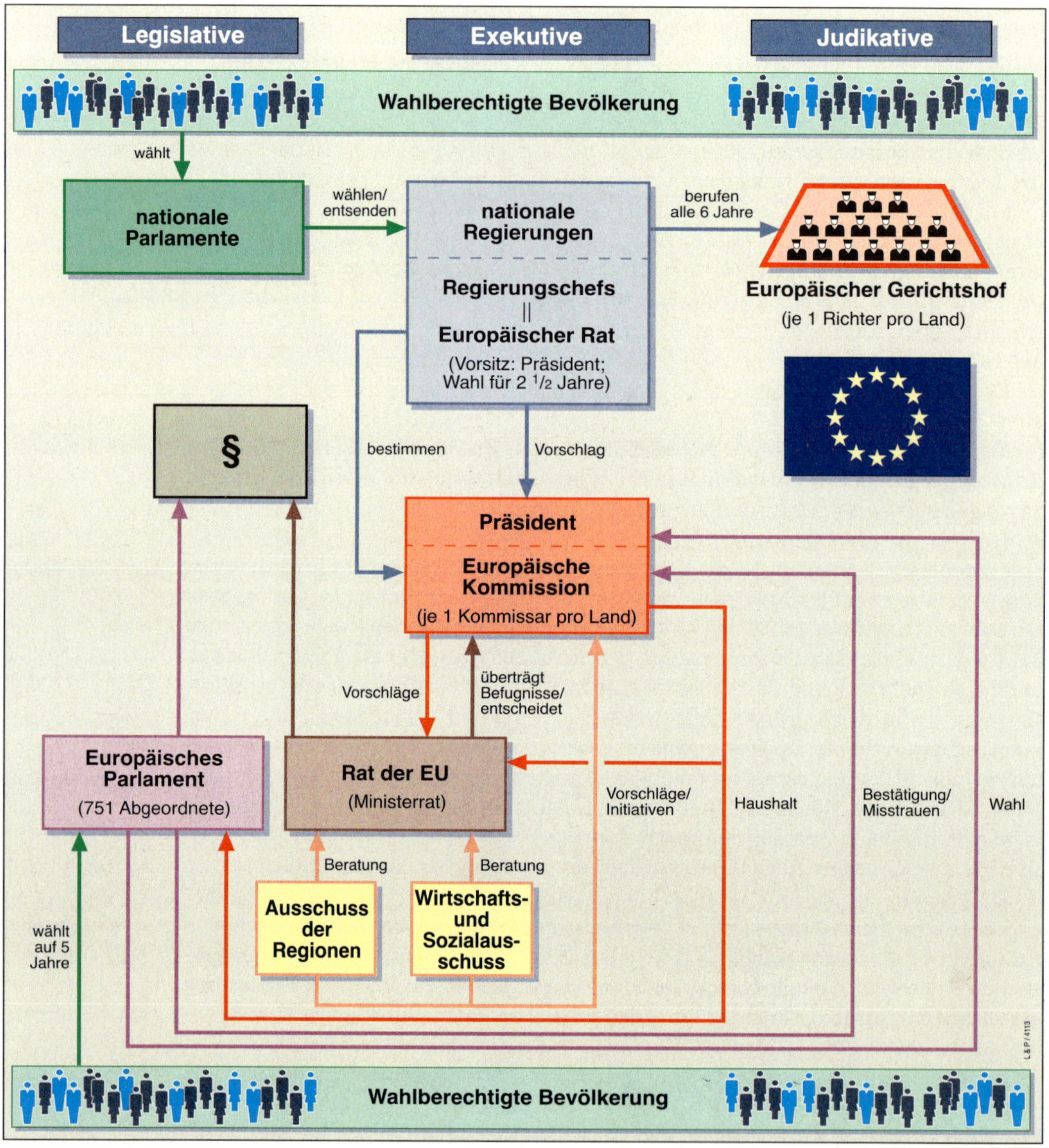

Querverweis: S. 22, M 5

1. Erläutern Sie das Gefüge der Institutionen in der EU und ihr Zusammenspiel (M 1).
2. Arbeiten Sie aus M 2 und M 3 die Bedeutung des AdR bzw. des EWSA heraus.
3. Überprüfen Sie mithilfe von M 1 bis M 3 sowie des Autorentextes (S. 26/ 27) die Machtverteilung in der EU und diskutieren Sie den Gehalt an Demokratie.

MATERIAL

Der Ausschuss der Regionen (AdR) 2

Der Ausschuss der Regionen, der 1994 durch den Vertrag über die Europäische Union errichtet wurde, ist ein beratendes Organ, das aus Vertretern der regionalen und kommunalen Gebietskörperschaften Europas besteht. Der AdR muss in Bereichen, die die kommunale und regionale Verwaltung betreffen – z. B. Regionalpolitik, Umweltschutz, Bildung und Verkehr –, angehört werden, bevor Maßnahmen auf EU-Ebene ergriffen werden. Dem Ausschuss gehören 344 Mitglieder an, wobei sich die Zahl der Vertreter je Mitgliedstaat in etwa nach dessen Einwohnerzahl richtet. [...]
Die Mitglieder des Ausschusses sind gewählte Kommunal- oder Regionalpolitiker. Es handelt sich dabei häufig um Landräte oder Bürgermeister von Großstädten. Sie werden zwar von den EU-Regierungen vorgeschlagen, sind in ihrer Arbeit aber politisch völlig unabhängig. Sie werden vom Rat der Europäischen Union auf vier Jahre ernannt, wobei eine Wiederernennung zulässig ist. Sie müssen ein Mandat der von ihnen vertretenen Gebietskörperschaft innehaben oder ihr gegenüber politisch verantwortlich sein.
Aus seiner Mitte wählt der AdR einen Präsidenten auf zwei Jahre. [...] Die Aufgabe des Ausschusses der Regionen besteht darin, den Standpunkt der lokalen und regionalen Gebietskörperschaften in Rechtsvorschriften der EU einzubringen. Dies geschieht durch die Abgabe von Stellungnahmen zu Vorschlägen der Kommission.
Die Kommission und der Rat müssen den AdR in Bereichen anhören, die lokale und regionale Behörden unmittelbar betreffen, aber sie können ihn auch in allen anderen Fällen konsultieren, in denen sie dies für zweckmäßig halten. [...]

Aus: Der Ausschuss der Regionen, © Europäische Union, 1995–2010

MATERIAL

Der Europäische Wirtschafts- und Sozialausschuss (EWSA) 3

Der Europäische Wirtschafts- und Sozialausschuss, der 1957 durch den Vertrag von Rom gegründet wurde, ist ein beratendes Organ, das [...] die „organisierte Bürgergesellschaft" vertritt. In politischen Gesprächen mit der Kommission, dem Rat und dem Europäischen Parlament legt der EWSA ihren Standpunkt dar und vertritt ihre Interessen. [...] Seine 344 Mitglieder werden zwar von den EU-Regierungen vorgeschlagen, sind in ihrer Arbeit aber politisch völlig unabhängig. [...]
Der EWSA hat drei Hauptaufgaben:

- Er berät den Rat, die Kommission und das Europäische Parlament entweder auf deren Ersuchen oder auf eigene Initiative.
- Er ermutigt die Bürgergesellschaft zu einer stärkeren Beteiligung an der politischen Entscheidungsfindung in der EU.
- Er stärkt die Rolle der Bürgergesellschaft in Drittstaaten [...].

Die Mitglieder des Ausschusses, die vorwiegend ihrer beruflichen Beschäftigung in ihren Heimatländern nachgehen, bilden drei Gruppen, die die Arbeitgeber, Arbeitnehmer sowie andere wirtschaftliche und soziale Interessen vertreten.

- Die Gruppe der Arbeitgeber umfasst Mitglieder aus dem privaten und staatlichen Industriesektor, aus kleinen und mittleren Unternehmen, den Handelskammern, dem Groß- und Einzelhandel, den Banken und Versicherungen, dem Transportsektor und der Landwirtschaft.
- Die Gruppe der Arbeitnehmer vertritt alle Arten von Beschäftigten – von Arbeitern bis zu Führungskräften. Ihre Mitglieder stammen aus den nationalen Gewerkschaftsorganisationen.
- Die dritte Gruppe umfasst ein breites Spektrum von Interessen: nichtstaatliche Einrichtungen, Landwirte, Kleinbetriebe, Handwerker, freie Berufe, Genossenschaften und nicht gewinnorientierte Vereinigungen, Verbraucher- und Umweltschutzorganisationen, Wissenschaftler und Pädagogen sowie Familien-, Frauen- und Behindertenverbände.

Nach: Der Europäische Wirtschafts- und Sozialausschuss, © Europäische Union, 1995–2010

MATERIAL

4 Die Verfassung der Bundesrepublik Deutschland

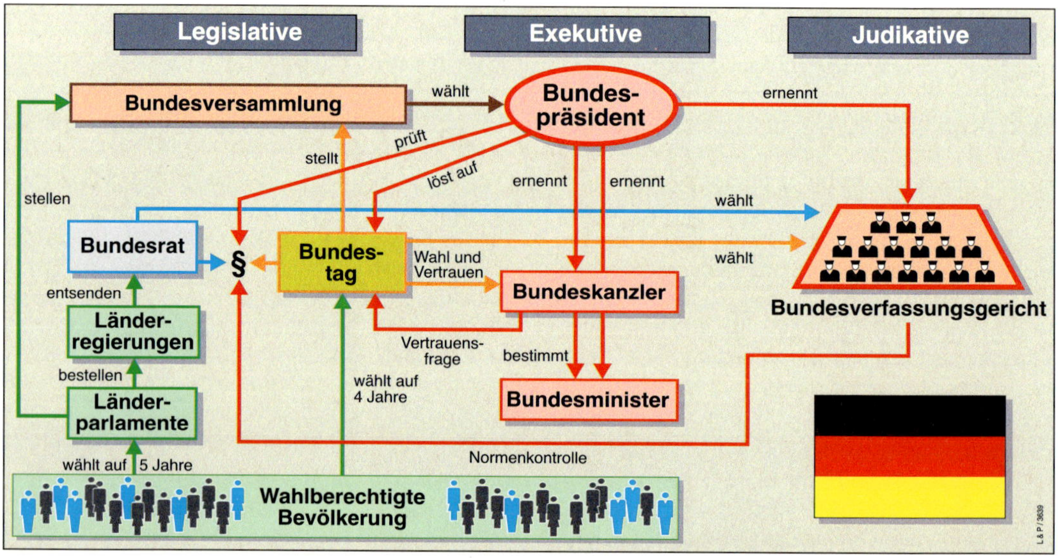

MATERIAL

5 Das Europäische Parlament

Seit der Gründung der „Gemeinsamen Versammlung" der EGKS – des Vorläufers des Europäischen Parlaments – 1952 wurden dessen Kompetenzen bei der EU-Rechtsetzung mehrmals deutlich erweitert. [...] Durch das Fehlen eines klaren Gegensatzes zwischen Regierungs- und Oppositionsfraktionen sind die einzelnen Europa-Abgeordneten unabhängiger und können bei Verhandlungsgeschick und Sachkenntnis zum Teil größeren Einfluss auf die EU-Gesetzgebung nehmen als es in nationalen Parlamenten der Fall ist, wo die Mehrheitsfraktion normalerweise loyal zur Regierung steht und deren Gesetzentwürfe prinzipiell unterstützt. [...] Das Parlament hat drei wesentliche Aufgaben: Gesetzgebung, Haushaltskontrolle und Kontrolle der Europäischen Kommission:

- Das Parlament teilt sich die *Gesetzgebungsfunktion* mit dem Rat der Europäischen Union, es nimmt also europäische Gesetze (Richtlinien, Verordnungen, Entscheidungen) an. [...] Allerdings besitzt das Europäische Parlament – anders als der Bundestag – kein Initiativrecht, das heißt, es kann keine eigenen Gesetzesvorlagen einbringen. Dieses Initiativrecht hat auf EU-Ebene nur die Europäische Kommission, die nach Art. 225 AEU-Vertrag allerdings vom Europäischen Parlament zu dessen Ausübung aufgefordert werden kann. [...] Neben dem ordentlichen Gesetzgebungsverfahren gibt es noch andere Formen der Rechtsetzung in der EU, bei denen das Parlament weniger Mitspracherechte besitzt. Diese erstrecken sich nach dem Vertrag von Nizza heute jedoch nur noch auf einige bestimmte Politikbereiche. So muss das Parlament im Bereich der Wettbewerbspolitik und bestimmten Feldern der Gemeinsamen Handelspolitik lediglich angehört werden; auch in der Gemeinsamen Außen- und Sicherheitspolitik hat es kaum Mitspracherechte.
- Das Europäische Parlament und der Rat bilden gemeinsam die Haushaltsbehörde der EU, die über die *Budgetierung* des EU-Haushalts entscheidet (etwa 129,1 Mrd. Euro im Jahr 2008). Die Europäische Kommission schlägt einen Haushaltsentwurf vor; im Haushaltsverfahren können dann Parlament und Rat Änderungen beschließen. Bei den Einnahmen hat der Rat das letzte Wort, bei den Ausgaben das Parlament [...].
- Außerdem übt das Parlament die *parlamentarische Kontrolle* über die Europäische Kommission

und den Rat der EU aus. Hierfür kann es Untersuchungsausschüsse einrichten und ggf. Klage beim Europäischen Gerichtshof erheben. […] Damit das Parlament dieser Kontrollfunktion nachkommen kann, müssen die übrigen EU-Institutionen, etwa die Kommission, der Rat oder die Europäische Zentralbank, dem Parlament regelmäßig Bericht über ihre Tätigkeit ablegen; der Präsident des Parlaments nimmt auch an den Gipfeltreffen des Europäischen Rates teil. Außerdem können die Europaabgeordneten schriftliche und mündliche Anfragen an die Kommission und den Rat richten. Eine wichtige Rolle spielt das Parlament auch bei der Berufung der Kommission: Der Kommissionspräsident wird zwar vom Europäischen Rat vorgeschlagen; dieser muss dabei jedoch das Ergebnis der Europawahl berücksichtigen. Das Parlament kann den vorgeschlagenen Kandidaten dann bestätigen oder ablehnen […]. Auch die Kompetenz und Integrität der einzelnen Kommissare wird nach ihrer Nominierung durch den Europäischen Rat in den jeweiligen Fachausschüssen des Parlaments geprüft; anschließend muss das Plenum des Parlaments der Benennung der Kommission zustimmen. Allerdings kann es dabei nur die Kommission als Ganzes annehmen oder ablehnen, nicht einzelne Mitglieder. In der gleichen Weise müssen auch die Direktoren der Europäischen Zentralbank vor ihrer Ernennung vom Europäischen Parlament bestätigt werden. Außerdem kann das Parlament, allerdings nur mit 2/3-Mehrheit, durch ein Misstrauensvotum einen Rücktritt der Kommission erzwingen […].

Zeichnung: Gerhard Mester

„Von wegen Papiertiger!"; Zeichnung: Rolf Henn

Nach: Spiegel Wissen: Europäisches Parlament; www.wissen.spiegel.de (Zugriff am 8.12.2009)

Querverweis: S. 52, M 1

1. Erklären Sie die Karikatur auf S. 26 und überprüfen Sie deren „Realitätsgehalt" mithilfe von M 1.
2. Charakterisieren Sie die Stellung des EU-Parlaments (M 1, M 5, Grafik S. 27).
3. Vergleichen Sie M 1 mit dem Verfassungsschema der Bundesrepublik (M 4) und arbeiten Sie die zentralen Unterschiede heraus.
4. Vergleichen Sie auf Grundlage von M 1 und M 5 die Aussagen der beiden Karikaturen auf S. 31 und überprüfen Sie, welche Aussage der Realität näher kommt.

4. Das Zusammenwirken der EU-Organe im europäischen Gesetzgebungsprozess

Gesetzgebungsakte

Gesetze in der EU heißen gemäß dem Vertrag über die Arbeitsweise der Europäischen Union (AEUV) „Gesetzgebungsakte". Dazu zählen *Verordnungen, Richtlinien und Beschlüsse:*

- *Verordnungen* sind in allen ihren Teilen verbindlich und treten unmittelbar nach ihrer Veröffentlichung in sämtlichen EU-Staaten in Kraft, so z. B. die Verordnung über Mobilfunk-Roaming-Gebühren aus 2007. In seltenen Fällen können Verordnungen nationales Recht sogar außer Kraft setzen. Umgekehrt können die nationalen Parlamente Verordnungen nicht modifizieren.
- *Richtlinien* hingegen – etwa die zur Deregulierung des Strommarktes oder die Richtlinie zu erneuerbaren Energien von 2008 – verpflichten die EU-Staaten dazu, meist innerhalb einer Frist ein vereinbartes Ziel durch ein Gesetz des nationalen Parlaments in positives Recht umzusetzen. Hält ein Mitgliedstaat sich nicht an die vorgesehene Frist, kann ihn die Kommission vor dem Europäischen Gerichtshof verklagen.
- Ein *Beschluss* der EU-Kommission ist in allen ihren Teilen für diejenigen verbindlich, die sie bezeichnet. Dies können einzelne EU-Mitgliedstaaten oder auch Unternehmen sein. Im Wettbewerbsrecht der EU werden Beschlüsse z. B. im Zusammenhang mit Genehmigungen oder Verboten von Unternehmensfusionen getroffen.

Subsidiaritätsprinzip

Vorschläge für Gesetzgebungsakte gehen von der EU-Kommission aus. Als Gesetzgeber kann die EU aber nur nach dem Subsidiaritätsprinzip tätig werden: Nur die Angelegenheiten, die die Mitgliedstaaten nicht selbst besser regeln können, fallen in den legislativen Zuständigkeitsbereich der Europäischen Union. Das Zusammenwirken der Organe lässt sich am besten am Entstehungsprozess einer für die ganze EU geltenden Richtlinie bzw. Verordnung darstellen:

Der Grundsatz der Subsidiarität

Mit der Einheitlichen Europäischen Akte wurde 1986 beschlossen, bis 1993 den Binnenmarkt innerhalb der damaligen EG-Staaten zu vollenden. Dazu zählte u. a. die Möglichkeit, Dienstleistungen grenzüberschreitend anzubieten. Diese Freizügigkeit galt allerdings nicht ohne Ausnahme bei der länderübergreifenden Anerkennung von Berufsabschlüssen – es existierten zu dieser Thematik allein 15 EU-Richtlinien. Obwohl Bachelor- und Masterabschlüsse gegenseitig anerkannt wurden, verlangte Deutschland z. B. im Fach Medizin weitere Ausbildungsnachweise. Die EU-Kommission beschrieb diese Problematik im Jahr 2000 in einem „Grünbuch", einer Art Diskussionspapier. Damit war die Idee für eine Richtlinie geboren, die die 15 alten Richtlinien ersetzen und die EU in diesem Bereich zukunftsfähig machen sollte.

Grünbuch der EU-Kommission

Zu den in einem Grünbuch gesammelten Problemfeldern werden stets Meinungen und Stellungnahmen externer Experten, z. B. von Verbänden oder Interessengruppen, eingeholt und diskutiert. Im Anschluss daran erfolgt eine Umformulierung in konkrete Vorschläge für Richtlinien. Diese werden in einem „Weißbuch" sowohl dem Europäischen Parlament als auch dem Ministerrat zur Beratung vorgelegt.

Weißbuch der EU-Kommission

Das Thema eines Gesetzesvorhabens bestimmt das *Verfahren* der Beschlussfassung: Der Lissabon-Vertrag unterscheidet hierbei das „Ordentliche" und das „Besondere" Gesetzgebungsverfahren. Unter Letzterem werden neben dem Verfahren der Zusammenarbeit das Anhörungs- und das Zustimmungsverfahren zusammengefasst.

Gesetzgebungsverfahren …

- Im *Anhörungsverfahren* gibt das EP nur eine unverbindliche Stellungnahme zum Kommissionsentwurf ab, auf die Kommission und Rat keine Rücksicht nehmen müssen.
- Im *Zustimmungsverfahren* kann das Parlament den Kommissionsvorschlag entweder annehmen oder ablehnen. Der Rat ist allerdings verpflichtet, vor der Entscheidung die Zustimmung des Parlaments einzuholen.
- Die gegenseitige Anerkennung von Berufsabschlüssen fiel damals in den Bereich des *Mitentscheidungsverfahrens,* das heute *Ordentliches Gesetzgebungsverfahren* heißt, und unter das 95 Prozent aller Beschlussverfahren fallen. Hierbei beraten die Abgeordneten in den zuständigen Parlamentsausschüssen über die von der Kommission formulierte Richtlinie und bringen Änderungen in den Kommissionsentwurf ein. Nach dieser *ersten Lesung* übermittelt das EP dem Rat seine Stellungnahme. Der Rat entscheidet dann mit „doppelter Mehrheit". Stimmt er mit dem Votum des Parlaments vollständig überein, so erlässt er den Rechtsakt in Übereinstimmung mit dem Parlament. In diesem Fall ist das Gesetzgebungsverfahren beendet.

… und 1. Lesung

Meist jedoch modifiziert der Ministerrat – beeinflusst von den nationalen Regierungen – den Vorschlag des Parlaments und sendet ihn nach erneuten Beratungen dorthin zurück. Dieses kann den Entwurf entweder mit absoluter Mehrheit annehmen oder ihn ablehnen. Im zweiten Fall gilt der Entwurf als gescheitert. Das Parlament kann die Richtlinie aber auch in *zweiter Lesung* erneut ändern. Die Änderungswünsche können von der Kommission eingearbeitet und dann wiederum dem Ministerrat zugesandt werden. Nimmt dieser den Entwurf jetzt an, tritt die Richtlinie in Kraft.

2. Lesung

Lehnt der Ministerrat den Entwurf ab, so versucht ein aus Mitgliedern des Parlaments und des Ministerrats besetzter Vermittlungsausschuss zu schlichten. Einigt sich der Ausschuss auf eine gemeinsame Formulierung, so wird in der *dritten Lesung* die Richtlinie entweder vom Parlament angenommen oder abgewiesen. Auf diese Weise trat die Richtlinie über die Anerkennung von Berufsqualifikationen 2005 in Kraft.

Vermittlungsausschuss und 3. Lesung

Nun hatten die nationalen Parlamente die Aufgabe, binnen einer festgesetzten Frist die Richtlinie in nationales Recht umzusetzen. Dazu musste die Richtlinie in Deutschland den vollständigen Gesetzgebungsprozess durchlaufen, bevor sie als nationales Gesetz im Dezember 2008 im Bundesgesetzblatt verkündet wurde.

Umsetzung in nationales Recht

MATERIAL

1 Das Ordentliche Gesetzgebungsverfahren der EU

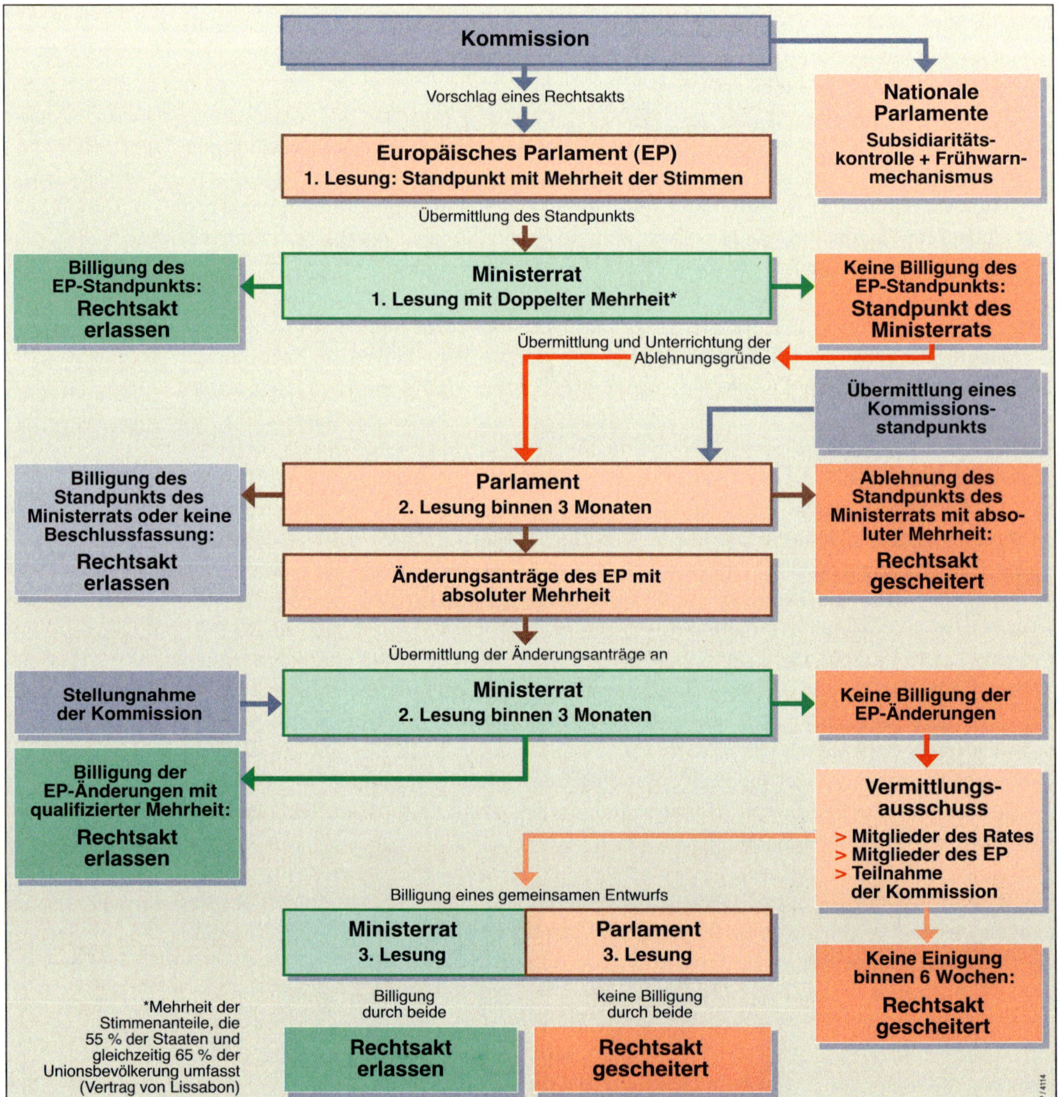

Quelle: Werner Weidenfeld/ Wolfgang Wessels: Europa von A bis Z. Taschenbuch der europäischen Integration, 10. Auflage, Bonn 2007, S. 111

1. Erläutern Sie mithilfe des Schemas (M 1) den europäischen Gesetzgebungsprozess.
2. Überprüfen Sie mithilfe von M 1, M 4 und M 5, ob und unter welchen Umständen die Aussage der Karikatur (M 2) zutrifft.
3. Gestalten Sie unter Verwendung von M 3 ein Streitgespräch zum Thema „Vor- und Nachteile der Europäisierung des deutschen Rechts".
4. Erklären Sie das Subsidiaritätsprinzip (S. 32) auf Basis aktueller Beispiele.

MATERIAL

„EU-Machtkampf" 2

Zeichnung: Gerhard Mester

MATERIAL

Europäisierung des Rechts 3

Schätzungen zufolge sind inzwischen 70% der neuen Gesetze und Verordnungen auf Bundesebene durch EU-Recht veranlasst. Dies hat sich während der vorliegenden Untersuchung nicht für die Gesamtheit aller 698 untersuchten Gesetze bestätigt, die nur 26% Beeinflussung durch EU-Gesetzgebung ausmachen. Allerdings sind die Bereiche Arzneimittel- und Veterinärrecht zu ca. 50% und Umwelt und Gefahrguttransporte zu ca. 70% von EU-Recht beeinflusst. In Einzelbereichen wie der Lebensmittelkennzeichnung, den Vorschriften über Zusatzstoffe, den Rückstandshöchstmengen, der Lebensmittelhygiene und den Direktzahlungen liegt sogar eine Beeinflussung von über 90% vor. Hier verbleibt dem nationalen Gesetzgeber so gut wie kein Entscheidungsspielraum mehr. [...]
Die Dominanz der europäischen Normsetzung wird auch an der Flut von Dokumenten aus Brüssel deutlich. Der deutsche Bundestag erhält im Schnitt jährlich 20000 EU-Dokumente und 12000 Unterrichtungsdokumente zu europäischen Gesetzesinitiativen, dazu kommen noch 800 so genannte EU-Vorhaben. Es gibt eine Vereinbarung zwischen dem Bundestag und der Bundesregierung über die Zusammenarbeit in Angelegenheiten der Europäischen Union (BBV genannt), weil anders die Arbeitslast bezüglich der deutschen Beteiligung an der EU Rechtssetzung nicht zu bewältigen ist.

Aus: Initiative Neue Soziale Marktwirtschaft (INSM): Wie gut sind Deutschlands Gesetze?; abrufbar unter www.insm-gesetzescheck.de (Zugriff am 2.2. 2010)

MATERIAL

EU-Richtlinien und EU-Verordnungen 4

EU-Richtlinien sind vom Rat der Europäischen Union erlassene Gesetze. Sie zählen zum sekundären Europarecht. Richtlinien legen nur zu erreichende Ziele fest und entfalten grundsätzlich keine direkten Wirkungen gegenüber den Bürgern der EU. Zur Wirksamkeit müssen sie durch die jeweiligen Gesetzgeber der Einzelstaaten in nationales Recht umgesetzt werden. Mit EU-Verordnung wird eine Form von europäischem Sekundärrecht bezeichnet, das von Gemeinschaftsorganen erlassen wird und die Normadressaten unmittelbar bindet. Eine Verordnung hat allgemeine Wirkung und ist verbindlich. [...]

Aus: C. Loscher: EU-Richtlinie/ EU-Verordnung; in: www.lexexakt.de (Zugriff am 9.12. 2009)

MATERIAL

5 Gesetzgebungsverfahren in der EU nach dem Vertrag von Lissabon

- **Ordentliches Gesetzgebungsverfahren:** Das Mitentscheidungsverfahren (bisher in 85 % der Fälle angewandt) wird zum ordentlichen Gesetzgebungsverfahren. In Zukunft werden 95 % aller Gesetze gemeinsam mit dem Europäischen Parlament beschlossen – die Europaabgeordneten werden somit neben dem Rat zum fast gleichberechtigten Gesetzgeber. Das gilt z. B. für bestimmte Bereiche des Verkehrs, für Maßnahmen zur sozialen Sicherung von Wander-Arbeitnehmern, Beseitigung von Wettbewerbsverzerrungen, Einwanderung, Struktur- und Kohäsionsfonds, Energie und Tourismus. […]
- **Besonderes Gesetzgebungsverfahren:** Unter der Bezeichnung „besonderes Gesetzgebungsverfahren" werden das Zusammenarbeitsverfahren, das Anhörungsverfahren sowie das Zustimmungsverfahren zusammengefasst. Dabei gibt es künftig drei Möglichkeiten:

1. Der Rat entscheidet mit Zustimmung des Europäischen Parlaments, z. B. über Maßnahmen gegen Diskriminierung.
2. Der Rat entscheidet mit Anhörung des Parlaments, z. B. bei Maßnahmen zur Liberalisierung des Kapitalverkehrs mit Drittländern.
3. Das Europäische Parlament entscheidet mit Zustimmung des Rates, etwa bei der gesetzlichen Ausgestaltung des parlamentarischen Untersuchungsrechts. Einstimmigkeit aller EU-Mitgliedsländer bleibt notwendig für bestimmte Entscheidungen – u. a. über die Zusammenarbeit der Justiz in Zivilsachen, über das Wahlrecht für EU-Bürger mit Wohnsitz in einem anderen Land, sowie über die Gemeinsame Außen- und Sicherheitspolitik (GASP).

Aus: IHK Stade: Vertrag von Lissabon tritt im Dezember 2009 in Kraft; Dokument-Nr. 24734

Querverweis: Kapitel I.2

MATERIAL

6 Richtlinie 2005/36/EG des Europäischen Parlaments und des Rates vom 7. September 2005 über die Anerkennung von Berufsqualifikationen (Auszug)

(1) Nach Art. 3 Abs. 1 Buchst. c des Vertrages ist die Beseitigung der Hindernisse für den freien Personen- und Dienstleistungsverkehr zwischen den Mitgliedstaaten eines der Ziele der Gemeinschaft. Dies bedeutet für die Staatsangehörigen der Mitgliedstaaten insbesondere die Möglichkeit, als Selbstständige oder abhängig Beschäftigte einen Beruf in einem anderen Mitgliedstaat als dem auszuüben, in dem sie ihre Berufsqualifikationen erworben haben. Ferner sieht Art. 47 Abs. 1 des Vertrags vor, dass Richtlinien für die gegenseitige Anerkennung der Diplome, Prüfungszeugnisse und sonstigen Befähigungsnachweise erlassen werden.

(2) […] Nach Annahme der Mitteilung „Neue europäische Arbeitsmärkte – offen und zugänglich für alle" durch die Kommission hat der Europäische Rat auf seiner Tagung in Stockholm die Kommission beauftragt, […] spezifische Vorschläge für ein einheitlicheres, transparenteres und flexibleres System der Anerkennung von beruflichen Qualifikationen zu unterbreiten.

(3) Diese Richtlinie gibt Personen, die ihre Berufsqualifikationen in einem Mitgliedstaat erworben haben, Garantien hinsichtlich des Zugangs zu demselben Beruf und seiner Ausübung in einem anderen Mitgliedstaat unter denselben Voraussetzungen wie Inländern; sie schließt jedoch nicht aus, dass der Migrant nicht diskriminierende Ausübungsvoraussetzungen, die dieser Mitgliedstaat vorschreibt, erfüllen muss, soweit diese objektiv gerechtfertigt und verhältnismäßig sind. […]

(8) Für den Dienstleister sollten Disziplinarvorschriften des Aufnahmemitgliedstaats gelten, die unmittelbar und konkret mit den Berufsqualifikationen verbunden sind, wie die Definition des Berufes, der Umfang der zu einem Beruf gehörenden oder diesem vorbehaltenen Tätigkeiten, das Führen von Titeln und schwerwiegende berufliche Fehler in unmittelbarem und spezifischem Zusammenhang mit dem Schutz und der Sicherheit der Verbraucher. […]

(11) Für die Berufe, die unter die allgemeine Regelung zur Anerkennung von Ausbildungsnachweisen – nachstehend „allgemeine Regelung" genannt – fallen, sollten die Mitgliedstaaten die

Möglichkeit behalten, das Mindestniveau der notwendigen Qualifikation festzulegen, um die Qualität der in ihrem Hoheitsgebiet erbrachten Leistungen zu sichern. Nach den Art. 10, 39 und 43 des Vertrags sollten sie einem Angehörigen eines Mitgliedstaates jedoch nicht vorschreiben, dass er Qualifikationen [...] erwirbt, wenn die betreffende Person diese Qualifikationen bereits ganz oder teilweise in einem anderen Mitgliedstaat erworben hat.

Aus: Amtsblatt der Europäischen Union, L 255 vom 30.9. 2005, S. 22f.

MATERIAL

EU verbannt Stromfresser-Netzteile 7

Netzteile gehören zu der übelsten Sorte von Stromverschwendern. Selbst wenn sie nicht aktiv sind, kein Gerät antreiben, keinen Akku befüllen, verbrauchen die meisten von Ihnen Strom – und das nicht zu knapp. Sich selbst beweisen kann man diesen Umstand ganz einfach, indem man den Wärme-Test macht. Ist ein Netzteil in die Steckdose eingesteckt, daran aber kein Gerät angeschlossen, spürt man trotzdem nach kurzer Zeit eine Erwärmung. Das ist Strom, der vollkommen nutzlos in Hitze umgewandelt wird. Und das millionenfach, auf der ganzen Welt.

Doch ganz verzichten kann man auf die Stromwandler nicht. Sie sind unerlässlich dafür, den Strom, der z. B. in Deutschland mit 230 Volt aus der Steckdose kommt, in Spannungen umzuwandeln, die den empfindlichen Innereien moderner Unterhaltungs- und Kommunikationselektronik besser schmeckt. Meist sind dies zwölf oder fünf Volt. Dass bei der Umwandlung der Spannung selbst Verluste auftreten, ist kaum zu vermeiden, dass die Geräte aber auch im Leerlauf Energie verbrauchen, ein kaum mehr lässlicher Umstand. Und genau den will die EU-Kommission jetzt abstellen. Wie die Kommission [...] mitteilte, gelten in der EU vom Frühsommer 2010 an strengere Auflagen für Netzteile.

Die Energieverluste von Netzteilen sollen durch die Verordnung bis zum Jahr 2020 um annähernd ein Drittel verringert werden, erläuterte ein Kommissionssprecher. Zudem erklärte er, die Verordnung werde in allen EU-Mitgliedstaaten unmittelbar gelten, müsse also nicht mehr umständlich in nationales Recht umgesetzt werden. [...] EU-weit will die Kommission mit der Maßnahme insgesamt neun Terawattstunden einsparen – das entspricht ungefähr der Menge Strom, die Litauen in einem ganzen Jahr verbraucht. Der jährliche Ausstoß an klimaschädlichen Treibhausgasen in der EU soll durch die Maßnahme um mehr als drei Millionen Tonnen zurückgehen.

➠ Querverweis: S. 120, M 2

Aus: Matthias Kremp: EU verbannt Stromfresser-Netzteile, in: Spiegel Online vom 6.4. 2009; www.spiegel.de (Zugriff am 9.12. 2009)

1. Erklären Sie den Unterschied zwischen einer Richtlinie und einer Verordnung (M 4).
2. Erläutern Sie die Gesetzgebungsverfahren in der EU (M 5, S. 33) und bewerten Sie deren Demokratiepotentiale.
3. Erarbeiten Sie aus der Richtlinie 2005/36/EG (M 6), ob das Ziel der vorbehaltlosen gegenseitigen Anerkennung von Berufsabschlüssen erreicht worden ist.
4. Erschließen Sie im Bundesgesetzblatt vom 17. Dezember 2008 die Umsetzung der Richtlinie 2005/36/EG hierzulande (Tipp: *www.bgblportal.de/BGBL/bgbl1f/bgbl108s2423.pdf*).
5. Erörtern Sie mithilfe von M 4, warum die Fallbeispiele (M 6, M 7) jeweils als Verordnung bzw. Richtlinie erlassen worden sind und prüfen Sie dabei, ob Ihrer Meinung nach ein Verstoß gegen das Subsidiaritätsprinzip (S. 32) vorliegt.

5. Die EU auf dem Weg zu einem einheitlichen Rechtsraum

„Ehrenwort!";
Zeichnung: Burkhard Mohr

Freiheit, Sicherheit und Recht

Das Vorhaben, in der Europäischen Union einen einheitlichen Raum der Freiheit, der Sicherheit und des Rechts zu schaffen, scheint ähnlich Erfolg versprechend zu sein wie die Entwicklung der gemeinsamen Wirtschafts- und Währungsunion. Seit dem Vertrag von Amsterdam verfügt die EU über weitreichende Rechtsetzungskompetenzen in der Justiz- und Innenpolitik, die durch die Verträge von Nizza und Lissabon erneut erweitert wurden. Die Gestaltung der Justiz- und Innenpolitik gehört damit zu den vergemeinschafteten Politikbereichen, die sich besonders dynamisch entwickeln.

Haager Programm

In dem 2004 beschlossenen Haager Programm einigten sich die EU-Staaten auf den weiteren Ausbau der gemeinsamen Asyl- und Einwanderungspolitik, die vollständige Harmonisierung der Grenzkontrollen und die Vertiefung der polizeilichen und justiziellen Zusammenarbeit. Diese Ziele wurden bis 2009 verwirklicht.

Schengener Abkommen

Der erste Schritt zur Harmonisierung der Grenzkontrollen war 1985 von fünf EG-Mitgliedstaaten mit der Unterzeichnung des Schengener Abkommens getan worden. Man verpflichtete sich dazu, die innerstaatlichen Grenzkontrollen abzuschaffen, um einen freien Reiseverkehr zu ermöglichen. Inzwischen gehören 28 Staaten dem „Schengen-Raum" an (Stand: 2010), davon 25 EU-Mitglieder. Die Personenkontrollen zwischen den Teilnehmer-Staaten wurden durch Kontrollen an den Außengrenzen des Schengen-Raums ersetzt: Für die Einreise wird ein Visum benötigt, das dann für alle Staaten gilt. Der Wegfall der zwischenstaatlichen Personenkontrollen wurde kompensiert durch eine Ausweitung der polizeilichen Kontrollbefugnisse und der grenzüberschreitenden polizeilichen Zusammenarbeit, etwa bei der Verfolgung von Straftätern. Insgesamt dient die Verschärfung der Grenzüberwachung vor allem dem Kampf gegen die organisierte Kriminalität wie dem Drogenschmuggel und Menschenhandel. Kritik am Schengener Abkommen richtet sich gegen die Verschärfung der Grenzüberwachung an den Außengrenzen, die die Armuts- und Wirtschaftsflüchtlinge in die Arme von Schleusern treibt. Andererseits wird das Verhalten mancher Schengen-Staaten kritisiert, die

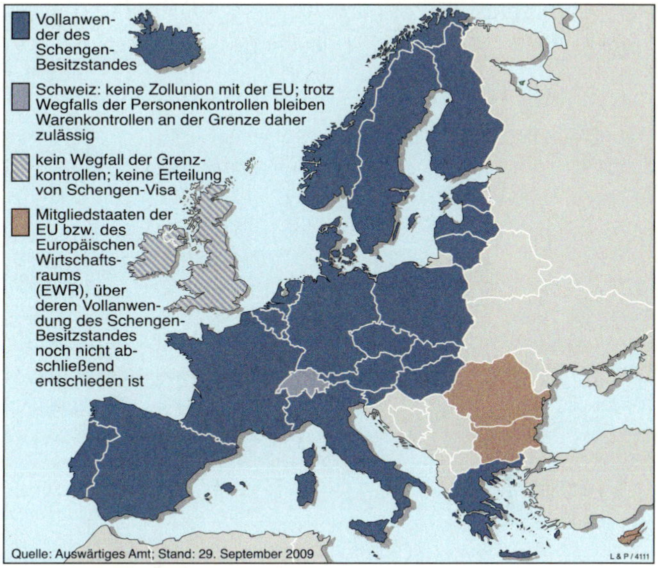

Der Schengen-Raum

ihre Grenzen nur ungenügend vor illegaler Einwanderung schützen.

Asyl- und Einwanderungspolitik

Viele Menschen aus anderen Teilen der Welt, zuletzt vor allem aus Afrika, wollen in der EU arbeiten, um ihre Familien zuhause zu ernähren. Oft wählen sie hierfür gefährliche Routen, z. B. durch die Sahara in die spanischen Exklaven Ceuta und Melilla oder auf italienische und griechische Inseln. Um den Druck auf ihre Außengrenzen zu verringern, haben die Europäer eine gemeinsame Asyl- und Einwanderungspolitik entwickelt und im Vertrag von Lissabon festgeschrieben. Die Asylpolitik umfasst die Einführung eines gemeinsamen Asylverfahrens und die Schaffung eines unionsweit einheitlichen Status für diejenigen, denen Asyl gewährt wird. Daneben betreiben die Europäer eine aktive Entwicklungs- und Menschenrechtspolitik in den Herkunftsländern der illegalen Einwanderer, die die Fluchtursachen, z. B. durch finanzielle Unterstützung, mindern sollen.

justizielle Zusammenarbeit

Die Koordinierungsstelle „Eurojust" in Den Haag unterstützt in Strafsachen seit 2003 die nationalen Staatsanwaltschaften bei EU-weiten Ermittlungsverfahren im Rahmen der justiziellen Zusammenarbeit. Parallel dazu existieren Austauschprogramme für Richter und Staatsanwälte. Insgesamt bleiben die Fortschritte im strafrechtlichen Sektor jedoch hinter den zeitlichen Planungen zurück: So etwa konnte ein bereits 2005 gefasster Beschluss zur grenzüberschreitenden Verfolgung von Verkehrsdelikten bislang nicht umgesetzt werden (Stand: 2010). Fortschritte bei der Harmonisierung des Rechts lassen sich hingegen im zivilrechtlichen Bereich feststellen, etwa bei der juristischen Behandlung des elektronischen Zahlungsverkehrs.

polizeiliche Zusammenarbeit

Spätestens seit den Terroranschlägen von Madrid 2004 und London 2005 steigt die Bedeutung einer EU-weiten Zusammenarbeit auch im polizeilichen Bereich. Neben der Terrorbekämpfung stehen die Verhinderung illegaler Einwanderung und der Kampf gegen das organisierte Verbrechen im Fokus der grenzüberschreitenden polizeilichen Zusammenarbeit. Hierzu wurde „Europol" als Europäisches Polizeiamt in Den Haag ins Leben gerufen und 1999 für voll einsatzfähig erklärt. Die Aufgaben der europäischen Polizeibehörde bestehen in der Verarbeitung und Analyse von Informationen, die im Bedarfsfall an die nationalen Polizeidienststellen weitergeleitet werden. Außerdem kann sich Europol an gemeinsamen Ermittlungsgruppen der Mitgliedstaaten beteiligen bzw. einzelne Mitglieder auffordern, Ermittlungen aufzunehmen. Von dem Ziel, ein europäisches Pendant zur US-Bundespolizei FBI (Federal Bureau of Investigation) zu schaffen, ist man allerdings noch weit entfernt. Die Oberhoheit über die Polizei fällt nämlich traditionell in den nationalen Aufgabenbereich, und von vielen Staaten wird das Subsidiaritätsprinzip hier sehr eng ausgelegt.

MATERIAL
1 Das Schengener Abkommen

Europa ohne Grenzkontrollen: [...] Am 15. Juni 1985 vereinbarten im luxemburgischen Schengen Frankreich, Belgien, die Niederlande, Luxemburg und Deutschland ein Übereinkommen, dessen Kernsatz lautet: „Die Binnengrenzen dürfen an jeder Stelle ohne Personenkontrollen überschritten werden". [...] Nach mehreren Erweiterungen zählen zum Schengen-Raum 25 EU-Mitglieder, Norwegen und Island. Seit 12. Dezember 2008 gehört auch die Schweiz dazu. [...] Am 19. Juni 1990 wurde zur Umsetzung des Schengener Abkommens das [...] Schengener Durchführungsübereinkommen (SDÜ) unterzeichnet. Das Abkommen regelt die Ausgleichsmaßnahmen, die einen einheitlichen Raum der Sicherheit und des Rechts gewährleisten sollen. Es handelt sich dabei um

- die Vereinheitlichung der Vorschriften für die Einreise und den kurzfristigen Aufenthalt von Ausländern im „Schengen-Raum" (einheitliches Schengenvisum);
- Asyl (Bestimmung des für einen Asylantrag zuständigen Mitgliedstaats);
- Maßnahmen gegen grenzüberschreitenden Drogenhandel;
- polizeiliche Zusammenarbeit und Zusammenarbeit der Schengenstaaten im Justizwesen. [...]

Nicht nur Unionsbürger, sondern auch Angehörige von Drittstaaten profitieren von der neuen Reisefreiheit. Allerdings unter einer Bedingung: Sie müssen ein Aufenthaltsrecht in einem dieser „Schengen-Staaten" haben. Bürger aus Drittstaaten, die nicht in einem Schengen-Land leben, sondern dort nur ihre Ferien verbringen, brauchen nur noch ein einziges Visum. Dieses Visum wird von einem Schengen-Staat ausgestellt und ist dann für die Einreise und den kurzfristigen Aufenthalt in allen Vertragsstaaten gültig. [...]

Strenge Personenkontrollen an den Außengrenzen sind in der Logik der Vereinbarungen von Schengen ein wichtiges Gegengewicht zum Wegfall der Kontrollen an den Binnengrenzen. Für die Frage der Einreise ins Gebiet der Schengen-Staaten sind gemeinsame Regelungen gefunden worden. Die Vertragsstaaten erkennen die von ihren nationalen Behörden erteilten Visa gegenseitig an. Ähnliches gilt bei der Asylpolitik: Hat ein Mitgliedsland über einen Asylantrag entschieden, werden die anderen Schengen-Staaten diese Entscheidung in aller Regel anerkennen. Die Vertragsparteien haben sich darüber hinaus zur gegenseitigen Unterstützung ihrer Polizeidienste verpflichtet. Ein „elektronisches Fahndungsbuch", das „Schengener Informationssystem" (SIS), hilft dabei. Das SIS ist ein computergestütztes System, das den Austausch von Daten über gesuchte Personen oder Objekte ermöglicht. Die zentrale Datenbank befindet sich in Straßburg und sorgt dafür, dass alle nationalen SIS über die gleichen Informationen verfügen. Außerdem dürfen Polizisten unter engen Voraussetzungen fliehenden Verbrechern auch über die Grenze hinweg „nacheilen". Auch in den Bereichen Waffenrecht und Drogenpolitik konnten die Schengen-Staaten gemeinsame Lösungen finden.

Aus: EU-Info.Deutschland: Schengener Abkommen; in: www.eu-info.de (Zugriff am 11.12. 2009)

MATERIAL
2 „1 000 Euro pro Person"

Makaberes Wochenende auf hoher See vor der mauretanischen Küste. Ein Boot aus Nouadhibou (im äußersten Nordwesten des Landes) mit 45 illegalen Passagieren von südlich der Sahara, in Richtung Kanarische Inseln unterwegs, hat wegen einer Motorpanne Schiffbruch erlitten. 22 Personen ertranken, die anderen wurden von den mauretanischen Behörden aufgefischt. Ein bisschen weiter nördlich auf der Höhe von Dakla im Süden der Westsahara ist ein Boot, das aus Mauretanien kam und 43 Einwanderer transportierte, in zwei Teile zerborsten, nachdem es von einem marokkanischen Schiff gerammt worden war. 23 Personen sind ertrunken, die anderen hat die Mannschaft des Schiffes gerettet. Dem mauretanischen Roten Halbmond zufolge kamen die Einwanderer, die an den beiden tödlichen Reisen beteiligt waren, aus Mali, Guinea-Bissau, Gam-

bia, Elfenbeinküste, Nigeria und einer von ihnen aus Mauretanien. […]
Ein Bericht der spanischen Polizei schätzt die Zahl der afrikanischen Einwanderungskandidaten nach Europa, die sich zur Zeit in Mauretanien und der westlichen Sahara ansammeln, auf mehr als 10 000. […] Nach Aussagen des Koordinators des mauretanischen Roten Halbmonds, Ahmedou Ould Haye, haben „im Zeitraum von November 2005 bis heute 1 200 bis 1 300 Menschen bei dem Versuch, die Kanarischen Inseln zu erreichen, ihr Leben auf See verloren". Er schätzt, dass täglich zwischen 700 bis 800 Menschen die Überfahrt antreten und dass 40 % der Boote, die in See stechen, Schiffbruch erleiden. „Die Reise wird im Voraus bezahlt durch weitverzweigte Netzwerke in Mauretanien ebenso wie in den Ländern südlich der Sahara und den europäischen Zielländern" […]. „Die Mehrzahl der Registrierten sind Männer aller Altersgruppen, aber es gibt auch Frauen und Kinder. Sie durchqueren die Wüste, und zahlreiche von ihnen verdursten. Sie kommen zu uns, weil Mauretanien die Schwachstelle der Region ist. Es ist ein Land mit offenen und schlecht bewachten Grenzen, dünn besiedelt und mit zu knappen Mitteln für Kontrolle und Überwachung". […] „Mehr als 45 Schleuserorganisationen halten seit fünf Jahren diesen illegalen Menschenhandel in Mauretanien, Marokko und in der Westsahara in Gang", erläutert Juan Manuel Pardellas, Korrespondent der großen spanischen Tageszeitung El País in Teneriffa. „Das sind ehemalige Schmuggler, die dies viel lukrativer als den Tabakschmuggel finden, da sie sich das Schleusen pro Person mit 1 000 Euro bezahlen lassen."

➠ Querverweis: S. 142, M 4

Aus: Radio France Internationale (RFI), 2006; Übersetzung: Regina Blume

MATERIAL 3

Richtlinie 2008/115/EG zur Rückführung illegal aufhältiger Drittstaatsangehöriger (2008)

Diese Richtlinie enthält gemeinsame Normen und Verfahren, die in den Mitgliedstaaten bei der Rückführung illegal aufhältiger Drittstaatsangehöriger im Einklang mit den Grundrechten als allgemeinen Grundsätzen des Gemeinschafts- und des Völkerrechts, einschließlich der Verpflichtung zum Schutz von Flüchtlingen und zur Achtung der Menschenrechte, anzuwenden sind. […]
Machen die Mitgliedstaaten – als letztes Mittel – von Zwangsmaßnahmen zur Durchführung der Abschiebung von Widerstand leistenden Drittstaatsangehörigen Gebrauch, so müssen diese Maßnahmen verhältnismäßig sein und dürfen nicht über die Grenzen des Vertretbaren hinausgehen. Sie müssen nach dem einzelstaatlichen Recht im Einklang mit den Grundrechten und unter gebührender Berücksichtigung der Menschenwürde und körperlichen Unversehrtheit des betreffenden Drittstaatsangehörigen angewandt werden. […] Die Mitgliedstaaten berücksichtigen insbesondere
a) die körperliche oder psychische Verfassung der betreffenden Drittstaatsangehörigen;
b) technische Gründe wie fehlende Beförderungskapazitäten oder Scheitern der Abschiebung aufgrund von Unklarheit über die Identität. […]
Rückkehrentscheidungen gehen mit einem Einreiseverbot einher. […]

Aus: Amtsblatt der Europäischen Union, L 348 vom 24.12. 2008, S. 100, 103

➠ Querverweis: Kapitel III.6

1. Diskutieren Sie die Vor- und Nachteile des Schengener Abkommens (M 1, S. 38/ 39).
2. Charakterisieren Sie die Menschenrechtsprobleme, die sich durch illegale Einwanderung einerseits für die Flüchtlinge, andererseits für die EU ergeben (M 2, M 3).
3. Interpretieren Sie die Karikatur auf S. 38 und erklären Sie mit ihrer Hilfe die Notwendigkeit der justiziellen und polizeilichen Zusammenarbeit in der EU.

MATERIAL

4 Eurojust – Koordination grenzüberschreitender Strafverfahren

Grenzüberschreitende Verbrechen nehmen in Europa zu. Aufgrund der technologischen Entwicklung und der Maßnahmen zur Vereinfachung des freien Personenverkehrs in der gesamten Europäischen Union ist es für Verbrecherbanden leichter geworden, sich den herkömmlichen Strafverfolgungsmechanismen zu entziehen. Um insbesondere schwere Formen des organisierten Verbrechens zu bekämpfen, richtete die EU am 6. Dezember 2001 Eurojust ein, um den Weg für eine bessere Koordination der Strafverfolgung und Ermittlungen bei schwerwiegenden grenzüberschreitenden Verbrechen zu ebnen.

Eurojust besteht aus einem hochrangigen Team führender Rechtsanwälte, Richter und Staatsanwälte und anderen, von jedem EU-Land entsandten Rechtsexperten, die am selben Ort und im selben Gebäude zusammenarbeiten. Sie sind gleichzeitig weiterhin als Mitglieder ihrer jeweiligen nationalen Herkunftsorganisation tätig. Eurojust kann in grenzüberschreitenden Rechtssachen sofortige Rechtsberatung und -hilfe für Ermittlungsbeamte, Staatsanwälte und Richter in verschiedenen EU-Mitgliedstaaten geben. Die Richter und Staatsanwälte werden beraten und informiert, wo sie Informationen einholen können, die sie aus einem anderen EU-Land benötigen, und wie in grenzüberschreitenden Rechtssachen zu verfahren ist. [...] In Fällen, bei denen die finanziellen Interessen der EU betroffen sind, kann Eurojust auch mit OLAF, dem Europäischen Amt für Betrugsbekämpfung, zusammenarbeiten.

Organisierte Verbrecher, zu denen Drogenbarone und Menschenhändler bis hin zu Betrügern und Terroristen gehören, haben lange Zeit in mehreren Ländern operiert, als gäbe es keine nationalen Grenzen. Oftmals organisieren sie ihre Aktivitäten derart, dass sie von den Grenzen profitieren, die sich als Hindernis für die Verbrechensverhütung und das Ergreifen von Straftätern erwiesen haben. Die Straftäter können beispielsweise in einem Land ein Verbrechen planen, es in einem zweiten ausführen, die gestohlenen Gegenstände dann in mehreren Ländern verkaufen und sich schließlich in einem weiteren Land niederlassen, um die Früchte ihrer Missetaten zu genießen.

Der Informationsaustausch zwischen den Strafverfolgungsbehörden gestaltete sich schwierig, und kommunale und nationale Polizeikräfte arbeiteten nicht effizient genug zusammen, um den Zugriff der Strafverfolgungsbehörden auf organisierte Verbrecher jenseits der Landesgrenzen zu ermöglichen. Selbst wenn ein Straftäter gefasst wurde, konnte es lange (manchmal Jahre) dauern, bevor diese Person in das Land ausgeliefert wurde, wo das Gerichtsverfahren stattfand. Auch die Übermittlung von Informationen und Beweismaterial zwischen den Ländern nahm mitunter viel Zeit in Anspruch, wodurch sich die Gerichtsverfahren bei grenzüberschreitenden Verbrechern erheblich verzögerten. [...]

Zeichnung: Daniela Bühnen

Aus: Eurojust koordiniert grenzüberschreitende Strafverfahren auf EU-Ebene, © Europäische Union, 1995–2010

1. Charakterisieren Sie Eurojust (M 4) und beurteilen Sie deren Schlagkraft.
2. Untersuchen Sie die Vor- und Nachteile einer Ausweitung der innereuropäischen polizeilichen Zusammenarbeit (M 5).
3. Entwickeln Sie ein Szenario zu dem Schlagwort „Festung Europa" (Karikatur S. 42).

MATERIAL 5

Die „neue operative Phase" der Europol

Bundesinnenminister Wolfgang Schäuble [Stand: 20.4. 2007] sieht mit drei jüngst in Kraft getretenen Änderungsprotokollen zum Europol-Übereinkommen die Effizienz des Europäischen Polizeiamtes maßgeblich gesteigert. Mit den erweiterten Befugnissen werde „eine neue operative Phase" für die in Den Haag angesiedelte Strafverfolgungsbehörde eingeleitet, betonte der CDU-Politiker. [...]
Europol kommt mit den neuen Bestimmungen eine deutlich stärkere Rolle bei der Bekämpfung und Prävention grenzüberschreitender schwerer Straftaten wie Terrorismus, Drogenkriminalität oder der Geldfälschung zu. [...] Den Eurocops wird die Teilnahme an gemeinsamen Ermittlungsgruppen der Mitgliedstaaten ermöglicht. Sie können Informationen aus laufenden Europol-Analysedateien unmittelbar in diese neue Kooperationsform einbringen. Umgekehrt wird es Europol-Bediensteten erlaubt, direkt aus gemeinsamen Ermittlungsteams aktuelle Informationen zu erhalten und zu verarbeiten. [...] Außerdem können Experten aus Drittstaaten [...] in einer Analysegruppe der Mitgliedstaaten bei Europol direkt mitarbeiten. Dies ist Schäuble zufolge gerade „in der Zusammenarbeit mit den USA im wichtigen Bereich der Terrorismusbekämpfung von größter Bedeutung". [...]
Bürgerrechtler sehen mit den Brüsseler Plänen eine unkontrollierte Ausdehnung der Europol-Befugnisse einhergehen. Die Behörde würde ihnen zufolge in eine Art Bundespolizei für die gesamte EU verwandelt, die noch stärker auf nationale Datenbanken frei zugreifen und die darin gespeicherten Informationen in eigene Systeme einbauen könnte. Der Bundesrat mahnte jüngst an, dass der neue Rechtsrahmen einen „operativen Mehrwert" mit sich bringen sollte, ohne jedoch „exekutive Befugnisse" für ein „Euro-FBI" zu schaffen. [...]

Aus: Stefan Krempl: Schäuble begrüßt „neue operative Phase" von Europol; in: heise online, 20.4. 2007; www.heise.de (11.12. 2009)

MATERIAL 6

Jahresbericht von Europol vom 17. April 2009

Die Zahl terroristischer Anschläge in der Europäischen Union ist 2008 insgesamt deutlich gesunken. Das geht aus dem am Freitag in Den Haag veröffentlichten Terrorismus-Jahresbericht der Europäischen Polizeibehörde Europol hervor. Insgesamt meldeten EU-Staaten im vergangenen Jahr 515 „fehlgeschlagene, vereitelte oder gelungene terroristische Anschläge". Im Vergleich zu 2007 sei dies ein Rückgang um 23 Prozent. Separatistische Gruppierungen wie die baskische ETA haben dabei erheblich öfter zugeschlagen als islamistische Terroristen. Die Zahl der Angriffe von Separatisten lag im Jahr 2008 bei 397. 2007 waren es noch 532.
Laut Europol wurden mit Ausnahme eines Bombenanschlags in Großbritannien „in der EU 2008 durch islamische Terroristen keine erfolgreichen Anschläge verübt". Islamistische Terrorzellen seien aber weiterhin in der EU aktiv. Die Gefahr durch islamischen Terrorismus in Europa ist dem Bericht zufolge eng mit der Entwicklung in Staaten wie dem Irak, Afghanistan und Pakistan verknüpft.
Zugenommen haben dem Bericht zufolge Angriffe linksextremer und anarchistischer Gruppen: Sie waren für 28 Angriffe verantwortlich. Die Attacken fanden in Griechenland, Spanien und Italien statt. 58 Terror-Verdächtige wurden festgenommen. Insgesamt wurden in 13 EU-Staaten knapp über tausend Menschen unter Terrorismus-Verdacht festgenommen. 384 von ihnen wurden verurteilt.

➠ Querverweis: S. 140, M 1

Aus: Die Presse vom 17.4. 2009; abrufbar unter http://diepresse.com (Zugriff am 11.12. 2009)

1. Vergleichen Sie M 6 mit dem aktuellen Europol-Jahresbericht (Internet-Recherche) und fassen Sie Ihre Ergebnisse thesenartig zusammen.

6. Reformen und Perspektiven der EU: Erweiterungspolitik

„Jeder europäische Staat, der die in Artikel 2 genannten Werte achtet und sich für ihre Förderung einsetzt, kann beantragen, Mitglied der Union zu werden. [...]"
(Art. 49 EUV)

„Die Werte, auf die sich die Union gründet, sind die Achtung der Menschenwürde, Freiheit, Demokratie, Gleichheit, Rechtsstaatlichkeit und die Wahrung der Menschenrechte einschließlich der Rechte der Personen, die Minderheiten angehören. [...]"
(Art. 2 EUV)

vom Europa der 6 zur Osterweiterung

Die Geschichte der EU ist auch die Geschichte ihrer stetigen Erweiterung. Nach der Gründung der EWG 1957 verdoppelte die Europäische Gemeinschaft (ab 1967) ihre Mitgliederzahl seit den siebziger Jahren von sechs auf zwölf. Mit dem Fall des Eisernen Vorhangs 1989/ 90 und der Gründung der EU 1993 erhöhte sich neben der ökonomischen nun auch die politische Attraktivität der EU. Schließlich stand nach dem Beitritt Finnlands, Österreichs und Schwedens 1995 der gewaltigste Kraftakt in der Geschichte der europäischen Integration bevor: die Erweiterung um zwölf mittel- und osteuropäische Staaten.

beitrittsfähige Kandidaten? – die Kopenhagener Kriterien

EU-Beitritte waren stets große Herausforderungen – sowohl für die Union als auch für die Kandidatenländer. Die ehemals kommunistischen Staaten Mittel- und Osteuropas, deren Beitritt 2004 bzw. 2007 erfolgte, mussten zuerst die „Kopenhagener Kriterien" erfüllen, die die Regierungschefs der EU schon 1993 festgelegt hatten: Mitglied können seither nur Staaten werden, die u. a. eine stabile Demokratie und eine funktionierende Marktwirtschaft aufweisen. Sie alle müssen bereit sein, sich in den europäischen Binnenmarkt einzugliedern und die Verordnungen und Richtlinien der EU vollständig zu übernehmen. Zudem sind die „Neuankömmlinge" verpflichtet, den Euro als Währung zu übernehmen, sofern sie die Stabilitätskriterien der Währungsunion erfüllen.

aufnahmefähige EU? – der Vertrag von Lissabon

Während die ehemaligen Ostblockstaaten große Schwierigkeiten vor allem beim Umbau ihrer sozialistischen Plan- zu einer freien Marktwirtschaft hatten, befürchteten die bisherigen Mitgliedstaaten eine finanzielle Mehrbelastung und höheren Konkurrenzdruck. Das Hauptproblem der EU bestand lange Zeit in der Anpassung ihrer Verträge und Organe an die gestiegene Mitgliederzahl. Es wurde eigens eine Europäische Verfassung erarbeitet, um die Handlungsfähigkeit der EU angesichts der Osterweiterung zu gewährleisten. Nachdem die Verfassung 2005 in Frankreich und den Niederlanden abgelehnt worden war, sollte der Reformvertrag von Lissabon die EU institutionell verschlanken. Allerdings darf auch weiterhin jeder Mitgliedstaat einen Kommissar stellen, eine Regelung, die die Handlungsfähigkeit der Kommission künftig einschränken kann.

neue Beitrittskandidaten

Derweil stehen bereits neue Beitrittskandidaten „vor der Tür": So wurde 2004 von der EU-Kommission festgestellt, dass die Türkei die politischen Beitrittskriterien erfülle. Seit 1963 ist die Republik Türkei mit der EWG assoziiert, 1987 wurde das offizielle Beitrittsgesuch eingereicht, und seit 2005 laufen die Beitrittsverhandlungen. Kroatien liegt bei den Beitrittsverhandlungen gleichauf, obwohl es erst 2003 um eine Aufnahme in die EU ersucht hatte. Mazedonien wurde 2005 der Status eines „Kandidatenlandes" zugesprochen – zu Verhandlungen kann es jedoch erst nach weiteren Reformen und Maßnahmen im Justizwesen und bei der Korruptionsbekämpfung kommen. In der von den EU-Staaten und den Ländern des westlichen Balkans 2003 abgegebenen „Erklärung von Thessaloniki" kam zum Ausdruck, dass sich Bosnien-Herzegowina, Serbien, Montenegro, Albanien und der (seit 2008 unabhängige) Kosovo fortan um Beitritt bemühen würden. Ebenso streben die ehemaligen Sowjetrepubliken Ukraine, Weißrussland und Moldawien zumindest eine engere Anbindung an die EU an. Island hat 2009 um EU-Beitritt ersucht; die Kommission hat die Aufnahme von Verhandlungen empfohlen.

neue Beitrittshürden

Seit der Osterweiterung sind die Hürden für den Beitritt erhöht worden. Neben dem geographischen Aspekt, der z. B. 1987 zur Abweisung Marokkos führte, und den Kopenhagener Kriterien kommen bei den Verhandlungen mit der Türkei und Kroatien neue Verfahrenselemente zum Tragen, die einen Beitrittsautomatismus vermeiden und den Mitgliedstaaten mehr Kontrollrechte einräumen sollen. So etwa kann die Aussetzung der Verhandlungen beschlossen werden, sollte ein Kandidat schwerwiegend und dauerhaft gegen die Grundwerte der EU verstoßen. Alle Kapitel des Kriterienkatalogs, über die sich das Bewerberland und die EU geeinigt haben, werden stets nur vorläufig angenommen und erst am Ende der Verhandlungen als Gesamtpaket verabschiedet.

EU-Beitritt der Türkei?

Kein Beitrittskandidat ist in der Geschichte der EU so umstritten wie die Türkei. Kritisch werden immer wieder die Schwäche der demokratischen Institutionen, der politische Einfluss des Militärs, die Diskriminierung der Volksgruppe der Kurden sowie Menschenrechtsverletzungen, z. B. beim Strafvollzug, angeführt. Auch die wirtschaftlichen Rückstände sind oft bemängelt worden, vor allem mit Blick auf das politische Gewicht, das die Türkei mit ihren rund 73 Millionen Einwohnern in den europäischen Institutionen in die Waagschale werfen könnte. Der Aufwendung von EU-Subventionen für die türkische Landwirtschaft und der islamischen Prägung des Landes stehen viele Europäer skeptisch gegenüber. Zudem spielen sicherheitspolitische Überlegungen eine Rolle, denn mit einem Beitritt der Türkei läge die Außengrenze der EU mit einem Mal am Irak und dem Iran – und damit an zentralen Krisengebieten des 21. Jahrhunderts. Andererseits nimmt die Türkei mit ihrem demokratisch-laizistischen Staatsaufbau innerhalb der islamischen Welt eine Sonder- und Vorbildrolle ein, die sich bei einem EU-Beitritt positiv auf die angrenzenden Staaten im Nahen und Mittleren Osten auswirken könnte. Angesichts der weltweiten Terrorgefahr wäre das NATO-Mitglied Türkei für die EU außerdem ein schlagkräftiger Partner an einer geopolitisch wichtigen Schnittstelle zwischen Europa und Asien.

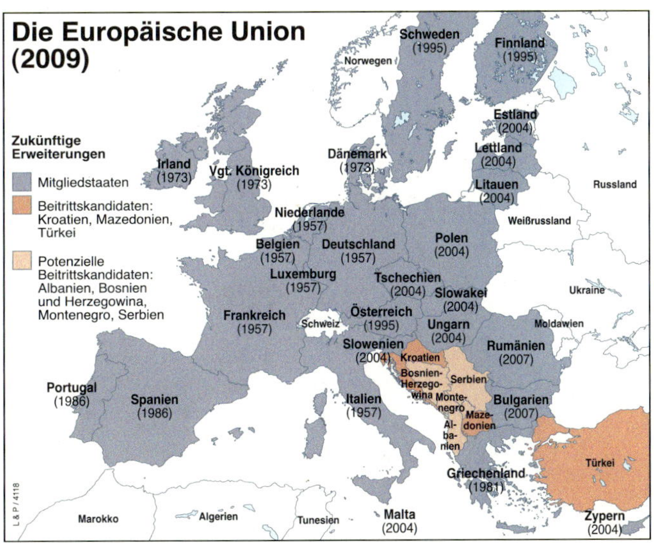

MATERIAL
1 Stimmen zur Osterweiterung

- *Wolfgang Schäuble* MdB (CDU), *ehemaliger Parteivorsitzender der* CDU: „Die Einigung Europas ist das wertvollste Erbe der zweiten Hälfte des 20. Jahrhunderts. Dabei ist klar: Die neuen Mitglieder in der Europäischen Union werden nicht erst jetzt Europäer, sie sind es immer gewesen. Europa erweitert sich nicht, sondern Europa überwindet seine Teilung." (Das Parlament vom 14./21. Juli 2003)

- *Jean-Claude Juncker, Ministerpräsident von Luxemburg*: „Das enorme Wohlstandsgefälle ist eine Bedrohung für Frieden und Sicherheit. [...] Wer Konflikte [...] vermeiden will, muss einsehen, dass es keine Alternative zur Osterweiterung der EU gibt. Es geht darum, eine „Zeitbombe" zu entschärfen." (Die Welt vom 13. März 1998)

- *Alexander Kwasniewski, ehemaliger polnischer Staatspräsident*: „Für uns heißt die EU vor allem, dass wir die Lebens- und Wirtschaftsbedingungen im eigenen Land endlich verbessern können." (Der Spiegel vom 2. Juli 2001)

- *Vaclav Havel, ehemaliger tschechischer Staatspräsident*: „Die einzig sinnvolle Aufgabe für Europa [...] besteht darin, sein „besseres Selbst" zu sein, das heißt, seine besten geistigen Traditionen ins Leben zurückzurufen und dadurch auf eine schöpferische Weise eine neue Art des globalen Zusammenlebens mitzugestalten." (Stuttgarter Zeitung vom 27. April 2003)

Aus: Süddeutsche Zeitung vom 10. Juni 2003 (Blick in die Presse); Zeichnung: Thomas Plaßmann

➠ Querverweis: S. 8–11

MATERIAL
2 Die Kopenhagener Kriterien

Allgemeine Kriterien	Prüfungskatalog für Beitrittsreife
Demokratisches System	• Stand des politischen Reformprozesses in Bezug auf: – Institutionen – Medien – Verbände – Parteien – Rechtspflege • Verwaltungssystem • Orientierung in der Außen- und Sicherheitspolitik • Verfassungsrechtliche Mindesstandards, insb.: – Grundrechtsschutz – Rechtsstaatlichkeit – Minderheitsrechte
Wirtschaftliche Leistungsfähigkeit	• Stand der Reformen zur Schaffung einer Marktwirtschaft, insb.: – Agrarpolitik – Wettbewerbspolitik – Außenhandel – Geldpolitik • Stand des Strukturwandels besonders in Bezug auf Privatisierung
Acquis communautaire (Besitzstand der Gemeinschaft)	• Stand des rechtlichen Harmonisierungsprozesses, insb. in – Wirtschaftsrecht – Handelsrecht – Zivilrecht • Bereitschaft zur Aufgabe eigener Kompetenzen und staatlicher Souveränität • Einstellung der Bevölkerung; Grad der Identifikation mit der EU

Aus: Michael Piazolo: Das integrierte Deutschland. Europäische und internationale Verflechtungen, München 2006, S. 145

MATERIAL 3

Die Osterweiterung der Europäischen Union im Rückblick (2009)

Die Osterweiterung, die sich Anfang Mai [2009] zum fünften Male jährt, unterstreicht den Erfolg des europäischen Integrationsprozesses. Die Spaltung des Kontinents konnte überwunden werden, der Beitrittswille und die damit verbundenen Anstrengungen der jungen Demokratien belegen die Strahlkraft des europäischen Gemeinwesens, und doch ist die Osterweiterung nach wie vor mit einer Vielzahl von Fragen verbunden. Ein Stocken der Integrationsdynamik, das sich in den negativen Referenden zum Europäischen Verfassungsvertrag und zum Vertrag von Lissabon manifestiert, wird häufig auch mit der Osterweiterung in Verbindung gebracht. Zahlreiche Bürger fühlten sich durch die Erweiterung übergangen und im europäischen Gemeinwesen immer weniger zu Hause. [...]

Im Allgemeinen zeichnet sich das Regieren in der Europäischen Union auch nach der Osterweiterung durch Kontinuität aus. Zwar sind die meisten Organe durch den Beitritt der neuen Mitgliedstaaten stark angewachsen. [...] Doch scheint sich dieser Zuwachs kaum auf die Handlungsfähigkeit der Institutionen auszuwirken. [...]

Bei dem unterschiedlichen Entwicklungsgrad der Mitgliedstaaten hätten die meisten politikwissenschaftlichen Theorien zur Entscheidungsfindung angesichts dieses Zuwachses an Heterogenität mehr Unstimmigkeiten und mehr Reformstau im Rat erwartet. Die Wirtschaftskraft der meisten neuen Beitrittsländer liegt trotz stärkeren Zuwächsen in den vergangenen Jahren noch erheblich unter derjenigen der alten Länder. Auch die Beschäftigungsstruktur weist nach wie vor Unterschiede auf.

In einer Untersuchung [...] können wir zeigen, dass die Gesamtproduktion an Gesetzen trotz eines kurzfristigen Einbruchs in direkter Folge der ersten Osterweiterung nicht signifikant mit der Gruppengröße in Verbindung steht. Wir finden jedoch einen Rückgang an Richtlinien und Verordnungen [...], während sogenannte Entscheidungen, die sich in der Regel an einzelne oder nur wenige Mitgliedstaaten richten, über die Zeit hinweg zugenommen haben. Der Rückgang der Gesetzesproduktion ist in jedem Falle aber deutlich geringer als ursprünglich erwartet – zudem liegt er im Einklang mit der Absicht der Barroso-Kommission, den Gesetzesausstoß ohnehin zu drosseln. Dass sich auch das Abstimmungsverhalten kaum verändert hat, [...] offenbart einmal mehr die Besonderheiten des europäischen Regierungssystems. Eine große Bedeutung kommt hier auch nach der Erweiterung ohne Zweifel der Europäischen Kommission zu, die [...] Gesetzesvorschläge so geschickt platzieren kann, dass diese noch immer eine Zustimmung der meisten Mitgliedsländer finden.

Auch das Verfahren zur Auswahl der neuen Mitgliedstaaten stellt eine Absicherung gegen hartnäckiges Querulantentum dar. In Einklang mit den sogenannten Kopenhagener Kriterien [...] und durch die Übernahme des Acquis communautaire, also des gemeinschaftlichen Besitzstands an verbindlichen Pflichten und Rechten, qualifizierten sich die neuen Mitgliedstaaten. Sie sind allesamt liberale Demokratien und passen sich auch aufgrund dieser Wertbasis in das europäische Gemeinwesen ein. [...]

Aus: Dirk Leuffen: Europa ist auch als Großverband handlungsfähig geblieben; in: Neue Zürcher Zeitung vom 30.4. 2009; der Autor ist Oberassistent am Lehrstuhl für europäische Politik des Center for Comparative and International Studies an der ETH Zürich.

1. Interpretieren Sie die Karikatur (S. 46) und erarbeiten Sie aus M 1, ob die Aussage des Zeichners als zentrales Motiv der Beitrittskandidaten gewertet werden kann.
2. Erläutern Sie die Kopenhagener Kriterien (M 2) und nehmen Sie dazu Stellung.
3. Erarbeiten Sie aus dem Text M 3, inwieweit sich die Befürchtungen ob der Unregierbarkeit der EU nach der Osterweiterung bestätigt haben.
4. Diskutieren Sie, ob die Untersuchung in M 3 als Beleg für die unbegrenzte Erweiterungsfähigkeit der EU gewertet werden kann.

MATERIAL

4 Beitrittsverfahren nach Art. 49 EUV

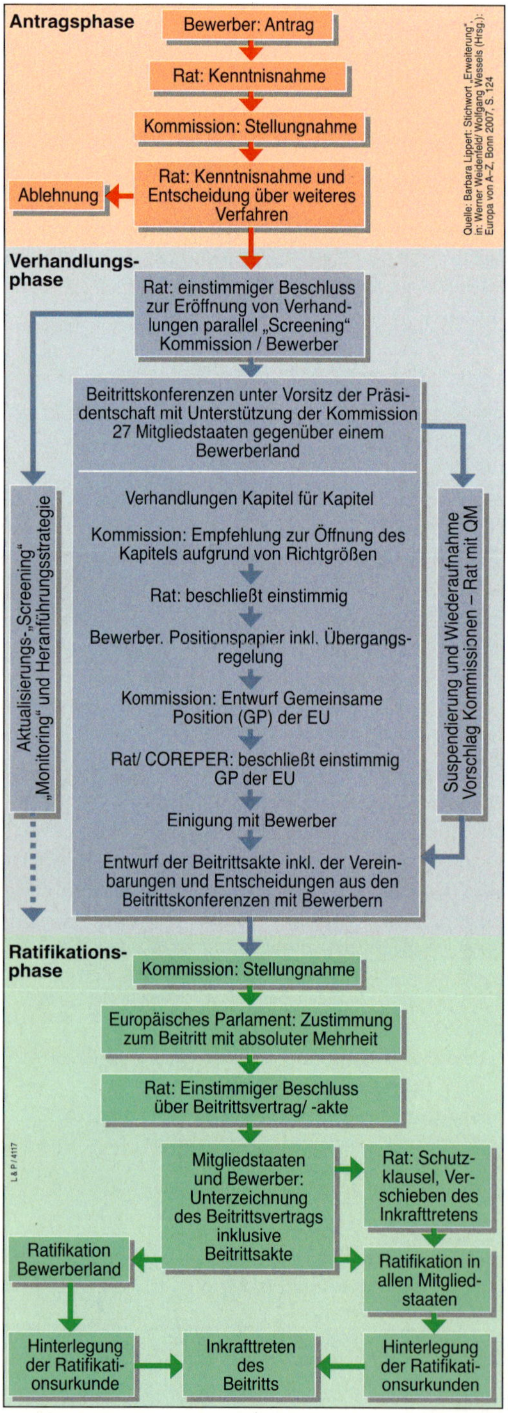

MATERIAL

Warum Erweiterung? 5

Der Finne Olli Rehn (geb. 1962) war zwischen 2004 und 2010 EU-Kommissar für Erweiterung. Anschließend übernahm er das Kommissariat für Wirtschaft und Währung.

„Die Erweiterung ist eine Erfolgsgeschichte – nicht nur der Europäischen Union, sondern ganz Europas. Indem wir den Raum des Friedens und der Stabilität, der Demokratie und der Rechtsstaatlichkeit ausgedehnt haben, konnten wir weit mehr bewegen, als jemals mit Gewalt zu erreichen gewesen wäre. Die Erweiterung und damit der europäische Einigungsprozess hat Europa sicherer gemacht.
Wir leben auf einem Kontinent, auf dem die Sicherheit seit Beginn des Integrationsprozesses vor 50 Jahren wesentlich zugenommen hat, und wir haben sogar die Möglichkeit, sie weiter zu festigen. Die Erweiterung hat nachweislich einen Beitrag dazu geleistet, den Wandel der Bewerberländer in funktionierende Demokratien, Marktwirtschaften und echte Partner bei der Bewältigung gemeinsamer Herausforderungen zu fördern. Sie hat den Anstoß zu Reformen gegeben und allgemeine Grundsätze wie Freiheit, Demokratie oder Einhaltung der Menschenrechte und Grundfreiheiten konsolidiert.
Durch den größeren Binnenmarkt und die wirtschaftliche Zusammenarbeit haben Wohlstand und Wettbewerbsfähigkeit zugenommen, was der erweiterten EU zugleich eine bessere Ausgangsposition im Globalisierungsprozess verschafft. Die Erweiterung hat Europa zu mehr Gewicht in der Welt verholfen und seine Rolle auf internationaler Ebene gestärkt. […]
Die Erweiterung geht derzeit nicht mit dem Tempo eines Hochgeschwindigkeitszugs, sondern eher mit dem eines Nahverkehrszugs voran. Trotzdem darf der Prozess nicht ins Stocken geraten. Es liegt im ureigenen Interesse ganz Europas, den demokratischen Wandel in den Ländern des westlichen Balkans zu fördern und die Türkei zu einem Stützpfeiler der Stabilität in einer Region zu machen, die zu den instabilsten in der ganzen Welt zählt. Die Erweiterung ist für die EU einer der wichtigsten Sicherheitsgaranten!"

Aus: Wie funktioniert Europa?, Praxis Politik 3/ 2008, S. 34 (www.praxispolitik.de)

MATERIAL 6

Argumente für und gegen einen Beitritt der Türkei zur EU

Pro	Kontra
• Stabilisierung des Reformprozesses in der Türkei • Stärkung der türkischen Wirtschaft • Einbindung der Türkei in die „westliche Welt“ • Vorbildcharakter für die Region (Beispiel, dass Demokratie und Islam kein Widerspruch sind)	• Defizite im Menschenrechtsschutz • ökonomische Schwäche der Türkei • starker Einfluss des türkischen Militärs • großer finanzieller Transferbedarf • Mentalität eines Großteils der türkischen Bevölkerung (z. B. Frauenbild, Rolle der Religionen)
Mögliche Vorteile für die EU:	**Mögliche Nachteile für die EU:**
• Stärkung der geostrategischen Lage (Brücke zu asiatischen Ländern, Kontrolle des Bosporus) • Sicherung von Energiequellen, insb. Erdöl und Erdgas (Türkei als Transitland)	• Überdehnung und dadurch Unregierbarkeit • Syrien, Iran und Irak als prekäre Nachbarn der EU • Verschiebung der politischen Strukturen aufgrund der demographischen Größe der Türkei (dann wohl 80 Mio. Einwohner)

Nach: Michael Piazolo: Das integrierte Deutschland. Europäische und internationale Verflechtungen, München 2006, S. 147 L & P / 4192

MATERIAL 7

Bilanz der Erweiterungspolitik

Jede Erweiterung verändert die politische Konstellation innerhalb der EU und erschwert aufgrund der vermehrten Vielfalt der Interessen und Präferenzen die Entscheidungsprozesse und kollektive Handlungsfähigkeit. Der Zusammenhalt muss angesichts großer Unterschiede in Bezug auf Bevölkerungsgröße, Geographie, Geschichte und Kultur, wirtschaftliche Leistungskraft, Verteilung des Wohlstands und europapolitische Leitbilder in einem Konsolidierungsprozess neu gewonnen werden. Die Verhandlungen über die finanzielle Vorausschau und die Agenda 2007 waren ein Testfall für die EU-25. Eckdaten für die Verteilungskämpfe und Reformdiskussion waren:

Der Sprung von der EU-15 zur EU-25 bedeutete einen Bevölkerungszuwachs von 75 Mio. auf etwa 450 Mio., das Territorium der EU vergrößerte sich um etwa 23%, die landwirtschaftlich genutzte Fläche sogar um etwa 45%, das BIP dürfte sich hingegen lediglich um geschätzte 4,8% steigern, während das BIP pro Kopf um 12,4% sinkt. Ein Beitritt der Türkei würde wirtschaftlich ähnlich geringe Effekte für die EU insgesamt haben, aber enorme Belastungen für den Haushalt und das Entscheidungssystem mit sich bringen.

Die EU hat seit den 1970er Jahren eine pragmatische und reaktive Erweiterungspolitik betrieben, die nun an politische und finanzielle Grenzen stößt. Sie bemüht sich deshalb, alternative Anbindungen beispielsweise im Rahmen der Europäischen Nachbarschaftspolitik zu entwickeln und alte Konzepte wie die Assoziierung neu zu beleben. Die Beitrittsverhandlungen mit der Türkei werden möglicherweise nicht mehr zu den traditionellen Bedingungen der Acquis-Übernahme und Vollmitgliedschaft durchgeführt und können zu einer Zäsur nicht nur der Erweiterungspolitik, sondern auch der europäischen Integration insgesamt führen.

Aus: Barbara Lippert: Stichwort „Erweiterung“, in: Werner Weidenfeld/ Wolfgang Wessels (Hrsg.): Europa von A–Z, Bonn 2007, S. 128

1. Erläutern Sie das Beitrittsverfahren zur EU (M 4) und erklären Sie, worin die größten Hürden bestehen.
2. Erarbeiten Sie aus M 5 die Notwendigkeit einer voranschreitenden Erweiterungspolitik in der EU und nehmen Sie dazu Stellung.
3. Diskutieren Sie mithilfe der Grafik (M 6) den möglichen Beitritt der Türkei zur EU und verfassen Sie einen Zeitungskommentar auf Basis des Diskussionsergebnisses.
4. Fassen Sie die Erweiterungsbilanz (M 7) thesenartig zusammen und entwerfen Sie auf dieser Grundlage ein Szenario zur künftigen Erweiterung der EU.
5. Stellen Sie die Aussagen aus M 3 und M 7 einander gegenüber.

7. Ein europäisches Bewusstsein?

Zeichnung: Oliver Schopf, 2007

Bayern, Deutsche, Europäer – die meisten Menschen definieren sich über ihre regionale oder nationale, aber nicht über ihre europäische Herkunft. Da die Zukunft eines demokratischen Staatswesens allerdings nicht nur auf seiner Legitimität, sondern auch auf der Identifikation seiner Bürgerinnen und Bürger mit diesem beruht, ist man in Brüssel bemüht, die Union erlebbarer und transparenter zu machen.

Angesichts der niedrigen Wahlbeteiligung bei Europawahlen werden z. B. auf regionaler Ebene Versuche unternommen, die Union für ihre Bürger erlebbar und transparent zu machen. So schlossen sich 1985 die europäischen Regionen freiwillig in der „Versammlung der Regionen Europas" (VRE) zusammen, der heute mehr als 300 Regionen angehören. 1994 wurde mit dem Maastrichter Vertrag der Ausschuss der Regionen (AdR) gegründet, der regionalen und lokalen Gebietskörperschaften im Sinne des Subsidiaritätsprinzips eine eigenständige Mitarbeit in der EU garantiert und so dem Ziel dient, den Zustimmungsgrad der Bevölkerung zu den in Brüssel getroffenen Entscheidungen zu erhöhen:

Europa der Regionen

- Der AdR ist ein beratendes Gremium, das in einzelnen Politikfeldern (z. B. in der Gesundheits- oder Verkehrspolitik) vom Ministerrat und vom Parlament gehört werden muss; in anderen Politikfeldern kann er angehört werden.
- Der AdR kann eigeninitiativ Stellungnahmen und Entschließungen abgeben und damit seinen Standpunkt zu allen Fragen der europäischen Integration kundtun.
- Seit 2010 kann der AdR zur Wahrung seiner Rechte sowie der regionalen und lokalen Zuständigkeit vor dem Europäischen Gerichtshof klagen.

Europa der Bürger

Für den Bürger selbst ist Europa erfahrbar durch die Unionsbürgerschaft, die die jeweils nationale Staatsbürgerschaft ergänzt, sie aber nicht ersetzt. Die Unionsbürgerschaft schließt verschiedene Rechte ein: Freizügigkeit im Gebiet der EU, Niederlassungs- und Dienstleistungsfreiheit, aktives und passives Wahlrecht bei Kommunal- und Europawahlen sowie Petitionsrechte beim Parlament. Seit 2010 steht jedem EU-Bürger die Klage am EuGH frei, sollte man sich in seinen in der Europäischen Grundrechtscharta verbrieften Rechten verletzt sehen. Ebenso wurde im Lissabon-Vertrag die Möglichkeit eines europäischen Bürgerbegehrens geschaffen, mit dem die Kommission zu einem Gesetzesvorschlag aufgefordert werden kann.

Identitätsbildung in der EU?

Die Rechte der Regionen und der Bürger formell zu erweitern, ist mittels Beratungen und Verträgen relativ leicht zu bewerkstelligen. Zu einer europäischen Identitätsbildung jedoch könnte es nur kommen, wenn sich die Menschen vorrangig als europäische Bürger verstünden und es folglich einen europäischen politischen Diskurs gäbe.

- Aber weder gibt es das Bewusstsein, Angehöriger eines europäischen Staatsvolkes zu sein, noch eine europaweite politische Kommunikation auf der Basis einer einheitlichen Sprache. Abgesehen vom Fernsehsender „Euronews" existieren keine gesamteuropäischen Medien, wenngleich es mancherorts binationale Kooperationen gibt, etwa den deutsch-französischen Programmsender ARTE.

Mutter Europa und ihre Kinder

Zeichnung: Gerhard Mester

- Die politischen Parteien präsentieren sich bei europäischen Wahlen nach wie vor als nationale Parteien; meist führen sie keinen europaspezifischen Wahlkampf, sondern greifen Themen von nationalem Belang auf. Dies führt häufig dazu, dass die Spitzenkandidaten zur Europawahl im Gegensatz zu den Spitzenkandidaten nationaler Wahlen kaum bekannt sind und im Wahlkampf daher kaum wahrgenommen werden.
- Zudem fehlen der EU identitätsstiftende Ressourcen. Trotz des gemeinsamen christlichen Erbes und der zivilisatorischen Wurzeln in der griechischen Philosophie und dem römischen Recht existieren erhebliche Unterschiede in den politischen Kulturen der Mitgliedgesellschaften: libertär in Großbritannien, republikanisch in Frankreich, föderalistisch in Deutschland, wohlfahrtsstaatlich in den skandinavischen Ländern. Europa lässt sich auch nicht über eine gemeinsame ethnische Zugehörigkeit, territoriale Grenzen und eine gemeinsame Sprache definieren.

Mitunter werden Ängste auf die EU projiziert: die Furcht vor Arbeitslosigkeit, vor dem Wegfall von Sozialleistungen, vor organisierter Kriminalität, dem Verlust regionaler Eigenheiten oder dem EU-Beitritt der Türkei. Andererseits gelingt eine echte Identifikation der Bürger mit der EU häufig über den grenzfreien Schengen-Raum, Pässe, Führerscheine oder das Zahlungsmittel Euro.

Sokrates, Erasmus, Comenius und da Vinci

Die europäische Idee ist allerdings nicht nur ein Projekt von Eliten und Politik-Technokraten aus Brüssel, sondern lebt vom Austausch der Europäer untereinander. Die selbstverständlich gewordene Reisefreiheit bietet die Möglichkeit zum Abbau von Vorurteilen und Stereotypen, zur Schaffung von internationalen Kontakten und zum Kennenlernen anderer Mentalitäten. Ein erfolgreicher Ansatz zur Förderung des europäischen Bewusstseins besteht in der Europäisierung der Bildungs- und Jugendpolitik. „Sokrates" z. B. ist das Aktionsprogramm der EU für die grenzüberschreitende Zusammenarbeit in Bereichen der allgemeinen Bildung. Mit dem Teilprogramm „Erasmus" werden insbesondere Auslandsaufenthalte von Studierenden und Dozenten gefördert. Das „Comenius" Programm hat zum Ziel, das kulturelle und interkulturelle Verständnis durch Schüleraustausche und die Zusammenarbeit zwischen Schulen in EU-Ländern zu entwickeln. Im Teilprogramm „Leonardo da Vinci" sammeln u. a. Auszubildende und Arbeitnehmer Berufserfahrung in europäischen Unternehmen und verbessern ihre Fremdsprachenkenntnisse, um die Chancen am europäischen Arbeitsmarkt zu erhöhen.

MATERIAL
1 Die Gründe nicht wählen zu gehen

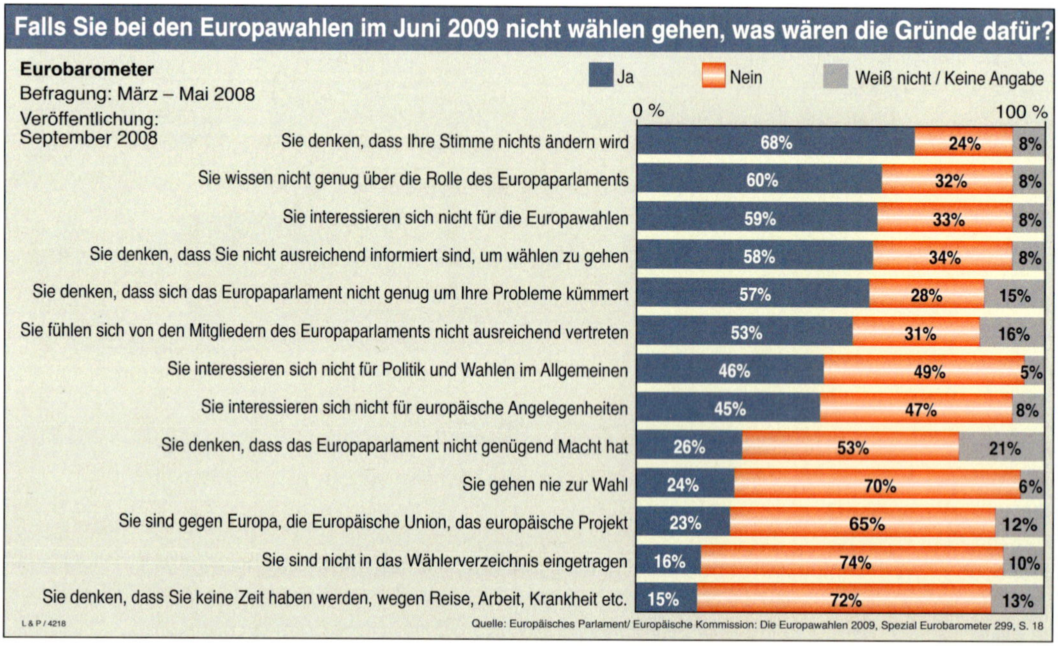

Querverweis: S. 30, M 5

MATERIAL
2 Welche neuen Rechte bringt Europa für den Bürger?

Bürger der EU-Mitgliedstaaten sind auch Bürger der Europäischen Union. Das bringt neue Rechte:

- Ein allgemeines Reise- und Aufenthaltsrecht in allen Mitgliedstaaten. Einzige Bedingung: ein Einkommen, das über dem örtlichen Sozialhilfesatz liegt.
- Das Wahlrecht zu kommunalen Körperschaften und zum Europäischen Parlament im Land des Wohnsitzes.
- Den diplomatischen Schutz durch Auslandsvertretungen anderer Mitgliedstaaten in Drittländern.
- Ein Petitionsrecht beim EU-Parlament.
- Die Arbeitsaufnahme in anderen Mitgliedstaaten ist frei. Jeder Unionsbürger kann sich in anderen EU-Ländern um eine Stelle bewerben und einen Arbeitsvertrag unterschreiben, ohne vorher eine Erlaubnis einzuholen [...] – EU-Bürger dürfen in der Europäischen Union aufgrund ihrer Staatsbürgerschaft nicht benachteiligt werden.
- Die Arbeitssuche in anderen EU-Mitgliedstaaten ist ohne Formalitäten möglich. In der Regel wird die Arbeitslosenunterstützung für einen Zeitraum von drei Monaten weiterbezahlt.
- Grundsätzlich ist ein Erwerbstätiger in dem Land versichert, in dem er lebt und arbeitet. Dies gilt für die Renten-, Kranken- und Arbeitslosenversicherung. Wer in mehreren Mitgliedstaaten der EU gearbeitet hat, muss später nur einen Rentenantrag stellen: Im Rahmen eines gegenseitigen Anrechnungssystems wird dann die Rente ermittelt.
- Für Rentner und Pensionäre besteht unter zwei Bedingungen ein Aufenthaltsrecht in den EU-Mitgliedstaaten: Sie müssen ihren Lebensunterhalt finanzieren können und krankenversichert sein [...].
- Studenten haben unter drei Bedingungen das Recht auf Erteilung einer Aufenthaltserlaubnis. Sie müssen:
  – bei einer Hochschule eingeschrieben sein,

– glaubhaft machen, dass ausreichende Mittel für den Lebensunterhalt zur Verfügung stehen,
– krankenversichert sein.

- Zur freien Wahl des Arbeitsortes gehört die Anerkennung der Diplome. Dabei geht die EU grundsätzlich von der Gleichwertigkeit der nationalen Diplome aus. Abschlüsse werden gegenseitig anerkannt. […]
- Verbraucher können Waren für den privaten Bedarf überall in der EU kaufen und ohne weitere Versteuerung oder Anmeldung in ihr Heimatland einführen – von Zigaretten bis zur Mikrowelle. Der „private Charakter" der Einfuhr orientiert sich am Begriff des Eigenbedarfs. […]
- Die Steuern für Neuwagen werden im Land der Zulassung erhoben. Gebrauchtwagen können dagegen innerhalb der EU ohne Steuerformalitäten über die Grenzen hinweg verkauft werden. Seit Januar 1996 gibt es für alle neuen Pkw eine Europäische Betriebserlaubnis.
- Im Juli 1996 ist die Richtlinie über den europäischen Führerschein in Kraft getreten. In allen Mitgliedstaaten der EU erwerben danach Fahrschüler den Führerschein nach einem einheitlichen Verfahren und mit einer einheitlichen Klasseneinteilung. Der neue EU-Führerschein gilt zeitlich unbegrenzt in allen Mitgliedstaaten.

Aus: Spiegel Online Themen (Zugriff am 30.6. 2009)

Querverweis: S. 8–11

MATERIAL
Karikatur 3

„… würd' ich sagen, probier's mit 'nem Striptease!"; Zeichnung: Horst Haitzinger

1. Analysieren Sie das Eurobarometer (M 1) und nehmen Sie Stellung zu Ihrem Ergebnis.
2. Stellen Sie die Unionsbürgerrechte (M 2) zusammen, die für Sie persönlich einmal wichtig sein könnten und diskutieren Sie anschließend im Kursverband, ob eine künftige Ausweitung der EU-Bürgerrechte wünschenswert ist.
3. Interpretieren Sie die Karikatur (M 3). Ist deren Aussage im Hinblick auf M 1 gerechtfertigt?

MATERIAL

4 Kommunen haben in Europa das größte Vertrauen des Bürgers

Die Kommunen und Regionen können dabei helfen, das Misstrauen gegenüber der EU zu überwinden, so Luc Van den Brande, Präsident des Ausschusses der Regionen (AdR), und Margot Wallström, Vizepräsidentin der Europäischen Kommission, in Brüssel bei der Präsentation einer neuen „Eurobarometer"-Umfrage. Aus dieser geht hervor, dass die meisten EU-Bürger die lokalen und regionalen Gebietskörperschaften nicht nur für die glaubwürdigsten Regierungs- und Verwaltungsebenen halten, sondern auch für jene, die am besten erklären können, wie sich die EU-Politik auf ihren Alltag auswirkt. Besonders hoch ist im europäischen Vergleich das Vertrauen in die Kommunen u. a. in Deutschland ausgeprägt. [...]

Während nur ein Drittel der Unionsbürger (34 %) ihrer nationalen Regierung Glauben schenken, gab die Hälfte (50 %) an, dass sie ihren lokalen und regionalen Behörden vertrauen – und damit auch mehr als im Falle der Europäischen Union (47 %). In Frankreich, Belgien, den Niederlanden und Deutschland sprachen 62 bis 65 % der Befragten den lokalen und regionalen Gebietskörperschaften ihr Vertrauen aus. [...]

Bei der Vorstellung der Untersuchungsergebnisse unterstrich Luc Van den Brande, dass „die Umfrage einmal mehr bestätigt, was der AdR seit seiner Gründung im Jahr 1994 sagt: Die Menschen vertrauen ihren lokalen und regionalen Vertretern, die sie am besten kennen. Diese demokratischen Vertreter wissen, was die Menschen in ihrem Wahlkreis denken und wollen. Wenn Europa das Vertrauen der Bürger gewinnen und die Kluft zwischen ihnen und Brüssel überwinden möchte, gibt es keinen anderen Weg, als diese Vertreter und ihre Institution, den Ausschuss der Regionen, an der EU-Politikgestaltung stärker zu beteiligen." [...]

Kommissarin Wallström erklärte, dass das mangelnde Wissen um die Bedeutung der EU im Alltagsleben besorgniserregend sei: „Auf allen Ebenen ist es ganz offenkundig erforderlich, den Bürgern zu vermitteln, dass der europäische Binnenmarkt und der Euro den besten Schutz gegen die derzeitige Wirtschaftskrise darstellen. Europa zu erklären ist nicht nur die Aufgabe Brüssels. Alle gewählten Vertreter sollen sich selbst als „Europapolitiker" begreifen. Querverweis: S. 29, M 2

Aus: Deutscher Städte- und Gemeindebund (Stand: 3.3. 2009); Autor: Uwe Zimmermann; abrufbar unter www.dstgb.de (5.1. 2010)

MATERIAL

5 Das Erasmus Programm

Erasmus ist das Flaggschiff unter den EU-Programmen für allgemeine und berufliche Bildung. Jahr für Jahr ermöglicht es 180 000 Studierenden einen Teil ihres Studiums bzw. ein Praktikum im Ausland und unterstützt zudem Kooperationsaktivitäten zwischen Hochschuleinrichtungen in allen Teilen Europas. [...]

Das Programm ist nach dem Humanisten und Theologen Erasmus von Rotterdam (1465–1536) benannt, den seine Arbeits- und Studienreisen in die großen Bildungszentren Europas führten [...]. Wie sein Namensgeber legt auch das Erasmus-Programm großen Wert auf Mobilität sowie auf die Förderung der Beschäftigungschancen durch Lernen. Indem Erasmus sein Vermögen der Universität Basel vermachte, wurde er zu einem der Vorreiter der Mobilitätsstipendien, die heute seinen Namen tragen.

Studien haben aufgezeigt, dass ein Auslandsaufenthalt nicht nur zu einer Bereicherung der akademischen Bildung der Studenten führt, sondern auch den Erwerb von interkulturellen Fähigkeiten fördert und die Selbstsicherheit stärkt. [...]

Kaum ein anderes von der Europäischen Union aufgelegtes Programm kann ein derart starkes europaweites Echo aufweisen. Circa 90 % der europäischen Hochschulen wirken an Erasmus mit, und zwei Millionen Studenten haben seit dem Start 1987 teilgenommen. Das Jahresbudget liegt bei über 440 Mio. Euro, es nehmen mehr als 4 000 Hochschuleinrichtungen in 31 Ländern teil, und noch mehr haben eine Teilnahme beantragt.

Aus: Europäische Kommission (Stand: 15.9. 2009); abrufbar unter http://ec.europa.eu (5.1. 2010) Querverweis: Kapitel III.5

MATERIAL

Was ist das bloß – ein Europäer? 6

Professor Dr. Ute Frevert arbeitet am Max-Planck-Institut für Bildungsforschung in Berlin:

„[D]ie Präambel [der europäischen Verfassung] variiert die Zauberformel, mit der sich das europäische Projekt generell schmückt: „in Vielfalt geeint". Als wohlklingender Wahlspruch für Gegenwart und Zukunft mag diese Formel geeignet sein. Aber gilt sie auch für den Umgang mit der Vergangenheit? Wie steht es um das Geschichtsbewusstsein der Europäer? Ist es national gefärbt oder enthält es übernationale Elemente? Lassen sich nationale und europäische Identitäten aus historischer Sicht überhaupt vereinbaren?
Geschichtsbewusstsein ist ein zentraler Baustein individueller und kollektiver Identität. Die Bildung von Nationalstaaten seit dem Beginn der Moderne ging oft einher mit dem Bemühen, eine Nationalgeschichte zu schreiben. Geschichte galt als Rechtfertigung des Gegenwärtigen und als Schlüssel zur Zukunft. Professionelle Historiker waren nicht die Einzigen, die an solchen politischen Entwürfen mitwirkten. Die Autoren historischer Romane, die Maler nationaler Mythologien oder die Architekten nationaler Denkmäler waren mindestens ebenso einflussreich. Die Konstruktion eines auf die Nation konzentrierten Geschichtsbildes war eine multimediale Angelegenheit, die sich auf mächtige Institutionen stützen konnte. In Schulen und im Militärdienst, auf städtischen Plätzen und ländlichen Hügeln wurde nationale Geschichte in Szene gesetzt. [...]
Kriege spielten bei dieser Inszenierung eine wichtige Rolle. Sie galten als Ereignisse, die nationale Identität bekräftigten, zuweilen auch erst erzeugten. Seit dem frühen 19. Jahrhundert lässt sich dieser Nexus überall in Europa beobachten: [...] Krieg und Nationsbildung waren zwei Seiten derselben Medaille. Selbst wenn die Waffen schwiegen, blieb ihre Sprache vernehmbar: im Gedenken an die „Helden", die für die Nation gefallen waren. Kriegerdenkmäler, in jeder Stadt und jedem Dorf zu finden, hielten die Erinnerung lebendig und vergegenwärtigten den nationalen Opfertod von vielen. Dieser schweißte die Nation zusammen.
Nationale Identität im Europa des 19. und 20. Jahrhunderts beruhte folglich auf einem Geschichtsbewusstsein, das den heroischen Kampf um Einheit, Macht und Ehre in den Mittelpunkt stellte. Es ging stets darum, die eigene Nation gegen andere benachbarte europäische Nationen zu profilieren, die eigene kulturelle, politische, militärische Überlegenheit zu betonen und zu behaupten. Nationalstolz und Patriotismus wirkten in der Vergangenheit vor allem ausschließend, abgrenzend und abwertend. Sie weckten keine freundschaftlichen Gefühle für andere, sondern rückten das Eigene in ein glänzendes, alles überstrahlendes Licht.
Nun gut, könnte man einwenden, das war bis in die Epoche der Weltkriege so, hat sich aber doch nach 1945 grundlegend geändert. Stimmt das wirklich? Schauen wir uns um: Die nationalen Denkmäler stehen immer noch, viele neue sind hinzugekommen. [...]"

Aus: Ute Frevert: Ein Europäer – was ist das bloß?, in: Die Zeit Nr. 26 vom 23.6. 2005, S. 12

Querverweis: S. 8–11

1. Stellen Sie die Aussagen der Texte M 4 und M 5 einander gegenüber und erörtern Sie im Anschluss, ob das Erasmus Programm ein Instrument sein kann, um den EU-Bürgern die Union näher zu bringen.
2. Interpretieren Sie die Karikatur auf S. 50 und erörtern Sie, ob durch das Konzept des AdR (M 4, S. 50) und die Unionsbürgerschaft (M 2) der Karikaturaussage effektiv entgegengewirkt werden kann.
3. Erarbeiten Sie aus M 6 die Schwierigkeiten, ein europäisches Bewusstsein zu erzeugen.
4. Interpretieren Sie die Karikatur auf S. 51 und setzen Sie sich im Klassenverband kritisch mit dem Begriff „europäische Identität" auseinander.

Weiterführende Informationen

1. Literaturhinweise

Einen sehr guten Überblick zur Europäischen Union bieten folgende Standardwerke:

- Kohler-Koch, B. u. a., Europäische Integration – europäisches Regieren, Wiesbaden 2004
- Pfetsch, F. R., Die Europäische Union. Eine Einführung, Stuttgart 2005[3]
- Weidenfeld, W. (Hg.), Die Europäische Union, Bonn 2008
- Weidenfeld, W./Wessels, W. (Hg.), Europa von A–Z, Baden-Baden 2007[10]
- Wessels, W., Das politische System der Europäischen Union, Wiesbaden 2007

Folgende Werke befassen sich eingehend mit den Inhalten einzelner Kapitel:

- Balibar, E., Sind wir Bürger Europas?, Bonn 2005
- Brunn, G., Die Europäische Einigung von 1945 bis heute, Ditzingen 2002
- Bundeszentrale für politische Bildung (Hg.), Vertrag von Lissabon, Bonn 2008
- Deutscher Bundestag (Hg.), Die Charta der Grundrechte der Europäischen Union, Berlin 2001
- Gaddum, E., Europa verstehen, München 2006
- Kaelble, H., Sozialgeschichte Europas, Bonn 2007
- Loth, W./Wessels, W. (Hg.), Theorien europäischer Integration, Opladen 2001
- Posener, A., Imperium der Zukunft. Warum Europa Weltmacht werden muss, Bonn 2008
- Ranacher, C./Staudigl, F., Einführung in das EU-Recht, Stuttgart 2007
- Rifkin, J., Der Europäische Traum. Die Vision einer leisen Supermacht, Frankfurt/Main 2004
- Schlögl, K., Die Mitte liegt ostwärts, Bonn 2009
- Schwarcz, I./Suppan, A. (Hg.), Quo vadis EU? Osteuropa und die EU-Erweiterung, Münster 2008
- Weidenfeld, W., Europa leicht gemacht. Antworten für junge Europäer, Bonn 2007

2. Links im Internet (Stand: 11. 5. 2010):

- *http://curia.eu.int* (Europäischer Gerichtshof)
- *http://ec.europa.eu* (Europäische Kommission)
- *http://europa.eu/european-council/index_de.htm* (Europäischer Rat)
- *http://europa.eu* (Portal der Europäischen Union)
- *www.bpb.de* (Bundeszentrale für politische Bildung)
- *www.euractiv.de* (EurActiv Netzwerk)
- *www.europa-digital.de* (europa einfach e. V.)
- *www.europarl.europa.eu* (Europäisches Parlament)
- *www.webforum-jugend.de* (JUGEND für Europa)

Unter folgenden Links können stets aktuelle Videos oder Audios zu den Themen des ersten Kapitels heruntergeladen werden (Stand: 11. 5. 2010):

- *www.ardmediathek.de* (Mediathek der ARD)
- *www.br-online.de* (Bayerischer Rundfunk)
- *www.dradio.de/portale/audio* (Audio-Portal des Deutschlandfunks)
- *www.dw-world.de* (Deutsche Welle)
- *www.euronews.net* (Fernsehsender Euronews)
- *www.phoenix.de* (Fernsehsender PHOENIX)
- *www.zdf.de/zdfmediathek* (Mediathek des ZDF)

II. Frieden und Sicherheit als Aufgabe der internationalen Politik

1. Gefahren für Frieden und Sicherheit

klassischer und erweiterter Sicherheitsbegriff

Während des Ost-West-Konflikts stand von 1947 bis 1989/90 die Abschreckung insbesondere vor nuklearen Angriffen im Vordergrund. Abrüstung und Rüstungskontrolle sollten dazu beitragen, die Beziehungen zwischen den Staaten in Ost und West vertraglich zu regeln und Spannungen abzubauen. Heute sind Frieden und Sicherheit jedoch nicht mehr nur mit der klassischen militärischen Bedrohungsabwehr gleichzusetzen. Da Frieden und Sicherheit im 21. Jahrhundert nicht allein durch Staaten bedroht werden, wird auch Sicherheits- und Friedenspolitik als Querschnittsaufgabe verstanden, die wirtschaftliche, gesellschaftliche und politische Formen der Entwicklungshilfe ebenso kennt wie zivile und militärische Instrumente des Krisenmanagements.

Zeichnung: Reiner Schwalme

Die Unterscheidung zwischen „Negativem" und „Positivem" Frieden geht zurück auf den norwegischen Friedensforscher Johan Galtung (*1930): Während der Negative Frieden die bloße Abwesenheit von Krieg oder kollektiver Gewaltanwendung bezeichnet, meint der Positive Frieden die Abwesenheit von struktureller Gewalt und damit die Abwesenheit all der Faktoren, die Menschen daran hindern, ihre Anlagen und Möglichkeiten voll zu entfalten. Diskriminierung, ungleiche Bildungschancen oder das Wohlstandsgefälle zwischen Industrie- und Entwicklungsländern wären in diesem Sinne Merkmale struktureller Gewalt, die nur durch einen Positiven Frieden behoben werden können, der nicht nur formell Ordnung und Sicherheit anstrebt, sondern diese materiell mit Inhalten füllt, indem er z. B. Menschen- und Bürgerrechte durchsetzt.

Negativer und Positiver Frieden

klassische und „neue" Kriege

Die Logik der gegenseitigen Abschreckung während des Kalten Krieges hatte paradoxerweise eine stark stabilisierende Funktion. Mit dem Zusammenbruch der Sowjetunion 1991 konnten jedoch bislang unterdrückte Regionalkonflikte neu ausbrechen, wie z. B. im früheren Jugoslawien. Damit standen sich nicht mehr die zwei verfeindeten Blöcke NATO und Warschauer Pakt gegenüber, sondern eine Vielzahl an Akteuren – Warlords, Rebellengruppen, Kindersoldaten und Söldnerarmeen – bekämpften und bekämpfen sich in „neuen Kriegen". Im Unterschied zu klassischen Kriegen verschwinden damit die Trennlinien zwischen Staat, Armee und Zivilbevölkerung.

globale Gefahren

Die internationale Politik im 21. Jahrhundert birgt daher unterschiedlichste Gefahren:

- *Politisch-militärische Gefahren:* Die Zahl der Staaten, die in den vergangenen Jahren nach Massenvernichtungswaffen (MVW) strebten, ist zurückgegangen. Dennoch existieren in vielen Ländern Programme zur Herstellung von atomaren, biologischen und chemischen (ABC-)Waffen. Nuklearmächte wie Indien, Pakistan, Israel und Nordkorea sowie das Nuklearprogramm des Iran spielen durch ihr Bedrohungspotential eine wichtige Rolle für die künftige atomare Ordnung. Im Rahmen der „neuen Kriege" führen Bürgerkriege und der transnationale Terrorismus zu neuen Gefährdungen, insbesondere das für die Anschläge vom 11. September 2001 verantwortliche Terrornetzwerk Al Qaida um Osama bin Laden. Ein Sicherheitsrisiko gigantischen Ausmaßes stellen in der Tat Massenvernichtungswaffen in den Händen von Terroristen dar; die Staatengemeinschaft sieht sich nicht nur gezwungen, die Kernwaffenrüstung zu kontrollieren, sondern sie auch vor dem Zugriff von Extremisten zu schützen.

- *Ökonomische Gefahren:* Angesichts immer knapper werdender Ressourcen wächst die Gefahr der Verteilungskämpfe um Wasser, Energie und Rohstoffe. Globale Wirtschafts- und Finanzkrisen haben an Umfang und Bedeutung zugenommen. So führte die US-amerikanische Immobilienkrise vom Herbst 2008 zu einem drastischen Einbruch der Weltwirtschaft.
- *Ökologische Gefahren:* Klimawandel, Wasserknappheit, Abholzung, Erdrutsche, Überschwemmungen und Wüstenbildung verändern die Lebensbedingungen von Millionen Menschen. Armut, Hungersnot und ein hohes Bevölkerungswachstum hängen in Entwicklungsländern oft eng zusammen und vergrößern so das Flüchtlingsproblem für die westlichen Industrieländer.
- *Soziale Gefahren:* In Mittel- und Osteuropa, in Asien, vor allem aber in Afrika südlich der Sahara und in Lateinamerika ist die Lebenssituation vieler Menschen von Armut, Hunger, Krankheit und fehlender Bildung gekennzeichnet. Das Gefühl der Ungleichbehandlung und Ausweglosigkeit fördert Unruhen, soziale Spannungen und Kriminalität. Das Gewaltmonopol des Staates kann dadurch destabilisiert werden, Staaten können zerfallen oder scheitern (failing states) und damit den regionalen Frieden gefährden. Religiöse und kulturelle Konflikte – angefacht von fundamentalistischem Denken – verschärfen diese Spannungen.
- *Rechtliche Gefahren:* Die Verletzung der Menschenrechte, Völkermord, Folter und die Diskriminierung von benachteiligten Gruppen – etwa von Kindern, Frauen und Ureinwohnern – sind in einigen Teilen der Welt noch immer besorgniserregend. So greift die internationale Staatengemeinschaft bei offensichtlichen Verbrechen gegen die Menschlichkeit im Rahmen von sogenannten humanitären Interventionen auch militärisch ein, wie z. B. im Kosovo 1999.

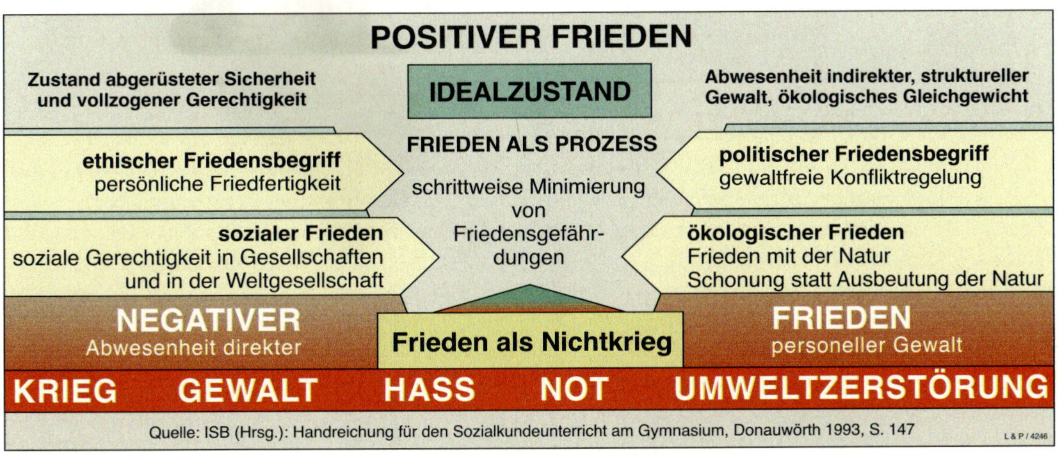

Friedensbegriffe

MATERIAL

1 Gefahren im 21. Jahrhundert

Querverweis: Kapitel III.2/ III.3/ III.6

1. Ermitteln Sie aus der Foto-Collage (M 1) aktuelle Gefahren für Frieden und Sicherheit in der Welt. Führen Sie in Ihrem Kurs eine Meinungsumfrage zum Thema durch. Erstellen Sie eine Rangliste der Ihrer Ansicht nach größten Herausforderungen und diskutieren Sie Ihre Ergebnisse im Kursverband.
2. Recherchieren Sie in Gruppen ein aktuelles Beispiel für jeweils einen der in M 2 genannten Konflikttypen. Präsentieren Sie Ihr Ergebnis im Plenum.
3. Erläutern Sie den Zusammenhang zwischen Globalisierung und „neuen Kriegen" (M 3).
4. Interpretieren Sie die Karikatur (S. 58) angesichts des erweiterten Sicherheitsbegriffs.

MATERIAL

Weltpolitische Konflikttypen 2

Nach Helmut Hubel lassen sich sieben unterschiedliche Konflikttypen unterscheiden:

- Sogenannte *„chronische" Konflikte*, die aus den Epochen des Kolonialismus und des Ost-West-Konflikts herrühren und bis heute ungelöst oder nur teilweise gelöst sind;
- *„postsozialistische"* Konflikte im ehemaligen Jugoslawien und auf dem Territorium der früheren Sowjetunion, die seit 1991 weltpolitische Brisanz erlangt haben;
- *Staatszerfall* als eine zwar nicht „neue", aber unter den heutigen Bedingungen besonders akute Konfliktform;
- *humanitäre Katastrophen*, die als Folge u. a. politischer Konflikte weltpolitische Aufmerksamkeit erlangen und politische Führungen zum Handeln veranlassen;
- der *transnationale Terrorismus*, der seit dem 11. September 2001 höchste weltpolitische Brisanz erlangt hat;
- die Verbreitung von *Massenvernichtungswaffen*, die zwar bereits seit dem Ost-West-Konflikt als sicherheitspolitische Herausforderung bekannt war, die aber in den 1990er Jahren neue Gefahren heraufbeschworen hat; und schließlich
- der *Regimesturz* per militärischer Intervention, der zwar bereits vor 1991 praktiziert wurde, der aber seit 2001 in Afghanistan und im Irak besondere weltpolitische Aufmerksamkeit erlangt hat.

Aus: Helmut Hubel: Weltpolitische Konflikte, Baden-Baden 2005, S. 229 f.

Querverweis: Kapitel II.6

MATERIAL

Globalisierung und „neue Kriege" 3

Die Auswirkungen der Globalisierung zeigen sich in vielen der neuen Kriege. An ihnen nimmt die Welt gewissermaßen unmittelbar teil, eine Beteiligung, die die Form von internationalen Reportern, von Söldnertruppen und Militärberatern, Freiwilligen [...] und nicht zuletzt die Form einer regelrechten „Armee" internationaler Akteure annehmen kann. Letztere reicht potenziell von Nicht-Regierungsorganisationen (NROs) wie Oxfam, Save the Children, Medecins Sans Frontières, Human Rights Watch und dem Internationalen Roten Kreuz bis hin zu internationalen Organisationen wie dem Hohen Kommissariat für Flüchtlinge der Vereinten Nationen (UNHCR), der Europäischen Union, dem Weltkinderhilfswerk der Vereinten Nationen (UNICEF), der Organisation für Sicherheit und Zusammenarbeit in Europa (OSZE), der Organisation der Afrikanischen Einheit (OAU) und den Vereinten Nationen selbst, die gegebenenfalls mit einer Friedenstruppe anwesend sind. An diesen Kriegen ist eine neue Trennlinie entlang der Achse Global/Lokal ablesbar: Auf der einen Seite stehen die Angehörigen der globalen Klasse, die über Englischkenntnisse verfügen, Zugang zu Fax, Email und Satellitenfernsehen haben, mit Dollar, Euro oder Kreditkarten ausgestattet sind und reisen können, wohin sie wollen; auf der anderen Seite befinden sich jene, die von globalen Prozessen ausgeschlossen sind; die von dem leben, was sie verkaufen oder eintauschen können oder an humanitärer Unterstützung erhalten; deren Bewegungsfähigkeit durch Straßensperren, Visa und hohe Reisekosten begrenzt ist und die von Belagerungen, erzwungenen Hungersnöten, Landminen und Ähnlichem bedroht sind.

Zeichnung: Martin Erl

Nach: Mary Kaldor: Neue und alte Kriege, Frankfurt am Main 2000, S. 8–12

MATERIAL

4 Kriegsursachen im 21. Jahrhundert

Alle Menschen, Individuen wie Gruppen, Staaten und Gesellschaften, müssen damit leben, dass ihre Existenz von Unsicherheit geprägt ist. Niemand und somit auch keine Politik der Erde kann auf dieser existenziellen Ebene Sicherheit herstellen. Trotzdem ist es eine der grundlegenden Aufgaben der Politik, Unsicherheiten dort abzubauen, wo es möglich ist. Eine andere besteht darin, knapper werdende Ressourcen so zu verteilen, dass der innergesellschaftliche Zusammenhalt nicht gefährdet wird und auch künftige Generationen nicht geschädigt werden. [...]
Das Ende des Ost-West-Konflikts 1989/90 bedeutete einen tiefen Einschnitt in der Entwicklung internationaler Sicherheitsbeziehungen. Seitdem muss sich die Staatenwelt mit teilweise neuen Bedingungen und Herausforderungen auseinandersetzen und viele Staaten, darunter Deutschland, legen ihrer Sicherheitspolitik inzwischen einen erweiterten Sicherheitsbegriff zugrunde. Er nimmt neben den militärischen Bedrohungen, die nicht nur von Staaten ausgehen können, auch andere Konfliktursachen in den Blick: Armut und Massenelend, Umweltzerstörung, ethnisch und religiös motivierte Gewalt. Als Gegenmaßnahmen propagiert er Krisenprävention mit diplomatischen Mitteln, multilaterale Deeskalation von gewaltsamen Konflikten auch, aber nicht nur mit militärischen Mitteln sowie Konfliktmanagement mit dem Ziel, die Ursachen von Gewalt gewissermaßen auszutrocknen.

Querverweis: S. 72, M 2

Aus: Wilfried von Bredow: Sicherheitspolitik im 21. Jahrhundert, Informationen zur politischen Bildung (291), Bonn 2006, S. 4

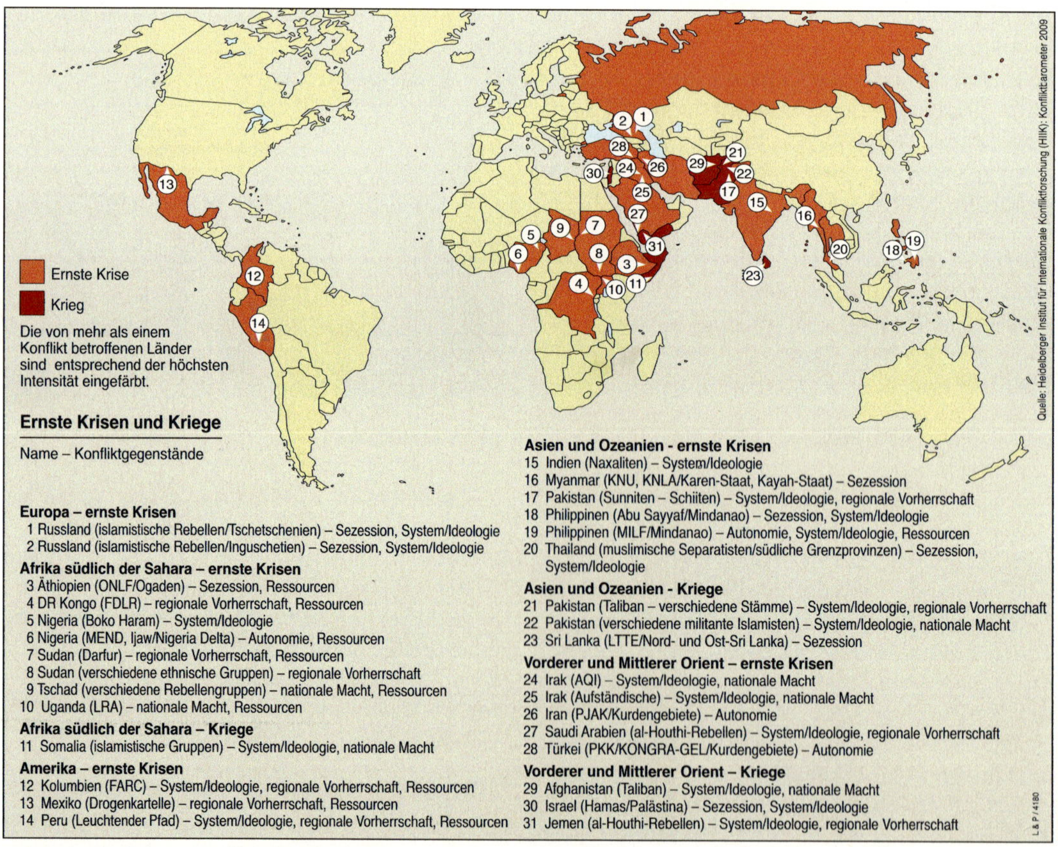

Politische Konflikte 2009 (Konfliktbarometer)

MATERIAL 5

„Frieden und Sicherheit in einer Welt ohne Atomwaffen“

„Die Existenz Tausender von Atomwaffen ist das gefährlichste Erbe des Kalten Krieges. Es gab keinen Atomkrieg zwischen den Vereinigten Staaten und der Sowjetunion, aber Generationen mussten mit dem Wissen leben, dass ihre Welt ausgelöscht werden konnte. In einem einzigen Lichtblitz. Städte wie Prag, die seit Jahrhunderten existieren, die Schönheit und das Talent von einem Großteil der Menschen verkörpern, wären ausgelöscht worden. [...] Es ist eine seltsame Wendung der Geschichte: Die Gefahr eines weltweiten Atomkriegs hat sich verringert, das Risiko eines atomaren Angriffs ist gestiegen.

Mehrere Nationen haben solche Waffen entwickelt, die Tests gehen weiter, der Handel auf dem Schwarzmarkt mit spaltbarem Material blüht. Die Technologie zum Bau einer Bombe wurde verbreitet. Die Terroristen sind entschlossen, eine solche Waffe zu kaufen, zu bauen oder zu stehlen. [...] Das ist die unmittelbarste und stärkste Bedrohung für die internationale Sicherheit. [...] Al Qaida hat bereits gesagt, dass sie eine solche Waffe anstreben. Und sie hätten kein Problem damit, eine solche Waffe einzusetzen. [...]

Einige sagen, dass sich die Verbreitung dieser Waffen nicht stoppen, nicht kontrollieren lässt, dass wir unser Schicksal akzeptieren müssen [...]. Ein solcher Fatalismus wäre ein tödlicher Gegner. Denn wenn wir glauben, dass die Verbreitung von Nuklearwaffen nicht vermeidbar ist, dann geben wir vor uns selber zu, dass ihr Einsatz unvermeidbar ist. Wir traten im 20. Jahrhundert für die Freiheit ein. Jetzt müssen wir zusammen eintreten für das Recht aller Menschen und überall, frei und ohne Furcht im 21. Jahrhundert zu leben!

Als Nuklearmacht, als einzige Atommacht, die diese Waffe eingesetzt hat, haben die Vereinigten Staaten eine moralische Verpflichtung, hier zu handeln. Wir können das nicht alleine leisten, aber wir können führend dabei sein. [...] Ich möchte heute also ganz deutlich und mit Überzeugung Amerikas Bereitschaft erklären, den Frieden und die Sicherheit in einer Welt ohne Atomwaffen anzustreben. Ich bin nicht naiv. Das Ziel wird sich nicht rasch erreichen lassen. Es wird Geduld und Beharrlichkeit erfordern. Aber jetzt müssen wir die Stimmen jener ignorieren, die sagen, dass die Welt sich nicht ändern kann. Wir müssen darauf bestehen und sagen: Yes, we can. [...]

Aber damit kein Missverständnis entsteht: Solange diese Waffen existieren, werden die USA ein sicheres und effektives Arsenal behalten, um jeden Gegner potenziell abzuschrecken und unseren Verbündeten [...] zur Hilfe kommen zu können. [...] Gerade heute Morgen wurden wir noch einmal daran erinnert, warum wir einen neuen, energischeren, konsequenteren Ansatz gegen diese Bedrohung brauchen. Nordkorea hat erneut Regeln missachtet durch den Test einer Rakete, die für eine Langstreckenwaffe einsatzfähig wäre. [...] Wir brauchen eine Verteidigung vor solchen Waffen. Und solange es den Iran und andere Bedrohungen gibt, werden wir auch solche Raketenabwehrsysteme brauchen.“

Aus: Barack Obama: Prager Rede, 5.4. 2009; in deutscher Übersetzung unter www.welt.de (Zugriff am 13.10.2009); Text leicht verändert

1. Erläutern Sie auf Grundlage von M 4 die unterschiedlichen Ursachen für heutige Konflikte. Erörtern Sie die Friedenschancen mithilfe der Grafik auf S. 59.
2. Analysieren Sie die Grafik auf S. 62. Nehmen Sie Stellung zum Ziel deutscher Sicherheitspolitik, „die Ursachen von Gewalt gewissermaßen auszutrocknen“ (M 4).
3. Recherchieren Sie frühere „Konfliktbarometer“ unter *www.hiik.de* und vergleichen Sie die Entwicklungen mit der Grafik auf S. 62.
4. Erschließen Sie aus M 5 das Spannungsfeld, in dem sich die Atommächte nach Ansicht des US-Präsidenten und Friedensnobelpreisträgers Barack Obama befinden. Diskutieren Sie, ob es zu Obamas Politik eine Alternative gibt.

2. Zentrale Begriffe der internationalen Beziehungen

Internationale Politik

Internationale Politik hat als eine wesentliche Aufgabe, Frieden zu schaffen und Gegensätze, die in ihrer schärfsten Form zum Krieg führen können, zu überwinden. Mit der Frage, wie der Krieg unter den Menschen zu vermeiden und der Friede innerhalb eines Gemeinwesens zu gewinnen sei, haben sich schon in früheren Jahrhunderten berühmte Denker auseinandergesetzt.

Hobbes: „Krieg aller gegen alle"

Für den englischen Staatsphilosophen Thomas Hobbes (1588–1679) war das menschliche Zusammenleben nur als ein „Krieg aller gegen alle" vorstellbar, in dem die Menschen fortwährend um ihre Existenz fürchten und gezwungen sind, immer mehr Macht anzuhäufen, wenn sie überleben wollen. In dieser Welt, in der der Mensch „des Menschen Wolf" ist, bleibt als letzter Ausweg nur die bedingungslose Unterwerfung unter die Herrschaft eines übermächtigen Staates. Erst ein solcher von den Menschen selbst errichteter „Leviathan" (1651) kann als unumschränkter Herrscher für Ruhe und Ordnung sorgen und den ständigen Willen der Menschen zur Macht bändigen. In seinem pessimistischen Menschenbild geht Hobbes von der Annahme aus, dass – ähnlich wie im zwischen*menschlichen* Bereich – auch die gewaltsame Austragung von zwischen*staatlichen* Konflikten nur durch eine glaubhafte Abschreckung, einen Drohfrieden, nicht aber durch eine Weltregierung verhindert werden kann. Hobbes vertritt daher einen „negativen" Friedensbegriff. In den großen Theorien der internationalen Politik steht der Ansatz der *realistischen Schule* in der hobbesianischen Tradition.

Thomas Hobbes (1588–1679)

Grotius: „Kooperation statt Krieg"

Ähnelt nach Hobbes die internationale Politik einem permanenten Kriegszustand, einem anarchischen System, in dem eine Zentralgewalt fehlt und Frieden nur vorübergehend existiert, so geht Hugo Grotius (1583–1645) davon aus, dass der Krieg zwar nicht gänzlich überwunden, zumindest aber gezähmt werden kann. Grotius hält an der Möglichkeit fest, dass allgemeine Regeln und Institutionen das Ausmaß von Krieg und Konflikt begrenzen können. Der als „Vater des Völkerrechts" bekannte holländische Rechtsphilosoph schrieb in seinem 1625 erschienenen Hauptwerk über das „Recht des Krieges und des Friedens". Er gilt damit als ein Vorläufer für die *institutionalistische Schule* der internationalen Politik, die stabile Kooperation für möglich hält und internationalen Organisationen einen beträchtlichen Einfluss auf die Friedensschaffung einräumt.

Hugo Grotius (1583–1645)

Kant: „Globaler Weltfrieden"

Der deutsche Philosoph Immanuel Kant (1724–1804) hielt zwar ebenso wenig wie Hobbes oder Grotius einen Weltstaat für möglich oder wünschenswert. Mit seiner Schrift „Zum ewigen Frieden" (1795) legte Kant allerdings den Entwurf zu einem globalen und dauerhaften Weltfrieden vor. Wesentliche Voraussetzungen für einen solchen Frieden sind nach innen die Durchsetzung einer rechtsstaatlichen Demokratie und nach außen ein Bund freier Völker bzw. ein föderativer Weltstaatenbund. Im Unterschied zu Hobbes vertritt Kant damit einen „positiven" Friedensbegriff. Noch heute wird aus Sicht der *liberalen Schule* der internationalen Politik davon ausgegangen, dass demokratisch regierte Staaten untereinander zu Mitteln gewaltarmer und kompromissorientierter Konfliktlösung greifen und nicht ständig voreinander auf der Hut sein müssen.

Immanuel Kant (1724–1804)

Im Gegensatz zum Herrschafts- und Gewaltmonopol der Staaten, die für ihr Staatsgebiet und die darauf lebenden Staatsbürger verbindliche Regeln und Entscheidungen treffen und diese – notfalls auch mit Zwang – durchsetzen können *(innere Souveränität)*, gibt es in der internationalen Politik keine Weltregierung, die den Staaten vorschreiben könnte, wie sie ihre Politik und Staatsgewalt nach innen oder außen auszuüben hätten *(äußere Souveränität)*. Mit den Staaten als den bedeutendsten Akteuren findet internationale Politik also noch immer unter den Bedingungen von Anarchie und Selbsthilfe in einem dezentral organisierten Staatensystem statt. Man spricht in diesem Zusammenhang auch von der „westfälischen Ordnung" des Staatensystems, da die mit dem Westfälischen Frieden von Münster und Osnabrück 1648 europaweit vereinbarten Prinzipien der inneren und äußeren Souveränität bis in die Gegenwart fortwirken.

Außenpolitik

Neben den Staaten, die die internationalen Beziehungen mithilfe ihrer *nationalen* Außenpolitik gestalten, nimmt dort eine Vielzahl nichtstaatlicher Akteure Einfluss. Dazu gehören nicht nur *Allianzen* wie die NATO oder *supranationale* Organisationen wie die EU, sondern vor allem die rund 250 weltweit tätigen *internationalen* Organisationen (IOs), etwa die UNO, die OSZE, die ASEAN, der Mercosur oder die OPEC. International aktive Nicht-Regierungsorganisationen (INGOs), deren Zahl auf mehr als 40 000 geschätzt wird, haben ebenso an Bedeutung gewonnen. Solche Organisationen, etwa das Rote Kreuz oder der Rote Halbmond, Amnesty International, Greenpeace oder „Ärzte ohne Grenzen", handeln in der Regel nicht-profitorientiert und sozial, humanitär oder kirchlich. Hinzu kommen *transnationale* Konzerne und Großbanken als „Global Player", zivilgesellschaftliche Gruppen und Verbände, Medien, aber auch Rebellen- oder Befreiungsbewegungen sowie terroristische Vereinigungen wie Al Qaida.

internationale, supranationale und transnationale Organisationen

Macht ist ein zentraler Aspekt der internationalen Politik. Je nachdem wie die Macht zwischen den Staaten verteilt ist, wandelt sich die Gestalt des internationalen Systems: Verfügt *ein* Staat über so viele Machtressourcen, dass er die internationale Politik weitgehend ohne eine ernst zu nehmende Gegenmacht dominieren kann, spricht man von Unipolarität. Existiert – wie im Kalten Krieg – ein Machtgleichgewicht zwischen *zwei* Staaten, so ist die Struktur des internationalen Systems bipolar. Die Struktur ist multipolar, wenn ein Machtgleichgewicht zwischen *mehr als zwei* Staaten besteht. Zeitgleich ablaufende Prozesse wirken dabei auf das System der internationalen Politik ein:

- Globalisierung versus Regionalisierung,
- Integration versus Staatszerfall,
- Zivilisierung versus „neue Kriege",
- Demokratisierung versus autoritäre Herrschaftssicherung sowie
- transnationale Prozesse der Gemeinschaftsbildung versus kulturell-religiöse Konflikte.

Strukturen und Prozesse der Politik im internationalen Rahmen

MATERIAL

1 Akteure und Handlungsebenen der internationalen Politik

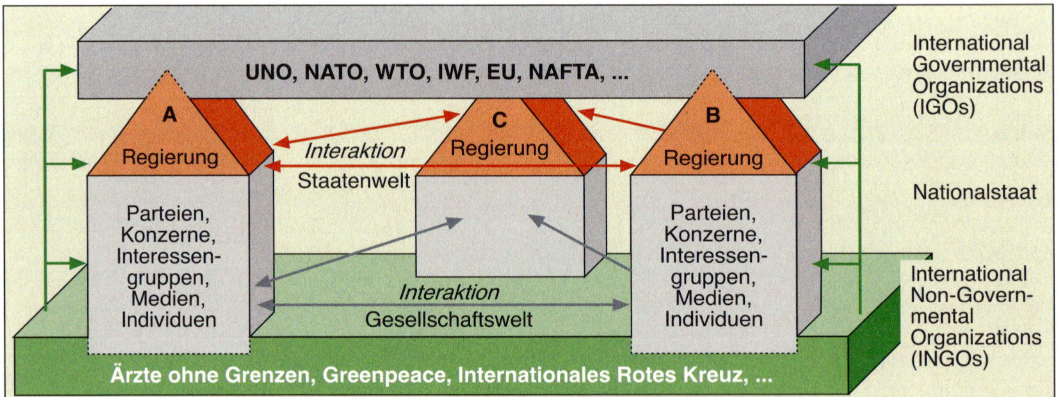

Nach: Andreas Gerster/ Hartwig Riedel: Globalisierung, internationale Politik und Konfliktbewältigung, 2. Aufl., Bamberg 2004, S. 163

L & P / 4067

MATERIAL

2 Internationale Politik aus theoretischer Sicht

1. Unsicherheit und Macht: der Realismus

[Der Realismus] ist wahrscheinlich die älteste Theorie internationaler Politik. Er beruft sich unter anderem auf Thukydides, der im 5. Jahrhundert v. Chr. im *Peloponnesischen Krieg* die internationale Politik im System der unabhängigen Stadtstaaten (*poleis*) des klassischen Griechenlands beschrieben hat, und auf Niccolò Machiavelli, den wichtigsten Theoretiker der Politik im System der italienischen Stadtstaaten, das als Wiege des heutigen internationalen Systems gilt. [...]
Der Realismus wurde nach dem Zweiten Weltkrieg zur Leittheorie internationaler Politik und behielt diese Stellung zumindest bis in die 1970er Jahre. Er wurde vor allem in den USA entwickelt und weiterentwickelt. [...] Im realistischen Modell interagieren in der internationalen Politik egoistisch-zweckrationale Staaten unter den Bedingungen der Anarchie. Die Anarchie erzeugt eine existenzielle Unsicherheit, die die Staaten dazu zwingt, nach Macht zu streben. Durch die Interaktionsmechanismen des Sicherheitsdilemmas und des Machtgleichgewichts [Balance of Power] gelingt es den Staaten allerdings nicht, dauerhaft Sicherheit oder Überlegenheit zu erreichen. [Die Anhäufung von Machtressourcen nämlich ruft ihrerseits Bedrohungswahrnehmungen bei den anderen Staaten hervor, und auf diese Weise kommt es zu Rüstungswettläufen, Krisen und letztlich zum Krieg, obwohl alle Beteiligten sich im Grunde nur selbst schützen wollten.]
Frieden und Kooperation werden vor allem durch eine hohe Machtkonzentration im internationalen System begünstigt; nur ein Hegemon kann durch die Androhung oder Ausübung von Zwangsmacht für eine stabile internationale Ordnung sorgen. Außerdem hat die vorherrschende Militärtechnologie einen Einfluss. Die Kernhypothese des Realismus lautet daher:

Je höher die internationale Machtkonzentration ist und je mehr die verfügbare Technologie die Defensive gegenüber der Offensive stärkt, desto höher ist die Wahrscheinlichkeit von Frieden und internationaler Kooperation.

Die Machtkonkurrenz sorgt jedoch dafür, dass weder Hegemonie noch überlegene Defensivtechnologien von Dauer sind. Vielmehr verläuft die Entwicklung des internationalen Systems in Hegemoniezyklen. Die realistische Theorie erklärt vor allem, warum in einem anarchischen internationalen System die Probleme der Unsicherheit, Ineffizienz und Unfreiheit auftreten und nicht dauerhaft und wirksam zu lösen sind.

2. Verflechtung und Kooperation: der Institutionalismus

Auch die Wurzeln des Institutionalismus reichen

zurück in die Frühzeit des modernen Staatensystems. Mit der staatlichen Souveränität und der internationalen Anarchie entwickelten sich auch Überlegungen, den rechtlosen Zustand zwischen den Staaten zu beenden, Regeln für das Miteinander souveräner Staaten zu formulieren, ihre Rivalität in geordnete Bahnen zu lenken und internationale Kooperation zu erleichtern.

Hugo Grotius (1583–1645) gilt mit seinen Schriften zur Freiheit der Meere und zum Kriegs- und Friedensrecht als einer der Begründer des Völkerrechts. Weiter reichten Vorschläge zu einem internationalen Staatenbund wie im *Projet pour rendre la paix perpétuelle en Europe* (1713) des Abbé de Saint-Pierre, in dem das fragile europäische Machtgleichgewicht durch einen permanenten Staatenkongress ersetzt und zwischenstaatliche Konflikte statt durch wechselseitige Drohungen und Krieg durch ein internationales Schiedsgericht entschieden werden sollten. Internationales Recht und internationale Organisationen sind bis in die Gegenwart Kernthemen des Institutionalismus geblieben. [...]

Der Institutionalismus behauptet, dass zwei Kernprobleme der Anarchie – Unsicherheit und Marktversagen – auch in Abwesenheit eines Weltstaats oder einer Hegemonialmacht bei hoher Interdependenz [wechselseitiger Abhängigkeit] und mit Hilfe von Institutionen wirksam verringert werden können. Interdependenz verringert die militärische Bedrohung und erhöht den Kooperationsbedarf im internationalen System. Internationale Institutionen verringern die Betrugsmöglichkeiten und erhöhen damit die Kooperationswilligkeit der Staaten. Zusammen sorgen sie für mehr Frieden und Effizienz in der internationalen Politik und langfristig für eine Zivilisierung des internationalen Systems – wenn auch um den Preis eines demokratischen Defizits internationalen Regierens. Die Kernhypothese des Institutionalismus lautet:

Je stärker die zwischenstaatlichen Beziehungen interdependent und institutionalisiert sind, desto höher ist die Wahrscheinlichkeit von Frieden und (weiterer oder vertiefter) internationaler Kooperation.

3. Staat und Gesellschaft: der Liberalismus

[A]ls wichtigster Vordenker einer liberalen Theorie internationaler Politik gilt heute Immanuel Kant (1724–1804). In seiner kleinen Schrift *Zum ewigen Frieden. Ein philosophischer Entwurf* von 1795 reflektiert er über die Bedingungen eines dauerhaften Friedens zwischen den Staaten. Als erste Bedingung nennt Kant eine „republikanische Verfassung" und gilt damit als einer der Begründer der Theorie des „demokratischen Friedens". Die These, dass liberale Herrschafts- und Gesellschaftsordnungen die Qualität der Außenpolitik und internationalen Politik verändern, und zwar im Großen und Ganzen zugunsten von Frieden und internationaler Kooperation, ist für den Liberalismus zentral und erklärt auch ihren Namen. [...] Für den Liberalismus sind u. a. innerstaatliche Akteure, Ziele, Machtverhältnisse und Institutionen [...] die zentralen Erklärungsfaktoren internationaler Politik. [...] Vor allem liberaldemokratischen Staaten schreibt der Liberalismus zu, untereinander Frieden und ein hohes Maß an Kooperation hervorzubringen. Ein hohes Maß an innerstaatlicher Freiheit garantieren diese Staaten ohnehin [...]. Die Kernhypothese des Liberalismus lautet daher:

Je weiter im internationalen System liberaldemokratische Staaten verbreitet sind, desto höher ist die Wahrscheinlichkeit von Frieden und internationaler Kooperation.

Nach: Frank Schimmelfennig: Internationale Politik, Stuttgart 2008, S. 66 ff., 89 ff., 138 ff.

➠ Querverweis: S. 82 f., Methode

1. Erklären Sie die Grafik M 1 mit eigenen Worten.
2. Arbeiten Sie aus dem Text in M 3 heraus, wie sich die heutige Staatengesellschaft unterteilt und erläutern Sie die Problematik der fragilen bzw. prämodernen Staaten.
3. Erläutern Sie die Hypothesen der in M 2 genannten Theorien mit eigenen Worten.
4. Erwägen Sie, welcher der drei Denkschulen aus M 2 Sie sich angesichts der aktuellen Weltlage (M 3) anschließen würden. Begründen Sie Ihre Meinung.

MATERIAL

3 Die neue Differenzierung des Staatensystems

- *Moderne Staaten* sind die klassischen Nationalstaaten, die auf ihrer Souveränität nach innen und außen bestehen. Das heißt, dass sie die Unterordnung unter eine andere Macht grundsätzlich ablehnen und die Übertragung von Souveränität an internationale Organisationen nur in sehr begrenztem Umfang akzeptabel ist. Souveränität nach innen heißt, dass die Einmischung in die inneren Angelegenheiten eines Staates abgelehnt wird. Diese Staaten können deshalb niemals Ziel einer äußeren Intervention sein, egal wie sie motiviert ist und von wem sie initiiert wird. Deshalb sind diese Staaten auch reserviert bei Interventionen gegenüber Dritten, um keine Präzedenzfälle zu schaffen. Zu dieser Gruppe gehören große Staaten wie China, Russland, Indien, Brasilien oder Iran, aber auch kleinere Staaten wie etwa Israel oder die Schweiz.
- *Postmoderne Staaten* sind die EU-Mitglieder, die eher multilateral agieren und einen Teil ihrer Souveränität an die europäischen Institutionen abgetreten haben. Der Multilateralismus wird von den EWG-Gründungsstaaten allerdings bereitwilliger verfolgt als etwa von Großbritannien, das trotz seiner EU-Mitgliedschaft die Nähe zu den USA sucht, oder den osteuropäischen Neumitgliedern, denen es schwerfällt, die gerade der Sowjetunion abgerungene Souveränität nun an „Brüssel" abzugeben.
- *Prämoderne Staaten* sind solche, die Einbußen an Souveränität hinnehmen müssen, nicht jedoch als Folge freiwilligen Verzichts, sondern als Folge der Aktivitäten der neuen Gewaltakteure, des daraus resultierenden Staatszerfalls und der gegebenenfalls darauf reagierenden Intervention von außen. Die Rückkehr der Piraterie am Horn von Afrika zeigt, was passieren kann, wenn ein Staat zerfällt und sein Gewaltmonopol verschwindet. Zu dieser Gruppe gehören die fragilen Staaten in Afrika südlich der Sahara, in Zentralasien und im Andenbereich Lateinamerikas. Soweit hier militärische Interventionen erfolgt sind, wurden diese von den postmodernen Staaten (eher humanitär motiviert) getragen, während die modernen Staaten gegenüber militärischen Optionen zurückhaltend bis ablehnend reagierten.

Tritt das Thema „neue Kriege", das die Welt etwa 15 Jahre lang in Atem hielt, wieder in den Hintergrund? Das jüngste Zukunftsszenario des amerikanischen National Intelligence Council „Global Trends 2025" entwirft mögliche Antworten. Eine lautet, dass die USA ihre Führungsposition verlieren werden und die Welt daraufhin zu den klassischen Großmachtkonflikten zurückkehrt. [...]

Nach: Ulrich Menzel: Nach den „neuen Kriegen", in: Praxis Politik 2/ 2009, S. 4–9; hier: S. 6 f.

Querverweis: Kapitel III.7

1. Recherchieren Sie im Internet zu den Machtressourcen der oben abgebildeten Staaten und ermitteln Sie, worauf deren Einfluss in der Weltpolitik beruht.
2. Recherchieren Sie zur Frage der Legitimität der Nürnberger Prozesse 1946 und beurteilen Sie die völkerrechtliche Legitimität von Militärinterventionen in Drittstaaten an einem selbst gewählten Beispiel.

MATERIAL
Weltordnungsmodelle 4

Anarchie der Staatenwelt: Sicherheitsdilemma ist vorherrschend, Staaten greifen zur Selbsthilfe.

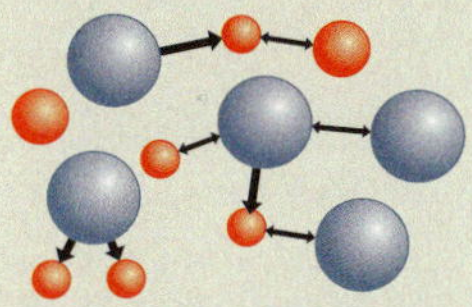

Hegemoniale Ordnung: Ein Staat ist auf Grund seiner herausragenden Machtposition in der Lage, allen anderen Staaten seinen Willen aufzuzwingen.

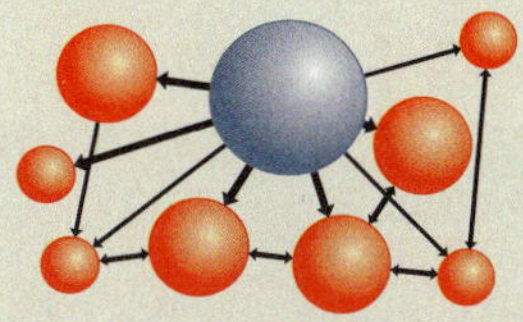

Global Governance: Staaten koordinieren ihre Handlungen durch bilaterale oder multilaterale Verträge und Abkommen oder durch Entscheidungen, die in internationalen Organisationen getroffen werden. Die Nicht-Einhaltung von Abkommen kann aber nur schwer sanktioniert werden.

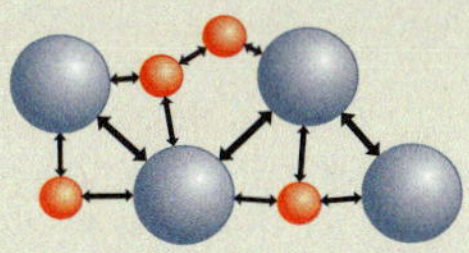

Nach: Andreas Gerster/ Hartwig Riedel: Globalisierung, internationale Politik und Konfliktbewältigung, 2. Aufl., Bamberg 2004, S. 161

Ordnung durch Weltregierung: Die Staaten begründen durch Abgabe von Souveränität an eine überstaatliche Autorität ein öffentliches Gewaltmonopol. Das öffentliche Gewaltmonopol ist kontrollierbar (z. B. durch Parlamente, Gerichte) und verfügt über Instrumente zur Durchsetzung von Entscheidungen (Ermittlungsbehörden, Polizei, Militär).

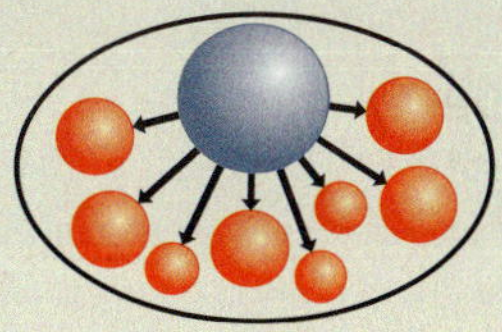

L & P / 3979

➡ Querverweis: Kapitel III.7

MATERIAL
Weltfrieden und Weltordnungspolitik 5

Was lässt sich aus der Geschichte für eine künftige Weltordnung lernen? Genau genommen nichts, denn eine Weltmacht [...], die den ganzen Globus wirtschaftlich, politisch und teilweise militärisch umfasst, gab es noch nicht. [...] Ein Weltherrscher, der Weltfrieden schafft und eine Weltordnung stiftet, ist nicht zu sehen. Die künftige Welt wird mehrere Machtzentren haben, es wird also der Zustand eintreten, wie wir ihn in Europa bis 1945 und auch sonst immer wieder in der Geschichte hatten: Mehrere etwa gleich starke Mächte rivalisieren in wechselnden Allianzen, arrangieren sich in zeitlich begrenztem Gleichgewicht und schlagen schließlich aufeinander ein. So war es zu allen Zeiten, warum soll es in der Zukunft anders sein? Aber wieweit taugen die historischen Erfahrungen noch für unsere Gegenwart und Zukunft? Dass Frieden erzwungen werden muss, gilt auch heute noch, aber vielleicht hat die Art des Zwanges sich geändert. Vielleicht kann moderne Waffentechnik mit ihren unendlichen Möglichkeiten zu Massenmord und Verwüstung erreichen, was seinerzeit der römische Kaiser mit seinen Legionen bewirkte. Aus dem Kalten Krieg wurde kein heißer Krieg, weil ein atomarer Überfall einen ebenso vernichtenden Gegenschlag ausgelöst hätte, also Selbstzerstörung bedeutete. Aber können wir mit solcher Zurückhaltung auch künftig rechnen?

Nach: Peter Bender: Frieden muss erzwungen werden, in: Internationale Politik 7–8/ 2007, S. 48–53

1. Belegen Sie an Beispielen aus Geschichte und Gegenwart die Weltordnungsmodelle aus M 4.
2. Lesen Sie M 5 und diskutieren Sie vor diesem Hintergrund die Friedenschancen der einzelnen Weltordnungsmodelle (M 4).

3. Handlungsfelder internationaler Politik

„Ich möchte Lehrerin werden, weil ich anderen Kindern helfen will." – Meseker Getie, 9 Jahre, Äthiopien

In der internationalen Politik geht es – wie in der Innenpolitik – um die gerechte Verteilung der Werte „Sicherheit", „Wohlfahrt" und „Freiheit". Die modernen Weltprobleme jedoch machen eine angemessene Verteilung dieser Werte äußerst schwierig.

Frieden und Sicherheit

Frieden und Sicherheit wurden durch die Terrorangriffe auf das New Yorker World Trade Center am 11. September 2001 sowie durch eine Vielzahl von Anschlägen in den darauffolgenden Jahren, in Bali, Madrid oder London, schwer erschüttert. Die Erfahrung der eigenen Verwundbarkeit durch militärisch weit unterlegene Gegner führte in der westlichen Welt der OECD-Staaten zu einer Vertrauenskrise in die äußere Schutzfunktion des souveränen Staates und zu einer Debatte über das künftige Verhältnis von Sicherheit und Freiheit im Inneren. Asymmetrische Bedrohungen, also Bedrohungen zwischen unterschiedlich starken Akteuren, existieren auch dort, wo Bürgerkriege stattfinden, staatliche Ordnungen zerfallen und rivalisierende Kriegsherren ihr Unwesen treiben. Ein kriegsauslösender oder -verlängernder Faktor ist dabei neben ethnischen, religiösen oder politischen Ursachen häufig der Kampf um Rohstoffe (Öl, Diamanten, Wasser, Gas oder Gold). Vor dem Hintergrund der vor allem innerstaatlich ausgetragenen Gewaltkonflikte haben sich die Anforderungen an eine wirksame und langfristige Friedenssicherung daher enorm erhöht: Nicht die Sicherheit des einzelnen Staates vor militärischen Angriffen, sondern das Sicherheitsbedürfnis der Zivilbevölkerung steht heute im Vordergrund westlicher Bemühungen.

Demokratie und Menschenrechte

Gerade von Demokratien wird angenommen, dass sie eine Tendenz zum friedlichen, regelgeleiteten und multilateral abgestimmten Verhalten zeigen. Das auf Immanuel Kant (1724–1804) zurückzuführende Konzept des „Demokratischen Friedens" vertritt die Annahme, eine Demokratisierung des Staatensystems erhöhe die Chance auf Kooperationsbereitschaft, gegenseitiges Vertrauen und letztlich auf einen stabilen Frieden in vielen Regionen dieser Welt. Aus Sicht etlicher, noch immer autoritär geführter Staaten im Nahen und Mittleren Osten, in Afrika oder in Zentralasien werden Versuche eines derartigen „Exports" von Demokratie jedoch häufig als unerlaubte Einmischung in innerstaatliche Angelegenheiten betrachtet; dies auch, weil das westliche Demokratiemodell und seine liberalen Wirtschaftssysteme gegenüber autokratischen Systemen, insbesondere der Volksrepublik China und deren immer leistungsfähigerer Ökonomie, weltweit an Einfluss verloren haben. Gleichwohl zeugen die UN-Menschrechtscharta von 1948 oder die UN-Anti-Folter-Konvention von 1984 und nicht zuletzt die Einrichtung eines Internationalen Strafgerichtshofs (IStGH) zur strafrechtlichen Verfolgung von schwersten Menschenrechtsverletzungen von einem allmählichen Durchbruch beim Menschenrechtsschutz. Die Kluft zwischen Normsetzung und Normdurchsetzung klafft allerdings weit auseinander und ist – wie der Fall des US-Gefangenenlagers Guantánamo auf Kuba zeigt – stets vom politischen Willen oder der Willkür der Verantwortlichen bei der Einhaltung verbindlichen internationalen Rechts abhängig.

Bildung und Entwicklung

Nach wie vor lebt ein Fünftel der Weltbevölkerung – mehr als 1 Milliarde Menschen – unterhalb der Armutsgrenze und muss mit weniger als einem US-Dollar pro Tag auskommen. Obwohl der weltweite Anteil an extremer Armut aufgrund des wirtschaftlichen Wachstums in China und Ostasien deutlich zurückgegangen ist, gelingt es der Menschheit vor allem in Afrika südlich der Sahara und in Südasien noch immer nicht, Armut und Mangelernährung Herr zu werden. Die landwirtschaftlichen Produktionsmöglichkeiten haben sich dort klimatisch bedingt verschlechtert. Hungersnöte und Flüchtlingsströme sind die Folgen. Der fehlende Zugang zu schulischer und beruflicher Bildung wiederum lässt Hunderttausende wie in einem Teufelskreis immer tiefer in die Armutsfalle gleiten. Auf dem UN-Millenniumsgipfel im Jahr 2000 hatten sich die Staats- und Regierungschefs daher auf einen bisher nicht erfüllten Katalog von Entwicklungszielen verständigt, der u. a. den Hunger, die Kinder- und Müttersterblichkeit sowie die Ungleichbehandlung der Geschlechter lindern, die Chancen bei der Schulbildung erhöhen, ökologische Gefahren reduzieren und die Lebensbedingungen von 100 Millionen Slumbewohnern bis zum Jahr 2015 nachhaltig verbessern sollte.

Energie und Umwelt

Weltweit steigen die Rohstoffpreise und zeugen damit von einer Rohstoffknappheit, die unter Staaten und global agierenden Konzernen die Furcht schürt, mittelfristig vom Zugang zu Energieressourcen ausgeschlossen zu werden. Die meisten Staaten betrachten die eigene Versorgung mit endlichen, fossilen Energieträgern wie Erdöl, Erdgas, Braun- oder Steinkohle daher als Bestandteil ihrer Sicherheitspolitik und überlassen diese nicht mehr allein dem globalen Marktmechanismus. Bereits heute kommt es daher zu Konflikten um Ressourcen, wie z. B. im Kongo. Zugleich gefährden auch der Klimawandel und die zunehmende Umweltbelastung die Lebenschancen der Menschen und den internationalen Frieden. Nicht alle Teile der Welt sind davon in gleicher Weise betroffen: Der Zugang zu den existenziellen Grundgütern Wasser, Nahrung und Sicherheit ist für einige schwierig, anderen können ihn abmildern, und manche zählen zu den Profiteuren dieser Veränderungen. Vor allem gilt dies im Verhältnis zwischen den Industriestaaten auf der Nordhalbkugel und den wenig entwickelten Ländern des Südens. Die Zunahme globaler Verflechtungen und globaler Risikolagen zwingt uns, gemeinsam Wege zur Herstellung von „menschlicher Sicherheit" zu finden. Ein regulierendes Eingreifen zur Lösung von Ursachen und Folgen, wie es z. B. die im Jahr 1992 in Rio de Janeiro verabschiedete „Agenda 21 für nachhaltige Entwicklung" oder das Kyoto-Protokoll von 1997 vorsehen, wird jedoch durch die unterschiedlichen Interessen der staatlichen und nichtstaatlichen Akteure immer wieder erschwert.

Zeichnung: Gerhard Mester

MATERIAL
1 Die Strategie des Terrorismus

Terrorismus ist eine Gewaltstrategie nichtstaatlicher Akteure gegen Zivilisten, um politische Ziele durchzusetzen. Diese Gewaltstrategie setzt im Wesentlichen auf psychische Effekte. Terroristen sind nicht in der Lage, Territorien zu erobern oder dauerhaft zu kontrollieren. Ihr Ziel ist vielmehr, eine Bevölkerung insgesamt, bestimmte Gruppen oder Einzelpersonen zu schockieren und einzuschüchtern. [...] Panik und Schockeffekte sind das eine, die Mobilisierung von Sympathisanten und Unterstützern [...] sind das andere strategische Motiv terroristischer Aktivitäten. Terroristen verstehen sich dabei typischerweise als Avantgarde, die sich für die „Unterdrückten" einsetzt. Daraus speist sich das Bewusstsein moralischer Überlegenheit, mit der sie ihre eigentlich unmoralischen Taten vor sich selbst und anderen rechtfertigen. Allerdings wird die gewünschte Mobilisierung von Sympathisierenden in aller Regel weniger durch die Anschläge selbst erreicht als vielmehr durch die Gegenreaktion, die sie beim Adressaten hervorrufen. Die Attentate sollen den Gegner zu möglichst brutalen und unverhältnismäßigen Maßnahmen provozieren, die ihn, so das Kalkül der Terroristen, [...] „demaskieren". [...] Terroristen setzen insofern auf eine Eskalation, bei der sie von der Rolle des Angreifers in die der Angegriffenen wechseln können.

Aus: Ulrich Schneckener: Globaler Terrorismus, in: Informationen zur politischen Bildung (Heft 280), 2003, S. 53 ff.

MATERIAL
2 Unmittelbare Reaktionen auf den 11. September

US-Präsident George W. Bush:

"On September the 11th, enemies of freedom committed an act of war against our country. [...] Americans should not expect one battle, but a lengthy campaign unlike any other we have ever seen. It may include dramatic strikes visible on TV and covert operations secret even in success.
We will starve terrorists of funding, turn them one against another, drive them from place to place until there is no refuge or no rest.
And we will pursue nations that provide aid or safe haven to terrorism. Every nation in every region now has a decision to make: Either you are with us, or you are with the terrorists."[1]

Bundespräsident Johannes Rau:

„Wer den Terrorismus wirklich besiegen will, der muss durch politisches Handeln dafür sorgen, dass den Propheten der Gewalt der Boden entzogen wird. Armut und Ausbeutung, Elend und Rechtlosigkeit lassen Menschen verzweifeln. Die Missachtung religiöser Gefühle und kultureller Traditionen nimmt Menschen Hoffnung und Würde. Das verführt manche zu Gewalt und Terror, sät den Hass schon in die Herzen von Kindern. Alle Menschen haben das Recht auf Anerkennung und auf Würde. Wer in seinem Leben Anerkennung erfährt und wer sein Leben liebt, der wird es nicht wegwerfen wollen [...], aus dem wird kaum ein Selbstmordattentäter werden."[2]

[1] Aus: Address to a Joint Session of Congress and the American People, Washington D. C., 20.9.2001; www.whitehouse.gov
[2] Aus: Ansprache bei der Kundgebung „Keine Macht dem Terror – Solidarität mit den Vereinigten Staaten von Amerika", Berlin, 14.9.2001

1. Weisen Sie anhand von M 1 nach, dass es sich beim transnationalen Terrorismus um eine „asymmetrische" Bedrohung handelt.
2. Fassen Sie die in M 2 genannten Reaktionen thesenartig zusammen und beurteilen Sie deren Wirksamkeit vor dem Hintergrund der Strategie des Terrorismus (M 1).
3. Erarbeiten Sie die in M 3 erhobenen Vorwürfe. Erwägen Sie Möglichkeiten, solchem Verhalten international entgegenzuwirken.

MATERIAL
Guantánamo wird geschlossen? 3

Spätestens in einem Jahr [Stand: 2009] ist das Gefangenenlager Guantánamo Geschichte. [...] Mit seinem Erlass räumt US-Präsident Barack Obama konsequent mit weltweit kritisierten Methoden im Anti-Terror-Kampf auf. Nur zwei Tage nach seinem Amtsantritt löste er zudem eines seiner Hauptwahlversprechen ein. Das Verbot umstrittener Verhörmethoden umfasst auch das sogenannte Waterboarding, dem Simulieren von Ertränken. Daran soll sich künftig auch der Geheimdienst CIA konsequent halten müssen. In einem weiteren Schritt wies Obama zudem die Armee an, den Abzug aus dem Irak voranzutreiben. Auch mit geheimen CIA-Gefängnissen soll Schluss sein. Insgesamt will Obama Berichten zufolge alle Praktiken im Umgang mit Terrorverdächtigen und jeden Einzelfall prüfen lassen.
Obama sagte bei der Unterzeichnung des Papiers, damit sollten die Grundwerte im Bereich der Menschenrechte gestärkt werden. Es gehe darum, „Kernstandards" zu entsprechen, „nicht nur wenn es leicht ist, sondern auch, wenn es schwierig ist". [...] Vor welchen Gerichten geplante Terroristen-Prozesse stattfinden und wohin Gefangene entlassen werden sollen, soll nun eine dafür gebildete Arbeitsgruppe klären. UN-Menschenrechtskommissarin Navi Pillay begrüßte Obamas Schritt. Nun müssten diejenigen zur Rechenschaft gezogen werden, die für Folter und ungesetzliche Verhörmethoden verantwortlich sind. Sie gehe davon aus, dass Verfahren gegen die Häftlinge vor ordentlichen Gerichten und nicht vor Militär-Sondertribunalen stattfinden würden. Pillay appellierte an Obama, sich auch die Lage in vergleichbaren Gefangenenlagern in Afghanistan und im Irak anzuschauen. [...]

Das World Trade Center in Trümmern, 11.9. 2001

Aus: Zeit Online, 8.4. 2009; abrufbar unter www.zeit.de (Zugriff am 14.10.2009)

➠ Querverweis: S. 140, M 2

MATERIAL
Nachhaltige Entwicklung 4

Auf der Konferenz über Umwelt und Entwicklung der UN 1992 wurde nachhaltige Entwicklung (NE) in der Agenda 21 als Leitbild für das 21. Jahrhundert proklamiert. [...] Dem Leitbild Nachhaltigkeit kommt die Funktion einer regulativen Idee zu, deren prinzipielle Handlungsanweisung lautet, unser Handeln so zu organisieren, dass wir nicht auf Kosten der Natur, anderer Menschen, anderer Regionen oder anderer Generationen leben. Dies gilt sowohl für den einzelnen Menschen als auch für jede Organisation und Institution. [...] Strategisch geht es darum, die ökologische, ökonomische, soziale und kulturelle Dimension von Entwicklung so miteinander zu verknüpfen, dass gerechte Lebenschancen innerhalb der heutigen und für die folgenden Generationen möglich sind. [...] Zur Realisierung einer NE können vier Basisstrategien verfolgt werden:

1. **Effizienz:** Minimierung des Einsatzes von Ressourcen bei vergleichbarer Leistung;
2. **Suffizienz:** Änderung der Lebensstile und Konsummuster;
3. **Konsistenz:** Anpassung an natürliche Kreisläufe und Prozesse [...];
4. **Partizipation:** Demokratisierung von Entscheidungsprozessen [...]. Die Gestaltung des damit verbundenen Kurswechsels stellt eine zentrale Zukunftsaufgabe dar.

➠ Querverweis: Kapitel III.3

Aus: Edgar Göll: Nachhaltige Entwicklung, in: Udo E. Simonis (Hrsg.): Öko-Lexikon, München 2003, S. 136f.

MATERIAL

5 Die Entwicklungsziele der United Nations Millennium Assembly (September 2000)

1. **Beseitigung von extremer Armut und Hunger**
   - Halbierung des Anteils der Wettbevölkerung bis 2015, der mit weniger als einem Dollar täglich auskommen muss.
   - Halbierung des Anteils der Weltbevölkerung bis 2015, der hungert.
2. **Grundschulbildung für alle Kinder**
   - Gewährleistung von Grundschulbildung für alle Kinder weltweit Jungen wie Mädchen, bis 2015.
3. **Förderung der Gleichberechtigung der Geschlechter und der Teilhabe von Frauen**
   - Beseitigung der Ungleichbehandlung von Mädchen und Jungen im Grundschul- und Sekundarschulbereich möglichst bis 2005 und auf sämtlichen Bildungsebenen bis spätestens 2015.
4. **Senkung der Kindersterblichkeit**
   - Senkung der Sterblichkeit von Kindern unter fünf Jahren um zwei Drittel bis 2015.
5. **Verbesserung der Gesundheitsversorgung von Müttern**
   - Senkung der Sterblichkeit von Müttern um drei Viertel bis 2015.
6. **Bekämpfung von HIV/ Aids, Malaria**
   - Eindämmung der Ausbreitung von HIV/Aids und Einleitung der Trendwende bis 2015.
   - Eindämmung der Ausbreitung von Malaria und anderen schwerwiegenden Infektionskrankheiten und Einleitung der Trendwende bis 2015.
7. **Ökologische Nachhaltigkeit**
   - Ausrichtung nationaler Strategien und Programme an den Grundsätzen nachhaltiger Entwicklung; Bewahrung und Ausbau von Umweltressourcen.
   - Halbierung des Anteils der Weltbevölkerung ohne dauerhaften Zugang zu sauberem Trinkwasser und sanitärer Grundversorgung bis 2015.
   - deutliche Verbesserung der Lebensumstände von mind. 100 Mio. Slumbewohnern bis 2020.
8. **Aufbau einer weltweiten Entwicklungspartnerschaft**
   - Weiterentwicklung eines offenen, geregelten, berechenbaren und nicht diskriminierenden Handels- und Finanzsystems [...].
   - in Zusammenarbeit mit den Entwicklungsländern Schaffung auskömmlicher und produktiver Arbeitsplätze für Jugendliche. [...]
   - in Zusammenarbeit mit dem privaten Sektor Verbesserung des Zugangs zu neuen Technologien insbesondere im Informations- und Kommunikationsbereich.

Aus: Jeffrey D. Sachs: Das Ende der Armut, München 2005, S. 265

Querverweis: S. 116, M 6

MATERIAL

6 „Am meisten aber leiden die eigenen Bürger“

Ein Fluss voller Gift, eine Stadt in Panik, Kampf um sauberes Wasser, fliehende Bürger. Es sind Szenen wie aus einem Thriller. Szenen aus China [...]. Aus dem Land der Rekorde: Kein Staat hat höheres Wirtschaftswachstum, bei keinem explodieren die Exporte so: Um mehr als 30 Prozent stiegen sie in diesem Jahr [2005].

Und jetzt diese Bilder, die Sie hoffentlich alle sehen: die düsteren Mahner („China – die neue Supermacht, die uns schlucken wird!“) ebenso wie die zahlentrunkenen Jubler („China – der neue Supermarkt, der uns retten wird!“).

Es ist Zeit, dass wir ein zweites Mal auf das Wunderland schauen. Und ein drittes Mal. Hinter die Fassade vom unaufhaltsamen Aufstieg. Rekorde hat dieses Land nämlich nicht nur bei Pkw-Zulassungen und Produktionsstatistiken zu bieten. China ist längst auch Weltmeister bei der Zahl von Toten durch Atemwegserkrankungen.

Und es exportiert auch seinen Dreck: Los Angeles bezieht mittlerweile nicht nur Jeans und Handys aus Chinas Fabriken, sondern auch ein Viertel der Schmutzpartikel in seiner Luft. Sie werden von Winden über den Pazifik getragen. Am meisten aber leiden die eigenen Bürger. Wer nicht in China gelebt hat, macht sich keine Vorstellung von der Verschmutzung. In der Metropole Chongqing fließen hochtoxische Stoffe aus ungeschützten Giftmüllhalden direkt in den Jangtse. In Peking sind die Nächte nicht schwarz, sondern grau. [...] 400 000 Chinesen sterben im Jahr an der dreckigen Luft. [...] Die sieben größten Flüsse des Landes

sind so verseucht, dass sie auf der Hälfte ihrer Länge „völlig unbrauchbar" für menschliche Verwendung sind. 100 von 660 Städten fehlt schon jetzt dringend Wasser. Für die Produktion von Waren mit einem Wert von 100 Dollar verbraucht China drei Mal so viele Ressourcen wie Indien und sieben Mal so viel wie Japan.
Woher diese Angaben stammen? Von der Regierung in Peking. Was sie bedeuten? Dass die Entwicklung in China nicht nachhaltig ist. Dass Chinas Führer dringend ihre Prioritäten ändern müssen, weil ihnen sonst das Land um die Ohren fliegt. Es geht um menschenwürdiges Leben, es geht aber auch um Stabilität. Vor „150 Millionen Öko-Migranten, ja womöglich ökologischen Flüchtlingen" warnt der Vize-Chef der chinesischen Umweltbehörde [...].
Im April entluden Zehntausende Bürger in Zhejiang ihren Zorn über vergiftetes Wasser und missgebildete Babys in tagelangen gewalttätigen Unruhen. Das Wachstum in China ist heute so atem- wie gedankenlos, das Tempo so rasant wie fahrlässig. Das hat zu tun mit einer Politik, die blind die Modelle des Westens kopiert – und so dem Westen eines Tages seine eigenen Grenzen aufzeigen wird [...].
Es ist eine Politik, die zudem die Fehler, die im westlichen Entwicklungsmodell angelegt sind, fatal verstärkt. Denn in China fehlen Bremse und Sicherheitsventile. Weil die Partei von ihrer Macht nicht lassen kann. Weil sie die Medien so knebelt wie die Justiz, weil sie in Aids-Initiativen und Umweltschutz-Gruppen kein Korrektiv und keine Bereicherung sieht, sondern eine Gefahr.

Aus: Kai Strittmatter: Schmutzige Supermacht, in: Süddeutsche Zeitung vom 25.11.2005

MATERIAL 7

Die Klimabilanz ausgewählter Länder des Kyoto-Protokolls und der USA (2007)

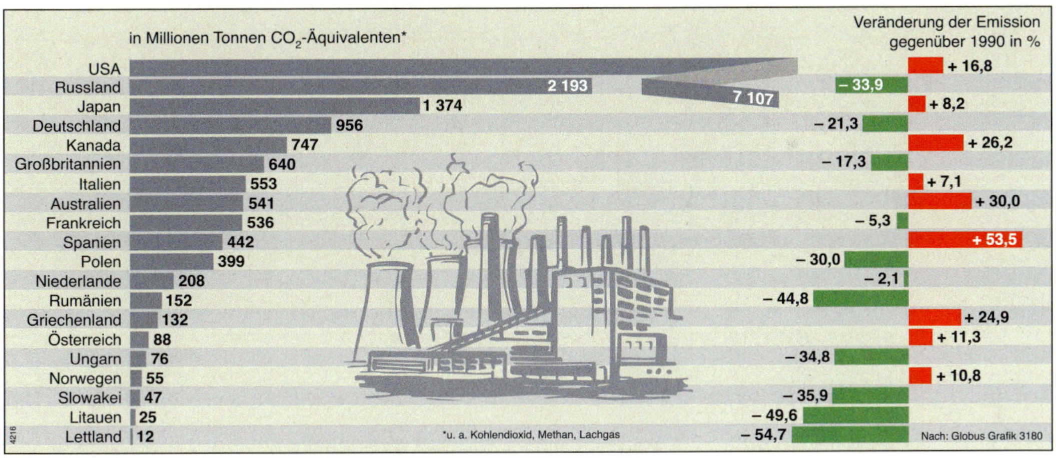

1. Ordnen Sie die Entwicklungsziele (M 5) nach ihrer Wichtigkeit. Entwerfen Sie eine Rede, in der Sie die Folgen der Nichterreichung der Ziele thematisieren.
2. Überprüfen Sie, inwieweit die Konzeption in M 5 dem Gedanken nachhaltiger Entwicklung (M 4) Rechnung trägt. Interpretieren Sie dazu auch die Abbildungen auf S. 70/ 71.
3. Ermitteln Sie die Dimensionen der Umweltproblematik in China (M 6).
4. Analysieren Sie die Grafik (M 7) und nehmen Sie Stellung zu Ihren Ergebnissen.

4. Sichert die UNO den Weltfrieden?

Skulptur vor dem UN-Hauptquartier, New York City

Mit der Unterzeichnung der Charta der Vereinten Nationen auf der Konferenz von San Francisco zogen die Vertreter von insgesamt 51 Staaten am 26. Juni 1945 die Lehren aus dem Scheitern des Völkerbundes und der Katastrophe des Zweiten Weltkrieges. Zu den Hauptaufgaben der United Nations Organization (UNO) zählen seither:

- die Sicherung des Friedens und die Garantie der internationalen Sicherheit,
- der Schutz der Menschenrechte und die Fortentwicklung des Völkerrechts angesichts des Völkermords und der Verbrechen gegen die Menschlichkeit des Hitler-Regimes sowie
- die weltweite ökonomische und soziale Entwicklung, erweitert in jüngster Zeit um
- den Umwelt- und Naturschutz vor dem Hintergrund des globalen Klimawandels.

UN-Sicherheitsrat

Während des Ost-West-Konflikts konnten die Vereinten Nationen ihre wesentliche Aufgabe der Friedenssicherung kaum wahrnehmen: Zum einen nämlich war die Handlungsfähigkeit des UN-Sicherheitsrats durch die Uneinigkeit seiner Ständigen Mitglieder (USA, Sowjetunion, China, Großbritannien, Frankreich) häufig blockiert oder eingeschränkt. Zum anderen verfügt die UNO bis heute über keine eigenen Streitkräfte. Der Sicherheitsrat ist dabei das einzige Organ, dessen Beschlüsse für alle UNO-Mitglieder verbindlich sind. Da grundsätzliche Resolutionen nur mit einer Mehrheit von neun der 15 Stimmen, einschließlich der fünf Ständigen Mitglieder, angenommen werden können, genügt das Veto eines einzigen Ständigen Mitglieds, um die Verabschiedung einer Resolution zu verhindern.

UN-Generalversammlung

Ungeachtet der prominenten Stellung der Ständigen Mitglieder ist die UNO vor allem durch die Prinzipien der Universalität und Kollegialität gekennzeichnet. So sind in der UN-Generalversammlung alle 192 Mitgliedstaaten (Stand: 2010) unabhängig von Größe, Bevölkerungszahl und Wirtschaftskraft nach dem Prinzip „ein Staat – eine Stimme" gleichberechtigt vertreten. Die Resolutionen der Generalversammlung haben zwar nur empfehlenden Charakter. Häufig aber haben der Druck von Handelssanktionen, Waffenembargos oder der Abbruch diplomatischer Beziehungen zusammen mit der politischen und moralischen Autorität der Weltgemeinschaft zahlreichen Empfehlungen und Erklärungen der Generalversammlung zu universeller Akzeptanz verholfen.

UN-Peacekeeping

Das Ende des Ost-West-Konflikts befreite die UNO aus ihrer jahrzehntelangen Lähmung und konfrontierte sie sogleich mit neuen Herausforderungen, denn mit dem Aufbrechen regionaler Krisenherde wurden friedenserhaltende Maßnahmen und humanitäre Interventionen notwendig. Neben Stabilisierungserfolgen in Haiti oder Ost-Timor führte eine Reihe fehlgeschlagener Missionen in Somalia, Ruanda und Jugoslawien zu einer immer robusteren Friedenssicherung (*Peacekeeping*) mit der Verknüpfung von Friedenserhaltung und Friedenserzwingung. Das Massaker in der bosnischen Enklave

UN-Blauhelme

Srebrenica – damals UN-Schutzzone –, bei dem im Juli 1995 mehr als 8 000 bosnische Muslime von serbischen Freischärlern ermordet wurden, sowie der von der NATO geführte Kosovo-Krieg 1999 waren entscheidende Wendepunkte. Ein robustes militärisches Mandat sollte künftig auch den (Wieder-)Aufbau der staatlichen Ordnung einschließen. Die Übernahme ziviler Verwaltungsaufgaben stellt eine weitere Ergänzung der UN-Einsätze dar, die seit 1960 von den berühmten „Blauhelm"-Soldaten durchgeführt werden.

UN-Reform

Da die Zahlen der bewaffneten Konflikte und Menschenrechtsverletzungen weltweit auf einem hohen Niveau stagnieren, ist nicht nur die Frage der finanziellen und militärischen Unterstützung der Blauhelme, sondern auch die Frage nach einer institutionellen UN-Reform zu einem Dauerbrenner in politischen Debatten avanciert. Insbesondere der UN-Sicherheitsrat gilt seit langem als antiquiert, da er die Machtverhältnisse aus der Zeit des Kalten Krieges widerspiegelt. Durch die Dominanz der fünf Vetomächte fühlen sich vor allem afrikanische, insgesamt aber auch viele muslimische Länder unterrepräsentiert. Angesichts ihrer weltweit stärkeren Verantwortungsübernahme bemüht sich auch die Bundesrepublik Deutschland um einen ständigen Sitz.

UNO und OSZE – Akteure kollektiver Sicherheit

Als regionale Abmachung nach Kapitel VIII der UN-Charta gilt die Organisation für Sicherheit und Zusammenarbeit in Europa (OSZE). Sie ist im Sinne des Subsidiaritätsprinzips der erste internationale Ansprechpartner bei Konflikten innerhalb ihres Wirkungsbereiches. Entstanden war die OSZE 1994 als Nachfolgeorganisation der Konferenz für Sicherheit und Zusammenarbeit in Europa (KSZE), die Anfang der 1970er Jahre in Helsinki als Forum für den Dialog zwischen Ost- und West(-europa) gegründet wurde. Die OSZE wird wie die UNO als System kollektiver Sicherheit angesehen. Neben der Sicherung des Friedens strebt sie die Achtung der Menschenrechte sowie der Demokratie und der Rechtsstaatlichkeit an. Darüber hinaus versucht die OSZE durch ein politisches Frühwarnsystem Konfliktprävention und Krisenmanagement zu erreichen.

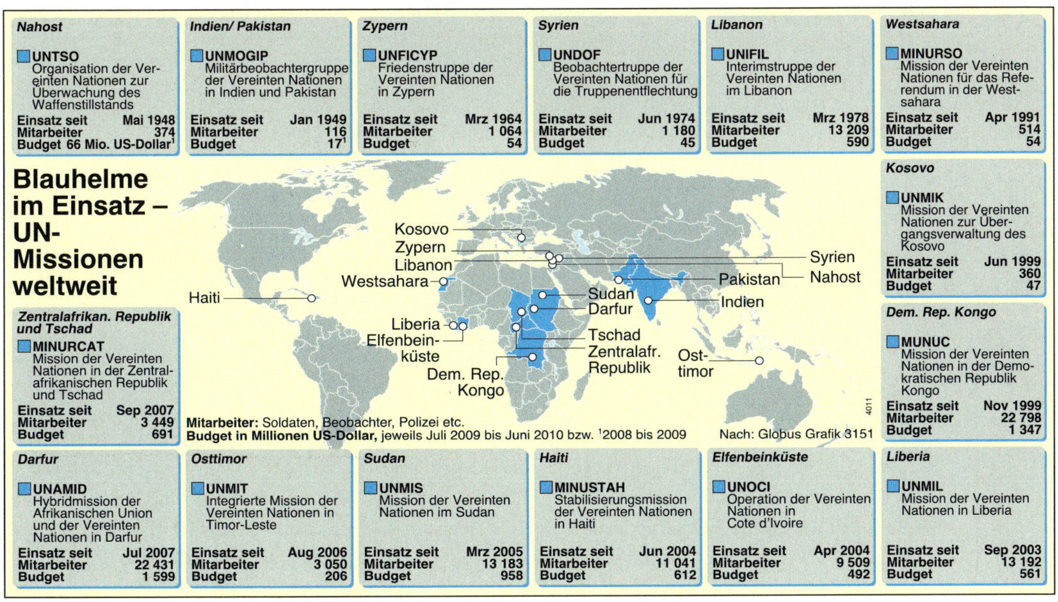

MATERIAL
1 Das System der Vereinten Nationen

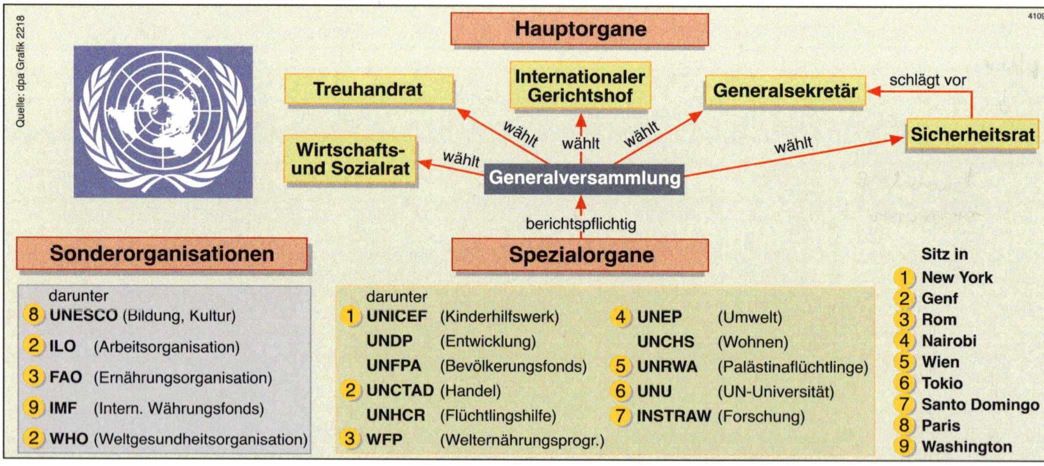

MATERIAL
2 Karikatur

Zeichnung: Gerhard Mester

1. Erarbeiten Sie aus der Grafik (M 1) Ziele und Struktur der UNO.
2. Überprüfen Sie auf Grundlage der Grafik (M 1) Legitimation und Entscheidungsabläufe der UNO im 21. Jahrhundert.
3. Interpretieren Sie die Karikatur (M 2) vor dem Hintergrund der Schautafel auf S. 77 sowie unter Berücksichtigung Ihrer Ergebnisse aus den Fragen 1 und 2.
4. Erläutern Sie die friedenspolitischen Instrumente der „Agenda für den Frieden" (M 3) mit eigenen Worten. Erarbeiten Sie mithilfe von Kapitel VI und VII der UN-Charta (Tipp: *www.un.org/en/documents/charter*) ein Ablaufschema beim Einsatz der „Agenda für den Frieden".
5. Recherchieren Sie Beispiele für die in M 3 genannten Maßnahmen der UNO und erläutern Sie jeweils Verlauf sowie Erfolgs- bzw. Misserfolgsbedingungen.

MATERIAL

Die Agenda für den Frieden 3

Im Juni 1992 legte UN-Generalsekretär Boutros Boutros-Ghali mit der „Agenda für den Frieden" eine neue Konzeption für die Handlungsmöglichkeiten der Vereinten Nationen auf dem Gebiet der Friedenssicherung vor. Diese Agenda hat, nicht zuletzt durch die Klärung zentraler Begrifflichkeiten, maßgeblich ein neues Verständnis von Friedenssicherung mitgeprägt und ist der bis heute gültige konzeptionelle Rahmen jeglicher Reformbemühungen geblieben.

Vorbeugende Diplomatie (*preventive diplomacy*); hierunter fällt der Einsatz diplomatischer Mittel mit dem Ziel, z. B. durch vertrauensbildende Maßnahmen das Entstehen von Streitigkeiten zwischen einzelnen Parteien zu verhüten, die Eskalation bestehender Streitigkeiten zu Konflikten zu verhindern und – sofern es doch zu Konflikten kommen sollte – diese einzugrenzen.

Vorbeugende Einsätze (*preventive deployments*) sind präventive Truppeneinsätze, um den Ausbruch eines Konfliktes im Vorfeld zu verhindern. Bei einer innerstaatlichen Krise kann ein vorbeugender Einsatz auf Antrag bzw. mit Zustimmung der Regierung oder aller Konfliktparteien erfolgen. [...]

Friedensschaffung (*Peacemaking*) ist der Prozess bis zum Abschluss eines Friedensvertrags oder Waffenstillstands und bezeichnet Aktivitäten mit dem Ziel, feindliche Parteien zu einer Einigung zu bringen, im Wesentlichen durch solche friedlichen Mittel, wie sie in Kapitel VI der UN-Charta vorgesehen sind.

Friedenssicherung (*Peacekeeping*) bezeichnet die Errichtung einer personellen Präsenz der Vereinten Nationen vor Ort mit Zustimmung aller Konfliktbeteiligten durch Einsatz von durchweg leichtbewaffneten Soldaten („Blauhelme"), Wahlbeobachtern und Polizisten zur Überwachung und Durchführung von Waffenstillstands- und Friedensvereinbarungen. [...]

Friedensdurchsetzung (*Peace Enforcement*); hierunter sind Einsätze stärker bewaffneter UN-Truppen und als vorläufige Maßnahme nach Kapitel VII, Artikel 40 der UN-Charta zu verstehen. Darunter fallen Maßnahmen z. B. zur Wiederherstellung und Aufrechterhaltung der Waffenruhe, die aufgrund ihrer stärkeren Bewaffnung über den Auftrag an Friedenstruppen hinausgehen, aber nicht mit Zwangsmaßnahmen zu verwechseln sind, die – nach Artikel 43 der Charta – verhängt werden können, um gegen Angriffshandlungen vorzugehen.

Friedenserzwingung durch militärische Gewalt (*use of military force*) bezeichnet militärische Zwangsmaßnahmen nach Kapitel VII, Artikel 42 der Charta, die bei Bedrohung oder Bruch des Friedens oder bei Angriffshandlungen (Artikel 39) verhängt werden können, um den Weltfrieden aufrechtzuerhalten. Der Sicherheitsrat hat bislang nur selten Gebrauch gemacht von den stärksten der militärischen Zwangsmaßnahmen. Sonderfälle waren der Golfkrieg II (Irak-Kuwait) wie auch die erste Intervention zur Absicherung humanitärer Hilfe in Somalia (United Task Force – UNITAF): Der Sicherheitsrat hatte Mitgliedstaaten (die USA u. a.) ermächtigt, in seinem Namen Maßnahmen zu ergreifen. Auch die Bombardierung bosnisch-serbischer Stellungen durch die NATO im Sommer 1995 folgte einem Mandat des Sicherheitsrats mit dem Ziel, die Bürgerkriegsparteien an den Verhandlungstisch zu bringen und erst so den Abschluss des Friedensabkommens von Dayton zu ermöglichen.

Friedenskonsolidierung (*Peacebuilding*) ist nach erfolgreicher Beendigung eines Konflikts auf die Wiederherstellung bzw. Förderung staatlicher Strukturen gerichtet, die geeignet sind, den Frieden zu festigen und dauerhaft zu konsolidieren (post-conflict peace-building). Hierzu gehören u. a. die Demobilisierung von (Ex-)Kombattanten, ihre Entwaffnung und Rehabilitierung durch Wiedereingliederung in die Zivilgesellschaft; ferner der Aufbau von Verwaltung und Justiz nach rechtsstaatlichen Prinzipien.

Aus: Auswärtiges Amt (Hrsg.): ABC der Vereinten Nationen, Berlin 2008, S. 52 f.; Text leicht verändert

➠ Querverweis: Kapitel II.6

MATERIAL

4 Friedenssicherung in der Krise

Die gescheiterte Mission in Somalia (1992–1994), der unter den Augen der Blauhelme in Ruanda verübte Völkermord (1994) und das Massaker an 8000 bosnischen Muslimen durch bosnische Serben in Srebrenica, dem holländische Blauhelme tatenlos zusehen mussten, wurden zu Menetekeln für die Fähigkeit der UNO, militärisch anspruchsvolle Friedensmissionen durchzuführen. Ab 1995 ging auf dem Balkan die militärische Verantwortung für die Friedenssicherung auf die NATO über, während sich die UNO zusammen mit anderen Organisationen wie der OSZE oder der EU den eher zivilen und ökonomischen Aufgaben zuwandte. So wurde ein neuer Typus komplexer Friedensmissionen geschaffen, der seither in Bosnien und Herzegowina, im Kosovo, in Ost-Timor oder in Afghanistan erfolgreich zum Einsatz kommt. Durch diese Einbeziehung starker Regionalorganisationen wurden die Vereinten Nationen einerseits deutlich entlastet. Andererseits zeichnet sich die Tendenz zu einer Zwei-Klassen-Friedenssicherung ab: Zwar engagieren sich die Industriestaaten in den für ihre Sicherheit relevanten Krisengebieten. Doch mit den „vergessenen Konflikten" vor allem in Afrika lassen sie die UNO weitgehend allein. So sind etwa in der Demokratischen Republik Kongo auf einem Gebiet von der Größe Westeuropas 17000 (Stand: April 2006) unzureichend ausgerüstete Soldaten vorwiegend aus afrikanischen Staaten im Einsatz. Ihren Friedenssicherungsauftrag können sie kaum erfüllen. Nur unter großem Zögern hat sich die EU im Sommer 2006 zu einer eher symbolischen Unterstützungsoperation bei der Absicherung der Wahlen in der DR Kongo bereiterklärt. Angesichts solcher mangelhaften Bedingungen gerät die von der UNO selbst verantwortete Friedenssicherung zunehmend in die Krise.

Aus: Sven Bernhard Gareis: Weltorganisation in der Krise – Die UNO, in: Informationen zur pol. Bildung (Heft 291), 2006, S. 58f.

MATERIAL

5 Reform des UN-Sicherheitsrats

Bisherige Zusammensetzung des UN-Sicherheitsrats	**15 Mitglieder**	**5**	**ständige Mitglieder mit Vetorecht** (China, Frankreich, Großbritannien, Russland, USA)
		10	**gewählte Mitglieder** (Wahl auf 2 Jahre, keine sofortige Wiederwahl)
Reformmodell A	**24 Mitglieder**	**5**	**ständige Mitglieder mit Vetorecht**
		6	**ständige Mitglieder ohne Vetorecht**
		13	**gewählte Mitglieder** (Wahl auf 2 Jahre, keine sofortige Wiederwahl)
Reformmodell B	**24 Mitglieder**	**5**	**ständige Mitglieder mit Vetorecht**
		8	**gewählte Langzeit-Mitglieder** (Wahl auf 4 Jahre, Wiederwahl möglich)
		11	**gewählte Mitglieder** (Wahl auf 2 Jahre, keine sofortige Wiederwahl)

Nach: Zahlenbilder 615513; © Bergmoser + Höller Verlag AG

L&P/4219

1. Nennen Sie die Argumente für die „Krise" der UNO (M 4) und widerlegen Sie den Autor aus Sicht des ehemaligen UN-Generalsekretärs (M 3).
2. Entwerfen Sie – ausgehend von M 5 – eine Rede zu den Ihrer Ansicht nach notwendigen Maßnahmen einer UN-Reform.

MATERIAL

Entwicklungsszenarien der Vereinten Nationen 6

Johannes Varwick, Professor für Politische Wissenschaft an der Universität Erlangen-Nürnberg, skizziert drei Szenarien zur künftigen Entwicklung der UNO:

- Das erste Szenario geht von einer substanziellen Gefährdung bis hin zu einem mittel- bis längerfristigen Untergang der UNO aus. Wichtige Staaten engagieren sich nicht mehr im UN-Rahmen, sondern bevorzugen andere Problemlösungsforen, sei es auf Ad-hoc-Basis, in wechselnden „Koalitionen der Willigen" oder im Rahmen neuer Organisationen. Weitere Staaten folgen diesem Beispiel, und es wird ein schleichender Zerfall der UNO eingeleitet, ohne dass es zwangsläufig zu einem formalen Auflösungsbeschluss kommen muss. Ausgangspunkt für eine solche Entwicklung können spektakuläre Fehlschläge bei der Friedenssicherung sein oder die systematische Umgehung des Sicherheitsrats durch wichtige Staaten. […] In den Bereichen Wirtschaft, Entwicklung und Umwelt entstehen […] problemspezifische Gremien und Organisationen jenseits der UNO. Dies kann eine aufgewertete Gruppe der wichtigsten Industrienationen (G 8) oder ein „informeller Staatenklub" wie die G 20 sein. Die Vereinten Nationen spielen dann in der internationalen Politik keine Rolle mehr. […]
- Das zweite Szenario beruht auf der Annahme, dass sich die Vereinten Nationen längerfristig als eine Art Weltregierung etablieren können. Als zentraler Akteur einer subsidiären und föderalen Weltrepublik erhalten sie Koordinations- und Sanktionsbefugnisse, die fallweise durch zivile, polizeiliche oder militärische Maßnahmen auszuüben sind. Die Organisation ist zunächst zentrale Koordinierungsstelle im „Global-Governance-Prozess" und wird dann schrittweise ihre Kompetenzen zulasten der Mitgliedstaaten ausweiten. Vorstellbar sind etwa das Recht zur Erhebung von Steuern oder die Entwicklung und Durchsetzung einer weltweiten Rechts-, Finanz- und Friedensordnung […]. Beim Menschenrechtsschutz werden gemäß diesem Szenario zahlreiche Abkommen und Konventionen nicht nur kodifiziert, sondern auch mit einem wirksamen Durchsetzungsmechanismus versehen. Bei der Friedenssicherung üben die Vereinten Nationen das Gewaltmonopol aus, und ein funktionsfähiges System kollektiver Sicherheit entsteht. In den Bereichen Wirtschaft, Entwicklung und Umwelt wird die UNO das institutionelle Zentrum einer globalen Strukturpolitik. […]
- Das dritte Szenario geht davon aus, dass die Vereinten Nationen im Großen und Ganzen bleiben, was sie bisher sind: eine unvollkommene, reformbedürftige, aber doch in vielen Bereichen eminent wichtige internationale Organisation. Innerhalb dieses Szenarios bleibt offen, ob sich die UNO vorwiegend in Richtung eines Instruments der mitgliedstaatlichen Diplomatie mit geringer Eigenständigkeit entwickelt, ob sie zur Arena wird für Politikfelder auf unterschiedlichen Kooperationsniveaus oder ob sie fallweise sogar als eigenständiger Akteur auftritt. In der Friedenssicherung werden die Vereinten Nationen in manchen Fällen übergangen, in anderen aber einbezogen. Wenn sie ihre Handlungsfähigkeit beweisen und es die Interessen der Mitgliedstaaten zulassen, können sie eine wichtige Rolle spielen. […] In den Bereichen Wirtschaft, Entwicklung und Umwelt ist sie ein Akteur unter vielen und nicht ausreichend in der Lage, ambitionierte Ziele zu erreichen. Die Mitgliedstaaten können nur sehr bedingt davon überzeugt werden, mehr finanzielle Mittel in das System zu stecken. Sie setzen vielmehr verstärkt auf bilaterale Maßnahmen.

Aus: Johannes Varwick: Hohe Erwartungen, geringe Möglichkeiten, in: Rheinischer Merkur, 38/ 2009, S. 7

Querverweis: S. 24 f., Methode

1. Ordnen Sie die Ziele, Aufgaben und Instrumente der UNO (M 1 bis M 4) den im Schema auf S. 59 dargestellten Friedensbegriffen zu.
2. Diskutieren Sie die Plausibilität der in M 6 entwickelten Szenarien (S. 24/ 25).

Planspiel „UN-Friedenskonferenz" im Rahmen eines Projekt- oder Studientages

In einem Planspiel simulieren Sie eine Situation, die sich so oder so ähnlich in der Realität zutragen könnte. Das Planspiel verlangt Ihnen Handlungsentscheidungen ab, deren Auswirkungen Sie anschließend überprüfen sollen. Besonders geeignet ist die Simulation konfliktreicher Umweltsituationen bzw. „Szenarien" mit vielen Akteuren. Jeder Teilnehmende übernimmt dazu eine ihm zugewiesene Rolle, in der er versucht, seine spezifischen Interessen zu vertreten. Bei einem Planspiel handeln Sie in der Regel als Kleingruppen und werden feststellen, dass Sie dabei ein Gruppen- bzw. Rollenprofil entwickeln, aus dem Sie Informationen über den Ablauf des Planspiels sowie die konkreten Interessen und Positionen hinsichtlich des zu bearbeitenden Konfliktes ableiten können.

1. Vorbereitung des Planspiels
Sie simulieren eine UN-Sicherheitsratssitzung, auf der sich die einzelnen Delegationen treffen, um den Frieden in einem fiktiven oder realen Konfliktgebiet wieder herzustellen. Dazu ist es erforderlich, dass Sie die Ziele und Aufgaben der UNO kennen sowie die zentralen Bestimmungen der UN-Charta zur Herstellung des Friedens (Präambel, Art. 1 und 2, Kap. VI, VII) und den Abstimmungsmodus im Sicherheitsrat. Um die Positionen und Interessen „Ihrer" Delegation überzeugend vertreten zu können, sollten Sie sich im Vorfeld nicht nur mit der Innen- und Außenpolitik des entsprechenden Landes, sondern auch mit dem Problem der Intervention und des völkerrechtlichen Prinzips der Nichteinmischung in die inneren Angelegenheiten eines Staates auseinandergesetzt haben. Für die anberaumte Sitzung sind zahlreiche Spielvorgaben einzuhalten:

- Legen Sie in Übereinkunft mit Ihrem Kursleiter den zeitlichen Rahmen des Planspiels fest.
- Bestimmen Sie gemeinsam einen Spielleiter, der in den Ablauf der Sitzung normalerweise nicht eingreift, diese jedoch von Beginn an protokolliert.
- Treffen Sie entsprechende Vorbereitungen, um Ihren Kursraum als Konferenzraum nutzen zu können (Bestuhlung, mediale Ausstattung, Verdunklung etc.).
- Bleiben Sie auf der für eine UN-Sitzung angemessenen Sprachebene und halten Sie die Regeln der Höflichkeit und Förmlichkeit ein. Auf diplomatischem Parkett ist es üblich, sich selbst in den Verhandlungspausen mit „Verehrter Herr Delegierter" oder „Frau Vorsitzende" anzusprechen.
- Hören Sie einander zu und versuchen Sie, die Argumente anderer nachzuvollziehen – vielleicht hat Ihr Gegenüber Recht. Begrenzen Sie Ihre Redebeiträge. Reden Sie nicht wild durcheinander.
- Bei vielen Akteuren werden Sie Maximalforderungen nur schwer durchsetzen können. Seien Sie daher kompromissbereit, ohne jedoch Ihre wesentlichen Interessen aus dem Auge zu verlieren.
- Zeichnen Sie Ihre Sitzung auf Video/ DVD auf. Dies erleichtert Ihnen die spätere Auswertung.

2. Problemstruktur des Planspiels
Im Mittelpunkt des Planspiels steht ein realer oder fiktiver Konflikt, dessen Gegenstand sich an ein vergangenes oder künftiges Ereignis anlehnt. Ausgangspunkt der simulierten Sitzung wäre z. B. ein CNN-Bericht, der von einem Luftangriff des Staates *Andrael* gegen vermutete Nuklearanlagen im Staat *Uldran* berichtet. *Uldran* ruft in Folge des Luftschlags den Sicherheitsrat um Hilfe, der daraufhin zu einer Dringlichkeitssitzung gemäß Kapitel VI der UN-Charta über „Die friedliche Beilegung von Streitigkeiten" zusammenkommt. Zur Bearbeitung des Konflikts ist es notwendig, dass sich der UN-Sicherheitsrat als Entscheidungsgremium trifft und zum Zweck einer Resolution berät. Ziel sollte es sein, eine Resolution zu verabschieden bzw. deren Wortlaut zur Herstellung des Friedens zu formulieren.

3. Rollenübernahme durch die Teilnehmer

Sicherheitsrat	Der Sicherheitsrat setzt sich zusammen aus:
a)	den Ständigen Mitgliedern USA, Russland, China, Großbritannien und Frankreich
b)	zehn nichtständigen Vertretern, von denen aufgrund der vorgegebenen Spielzeit zwei Staaten (Deutschland, N. N.) mit einfachem Stimmrecht ausgewählt werden. Die Wahl der Delegationen kann je nach Konfliktgegenstand und Spielvorgabe variieren.
c)	den beiden Konfliktparteien (*Andrael* und *Uldran*), die gemäß Art. 31 der UN-Charta über kein Stimmrecht verfügen.
Delegationen	Die Vertretungen der an der Sitzung teilnehmenden Länder werden mit jeweils zwei Personen (Sprecher und Berater) besetzt. Allen Delegationsmitgliedern wird Rederecht eingeräumt. Zur Vorbereitung der UN-Sitzung beraten sich die Delegationen mit ihren Mitarbeitern, um unter Berücksichtigung der Interessenlage ihres Landes einen Resolutionsentwurf auszuarbeiten. Zum Zweck der eigenen Argumentation erfolgt dies unter Berücksichtigung früherer Konflikte und Konfliktlösungen, der UN-Charta und anderer recherchierter Informationstexte. Wichtig sind die Pflicht der Verschriftlichung und die Wahrung der Form.
Vorsitz	Den Vorsitz übernimmt ein Land, das keine unmittelbaren Interessen vertritt.
UN-Organisationen/ NGO	Je nach Zielsetzung kann im Rahmen des Planspiels auch eine UN-Sonderorganisation bzw. angeschlossene Organisation oder eine Nichtregierungsorganisation mitwirken. Im Fallbeispiel wäre die Internationale Atomenergiebehörde (IAEO) denkbar.
Journalisten	Die Aufgabe der Medienvertreter besteht darin, einen Artikel über die Sitzung in einer international vertriebenen Zeitung zu verfassen. Auch Interviews mit den Konfliktbeteiligten oder Delegationsmitgliedern könnten darin „publiziert" werden.

Weitere fiktive Beispiele für Problemstellungen zur Befassung des UN-Sicherheitsrats

Bsp. 1: Die südpazifischen Atolle *Roratonga* und *Kiritau* sind aufgrund des Klimawandels akut von Überflutung bedroht. Der benachbarte Industriestaat *Solanien* verweigert bisher die Aufnahme von Flüchtlingen. Infolgedessen rufen die beiden Inselstaaten den UN-Sicherheitsrat an.

Bsp. 2: Der zentralafrikanische Staat *Gutombo* verfügt über riesige Erdöl- und Kupfervorkommen. *Gutombo* ist aber ein „failing state", geplagt von Misswirtschaft, korrupten Eliten und Bürgerkrieg. Im Zuge dessen kommt es zu Übergriffen rivalisierender Banden auf die Zivilbevölkerung und zu schweren Menschenrechtsverletzungen. Westliche Geheimdienste wollen erste Aktivitäten von Al Qaida-Terroristen im Land festgestellt haben; die gesamte Region wird instabil. Die NATO-Hauptmacht *USA* sieht den Weltfrieden nach Art. 39 der UN-Charta bedroht.

Bsp. 3: Die Technologiemacht *Hinduristan* weigert sich, ihre Märkte für Waren aus dem entfernten Schwellenland *Mazuela* zu öffnen und ihre handelsverzerrenden Subventionen abzubauen. *Mazuela* ist bei *Hinduristan* hoch verschuldet. Presseberichten zufolge haben *mazulanische* Piraten *hindurische* Frachtschiffe in der Straße von Malakka angegriffen. *Hinduristan* beruft sich auf sein Recht zur Selbstverteidigung nach Art. 51 der UN-Charta und schickt Truppen nach *Mazuela*.

1. Spielen Sie das Planspiel in Ihrem eigenen Kurs zusammen mit einem weiteren Kurs Ihrer Jahrgangsstufe und werten Sie Ihre Ergebnisse gemeinsam aus.

5. Die NATO – neue Aufgaben für ein altes Bündnis

„Die Parteien vereinbaren, dass ein bewaffneter Angriff gegen einen oder mehrere von ihnen in Europa oder Nordamerika als ein Angriff gegen sie alle angesehen werden wird [...]."

Art. 5, Nordatlantikvertrag, Washington D. C., 4. April 1949

Die NATO – „Kind" des Kalten Krieges ...

Dass der am 4. April 1949 von zehn europäischen und zwei nordamerikanischen Staaten in Washington unterzeichnete Nordatlantikvertrag einmal das Fundament eines Militärbündnisses werden würde, hatte zunächst niemand erwartet. Zwar gab die US-Regierung mit dem Nordatlantikpakt ihre Jahrzehnte lange Politik der Nichteinmischung in europäische Angelegenheiten auf. Erst durch den heraufziehenden Kalten Krieg jedoch und das atomare Wettrüsten zwischen den USA und der UdSSR firmierte über dem Pakt frühzeitig die zentrale militärische und politische Allianz zwischen Westeuropa und den USA: die North Atlantic Treaty Organization (NATO).

... und Verteidigungsbündnis

Wie andere Regionalpakte besitzt auch die NATO das Recht zur kollektiven Selbstverteidigung nach Art. 51 UN-Charta. Mit dem Auseinanderbrechen der Sowjetunion 1991 verlor sie allerdings zunächst diese ursprüngliche Rechtfertigung. Dennoch löste sich die Allianz nicht auf – vielmehr passte sie sich ihrem gewandelten sicherheitspolitischen Umfeld an. Hatte die NATO während des Kalten Kriegs vor allem zur Aufrechterhaltung des strategischen Gleichgewichts in Europa, d. h. zum Erhalt des Friedens durch Abschreckung, Verteidigungsfähigkeit und die Unterstützung glaubwürdiger Entspannungspolitik, gedient, so traten mit der Deutschen Einheit und dem Zerfall des Warschauer Paktes neue Aufgaben neben die verteidigungspolitische Kernfunktion.

... und Krisenmanagerin

Krisenbewältigung und Friedenserhaltung rückten nun in den Mittelpunkt der NATO-Aktivitäten und fanden Ausdruck in den „Strategischen Konzepten" der Allianz von 1991 bzw. 1999. Mit den Luftschlägen gegen serbische Militäreinheiten in Bosnien-Herzegowina (1995) agierte die NATO erstmals außerhalb ihres Bündnisgebiets („out of area") und im Kosovo-Krieg (1999) erstmals ohne ein Mandat der Vereinten Nationen. Beide Einsätze waren als „humanitäre Interventionen" erfolgt, um schwersten Menschenrechtsverletzungen Einhalt zu gebieten und die Expansionspolitik des serbischen Staatspräsidenten Slobodan Milošević zu beenden. Die Stabilization Force (SFOR) und die Kosovo Force (KFOR) der NATO überwachten in den Jahren nach dem Bürgerkrieg die Waffenstillstände, demo-

NATO 1989; *Zeichnung:* Jupp Wolter / NATO 1999; *Zeichnung:* Egon Kaiser bilisierten die Kriegsgegner, ermöglichten die Repatriierung von Flüchtlingen und schützten den von UNO, EU und OSZE vorangebrachten Staatsaufbau.

… und globale Sicherheitsagentur

Insbesondere auf Initiativen des mächtigsten Bündnispartners, der USA, wandelte sich der Charakter der NATO nach dem Kosovo-Krieg 1999 allmählich vom rein defensiven Verteidigungsbündnis hin zu einer auch offensiv agierenden, globalen Sicherheitsagentur. Nach der Ausrufung des ersten Bündnisfalls in der Geschichte der NATO gegen Afghanistan am 12. September 2001 wurde schließlich auf dem NATO-Gipfel in Prag 2002 die Errichtung einer „Schnellen Eingreiftruppe" für weltweite Interventionen beschlossen. Vor allem seit dem Irak-Krieg 2003 gingen die Auffassungen über die Rolle des Bündnisses weit auseinander: Während die USA immer wieder die mangelnde Fähigkeit und Bereitschaft der Europäer zu Militäreinsätzen kritisieren, zweifeln europäische Regierungen oft an der Wirksamkeit rein militärischer Maßnahmen zur internationalen Konfliktlösung. Der Einsatz einer „coalition of the willing" im Irak führten in der Amtszeit von US-Präsident George W. Bush zu einer ernsten Krise im Kreis der langjährigen Bündnispartner und zu einem Grundsatzkonflikt über die künftige Rolle der Allianz – gerade mit Blick auf das militärische Engagement der NATO in Afghanistan.

… und Wertegemeinschaft

Für die atlantische Allianz war seit ihrer Gründung allerdings nicht nur die militärische Zusammenarbeit von Bedeutung. Im Unterschied zu früheren Bündnissystemen sieht der NATO-Vertrag auch eine politische, soziale, wirtschaftliche und kulturelle Zusammenarbeit und damit die Verteidigung der „Lebensform" vor, die sich speziell in den freiheitlichen Demokratien der USA und Westeuropas ausgebildet hat. Der Aufbau einer militärischen Organisation mit einem engen politisch-institutionellen Geflecht führte zur Erweiterung der NATO von anfänglich 12 auf heute 28 Mitgliedstaaten (Stand: 2010). Nach dem Zusammenbruch der UdSSR hat sich die NATO dabei um die meisten Staaten des ehemaligen Warschauer Paktes und um zahlreiche Staaten des ehemaligen Jugoslawien erweitert. Im Rahmen etwa der Partnerschaft für den Frieden oder des NATO-Russland-Rats pflegt die Allianz heute den Dialog und die Zusammenarbeit mit dem ehemaligen Gegner im Kalten Krieg.

… und Zukunftsprojekt

Die NATO als bedeutendste Sicherheitsorganisation der Weltpolitik steht mit Blick auf altbekannte und gänzlich neue Gefahren vor großen Herausforderungen. Die transatlantischen Bündnispartner haben sich daher zur Erarbeitung eines neuen „Strategischen Konzepts" entschlossen, in dem neben Fragen der Erweiterung bzw. geostrategischen Ausdehnung nach Mittel- und Osteuropa – einschließlich der Frage der Mitgliedschaft der Ukraine und Georgiens – insbesondere auch die Probleme der Energiesicherheit sowie der Krisenbewältigung innerhalb wie außerhalb des traditionellen euro-atlantischen Verteidigungsgebiets behandelt werden.

NATO 2002; *Zeichnung: Gerhard Mester*

MATERIAL
1 60 Jahre NATO

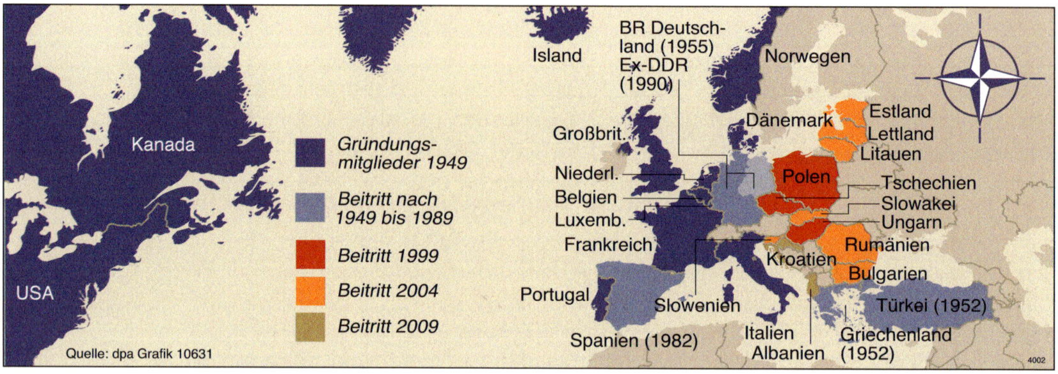

MATERIAL
2 Von der gesicherten Zweitschlagsfähigkeit zur Fähigkeit der Krisenbewältigung

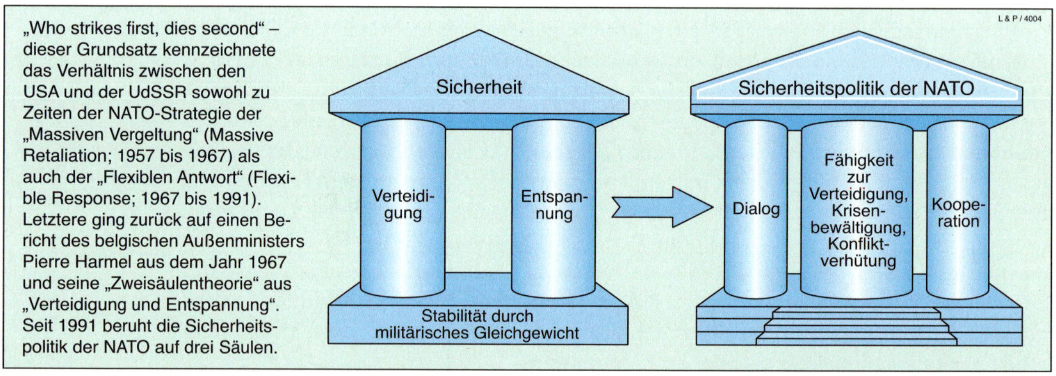

MATERIAL
3 Zentrale Beschlüsse des Prager NATO-Gipfels vom 21./ 22. November 2002

- Schaffung einer Schnellen Eingreiftruppe, der NATO Response Force (NRF), für weltweite Interventionen
- Vorgaben für eine neue, straffere und flexiblere Kommandostruktur
- Verpflichtung zur Stärkung der Verteidigungsfähigkeit (Prague Capabilities Commitment), auch zur effektiveren Terrorismusbekämpfung.
- Aufnahme von Beitrittsverhandlungen mit sieben weiteren mittel- und osteuropäischen Staaten
- Initiativen für die Verteidigung gegen nukleare, chemische, radiologische und biologische Waffen

Autorentext nach: NATO Presserklärung 127/ 2002

Sitzung des Euro-Atlantischen Partnerschaftsrats während des NATO-Gipfels in Prag, 22. November 2002

MATERIAL

Der neue Weltpolizist? 4

Die NATO hat einen ungewöhnlichen Weg gewählt, um mit der Arbeit an ihrem neuen Strategischen Konzept zu beginnen. Sie veranstaltete eine Konferenz in Brüssel, um über die Zukunft des Bündnisses zu diskutieren. [...]
Dass die Allianz nach zehn Jahren ein neues Strategisches Konzept braucht, hatten die Staats- und Regierungschefs der 28 Mitgliedstaaten Anfang April [2009] auf ihrem jüngsten Gipfeltreffen in Straßburg und Kehl beschlossen. Das aktuelle Dokument gilt als veraltet, weil es aus dem Jahr 1999 stammt. Seither haben u. a. die Terroranschläge des 11. September 2001 und die fortschreitende Verbreitung von Massenvernichtungswaffen einige Grundlagen der westlichen Sicherheitspolitik verändert. Da das Strategische Konzept Auskunft darüber gibt, wie die NATO die Welt und ihre Rolle darin sieht, soll es nun angepasst werden. [...] Ob von der Brüsseler Konferenz am Ende viel in das Konzept eingehen wird, erschien manchen Diplomaten hinterher zweifelhaft. Dazu wurden die Sichtweisen als zu bunt gemischt empfunden.
Der frühere Generaldirektor der Internationalen Atomenergiebehörde, Mohammed El Baradei, sprach davon, dass der nukleare Terrorismus heute die größte Bedrohung sei. Josette Sheeran, die Direktorin des UN-Welternährungsprogramms, forderte die NATO dagegen auf, mehr Hilfe bei der Bekämpfung des Hungers in der Welt zu leisten. Paolo Scaroni, dem Vorsitzenden des italienischen Energiekonzerns Eni, war wiederum die sicherere Gasversorgung Europas das wichtigste Thema, während der russische Wissenschaftler Dimitrij Trenin darauf hinwies, dass es bis heute nicht gelungen sei, das frühere Sowjetgebiet in die euro-atlantischen Strukturen einzupassen.
Im Bündnis selbst herrscht bisher nicht sehr viel mehr Einigkeit, wie der scheidende Generalsekretär Jaap de Hoop Scheffer darlegte: Dass der Irak-Konflikt vorbei sei und es eine neue Regierung in Washington gebe, beseitige noch lange nicht die „sehr unterschiedlichen" Bedrohungswahrnehmungen unter den Verbündeten [...]. Manche Mitgliedstaaten hätten eine regionale Perspektive, andere eine globale; der eine fühle sich durch Selbstmordattentäter gefährdet, der nächste durch Angriffe auf sein Computernetz, wieder ein anderer durch massive Einwanderungsströme. Für einige gehe von Afghanistan eine reale Bedrohung für ihr eigenes Volk aus; für andere sei das ein weit entferntes Land, in dem sie sich nur aus Loyalität zum Bündnis und zu den Vereinigten Staaten engagierten. [...]
„Wir haben praktisch 28 Ideen für den Text, die teilweise sehr unterschiedlich sind", berichtet ein Diplomat. Die Extreme bilden die osteuropäischen Verbündeten und die Bündnisvormacht Amerika. Die Osteuropäer sehen die NATO als Schutz vor russischem Großmachtgehabe, das womöglich mit militärischen Auseinandersetzungen einhergehen könnte. Deshalb wollen sie den Artikel 5, die Beistandsgarantie des Bündnisses, in dem neuen Dokument hervorgehoben sehen. In Washington dagegen sehen offenbar etliche die NATO als eine Art Weltpolizist, der auf vielen Schauplätzen für die westlichen Interessen eintreten kann, am besten noch in Zusammenarbeit mit gleichgesinnten Drittstaaten wie etwa Australien. [...]

Querverweis: S. 96, M 4

Nach: Nikolas Busse: Der neue Weltpolizist?, in: Frankfurter Allgemeine Zeitung vom 18.7.2009 S. 12; Text leicht verändert

1. Interpretieren Sie die Karikaturen auf S. 84 mithilfe von M 1 bis M 3.
2. Erläutern Sie die gegenwärtige Rolle der NATO (M 2, M 3) mit eigenen Worten und setzen Sie sich mit dieser kritisch auseinander.
3. Interpretieren Sie die Karikatur auf S. 85 mithilfe von M 4.
4. Ermitteln Sie aus M 4 die Probleme, die sich bei der Erstellung eines „Strategischen Konzepts" ergeben und nehmen Sie dazu Stellung.

MATERIAL

5 NATO-Beitritt oder neutrale Pufferzone?

Zeichnung: Klaus Stuttmann

Die erste Reaktion in den europäischen Hauptstädten nach dem Ausbruch der Kampfhandlungen im Kaukasus [zwischen Georgien und Russland im August 2008] dürfte der Stoßseufzer gewesen sein: Wie gut, dass wir uns bei der NATO-Tagung in Bukarest [im April 2008] von US-Präsident Bush nicht dazu haben überreden lassen, Georgien in die NATO aufzunehmen. Sonst wären wir vom ersten Schuss an Bestandteil einer Auseinandersetzung gewesen, auf deren Verlauf wir keinerlei Einfluss gehabt hätten. Aber ganz heraushalten konnten sich die Europäer dann auch nicht. Dafür ist Georgien zu nah, und spätestens mit dem EU-Beitritt Bulgariens und Rumäniens ist das Schwarze Meer europäisches Interessengebiet geworden. [...]

Die in Georgien Anfang August eskalierte Entwicklung hat [in diesem Zusammenhang] ein Problem sichtbar gemacht, das die gesamte Zwischenzone von Weißrussland über die Ukraine bis zu den Südhängen des Kaukasus betrifft, wenngleich es im Kaukasus von besonderer Virulenz ist: entweder die [gemeinsam verantwortete] politische und wirtschaftliche Stabilisierung einer Pufferzone zwischen den einstigen Kontrahenten des Kalten Kriegs, deren Bedenken gegeneinander auch zwei Jahrzehnte nach dessen Ende noch vorhanden sind. Oder die Verständigung über klar abgegrenzte Einflusszonen, die gegebenenfalls zu direkten Grenzlinien führen können.

Dass Russland in die Strukturen der EU oder der NATO eingebunden werden kann, ist inzwischen unwahrscheinlich. Bislang hat man auf eine Pufferzone gesetzt, verbunden mit der Feststellung, jedes dazu gehörende Land könne seine Bündnisse selbst wählen. Das unkalkulierbare Risiko einer solchen Konzeption ist jetzt sichtbar geworden, und es könnte angesichts der Instabilität der Ukraine demnächst noch größere Dimensionen annehmen.

Aus: Herfried Münkler: Lehren aus Georgien, in: Frankfurter Rundschau vom 15.8.2008

Querverweis: Kapitel I.6

1. Interpretieren Sie obige Karikatur und setzen Sie sie in Bezug zum Text M 5.
2. Recherchieren Sie zum Georgien-Krieg 2008 und erklären Sie die Handlungsstrategien der in M 5 genannten Akteure.
3. Stellen Sie anhand von M 5 (Text) die mit der Osterweiterung der NATO verbundenen Risiken und Chancen einander gegenüber und führen Sie eine Pro- und Kontra-Diskussion.
4. Erarbeiten Sie aus M 6 die Rechtfertigung der NATO für die Bombardierung Serbiens. Beurteilen Sie den militärischen Einsatz 1999.

MATERIAL

Bomber über Belgrad 6

April 1999. Die NATO ist im Krieg – zum ersten Mal seit ihrer Gründung. Schon seit einem Monat fliegen ihre Luftstreitkräfte Angriffe gegen Ziele in Serbien, um den in Belgrad herrschenden Diktator Slobodan Milosevic zu zwingen, das Wüten seines Militärs gegen die aufständische albanische Mehrheitsbevölkerung in der Provinz Kosovo zu beenden. [...] Die Luftschläge des Bündnisses richten sich ganz bewusst nicht allein gegen Einrichtungen der serbischen Armee, sondern auch gegen die zivile Infrastruktur des Landes. [...] Die Bevölkerung [...] soll durch wirtschaftliche Schäden und eine Beeinträchtigung ihres alltäglichen Lebens gegen die Regierung aufgebracht werden – eine Rechnung, die nicht aufgeht. Mehr als 4500 Tote und ein Schaden von etwa 30 Milliarden Euro sind [...] seit der Einstellung der Angriffe im Juni 1999 die Bilanz des Konfliktes.

Der Kosovo-Konflikt war der Schlusspunkt der gewaltsamen Auseinandersetzungen, die nach dem Zerfall Jugoslawiens den westlichen Teil des Balkans erschüttert hatten. Jäh rissen sie die westlichen Staaten aus dem Glauben, dass nach dem Ende des Ost-West-Gegensatzes nun eine Epoche umfassender Sicherheitspartnerschaft auf dem europäischen Kontinent angebrochen wäre. [...]

Fassungslos sahen die Europäer Anfang der 1990er Jahre zu, wie Völker und Volksgruppen, die noch jahrzehntelang friedlich in einem Staat zusammengelebt hatten, nun mit archaischer Grausamkeit Kriege [...] gegeneinander austrugen. Alle Institutionen, auf die man eine neue Sicherheitsarchitektur nach dem Kalten Krieg gegründet sah, schienen schon bei ihrer ersten Bewährungsprobe zu versagen. Diese Vorhaltungen richteten sich nicht allein gegen die UNO, die KSZE und die EU, sondern eben auch gegen die NATO, die doch [...] als Einzige über ein militärisches Instrumentarium verfügte, um den Frieden zu erzwingen. [...] Zum Einsatz gebracht wurde es allerdings nur punktuell. [...] Die Gefechte [...] und weitere „ethnische Säuberungen" sowie Massaker wie etwa in Srebrenica im Juli 1995 konnten jedoch nicht gestoppt werden. Es waren die militärischen Erfolge der durch die Kroaten oder unter ihrer Beteiligung durchgeführten Offensiven und die diplomatische Initiative der USA, die die serbische Seite an den Verhandlungstisch zwangen. Mit dem Vertrag von Dayton besiegelten sie im Dezember 1995 das Ende der Kampfhandlungen. Erst auf dieser Grundlage trat die NATO auf den Plan und übernahm die Verantwortung für die Stabilität in dem erschöpften und unverändert zerrissenen Land [Bosnien-Herzegowina]. [...]

Der Makel, vier Jahre lang keine Antwort auf Krieg und Gräuel direkt vor der Haustür des Bündnisses gefunden zu haben, lastete auf der NATO. Der Wille, sich bei vergleichbaren Ereignissen nicht erneut mit der Rolle des Zuschauers zu begnügen, kann als Motiv dafür gelten, dass das Bündnis Milosevic mit Entschlossenheit entgegentrat, als die schon seit mehreren Jahren schwelenden Konflikte zwischen den Kosovo-Albanern und der serbischen Regierung 1998 eskalierten. Dabei nahm die NATO sogar in Kauf, sich völkerrechtlich auf problematisches Terrain zu begeben. Ihr militärisches Eingreifen erfolgte nicht auf einen Auftrag der Vereinten Nationen hin, sondern auf der Grundlage einer „Selbst-Mandatierung", als ultima ratio. Proklamiertes Ziel: eine humanitäre Katastrophe abwenden.

Der Einsatz der NATO wird als militärischer Erfolg bewertet. Die serbischen Truppen im Kosovo waren durch die Luftangriffe zwar nicht entscheidend geschwächt worden, doch Milosevic konnte nicht mehr ausschließen, dass die NATO ihnen auch zu Lande entgegentreten würde. [...] Als die serbischen Sicherheitskräfte den Rückzug antraten, übernahm die NATO-geführte Kosovo Force (Kfor) auf Grundlage eines UN-Mandats die Aufgabe für Stabilität zu sorgen. Diesen Auftrag hat sie im vergangenen Jahrzehnt gemeistert. [...] Im Kosovo hat die NATO ein Stück ihrer Glaubwürdigkeit wiederhergestellt.

Am 17. Februar 2008 verabschiedete das kosovarische Parlament die von der Regierung unter Hashim Thaçi vorgeschlagene Unabhängigkeitserklärung des Kosovo und besiegelte damit die Loslösung von Serbien.

Nach: Peter Boßdorf: Bomber über Belgrad, in: Das Parlament, Nr. 1–2/ 2009, S. 10

Die Entwicklung Afghanistans zur Instabilität

Afghanistan ist ein Land voller Gegensätze und Extreme. Prägend für den afghanischen Staat und (mit-)verantwortlich für den späteren Staatszerfall waren seit jeher der Charakter des Vielvölkerstaats und die tief verwurzelten Stammesstrukturen. Der daraus resultierende kulturelle Partikularismus behindert die Nationen- und Staatsbildung heute massiv.

Am afghanisch-pakistanischen Grenzübergang

Die Bevölkerung Afghanistans setzt sich aus über 50 ethnischen Gruppen zusammen, von denen die Paschtunen im Süden und Osten des Landes mit geschätzten 38 Prozent die weitaus größte darstellen. Mit wenigen Ausnahmen stellten sie die Führung des Landes. Andere bedeutsame Gruppierungen sind die persischsprachigen Tadschiken (ca. 25 %) und die Usbeken in Nordafghanistan (ca. 6 %). In den 34 Provinzen des Landes existieren rund 30, z. T. nicht miteinander verwandte Sprachen, und selbst die vorherrschende Religionsform des Islam, dessen Hauptauffassungen Schia und Sunna im Land vertreten sind, vermag die heterogene Gesellschaft nicht stabil zu verklammern. Die Identifikation mit dem eigenen Clan oder Stamm überlagert – begünstigt durch ein starkes Stadt-Land-Gefälle und geographische Beschränkungen durch Gebirge und Täler – jedes Nationalbewusstsein.

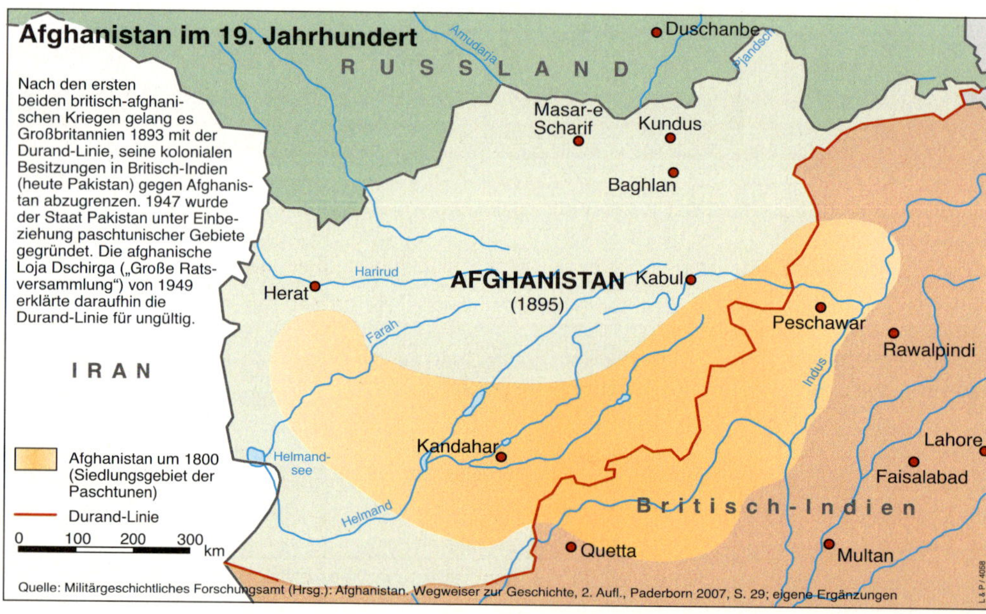

Quelle: Militärgeschichtliches Forschungsamt (Hrsg.): Afghanistan. Wegweiser zur Geschichte, 2. Aufl., Paderborn 2007, S. 29; eigene Ergänzungen

Ursprünglich benannten die Perser die südlich und südöstlich vom Hindukusch sowie im Nordwesten des heutigen Pakistan gelegenen Herrschafts- und Stammesgebiete der Paschtunen als Afghanistan – das „Land der Afghanen". Im Jahr 1747 begründete Ahmad Schah Durrani (1722–1772) eine Dynastie, die ihre Zentralmacht bis zum Sturz des letzten Monarchen, Mohammed Sahir Schah (1914–2007), im Jahr 1973 behaupten konnte.

Im 19. Jahrhundert geriet Afghanistan in koloniale Einflusssphären und existierte als Pufferzone zwischen den imperialen Kräften Russlands und Britisch-Indiens. Zwischen 1839 und 1919 wurde es zum Schauplatz von insgesamt drei anglo-afghanischen Kriegen. 1919 erklärte König Amanullah Khan (1892–1960) die Unabhängigkeit Afghanistans, ohne jedoch seine Pläne eines funktionierenden Zentralstaates verwirklichen zu können. Es gab weder ein stehendes Heer noch eine Verwaltung, beispielsweise zur Eintreibung von Steuern. Insgesamt blieb die Staatlichkeit wenig ausgeprägt. 1978 stürzten Kommunisten den amtierenden afghanischen Präsidenten Mohammed Daoud Khan. Dieser wiederum hatte zuvor König Sahir Shah in einem Staatsstreich ins Exil gezwungen und in Afghanistan 1973 die Republik ausgerufen. Im Dezember 1979 marschierten sowjetische Truppen in Afghanistan ein, um die regierenden Kommunisten vor ländlichen Rebellen zu schützen.

1979–1989: *Muslimische Widerstandskämpfer, die Mujaheddin („Heilige Krieger"), bekämpfen mit US-amerikanischer Unterstützung erfolgreich die sowjetischen Invasionstruppen.*
1992: *Bürgerkrieg rivalisierender Mujaheddin. Männer wie der saudische Multimillionär Osama bin Laden sorgen dafür, dass islamische Kämpfer aus der ganzen Welt unter Berufung auf den „Dschihad" am Bürgerkrieg teilnehmen. Die bedeutsamste Gruppierung: Al Qaida – 1988 von bin Laden selbst gegründet.*
1994: *Erstmaliges Auftreten der Taliban, einer Armutsbewegung sunnitischer Paschtunen, die als Kriegsflüchtlinge in pakistanischen Koranschulen religiös fanatisiert und bereits während der sowjetischen Besatzung vom pakistanischen Geheimdienst militärisch ausgebildet worden waren.*
1996: *Die rivalisierenden tadschikischen und usbekischen Mujaheddin-Fraktionen und Hazara-Warlords schließen sich unter der Führung des usbekischen Generals Abdul Rashid Dostum gegen die Taliban zur Nordallianz („Nationale Islamische Vereinigte Front zur Rettung Afghanistans") zusammen, verlieren jedoch den Machtkampf. Die Taliban erobern Kabul. Sie foltern den ehemaligen afghanischen Staatspräsidenten Mohammed Nadschibullah (1947–1996) und richten ihn auf offener Straße hin.*
1996–2001: *Die Taliban errichten einen islamischen Gottesstaat mit totalitären Elementen. Sie führen die Scharia ein, erlassen ein Tanz-, Musik- und Fernsehverbot und verbannen Frauen aus dem öffentlichen Leben. Fast alle Schulen und Universitäten des Landes werden geschlossen. Osama bin Laden veranlasst in Afghanistan die Einrichtung von Ausbildungslagern für künftig auch international agierende Terroristen.*
2001: *Nach dem 11. September US-Luftangriffe auf Afghanistan. Ende der Taliban-Herrschaft. Hamid Karzai wird Übergangspräsident.*
2002–2009: *Neue Verfassung; Karzai wird im Oktober 2004 in Volkswahlen bestätigt; erste Parlamentswahlen im September 2005. Wiedererstarken der Taliban seit dem Frühjahr 2006.*

1. Ermitteln Sie aus dem Text grundlegende Ursachen bzw. Faktoren für die afghanische Instabilität.
2. Begründen Sie, weshalb man Afghanistan als einen „failing state" bezeichnen kann.

6. Afghanistan – bringt der Westen den Frieden?

US-Marines in der afghanischen Provinz Helmand, 2009

Die Islamische Republik Afghanistan vereint als einer der zentralen Konfliktherde des 21. Jahrhunderts die Strukturen sowohl eines klassischen Krieges als auch eines Bürgerkrieges in sich. Beide behindern die Entwicklung eines funktionsfähigen Staates unter der Regierung des seit 2001 amtierenden Staatspräsidenten Hamid Karzai. Die Anwesenheit westlicher Nationen im Land wird dabei zweifach begründet: mit dem Kampf gegen den Terror der Al Qaida sowie mit den Gefahren, die sich aus einer erneuten Machtübernahme der Taliban für die internationale Sicherheit ergäben.

ISAF und OEF

Mit dem im Oktober 2001 von den USA geführten Angriff auf das von Taliban regierte Afghanistan sollte die dortige Basis für Al Qaida und den von ihr verantworteten Terroranschlag vom 11. September zerschlagen werden. Ausgehend von der Hauptstadt Kabul wurden in den Folgejahren unter der Führung der Vereinten Nationen zahlreiche multilaterale Stabilisierungsversuche unternommen. Abgesichert und unterstützt werden diese Bemühungen durch eine NATO-geführte Schutztruppe, die International Security Assistance Force (ISAF). Parallel dazu betreibt eine multinationale Koalition unter Führung der USA die Anti-Terror-Operation „Enduring Freedom" (OEF).

Warlords, Drogenbarone und Mujaheddin

Besonders prekär sind die Defizite, aber auch die Erfolge beim Aufbau eines „Hauses Afghanistan", denn bis heute schwächen und sabotieren Kriegsherren (Warlords), Drogenprofiteure und Widerstandskämpfer („Mujaheddin") aus der Zeit der sowjetischen Invasion die Zentralregierung in Kabul. Afghanistan ist der größte Heroinlieferant der Welt, und jedes Jahr wandert ein großer Teil des Opiumerlöses in die Kriegskasse der Taliban. Durch ein Zusammenspiel aus Al Qaida-Terroristen, Taliban und paschtunischen Stammesfürsten hat sich die Gefahrenlage in Afghanistan somit dramatisch erhöht und betrifft mittlerweile auch die benachbarte Atommacht Pakistan. Gleichwohl ist im Sinne der „Afghanisierung" des Landes die Zivilgesellschaft unter der autokratischen Herrschaftsordnung Präsident Karzais gestärkt worden. Die überwiegende Zahl der Afghanen ist heute dazu bereit, trotz Drohungen und Repressalien der Taliban zu den Wahlen zu gehen und so für eine weitere Demokratisierung des Landes zu stimmen.

Präsident Hamid Karzai

Legitimität durch Wahlen und afghanische Eigenverantwortung sind vorrangige Ziele der internationalen Gemeinschaft. Der Weg dorthin allerdings erwies sich bisher als schwierig. Mithilfe umfassender Finanzhilfen in den Bereichen der Landwirtschaft, Energie, Gesundheit und Bildung wurden zunächst wichtige Voraussetzungen für das wirtschaftliche Wachstum, die Erhöhung der Beschäftigungsmöglichkeiten und die Beseitigung der Lasten früherer Kriegsökonomien geschaffen. Die internationalen Hilfen zur Verbesserung der Verwaltungspraxis und zur Stärkung der Rechtsstaatlichkeit schufen parallel dazu die Voraussetzungen für einen stabilen Staatsaufbau. Sämtliche Unterstützungsleistungen dienen dem Ziel einer „Guten Regierungsführung" (*Good Governance*) und werden von den großen Mächten und internationalen Organisationen UNO, NATO und EU sowie von einer Vielzahl an Nichtregierungsorganisationen getragen.

„Good Governance"

Die Bundeswehr hat sich in den letzten Jahren im Sinne eines erweiterten Sicherheitsbegriffs auf neue friedenssichernde Aufgaben eingestellt. Im Vordergrund stehen neben Unterstützungsleistungen für die Zivilbevölkerung und infrastrukturellen Maßnahmen (Straßen- und Brunnenbau, Errichtung von Schulen etc.) vermehrt Kampfeinsätze. Die Bundeswehr trägt zur Konfliktbewältigung heute also mit zivilen *und* militärischen Mitteln bei. Diese Leistungen sollen dem afghanischen Volk zu Gute kommen und werden von der NATO eingefordert. Seit dem „Weißbuch zur Sicherheitspolitik Deutschlands und zur Zukunft der Bundeswehr 2006" folgt die Bundesregierung darüber hinaus dem Prinzip der „vernetzten Sicherheit" und wendet dieses insbesondere beim Aufbau der afghanischen Polizei an. Im Sinne der vernetzten Sicherheit arbeiten hier mehrere Bundesministerien – u. a. das Verteidigungsministerium, das Auswärtige Amt und das Innenministerium – ressortübergreifend zusammen.

Bundeswehr zwischen „erweiterter" und „vernetzter" Sicherheit

Die Diskussion um die geeignete NATO-Strategie bei der politischen und militärischen Konfliktlösung hat die westlichen Friedensbemühungen bislang erschwert. Zahlreiche Aufstände nicht nur im Osten und Süden Afghanistans, sondern auch im nördlichen Teil des Landes haben die Einsatzrealität für die intervenierenden Streitkräfte stark verändert und – auch für die Bundeswehr – die Gefahren enorm erhöht. Die Frage der militärischen Lastenteilung (*burden-sharing*) in Afghanistan hat hierzulande eine Kontroverse über die Dauer des Afghanistaneinsatzes entfacht. Die Debatte reicht von der grundsätzlichen Frage einer Verteidigung deutscher Sicherheit „am Hindukusch" und der Frage der Notwendigkeit deutscher Bündnissolidarität mit den USA bis hin zu Überlegungen zu einem Abzug von Bundeswehr und NATO.

Lastenteilung und Truppenabzug

Stabile Staatlichkeit herzustellen ist in Nachkriegsgesellschaften zu einer zentralen Aufgabe geworden und wird in der Regel über eine zivil-militärische Zusammenarbeit entwickelt. Grundsätzlich hat diese zum Ziel, alle friedenssichernden Maßnahmen vor Ort aufeinander abzustimmen. Die Akzeptanz dieser Friedensbemühungen erfordert integrative Bedachtsamkeit gegenüber der einheimischen Bevölkerung und hängt nicht selten von der erfolgreichen Zusammenarbeit mit den lokalen Machthabern und der Regierung des Landes ab. Bei Korruption oder Fehlschlägen droht die Sicherheitslage vor Ort jedoch brüchig zu werden, und es leidet die Glaubwürdigkeit des internationalen Krisenmanagements.

zivil-militärische Zusammenarbeit

Deutscher Ausbilder mit Polizeischülern in der Polizeiakademie Kabul, 2009

MATERIAL

1 Sicherheitskräfte in Afghanistan

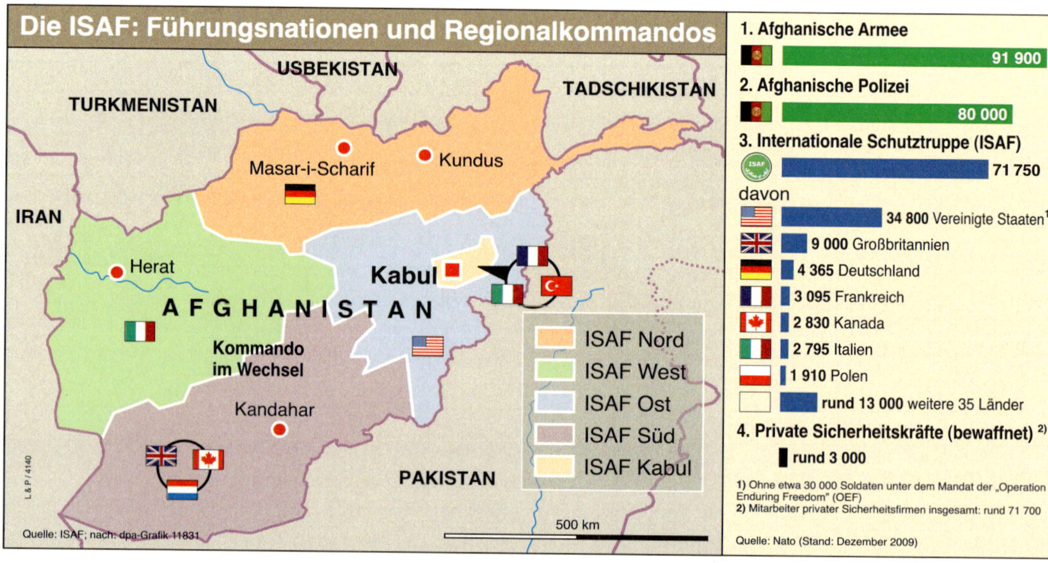

MATERIAL

2 Aus der Zentralen Dienstvorschrift der Bundeswehr

Für die Bundeswehr gilt der Vorrang des demokratisch legitimierten politischen Willens (Primat der Politik). [...] Die Sicherheitspolitik Deutschlands wird von den Werten und Normen des Grundgesetzes und von dem Ziel geleitet, die Interessen unseres Landes zu wahren. Die Interessen deutscher Sicherheitspolitik sind:

- Recht und Freiheit, Demokratie, Sicherheit und Wohlfahrt für die Bürgerinnen und Bürger unseres Landes zu bewahren und sie vor Gefährdungen zu schützen,
- die Souveränität und die Unversehrtheit des deutschen Staatsgebietes zu sichern,
- regionalen Krisen und Konflikten, die Deutschlands Sicherheit beeinträchtigen können, wenn möglich vorzubeugen und zur Konfliktbewältigung beizutragen,
- globalen Herausforderungen, vor allem der Bedrohung durch den internationalen Terrorismus und der Weiterverbreitung von Massenvernichtungswaffen, zu begegnen,
- zur Achtung der Menschenrechte und Stärkung der internationalen Ordnung auf der Grundlage des Völkerrechts beizutragen und
- den freien und ungehinderten Welthandel als Grundlage unseres Wohlstandes zu fördern und dabei die Kluft zwischen armen und reichen Weltregionen überwinden zu helfen.

Aus: Innere Führung. Selbstverständnis und Führungskultur der Bundeswehr, Zentrale Dienstvorschrift ZDv 10/ 1, 2008

1. Überprüfen Sie die Texte M 2 und M 3 jeweils mit Blick auf das ihnen zugrunde liegende Wert- und Normenverständnis und zeigen Sie die Chancen und Grenzen zivil-militärischer Zusammenarbeit auf.
2. Interpretieren Sie die Karikatur auf S. 95 vor dem Hintergrund des Autorentextes (S. 92/ 93) und der Grafik (M 1).
3. Definieren Sie mit M 1 und den Fotos (S. 92/ 93) den Begriff „vernetzte Sicherheit".

MATERIAL

Einschätzungen einer Hilfsorganisation 3

Aus einem Interview mit dem Leiter von Caritas International, Dr. Oliver Müller:

Herr Müller, Sie waren vor kurzem in Afghanistan, welchen Eindruck haben Sie von dem Land?
Wenn man in Kabul ist, nimmt man die Situation ganz anders wahr. Die deutsche Sicht fokussiert sehr stark die Themen Sicherheit, Taliban und Militäreinsatz. Dabei gerät die Lage der notleidenden Bevölkerung, die in Frieden leben will, oft aus dem Blick. Afghanistan ist das fünftärmste Land der Welt und ist dringend auf Hilfe von außen angewiesen. Die Mehrzahl der Bevölkerung will nichts mit den islamistischen Taliban zu tun haben. Ausländische Helfer dagegen genießen große Gastfreundschaft.
Einen Reporter des „Stern" hat das Land an den Dreißigjährigen Krieg erinnert: ethnisch und konfessionell zerrissen, gelähmt durch die Macht der Warlords und den Terror der Taliban.
[E]s gibt keinen allgemein akzeptierten Staat. Zu Ihrer Aufzählung müsste man noch die Drogenbarone hinzuzählen, die oftmals eine eigene Armee haben. Die Idee einer Zentralregierung ist ganz schwer umsetzbar.
Ist die Hoffnung auf Frieden und Demokratie realistisch?
In Afghanistan muss man in größeren Zeiträumen denken. In zwei oder drei Jahren kann dort keine Demokratie nach westlichen Maßstäben entstehen, in zehn oder fünfzehn Jahren wäre das im Idealfall eher vorstellbar. Man sollte aber auch berücksichtigen, dass es sich um eine sehr traditionelle Gesellschaft handelt, in der es kein Demokratieverständnis nach unseren Mustern gibt. Auch die völlig andere Rolle der Frau muss man berücksichtigen. [Und] die soziale Situation ist miserabel …
… können Sie das beschreiben?
In Afghanistan stirbt alle 30 Minuten eine Frau an den Komplikationen einer Schwangerschaft oder Geburt, ein Viertel aller Kinder stirbt vor Erreichen des fünften Lebensjahres an Magendarmerkrankungen, die Arbeitslosigkeit liegt über 60 Prozent. Das sind massive Zahlen. Der jahrzehntelange Krieg hat die Menschen zudem traumatisiert. Wir haben in Kabul ein psychosoziales Projekt, wo wir traumatisierte Menschen unterstützen. Der Krieg hat sich in den Köpfen festgesetzt. Innerfamiliäre Gewalt und Drogenmissbrauch nehmen zu. […]
Welche Forderungen hat Caritas?
Wir wünschen uns mehr Mittel für die Entwicklung des Landes. Für die Bundeswehr wird viermal mehr ausgegeben als für den Wiederaufbau. Beides sollte zumindest gleichrangig sein.
Ist eine zivile Hilfe in Afghanistan ohne Militäreinsatz möglich?
Es muss sogar noch mehr für die Sicherheit getan werden. Deshalb hat sich die Caritas mit anderen Nichtregierungsorganisationen dafür eingesetzt, dass die Bundeswehr bleibt. […] Der Wiederaufbau ist auf sichere Rahmenbedingungen angewiesen. […] Wenn sich die internationale Gemeinschaft jetzt zurückzöge, hätten wir in kürzester Zeit einen heftigen Bürgerkrieg […].

Zeichnung: Gerhard Mester

Aus: Der Sonntag (Sonntagszeitung der Badischen Zeitung) vom 14.10.2007, S. 3

➠ Querverweis: Kapitel III.2

MATERIAL

4 Sterben für Kabul?

„Hallo, mein Freund und Helfer!!!"; Zeichnung: Horst Haitzinger

Afghanistan im sechsten Jahr nach der Befreiung Kabuls vom islamistischen Steinzeitregime der Taliban und deren Terrorkumpanen Al Qaida [Stand: 2007]: Trotz des von den UN beschlossenen Einsatzes der internationalen Schutztruppe ISAF sind Frieden und Stabilität noch Lichtjahre entfernt. Das Land steht weiter dicht am Abgrund, der Wiederaufbau stockt. [...] Anarchische Zustände herrschen in einigen Provinzen des Südostens, Hochburgen des Mohnanbaus und Drogenhandels. Hier, in den Stammesgebieten der Paschtunen, bekämpfen Guerillatrupps von Neo-Taliban, Dschihadis der Al Qaida und Streiter des islamistischen Warlords Gulbuddin Hekmatjar die Regierungsinstitutionen ebenso erbittert wie die zu deren Schutz angetretenen NATO-Verbände. Nicht in offener Feldschlacht, dazu ist die militante Opposition zu schwach, doch in einem asymmetrischen Krieg, der für die transatlantische Militärallianz kaum zu gewinnen ist: mit Hinterhalten, Sprengfallen, Raketenbeschuss, Autobomben und wie im Irak zunehmend auch mit Geiselnahmen und Selbstmordattentätern. [...] Auch deutsche Soldaten und Entwicklungshelfer [...] geraten seit dem Einsatz der Aufklärungstornados zunehmend ins Visier der Aufständischen. [...] Immer öfter muss in den NATO-Militärcamps Trauerbeflaggung angeordnet werden, weil ISAF-Soldaten sterben.

Bei Militärs und Helfern aus dem Westen wächst das bedrückende Gefühl, genauso wie die Sowjets in den 1980er Jahren in eine ausweglose Lage zu geraten. Solche eine Entwicklung droht jetzt auch der von der NATO geführten Friedensstreitmacht. Zwar herrscht Einigkeit im Bündnis, das Land nicht mehr den Terroristen zu überlassen. Doch die NATO-Doppelstrategie aus Wiederaufbau und Militärschlägen [...] fordert einen hohen Preis. Vor allem die Amerikaner, einst als Befreier gefeiert, haben ihre Glaubwürdigkeit durch ein häufig rücksichtsloses Auftreten gegenüber der Zivilbevölkerung, durch Bombardements mit üblen ‚Kollateralschäden' weitgehend eingebüßt. Die Europäer, darunter die Deutschen, sind dabei, diese Glaubwürdigkeit ebenfalls zu verlieren. [...] Dieser Stimmungsumschwung kann für die transatlantische Allianz in einem Desaster enden [...]. Afghanistan droht für das größte Militärbündnis der Welt und die Zukunft des Westens zum Menetekel zu werden.

Sechs Jahre sollten eigentlich genug sein, um die Institutionen und Strukturen eines funktionierenden Staatswesens aufzubauen. Doch der Regierung Karzai fehlte es am Durchsetzungsvermögen. Sie arrangierte sich mit den regionalen Machthabern und Warlords und kontrolliert heute nicht einmal die Hälfte des Landes [...]. Überall wuchert der Krebs der Korruption. [...]

Versagt haben aber auch die internationalen Aufbauhelfer und Berater. Zwischen Amerikanern und Europäern kam es zu wechselseitigen Vorwürfen und Schuldzuweisungen. Bei vielen Europäern verstärkte sich der Eindruck, Washington wolle wegen des Irak-Debakels unbedingt schnelle Demokratisierungserfolge in Afghanistan vorweisen, zeige aber wenig Interesse an einer nachhaltigen Stabilisierung des neuen politischen Systems. Die Amerikaner wiederum warfen ihren Alliierten vor, generell zu schwerfällig zu agieren und bei der Bekämpfung der Aufständischen schlicht zu kneifen.

Querverweis: Kapitel II.5

Aus: Susanne Koelbl/ Olaf Ihlau: Geliebtes, dunkles Land. Menschen und Mächte in Afghanistan, München 2007, S. 280ff.

MATERIAL
Wir sind da 5

Als ich in Kundus lebte, arbeitete ein junger Mann für mich als Übersetzer. Er war einer derjenigen, die sich damals auf die Leute aus dem Westen eingelassen haben. Jetzt soll ich ihn [hier] Mirwais Amiri nennen, weil er Angst hat, seinen richtigen Namen zu tragen. Wir treffen uns bei ihm, in einem Gehöft am Stadtrand mit Ziehbrunnen und Hühnern. Eine Schwester bringt Tee und Mandeln, und Mirwais erzählt, wie er vor ein paar Tagen auf dem Markt war und Ketchup kaufte. Aus Versehen sei ihm die Flasche heruntergefallen und zerbrochen. Als er sie trotzdem bezahlen wollte, hielt ihn eine Frau zurück. „Du kannst die Tomatensoße nicht benutzen", sagte sie, „also brauchst du sie nicht zu bezahlen." Dann habe sich eine andere eingemischt und gesagt: „Lass den ruhig zahlen, der hat genug Geld, der arbeitet für die Ausländer." [...]
In den vergangenen drei Jahren sind die Taliban wieder nach Kundus eingesickert. In diesem Jahr eröffneten sie im Norden eine zweite Front, als sie im Süden und Osten unter Druck gerieten. Außerdem versorgen die Amerikaner ihre Truppen seit Monaten über Kundus, weil die Route über Pakistan unsicher geworden ist. Damit hat die einst isolierte Provinz für beide Parteien eine neue strategische Bedeutung erlangt. In den paschtunisch besiedelten Distrikten konnten die Taliban alte Netzwerke aktivieren, die ihnen Unterschlupf gewähren. [...]
In der Moschee hört Mirwais die Leute sagen, die Ausländer hätten Menschen wie ihm das Gehirn gewaschen, und natürlich haben all seine Begegnungen, die Reisen zu Fortbildungen nach Bonn und Berlin eine Wirkung getan. Wenn Mirwais mit seiner Frau zusammen einkaufen geht, unterhalten sie sich in der Öffentlichkeit. Wenn sie Freunde nach Hause einladen, muss sich seine Frau nicht im Nachbarzimmer verstecken. Das sind Verstöße gegen die Konvention. „Meine Art zu denken hat sich verändert", sagt Mirwais und klingt wie einer, der sich selbst im Spiegel betrachtet. Eigentlich müsste er seiner Schwester jeden Morgen verbieten, in Jeans zur Schule zu gehen. Das würde sie sogar von ihm erwarten. Aber er nimmt das nicht so ernst. Deshalb hat nun sein jüngerer Bruder diese Aufgabe übernommen.
Der Regisseur Volker Schlöndorff hat einmal beschrieben, wie die Präsenz amerikanischer Soldaten im Deutschland der fünfziger Jahre ihn geprägt habe. „Wir liefen einfach zum Feind über, der sich um kein ‚Betreten verboten' kümmerte, auf Rasen und Blumenbeeten herumkurvte, ein Bein cool aus dem Jeep baumelnd. Die Zivilisation der Amerikaner hatte uns einfach mehr zu bieten als ‚das deutsche Erbe' der Eltern und Lehrer." Kann es sein, dass Mirwais fasziniert war von der Zivilisation der Deutschen, in deren Büros Akten und Sitzungstermine mehr galten als Teetrinken und der Respekt vor dem Alter?
Spät, vielleicht zu spät, hat die internationale Gemeinschaft auf die Rückkehr der Taliban reagiert. Sie hatten sich in den Stammesgebieten in Pakistan reorganisiert, während Amerika Al Qaida in Afghanistan gemeinsam mit alten Bürgerkriegsveteranen bekämpfte, die das Land in Schutt und Asche gelegt hatten. Sie halten heute im Parlament, in der Polizei und in den Provinzen wieder alle Fäden in der Hand. Die Korruption, der Machtmissbrauch der eigenen Regierung und die zivilen Opfer bei militärischen Operationen der Ausländer machten die Bevölkerung bald zynisch. Ohne sie aber können die Taliban nicht erfolgreich bekämpft werden. In diesem Umfeld gelingt es radikalen Kräften immer leichter, den Leuten einzureden, ihr Land sei von fremden Mächten besetzt.

Aus: Friederike Böge: Wir sind da, in: FAZ vom 21.11. 2009, S. 42; die Autorin hat zwei Jahre lang in Kundus gewohnt.

1. Skizzieren Sie auf Grundlage von M 4 die Dilemmata der NATO-Mitglieder in Afghanistan und beurteilen Sie den Wahrheitsgehalt der Karikatur.
2. Erarbeiten Sie aus M 5 die afghanische Perspektive auf die westliche Militärpräsenz.
3. Führen Sie eine Debatte zur Frage der Verteidigung Deutschlands „am Hindukusch".

7. Chancen und Probleme der Europäischen Sicherheits- und Verteidigungspolitik

„Europa ist ein wirtschaftlicher Riese, ein politischer Zwerg und […] ein militärischer Wurm, wenn es keine eigenständige Verteidigungsfähigkeit entwickelt."

Mark Eyskens, belgischer Außenminister (1989 – 1992), zu Beginn des Zweiten Golfkriegs 1991

globaler Akteur EU?

Mit ihren 27 Mitgliedstaaten (Stand: 2010), einer Bevölkerung von rund einer halben Milliarde Menschen, einem Anteil von mehr als 25 Prozent aller weltweit produzierten Güter und Dienstleistungen und einem Bruttoinlandsprodukt vergleichbar dem der USA zählt die Europäische Union zweifellos zu den globalen Akteuren des 21. Jahrhunderts. Zwar stellt sie eine ökonomische Macht von weltpolitischem Rang dar und spielt in den großen internationalen Wirtschafts- und Finanzorganisationen eine wichtige Rolle. Als außen- und sicherheitspolitischer Akteur jedoch steckte die EU lange Zeit in den „Kinderschuhen" des Ost-West-Konflikts, bei dem die USA als Schutzmacht für die Sicherheit Europas fungiert hatten. Nach dem Zusammenbruch der Sowjetunion und der Neuordnung Europas sprach man daher von der „Stunde Europas", die mit der Erwartung verknüpft war, die EU könne ein von den USA unabhängiges oder zumindest selbstständigeres Konflikt- und Krisenmanagement entwickeln.

Sicherheits-exporteur EU!

Trotz gemeinsamer Standpunkte und Erklärungen zu globalen Fragen wirkten die Europäer sicherheitspolitisch zunächst kaum gestaltend in der internationalen Politik mit. Zum einen blieb die politische Entscheidungsfindung im Rahmen der Gemeinsamen Außen- und Sicherheitspolitik (GASP) aufgrund der nationalen Interessen äußerst schwierig. Zum anderen offenbarte der Kosovo-Krieg 1999, dass die junge Europäische Sicherheits- und Verteidigungspolitik (ESVP) durch das Fehlen einer europäischen Armee militärisch kaum dazu in der Lage war, eine größere Krise ohne die Unterstützung der USA zu bewältigen. Erst allmählich wurden sich die europäischen Staats- und Regierungschefs der Tatsache bewusst, dass Europa nach dem weltpolitischen Umbruch von 1989 und angesichts neuer, unberechenbarer Bedrohungen vom Importeur zum Exporteur von Sicherheit werden musste. Dazu aber war es nötig, die Fähigkeit zur internationalen Krisenreaktion schrittweise zu erlernen.

ESVP und NATO

Für die sicherheitspolitische Vertiefung der europäischen Integration sind bis heute eine Reihe von Problemen zu überwinden. Die EU-Mitglieder wollen im Wesentlichen die „Herren der Entscheidung" bleiben und selbst darüber beschließen, ob und wann nationale Streitkräfte im Rahmen der Europäischen Union eingesetzt werden. Die USA übten ihrerseits stets Kritik an einer zu großen Eigenständigkeit der EU außerhalb des transatlantischen Bündnisses der NATO. Europäische Initiativen zum Aufbau autonomer Verteidigungsfähigkeiten lehnte Washington mit dem Argument ab, dies führe zur Abwendung von der NATO oder zur Verdopplung von NATO-Strukturen. Zugleich sind die von den einzelnen EU-Staaten verfolgten Strategien oft recht ungleich: Während Frankreich bisher eine von den USA unabhängigere Sicherheits- und Verteidigungspolitik anstrebte („ESVP first"), trat Großbritannien für einen Ausbau des europäischen Pfeilers innerhalb der NATO ein („NATO first"). Deutschland folgt eher einem Konzept des Zusammenspiels von ESVP und NATO.

die Petersberg-Aufgaben

Im Rahmen der „Strategischen Partnerschaft" von EU und NATO hängt der Erfolg des europäischen Krisenmanagements von der Zusammenarbeit mit der Allianz ab: In den Fällen, in denen die USA kein Interesse an einem Militäreinsatz haben, gewährt die NATO der EU den Zugriff auf ihre militärischen Kapazitäten und stellt ihr Mittel für die operative Einsatzplanung zur Verfügung. Mit oder ohne NATO-Unterstützung erfolgt jedes europäische Krisenmanagement in Übereinstimmung mit der Charta der Vereinten Nationen und wird gemäß dem Vertrag von Amsterdam über die sogenannten Petersberg-Aufgaben realisiert. Diese umfassen humanitäre Aufgaben und Rettungseinsätze, friedenserhaltende Aufgaben sowie Kampfeinsätze bei der Krisenbewältigung einschließlich Frieden schaffender Maßnahmen. Im Vertrag von Lissabon wurden die Petersberg-Aufgaben u. a. um gemeinsame Abrüstungsmaßnahmen erweitert und sollen seither im Rahmen der Gemeinsamen Sicherheits- und Verteidigungspolitik (GSVP) auch zur Bekämpfung des Terrorismus dienen.

„Headline Goals" und „EU-Battlegroups"

Auf dem Europäischen Rat in Helsinki hatten sich die EU-Staaten Ende 1999 auf eine Zielvorgabe für die Entwicklung militärischer Fähigkeiten geeinigt, um so das gesamte Spektrum der Petersberg-Aufgaben bewältigen zu können („Helsinki Headline Goal"). Aufgrund vieler Defizite – Problemen etwa bei der Leitung gemeinsamer Streitkräfte und der Durchführung strategischer Luft- und Seetransporte – konnten die Planziele zunächst aber nicht erreicht werden. Im Gefolge des 11. September und der Annahme der Europäischen Sicherheitsstrategie 2003 wurde daraus im Juni 2004 das Streitkräfteziel 2010 („Headline Goal 2010"), zu dem auch eine „Europäische Verteidigungsagentur" und der Bau einer interkontinentalen Transportmaschine zur raschen Truppenverlegung (Airbus A 400M) beitragen sollen. Auf französische, deutsche und britische Initiativen hin wurden die „EU Battlegroups" ins Leben gerufen, kleine Militärverbände zur schnellen und robusten Krisenreaktion und Konfliktverhütung. Im Dezember 2004 schließlich verabschiedete der Europäische Rat eine Zielvorgabe für die zivile Krisenbewältigung – das „Civilian Headline Goal".

Mit der Europäischen Sicherheitsstrategie war im Jahr 2003 erstmals eine offizielle Sicherheitsdoktrin vorgelegt worden, die das Leitbild der Europäer und ihr Selbstbewusstsein bei der Mitgestaltung der internationalen Ordnung im 21. Jahrhundert zum Ausdruck brachte. Ziviles Krisenmanagement und militärische Operationen auf dem Balkan, in Afghanistan, der Demokratischen Republik Kongo oder im Libanon unterstreichen seither das Bemühen um eine weltpolitisch größere Profilschärfe. Insgesamt kann die EU heute zugleich als Zivilmacht, Friedensmacht und, je nach Bereitschaft, auch als Militärmacht bezeichnet werden.

Zeichnung: Kostas Koufogiorgos

MATERIAL

1 Aus dem Vertrag von Lissabon

Artikel 42 (1): Die Gemeinsame Sicherheits- und Verteidigungspolitik [GSVP; ehem. ESVP] ist integraler Bestandteil der Gemeinsamen Außen- und Sicherheitspolitik. Sie sichert der Union eine auf zivile und militärische Mittel gestützte Operationsfähigkeit. Auf diese kann die Union bei Missionen außerhalb der Union zur Friedenssicherung, Konfliktverhütung und Stärkung der internationalen Sicherheit in Übereinstimmung mit den Grundsätzen der Charta der Vereinten Nationen zurückgreifen. Sie erfüllt diese Aufgaben mit Hilfe der Fähigkeiten, die von den Mitgliedstaaten bereitgestellt werden. [...]

Artikel 43 (1): Die in Artikel 42 Absatz 1 vorgesehenen Missionen, bei deren Durchführung die Union auf zivile und militärische Mittel zurückgreifen kann, umfassen gemeinsame Abrüstungsmaßnahmen, humanitäre Aufgaben und Rettungseinsätze, Aufgaben der militärischen Beratung und Unterstützung, Aufgaben der Konfliktverhütung und der Erhaltung des Friedens sowie Kampfeinsätze im Rahmen der Krisenbewältigung einschließlich Frieden schaffender Maßnahmen und Operationen zur Stabilisierung der Lage nach Konflikten. Mit allen diesen Missionen kann zur Bekämpfung des Terrorismus beigetragen werden, u.a. auch durch die Unterstützung für Drittländer bei der Bekämpfung des Terrorismus in ihrem Hoheitsgebiet. [...]

Querverweis: Kapitel I.2

MATERIAL

2 „Ein sicheres Europa in einer besseren Welt"

Im Dezember 2003 verabschiedete der Europäische Rat in Brüssel die seither gültige Europäische Sicherheitsstrategie (ESS), deren Ziele und Inhalte im Dezember 2008 noch einmal bekräftigt wurden. Nachfolgend wesentliche Auszüge:

- **Abwehr von Bedrohungen:** Im Zeitalter der Globalisierung können ferne Bedrohungen ebenso ein Grund zur Besorgnis sein wie näher gelegene. [...] Die neuen Bedrohungen sind dynamischer Art. [...] Konflikten und Bedrohungen kann nicht früh genug vorgebeugt werden. [K]eine der neuen Bedrohungen [ist] rein militärischer Natur und kann [...] mit rein militärischen Mitteln bewältigt werden. Jede dieser Bedrohungen erfordert eine Kombination von Instrumenten. [...] Die Europäische Union ist besonders gut gerüstet, um auf solche komplexen Situationen zu reagieren.
- **Stärkung der Sicherheit in unserer Nachbarschaft:** Es liegt im Interesse Europas, dass die angrenzenden Länder verantwortungsvoll regiert werden. [...] Wir müssen darauf hinarbeiten, dass östlich der Europäischen Union und an den Mittelmeergrenzen ein Ring verantwortungsvoll regierter Staaten entsteht, mit denen wir enge, auf Zusammenarbeit gegründete Beziehungen pflegen können. [...]
- **Eine Weltordnung auf der Grundlage eines wirksamen Multilateralismus:** In einer Welt globaler Bedrohungen, globaler Märkte und globaler Medien hängen unsere Sicherheit und unser Wohlstand

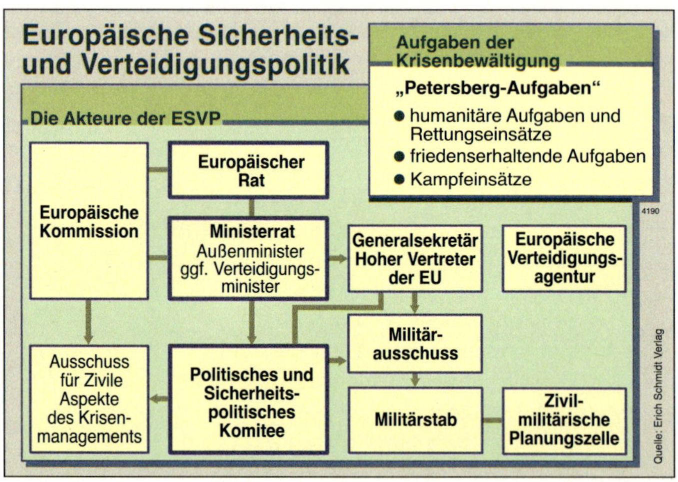

immer mehr von einem wirksamen multilateralen System ab. Daher ist es unser Ziel, eine stärkere Weltgemeinschaft, gut funktionierende internationale Institutionen und eine geregelte Weltordnung zu schaffen. Wir sind der Wahrung und Weiterentwicklung des Völkerrechts verpflichtet. Die Charta der Vereinten Nationen bildet den grundlegenden Rahmen für die internationalen Beziehungen. [...] Wenn wir [...] einen unserem Potenzial entsprechenden Beitrag leisten wollen, dann müssen wir noch aktiver, kohärenter und handlungsfähiger sein. [...] Dies gilt für die gesamte Palette der uns zur Verfügung stehenden Instrumente der Krisenbewältigung und Konfliktverhütung, einschließlich unserer Maßnahmen im politischen, diplomatischen, militärischen und zivilen, handels- und entwicklungspolitischen Bereich. [...] Wir müssen eine Strategie-Kultur entwickeln, die ein frühzeitiges, rasches und wenn nötig robustes Eingreifen fördert. [...]

Aus: Ein sicheres Europa in einer besseren Welt, Europäische Sicherheitsstrategie, 12.12. 2003, S. 6–9, 11

MATERIAL 3

„Headline Goals" – militärische und zivile Fähigkeiten der EU

Battlegroups: Die EU hat seit 1. Januar 2007 ständig zwei EU-Battlegroups zur Verfügung, um nahezu zeitgleich auf zwei Krisen reagieren zu können. Battlegroups werden charakterisiert als 1 500 Mann starke Infanterie-Einheiten, die speziell für den Einsatz in zerfallenden oder zerfallenen Staaten konzipiert sind, um weltweit (ursprünglich max. 6 000 km von Brüssel entfernt) unter UN-Mandat als Kampf- und/ oder Schutztruppe zu agieren. Ihr Einsatz vor Ort soll spätestens zehn Tage nach Ratsbeschluss („decision to launch") beginnen. Die Durchhaltefähigkeit der Battlegroups beträgt zunächst 30 Tage, kann aber auf bis zu 120 Tage ausgeweitet werden.[1]

Polizeikräfte: Die EU erstrebt die Fähigkeit, alle Arten von Polizeioperationen ausführen zu können (von Beratungs-, Hilfs- und Ausbildungsaufgaben bis zur Ersetzung der lokalen Kräfte im Einsatzgebiet). Die EU-Mitgliedstaaten stellen dazu mehr als 5 000 Polizisten bereit, von denen bis zu 1 400 in weniger als 30 Tagen einsatzbereit sind.

Rechtsstaatshilfe: Polizeihilfe kann letztlich nur erfolgreich sein, wenn sie von einem ordentlich arbeitenden Gerichts- und Justizsystem unterstützt wird. Die Mitgliedstaaten haben sich verpflichtet, 631 Beamte (Richter, Staatsanwälte und Vollzugsbeamte) für Krisenmanagementoperationen in diesem Bereich vorzuhalten.

(Zivil-)Verwaltungsaufgaben: [E]s wurde ein Expertenpool aufgebaut, der imstande ist, Verwaltungsmissionen im Kontext von Kriseneinsätzen zu übernehmen und falls nötig sehr schnell verlegt werden kann. Die Mitgliedstaaten halten hierfür ständig 565 geeignete Kräfte vor. [...]

EU-Sonderbeauftragte: Die Union arbeitet am Aufbau der Büros für die Sonderbeauftragten, die sie für auftretende Krisenfälle benennt.[2]

[1] Autorentext [2] Aus: Wochenschau Sek II, Nr. 3/ 4, Ausgabe Mai–August 2009 (Sicherheitspolitik), S. 176

1. Arbeiten Sie aus dem Vertrag von Lissabon (M 1) und der Europäischen Sicherheitsstrategie (M 2) die Schwerpunkte der ESVP heraus.
2. Charakterisieren Sie das Rollenverständnis der EU (M 2) im Vergleich zu dem der Nationalstaaten (M 4).
3. Überprüfen Sie, inwieweit die militärischen und zivilen Fähigkeiten der Europäer (M 3) den selbst gestellten „Petersberg-Aufgaben" (M 1) gerecht werden.
4. Entwerfen Sie eine Rede auf Grundlage der Informationen aus M 1 bis M 4, in der Sie für eine stärkere Zusammenarbeit in der ESVP plädieren.

MATERIAL

4 Die schwierige EU-Mission in Zentralafrika

In diesem Jahr [2008] hat die Union eine neue Operation in Tschad und in der Zentralafrikanischen Republik begonnen. Es ist die fünfte seit Bestehen der Europäischen Sicherheits- und Verteidigungspolitik – und die dritte in Afrika. Zuvor waren Soldaten im Auftrag der EU zweimal in Kongo, zur Stabilisierung der Provinz Ituri (2003) und zur Sicherung von Wahlen (2006). Die beiden anderen Militärmissionen fanden in Mazedonien (2003) und in Bosnien-Herzegowina (seit 2004) statt.

Zeichnung: Gerhard Mester

Viele Brüsseler Diplomaten halten diese Verteilung nicht für Zufall. Afrika sei eine Weltgegend mit vielen Krisen, sagen sie, aber vor allem auch ein Nachbarkontinent, an dessen Stabilität Europa großes Interesse habe. [...] Wenn die EU militärische Beiträge zur Entschärfung von afrikanischen Konflikten leiste, so die Logik, dann habe sie auch weniger unter deren Begleiterscheinungen wie Flüchtlingen oder Terroristen zu leiden.

Die neue Afrika-Mission ist der Beitrag der EU zur Bewältigung der Darfur-Krise. Viele Menschen aus Sudan sind nach Tschad geflohen, wo sie in Flüchtlingslagern untergebracht sind, die Schutz vor Rebellen und Banditen benötigen [...]. Insgesamt sollen es 400 000 Personen sein. Der Auftrag von EUFOR lautet, diese Zivilisten zu schützen, ebenso wie Hilfsorganisationen und UN-Mitarbeiter, die in der Gegend tätig sind. [...] Das ist vor allem eine gewaltige logistische Herausforderung. Der Oberbefehlshaber der Mission, der irische Generalleutnant Patrick Nash, hat [...] darauf hingewiesen, dass das weitgehend unbewohnte Einsatzgebiet riesig ist, nämlich 350 000 km², was ziemlich genau der Größe Deutschlands entspricht. Trotzdem gibt es gerade einmal 500 km an befestigten Straßen. Das Klima ist extrem (große Hitze in der Trockenzeit, massive Niederschläge in der Regenzeit); es fehlt an Wasser; Landebahnen für ihre Flugzeuge müssen die Europäer selbst bauen. Zum nächsten Hafen sind es 2 000 km, fast halb so weit wie nach Brüssel, das 4 450 km vom Einsatzort entfernt liegt.

Diese Umstände haben das Zustandekommen der Mission nicht erleichtert. Der Vorschlag für den Einsatz stammte von Frankreich, der früheren Kolonialmacht Tschads, das noch heute Truppen in dem Land unterhält. Gerade die anderen großen Mitgliedstaaten waren aber skeptisch. Die Deutschen wollten lieber weiter die beiden UN-Missionen in Sudan unterstützen. Berlin beließ es bei der Entsendung von vier Offizieren ins Einsatzhauptquartier in Paris und der Übernahme von 24 Millionen Euro an den Gemeinkosten. Die Briten lehnten eine Beteiligung unter Hinweis auf ihre Verpflichtungen in Afghanistan und im Irak ab, die Italiener stellen nur das Feldlazarett. [...] So ist EUFOR Tschad/ CAR, wie die Mission offiziell heißt, eine französische Expedition unter Mitwirkung kleinerer Mitgliedstaaten geworden. Die Franzosen werden etwa 2 000 der 3 700 Soldaten stellen; andere größere Beiträge kommen aus Irland (350), Polen (350), Österreich (250) und Schweden (200). [...] Auch in der Bundesregierung wird seit einiger Zeit betont, dass Europa ein strategisches Interesse an Afrika habe. Die Zeiten, in denen der Rest der EU den Kontinent als Spielwiese der Franzosen sah, sind Vergangenheit. Insgesamt schicken 14 EU-Staaten Kräfte ins Einsatzgebiet, 22 Länder sind im Hauptquartier vertreten – an den beiden früheren Afrika-Missionen haben sich nie so viele Mitgliedstaaten beteiligt.

EUFOR Tschad/ CAR lief ab März 2008 als „Brückenoperation" und wurde im März 2009 an die UNO übergeben.

Aus: Nikolas Busse: Brückenoperation, in: Frankfurter Allgemeine Zeitung vom 2.2. 2008, S. 10 (gekürzt)

MATERIAL 5

Die Flexibilisierung europäischer und transatlantischer Kooperation

Angesichts der Blockade, in der sich die Union seit geraumer Zeit befindet, könnte eine Pioniergruppe von Staaten (im Idealfall die Unterzeichnerstaaten der Römischen Verträge) vorangehen und dem Konzept der differenzierten Integration endlich konkrete Gestalt verleihen. Staaten, die politisch willens und fähig sind, sollten in einzelnen Politikbereichen ihre Verbindungen stärken, ohne dass sie von intergrationswilligen Staaten daran gehindert werden können.

Über ein solches Europa der variablen Geometrie würde sich dann (im besten Falle) ein Kern europäischer Staaten herausschälen, der in allen Politikbereichen der EU eine Vertiefung ihrer Beziehungen anstrebt. Dieser Kern, der potentiell für andere Staaten offen sein muss, würde insbesondere im Bereich der Außen-, Sicherheits- und Verteidigungspolitik die EU nach außen (d. h. in der Internationalen Politik) repräsentieren. Er würde die EU global handlungsfähig und zu einem verlässlichen Partner für andere Großmächte (und auch für die USA) machen. [...] So wie sich europäische Politik flexibilisieren wird, wird dies auch im transatlantischen Verhältnis erfolgen. Die Zeiten, in denen die USA und die europäischen Staaten eine politische Einheit gebildet haben, sind passé. An die Stelle starrer Handlungseinheiten werden flexible Koalitionen (je nach politischer Interessenlage und machtpolitischer Fähigkeiten) treten. Dieses Szenario ist die Fortschreibung einer bereits existierenden Tendenz. Betrachtet man sich einmal die Art und Weise, wie im Rahmen der NATO Kooperation über die letzten Jahre erfolgt ist, so stellt man fest, dass sich allerorten Koalitionen der Willigen und Fähigen zusammenfinden, wenn – was meist der Fall ist – gemeinsames Handeln nicht möglich ist. Diese Koalitionen gehen im Rahmen der NATO – wie dies mit Blick auf die Afghanistan-Operation bereits der Fall ist – sogar so weit, dass sie sich separat voneinander treffen, um ihr Vorgehen zu beraten.

➠ Querverweis: Kapitel II.5/ II.6

Aus: Carlo Masala: Europäische Sicherheit nach dem Georgien-Krieg, in: Einsichten und Perspektiven 4/ 2008

MATERIAL 6

Bilaterale und multilaterale Dimensionen europäischer Außen- und Sicherheitspolitik

Eigene Darstellung in Anlehnung an Marco Overhaus	GASP-Leitmotiv	ESVP/ NATO	Sicherheitsbegriff	geographische Prioritäten
	„Brüsselisierung"; supranational	komplementär	„Zivilmacht"	Mittel-/ Osteuropa; bis 2001/ 2002 regional, seither unklar
	„Europe Puissance"; intergouvernemental	„ESVP first"	bei Bedarf interventionistisch	Mittelmeer, Afrika, weltweit
	schwaches Europa; intergouvernemental	„NATO first"	bei Bedarf interventionistisch	Mittel-/ Osteuropa, weltweit/ Übersee

L&P/4057

➠ Querverweis: S. 109, M 3

1. Fassen Sie M 4 thesenartig zusammen und interpretieren Sie die Karikatur auf S. 99.
2. Ermitteln Sie aus M 6 die unterschiedlichen Dimensionen europäischer Außen- und Sicherheitspolitik.
3. Erläutern Sie, was man unter der Flexibilisierung europäischer und transatlantischer Kooperation versteht (M 5) und begründen Sie, warum diese Entwicklung unvermeidlich ist (M 4 und M 6).
4. Interpretieren Sie die Karikatur auf S. 102 vor dem Hintergrund der Grafik auf S. 100.

Weiterführende Informationen

1. Literaturhinweise

Einen sehr guten Überblick zur Friedens- und Sicherheitspolitik bieten folgende Standardwerke:

- Debiel, T./Messner, D./ Nuscheler, F. (Hg.), Global Trends 2010. Frieden – Entwicklung – Umwelt, Frankfurt/Main 2010
- Ferdowsi, M. (Hg.), Sicherheit und Frieden zu Beginn des 21. Jahrhunderts, München 2004[3]
- Krell, G., Weltbilder und Weltordnung. Einführung in die Theorie der Internationalen Beziehungen, Baden-Baden 2009[4]
- Schimmelfennig, F., Internationale Politik, Paderborn 2008
- Woyke, W. (Hg.), Handwörterbuch Internationale Politik, Stuttgart 2007[11]

Folgende Werke befassen sich eingehend mit den Inhalten einzelner Kapitel:

- Eith, U./Rosenzweig, B. (Hg.), Islamistischer Terrorismus. Hintergründe und Gegenstrategien, Schwalbach/Taunus 2006
- Gareis, S./Varwick, J., Die Vereinten Nationen. Aufgaben, Instrumente und Reformen, Opladen 2006[4]
- Joffe, J., Die Hypermacht. Warum die USA die Welt beherrschen, München 2006
- Kaim, M., Die Europäische Sicherheits- und Verteidigungspolitik, Baden-Baden 2007
- Koelbl, S./Ihlau, O., Geliebtes, dunkles Land. Menschen und Mächte in Afghanistan, München 2007
- Meier-Walser, R. (Hg.), Die Außenpolitik der USA. Präsident Obamas neuer Kurs und die Zukunft der transatlantischen Beziehungen, München 2009
- Münkler, H., Der Wandel des Krieges. Von der Symmetrie zur Asymmetrie, Weilerswist 2006[2]
- Oberreuter, H./Steinkamm, A./Seller, H. (Hg.), Weltpolitik im 21. Jahrhundert. Perspektiven zur neuen internationalen Staatenordnung, Wiesbaden 2004
- Riecke, H. (Hg.), Die Transformation der NATO. Die Zukunft der euro-atlantischen Sicherheitskooperation, Baden-Baden 2007
- Stürmer, M., Die Kunst des Gleichgewichts. Europa in einer Welt ohne Mitte, Berlin 2001
- Todenhöfer, J., Warum tötest du, Zaid?, München 2008

2. Links im Internet (Stand: 11. 5. 2010):

- *www.auswaertiges-amt.de* (Auswärtiges Amt)
- *www.bmvg.de* (Bundesministerium der Verteidigung)
- *www.bundeswehr.de* (Bundeswehr)
- *www.consilium.europa.eu/showPage.aspx?id=248&lang=de* (Rat der Europäischen Union/ GASP)
- *www.consilium.europa.eu/showPage.aspx?id=261&lang=de* (Rat der Europäischen Union/ GSVP)
- *www.nato.int* (Nordatlantische Vertragsorganisation)
- *www.swp-berlin.org* (Stiftung Wissenschaft und Politik)
- *www.un.org* (Vereinte Nationen)

Unter folgenden Links können stets aktuelle Videos oder Audios zu den Themen des zweiten Kapitels heruntergeladen werden (Stand: 11. 5. 2010):

- *www.ardmediathek.de* (Mediathek der ARD)
- *www.br-online.de* (Bayerischer Rundfunk)
- *www.dradio.de/portale/audio* (Audio-Portal des Deutschlandfunks)
- *www.zdf.de/zdfmediathek* (Mediathek des ZDF)

III. Herausforderungen für die nationale Politik in einer globalisierten Welt

1. Einflussfaktoren auf die deutsche Außenpolitik

„Für die Bundesrepublik war es auch nach dem Ende der Blockkonfrontation besonders wichtig, unseren außen- und sicherheitspolitischen Linien treu zu bleiben. Dies sind: Kooperation, Integration, Dialog und Vertrauensbildung."

Bundeskanzler Helmut Kohl (1982 – 1998), auf der 34. Münchner Konferenz für Sicherheitspolitik am 7. Februar 1998

Interessen und Macht

Wie jeder andere Staat betreibt auch Deutschland Außenpolitik, um gegenüber seinem internationalen Umfeld wesentliche Ziele und Interessen in Bereichen wie Sicherheit, Wirtschaft und Handel, Ökologie oder Kultur zu verfolgen und zu realisieren. Die zentrale Aufgabe auch der deutschen Außenpolitik ist es daher, Entwicklungen im internationalen System zu erkennen und einzuschätzen, eigene Gestaltungsansprüche an die internationale Ordnung zu formulieren und dann die geeigneten Instrumente und Handlungsmöglichkeiten (also Machtmittel) zu deren Verwirklichung einzusetzen.

Wahrnehmung und Verhalten

Ob und wie ein Staat Einfluss auf sein Umfeld nehmen kann, bestimmen neben den Entwicklungen im internationalen System maßgeblich Faktoren wie die eigene territoriale Größe, Bevölkerungszahl, Geographie und Ressourcenausstattung. Auch Technologie, Wirtschaftskraft, militärische Stärke spielen eine Rolle sowie die Überzeugungskraft der Ideen und kulturellen Errungenschaften, die von einem Staat und seiner Bevölkerung hervorgebracht werden. Ob der Einsatz dieser Faktoren kooperativ oder konfrontativ, friedlich oder feindselig wirkt, hängt dabei neben dem Willen und den Handlungsweisen eines Staates entscheidend auch davon ab, wie die anderen Akteure im internationalen System ihn wahrnehmen. Eine vorausschauende Außenpolitik eines Staates wird sich also darum bemühen, die eigenen Interessen so gut als möglich im Einklang mit seinen Partnern und Mitspielern zu gestalten, und so auf die Verschleierung eigener Absichten, nationale Alleingänge oder einseitige Machtpolitik verzichten.

historische Verpflichtungen deutscher Außenpolitik

Dieser Aspekt spielt in Deutschland – vor allem angesichts seiner kriegerischen Vergangenheit – eine prägende Rolle bei der Gestaltung seiner Außenpolitik:

- Die Rückkehr zunächst der Bundesrepublik auf die internationale Bühne wäre nicht vorstellbar gewesen ohne die Aussöhnung mit *Frankreich,* für welche die europäische Integration das Fundament und den Rahmen bildete.
- Bereits vor der Wiedervereinigung hatten Annäherung und Verständigung mit *Polen* begonnen; die deutsch-polnischen Verträge über die gemeinsame Grenze (1990) sowie über Freundschaft und gute Nachbarschaft (1991) bildeten eine wichtige Plattform für die Ausdehnung des europäischen Integrationsprozesses nach Ostmitteleuropa.
- Die *USA* wiederum waren nach dem Zweiten Weltkrieg entscheidende Wegbereiter der jungen Bundesrepublik in die westlich-demokratischen Strukturen und 40 Jahre später eine verlässliche Stütze bei der Verwirklichung der – anfangs von Frankreich und Großbritannien argwöhnisch betrachteten – deutschen Einheit.
- Außerhalb der euro-atlantischen Strukturen steht die Bundesrepublik insbesondere mit *Israel* in einer überaus engen, aufgrund der Vergangenheit auch sehr spezifischen politischen Beziehung und unterhält zugleich gute Kontakte zu Israels arabischen

Nachbarländern, ohne indes eine allzu aktive Rolle im Nahost-Konflikt zu spielen.
- Auch zu *Russland* haben sich seit der Wiedervereinigung wieder enge politische Bande entwickelt, die über die Energie- und Wirtschaftskooperation hinausreichen.

verfassungsrechtliche Vorgaben

Bereits die Präambel des Grundgesetzes verweist auf die drei wichtigsten Leitlinien bundesdeutscher Außenpolitik, nämlich „als gleichberechtigtes Glied in einem vereinten Europa dem Frieden der Welt" dienen zu wollen. Ebenfalls von Beginn an im Grundgesetz verankert, erklärt Art. 24 Abs. 2 die Bereitschaft Deutschlands, „sich zur Wahrung des Friedens einem System gegenseitiger kollektiver Sicherheit" einzuordnen und dabei sogar in eine Beschränkung seiner Hoheitsrechte einzuwilligen. Nach den Erfahrungen der deutschen Sonderwege im Kaiserreich wie im Nationalsozialismus sollten so künftig Alleingänge und das Führen von Angriffskriegen (Art. 26 Abs. 1 GG) ausgeschlossen bleiben. In der außenpolitischen Praxis zunächst des westlichen und dann des wiedervereinigten Deutschlands ist die enge Einbindung in souveränitätsbegrenzende Organisationen wie die Europäische Union und ihre Vorläuferinnen sowie in die NATO oder auch die Vereinten Nationen zur durchgehenden Leitlinie geworden (Art. 23 Abs. 1 GG).

Bundesregierung und Auswärtiges Amt

Die Verantwortung für die praktische Gestaltung der Außenpolitik überträgt das Grundgesetz dem Bund. Unter den Akteuren auf der Bundesebene nimmt die Bundesregierung eine herausgehobene Rolle ein. Ausgestattet mit einem umfassenden Initiativrecht und einem allgemein-politischen Handlungsauftrag ist sie die wichtigste Trägerin der auswärtigen Gewalt. Die Bundesregierung ist – vorrangig in Gestalt ihres Auswärtigen Amtes (AA) – zuständig für die Unterhaltung diplomatischer Beziehungen zu anderen Ländern, sie handelt die völkerrechtlichen Verträge und Abkommen aus und hat weite Befugnisse bei deren Interpretation und Fortentwicklung. Nicht zuletzt obliegt ihr im Rahmen der beim AA angesiedelten auswärtigen Kulturpolitik auch ein großer Teil der Pflege des Ansehens Deutschlands in der Welt.

Bundestag und „Parlamentsvorbehalt"

Unter den weiteren Organen auf der Bundesebene hat insbesondere das Parlament wichtige Kompetenzen im Bereich der Außenpolitik. Gemäß Art. 59 Abs. 2 GG bedürfen alle völkerrechtlichen Verträge, die der Bund eingeht, der Zustimmung des Bundestages in Gestalt eines Gesetzes (Ratifikation); Vertragsänderungen in der Europapolitik, durch welche grundgesetzliche Bestimmungen verändert oder ergänzt werden, bedürfen einer Zweidrittelmehrheit. Ein besonderes Mitwirkungsrecht hat der Bundestag bei der Entsendung deutscher Soldaten in bewaffnete Militäreinsätze: Hier hat das Bundesverfassungsgericht in seiner Entscheidung vom 12. Juli 1994 festgestellt, dass die Bundeswehr eine „Parlamentsarmee" sei, für deren Einsatz im Ausland neben einer Entscheidung der Bundesregierung auch ein konstitutiver Bundestagsbeschluss erforderlich ist („Parlamentsvorbehalt").

Interessenverbände und Zivilgesellschaft

Zur Komplexität des außenpolitischen Auftritts der Bundesrepublik gehört ein dichtes Geflecht informeller und nicht-staatlicher Akteure. So ist der „Handelsstaat Deutschland" in ganz existenzieller Weise auf gute und stabile Wirtschaftsbeziehungen zu möglichst vielen Staaten angewiesen. Wirtschaftsverbände wie der Bundesverband der Deutschen Industrie (BDI) bemühen sich daher, die politisch-diplomatischen Beziehungen zwischen Deutschland und seinen Partnern auch für die ökonomische Zusammenarbeit fruchtbar zu machen. Wachsenden Einfluss auf die Außenpolitik haben auch oft international tätige und vernetzte Nichtregierungsorganisationen.

Text nach: Sven Bernhard Gareis: Grundlagen, Akteure, Strukturen und Prozesse, in: Informationen zur politischen Bildung Nr. 304/ 2009, Bonn: Bundeszentrale für politische Bildung (bpb), S. 4–13 (gekürzt)

MATERIAL

1 Aus dem Zwei-plus-Vier-Vertrag vom 12. September 1990 (Auszüge)

Artikel 1 (1) Das vereinte Deutschland wird die Gebiete der Bundesrepublik Deutschland, der Deutschen Demokratischen Republik und ganz Berlins umfassen. [...]

(2) Das vereinte Deutschland und die Republik Polen bestätigen die zwischen ihnen bestehende Grenze in einem völkerrechtlich verbindlichen Vertrag.

(3) Das vereinte Deutschland hat keinerlei Gebietsansprüche gegen andere Staaten und wird solche auch nicht in Zukunft erheben. [...]

Artikel 2 Die Regierungen der Bundesrepublik Deutschland und der Deutschen Demokratischen Republik bekräftigen ihre Erklärungen, dass von deutschem Boden nur Frieden ausgehen wird. [...]

Artikel 3 (1) Die Regierungen der Bundesrepublik Deutschland und der Deutschen Demokratischen Republik bekräftigen ihren Verzicht auf Herstellung und Besitz von und auf Verfügungsgewalt über atomare, biologische und chemische Waffen. Sie erklären, dass auch das vereinte Deutschland sich an diese Verpflichtungen halten wird. [...]

(2) [...] „Die Regierung der Bundesrepublik Deutschland verpflichtet sich, die Streitkräfte des vereinten Deutschlands innerhalb von drei bis vier Jahren auf eine Personalstärke von 370 000 Mann (Land-, Luft- und Seestreitkräfte) zu reduzieren. [...]" Die Regierung der Deutschen Demokratischen Republik hat sich dieser Erklärung ausdrücklich angeschlossen. [...]

Artikel 7 (1) Die Französische Republik, das Vereinigte Königreich Großbritannien und Nordirland, die Union der Sozialistischen Sowjetrepubliken und die Vereinigten Staaten von Amerika beenden hiermit ihre Rechte und Verantwortlichkeiten in Bezug auf Berlin und Deutschland als Ganzes. [...]

(2) Das vereinte Deutschland hat demgemäß volle Souveränität über seine inneren und äußeren Angelegenheiten.

MATERIAL

2 Das Deutsche Grundgesetz – normatives Fundament einer Zivilmacht

Präambel: Im Bewusstsein seiner Verantwortung vor Gott und den Menschen, von dem Willen beseelt, als gleichberechtigtes Glied in einem vereinten Europa dem Frieden der Welt zu dienen, hat sich das Deutsche Volk kraft seiner verfassungsgebenden Gewalt dieses Grundgesetz gegeben. [...]

Artikel 23 (1) Zur Verwirklichung eines vereinten Europas wirkt die Bundesrepublik Deutschland bei der Entwicklung der Europäischen Union mit, die demokratischen, rechtsstaatlichen, sozialen und föderativen Grundsätzen und dem Grundsatz der Subsidiarität verpflichtet ist und einen diesem Grundgesetz im wesentlichen vergleichbaren Grundrechtsschutz gewährleistet. Der Bund kann hierzu durch Gesetz mit Zustimmung des Bundesrates Hoheitsrechte übertragen. [...]

Artikel 24 [...] (2) Der Bund kann sich zur Wahrung des Friedens einem System gegenseitiger kollektiver Sicherheit einordnen; er wird hierbei in die Beschränkungen seiner Hoheitsrechte einwilligen, die eine friedliche und dauerhafte Ordnung in Europa und zwischen den Völkern der Welt herbeiführen und sichern.

Zeichnung: Heiko Sakurai

Artikel 25 Die allgemeinen Regeln des Völkerrechtes sind Bestandteil des Bundesrechtes. Sie gehen den Gesetzen vor und erzeugen Rechte und Pflichten unmittelbar für die Bewohner des Bundesgebietes.
Artikel 26 (1) Handlungen, die geeignet sind und in der Absicht vorgenommen werden, das friedliche Zusammenleben der Völker zu stören, insbesondere die Führung eines Angriffskrieges vorzubereiten, sind verfassungswidrig. Sie sind unter Strafe zu stellen.
Artikel 87a [...] **(2)** Außer zur Verteidigung dürfen die Streitkräfte nur eingesetzt werden, soweit dieses Grundgesetz es ausdrücklich zulässt.

MATERIAL

Frankreich und Deutschland: „Zwei Träume im selben Bett" 3

Der große Mythos des zeitgenössischen Europa ist der vom »couple Franco-Allemand«. In dieser Ehe allerdings geht es nach der Melodie jenes schönen Chanson, das von den zwei Träumen im selben Bett singt: *Deux rêves dans un seul lit*. Das Bett ist Europa, genauer gesagt die Europäische Union. Zusammen können Paris und Berlin fast alles bewirken [...] – gegeneinander fast nichts. Wer allerdings nachhaltige Leidenschaft zwischen den Partnern vermutet, wird ebenso enttäuscht wie jene, die nichts als eine Vernunftehe am Werk sehen. [...]
In der Sicherheitspolitik befanden sich die Bundesrepublik Deutschland und die Französische Republik allerdings an entgegengesetzten Enden des westeuropäischen Spektrums [...]. Deutschland war, schon wegen Berlin und der unheimlichen Nachbarschaft der Roten Armee, der treueste NATO-Partner, ohne eigene operative Armeeführung, nahezu alle Truppen direkt der NATO unterstellt. Bedingung der deutschen Wiederbewaffnung war, 1954 von Bundeskanzler Adenauer ausgesprochen, der Verzicht auf Produktion und Erwerb nationaler Waffen im ABC-Bereich (atomar, biologisch, chemisch). Nation – das war den Deutschen nichts als eine Nachricht aus einer zum Teufel gewünschten Vergangenheit. Ganz anders die französische Nation, die bereit war, für ihre weltpolitische Handlungsfähigkeit Männer und Mittel aufzubringen. Mit amerikanischer Hilfe machte sich Frankreich nuklear eigenständig, um niemals wieder von den Angelsachsen im Stich gelassen zu werden. Man erinnerte sich an 1920, als die Amerikaner die Schiffe bestiegen, und an 1940, als die Briten das letzte Mal auf den Stränden von Dünkirchen gesehen wurden und Frankreich den Demütigungen der *défaite* (Niederlage) und der Kollaboration überließen [...].
Das alles durfte sich niemals wiederholen, und so zielten die französischen Nuklearwaffen militärisch auf Moskau, politisch aber auf Washington. »Tenir le rang« wurde französische Staatsräson – jenen Rang zu halten, den die Geschichte Frankreich längst verweigert. Deutsche Staatsräson aber war seit Adenauer – Kanzler Kohl hat es dann in seiner ersten Regierungserklärung 1982 nur in Worte gekleidet – Bewahrung der Bündnisfähigkeit.

➠ Querverweis: S. 103, M 6

Nach: Michael Stürmer: Die Kunst des Gleichgewichts. Europa in einer Welt ohne Mitte, Berlin 2001, S. 83–85

1. Weisen Sie an M 1 nach, dass der „2+4-Vertrag" den Weg in die außenpolitische Selbstständigkeit und zugleich eine „militärpolitische Selbstbegrenzung" Deutschlands markierte.
2. Charakterisieren Sie mithilfe von M 2 den verfassungsrechtlichen Rahmen für das außenpolitische Handeln der Bundesrepublik.
3. Interpretieren Sie die Karikatur (S. 108) und führen Sie eine Pro- und Kontra-Diskussion zum „konstitutiven Parlamentsvorbehalt" (S. 107).
4. Erarbeiten Sie aus M 3 die unterschiedlichen Einstellungen zur NATO auf französischer bzw. deutscher Seite.

MATERIAL

4 Bundeskanzlerin Angela Merkel: Rede vor dem US-Kongress (3. November 2009)

„Madam Speaker, Mr. Vice President, Distinguished Members of Congress,
ich danke Ihnen allen für die große Ehre, heute, kurz vor dem 20. Jahrestag des Falls der Berliner Mauer, zu Ihnen sprechen zu dürfen. Ich bin der zweite deutsche Kanzler, dem diese Ehre zuteil wird. Konrad Adenauer war der erste, als er im Jahre 1957 nacheinander vor beiden Häusern des Kongresses gesprochen hat. [...] Konrad Adenauer war 1957 bereits 81 Jahre alt. Er hatte das Kaiserreich in Deutschland erlebt, den Ersten Weltkrieg, die Weimarer Republik, den Zweiten Weltkrieg. Von den Nationalsozialisten wurde er seines Amtes als Oberbürgermeister der Stadt Köln enthoben. Nach dem Krieg gehörte er zu den Männern und Frauen, die die freiheitliche, demokratische Bundesrepublik Deutschland mit aufgebaut haben.
Nichts steht mehr für diese Bundesrepublik Deutschland als ihre Verfassung, ihr Grundgesetz. Es wurde vor genau 60 Jahren verabschiedet. In Artikel 1 dieses Grundgesetzes heißt es: „Die Würde des Menschen ist unantastbar." Dieser kurze, einfache Satz [...] war die Antwort auf die Katastrophe des Zweiten Weltkriegs, auf den Mord an sechs Millionen Juden im Holocaust, auf Hass, Verwüstung und Vernichtung, die Deutschland über Europa und die Welt gebracht hat. In wenigen Tagen schreiben wir den 9. November. Es war der 9. November 1989, an dem die Berliner Mauer fiel [...]. Die Grenze, die ein Volk für Jahrzehnte in zwei Welten teilte, war jetzt offen. Deshalb ist heute für mich zuerst einmal die Stunde des Dankes.
Ich danke den amerikanischen und alliierten Piloten, die 1948 den Verzweiflungsruf des Berliner Bürgermeisters Ernst Reuter erhörten, als er sagte: „Ihr Völker der Welt, schaut auf diese Stadt!" Monatelang flogen diese Piloten Lebensmittel über eine Luftbrücke und retteten so Berlin vor dem Verhungern. Viele dieser Soldaten riskierten dabei ihr Leben. Dutzende verloren es. Wir werden ihnen immer ein ehrendes Andenken bewahren. [...]
Ich denke an John F. Kennedy, dem nach dem Bau der Berliner Mauer bei seinem Besuch 1961 die Herzen der Menschen zuflogen, als er den verzweifelten Berlinern zurief: „Ich bin ein Berliner."
Ronald Reagan erkannte weit vor anderen die Zeichen der Zeit, als er vor dem Brandenburger Tor bereits 1987 rief: „Mr. Gorbatschow, open this gate! Mr. Gorbatschow, tear down this wall!" Dieser Appell wird für immer unvergessen bleiben.
Ich danke George Bush senior, dass er Deutschland und dem damaligen Bundeskanzler Helmut Kohl vertraute und uns Deutschen bereits im Mai 1989 etwas Unschätzbares anbot: „Partnership in Leadership." Welch ein Angebot, 40 Jahre nach dem Ende des Zweiten Weltkrieges. [...]
Meine Damen und Herren, lassen Sie es mich in einem Satz sagen: Ich weiß, wir Deutschen wissen, wie viel wir Ihnen, unseren amerikanischen Freunden verdanken. Niemals werden wir, niemals werde ich Ihnen ganz persönlich das vergessen. Überall in Europa setzte der gemeinsame Wille zur Freiheit unglaubliche Kräfte frei: In der Gewerkschaft Solidarnošć in Polen, bei den Reformern um Václav Havel in der Tschechoslowakei, bei der ersten Öffnung des Eisernen Vorhangs in Ungarn und bei den Demonstrationen jeden Montag in der ehemaligen DDR. Da, wo früher eine dunkle Wand war, öffnete sich plötzlich eine Tür. Wir alle gingen hindurch – auf die Straßen, in die Kirchen, über die Grenzen. Jeder bekam die Chance, etwas Neues aufzubauen, mitzugestalten und den Aufbruch zu wagen. [...]"

Aus: www.bundesregierung.de (Zugriff am 6.1. 2010)

1. Untersuchen Sie M 4 mit Blick auf die historischen Verpflichtungen der deutschen Außenpolitik.
2. Beurteilen Sie auf Grundlage von M 5 die Notwendigkeit und Erfolgsaussichten der auswärtigen Kulturpolitik und verfassen Sie einen Zeitungskommentar zum Thema.
3. Nehmen Sie Stellung zu den „Fehlern des deutschen Nationalcharakters" (M 6) vor dem Hintergrund der deutschen Geschichte.

MATERIAL
Auswärtige Kulturpolitik 5

Eine Waffel, auf der „Herzlich Willkommen" steht, und die eben deshalb „Welcome Waffel" heißt; ein Knirps-Schirm, auf dessen Innenseite ein paar Redewendungen und Vokabeln zu finden sind; Minidrehorgeln, die „Auf der Reeperbahn", Wagner, Mozart oder „Wochenend' und Sonnenschein" erklingen lassen; blaue Untersetzer mit Brezel, Fischerdübel oder Kuckucksuhr bedruckt – so sieht sie aus, die „Deutschland Kollektion", die Kunsthochschulstudenten für das Auswärtige Amt entworfen haben. [...] Die neckischen Dinge sollen als kleine „Kontaktpflegegeschenke" für ein „dynamisches, innovatives und weltoffenes" Deutschland werben, sind „Give Aways", Streuartikel der auswärtigen Kultur- und Bildungspolitik. [...]
Man stellt sich [auswärtige Kulturpolitik] gern als eine Folge von Lesungen, Filmvorführungen, Ausstellungen und – dies vorweg – Podiumsdiskussionen über den Dialog der Kulturen vor. Das alles findet statt, aber es ist nicht das Entscheidende. Die größten und nachhaltigsten Erfolge wie Misserfolge erreicht die Selbstdarstellung Deutschlands im Ausland dann, wenn sie Biographien prägt oder doch wesentlich mitbestimmt. Und dies geschieht seit Jahren: in den Auslandsschulen, bei den Tausenden, die sich in den Sprachkursen der Goethe-Institute mit der Unterscheidung zwischen Konjunktiv eins und zwei quälen, um dann festzustellen, dass es die Muttersprachler damit nicht mehr so genau nehmen; unter den vielen, die ein Stipendium des Deutschen Akademischen Austauschdiensts erhalten haben; bei den Wissenschaftlern, die dank der Alexander-von-Humboldt-Stiftung in Deutschland forschen konnten. [...]
Ein neues, Biographien prägendes Unternehmen wurde Anfang dieses Jahres ins Leben gerufen: der internationale kulturelle Freiwilligendienst mit dem [...] Namen „kulturweit". Wer nicht älter als 26 Jahre ist, kann für sechs oder zwölf Monate an Einrichtungen der auswärtigen Kulturarbeit arbeiten. In nur vier Wochen haben sich 2500 Personen auf eine der wenigen Stellen beworben. [...]
Wenn sich auswärtige Kulturpolitik darum bemüht, ein „möglichst vollständiges Bild des zeitgenössischen Deutschland" zu zeigen, dann hat dies auch Folgen im Inneren. Die Gefahr, dass man – von Globalisierungskrisen überfordert – mit Abschottung und verhärtender Selbstidolisierung reagiert, wird geringer. Die auswärtige Kulturpolitik der Bundesrepublik war immer auch eine Sache bürgerschaftlicher Organisationen, selbstständiger Stiftungen. Man spürt inzwischen, dass die Exekutive stärker agiert, oft die Initiative übernimmt, aber sie bleibt ein Akteur unter anderen. [...] Zum Selbstbild aller Deutschen gehört es, dass die Bundesrepublik keinen nationalen, vollmächtigen Kulturminister besitzt. [...]

Aus: Jens Bisky: Der Sinnstift, in: Süddeutsche Zeitung vom 23.4. 2009

Querverweis: S. 124 f., Methode

MATERIAL
Die Last der Geschichte 6

Am 24. März 1990 – vier Monate nach dem Fall der Berliner Mauer – versammelte die britische Premierministerin Margaret Thatcher eine Runde von Historikern auf ihrem Landsitz Chequers, um über die Zukunft Deutschlands nachzudenken. Der Inhalt der vertraulichen Diskussion fand den Weg in die Medien. Die Zitate aus dem Protokoll der Zusammenkunft waren starker Tobak: Zu den Fehlern des deutschen Nationalcharakters gehörten, so las man, „Angst, Aggressivität, Angeberei, Eigendünkel, Minderwertigkeitskomplexe und Sentimentalität". Einer der Anwesenden prägte die Formel, man habe die Deutschen entweder zu Füßen oder an der Kehle. Die Aussagen waren zwar aus dem Zusammenhang gerissen, doch bereits in der Einberufung der illustren Runde nach Chequers äußerte sich deutliches Misstrauen über die Entwicklung des größten EU-Partners. Nicht nur in Großbritannien fragten sich viele, ob ein wiedervereinigtes Deutschland die politische und wirtschaftliche Hegemonie in Europa anstreben werde.

Aus: Eric Gujer: Schluss mit der Heuchelei. Deutschland ist eine Großmacht, Hamburg 2007, S. 12

2. Ziele, Strategien und Zielkonflikte der deutschen Außenpolitik I: Sicherheit und Entwicklung

Ziele deutscher Sicherheitspolitik

Das oberste Ziel deutscher Sicherheitspolitik ist es, Recht und Freiheit, Demokratie, Sicherheit und Wohlfahrt der Bürgerinnen und Bürger in der Bundesrepublik zu bewahren. Daneben soll sie die Souveränität und die Unversehrtheit des deutschen Staatsgebietes schützen und dient dem Ziel, regionalen Krisen und Konflikten, die Deutschlands Sicherheit beeinträchtigen können, wenn möglich vorzubeugen und zur Konfliktbewältigung beizutragen. Die deutsche Sicherheitspolitik soll globalen Herausforderungen, vor allem der Bedrohung durch den transnationalen Terrorismus und der Weiterverbreitung von Massenvernichtungswaffen, begegnen und zur Achtung der Menschenrechte und Stärkung der internationalen Ordnung auf der Grundlage des Völkerrechts beitragen. Schließlich soll sie den freien und ungehinderten Welthandel als Grundlage des Wohlstandes der Bundesrepublik fördern und dabei die Kluft zwischen armen und reichen Weltregionen zu überwinden helfen.

Strategien deutscher Sicherheitspolitik

Die deutsche Sicherheitspolitik verfolgt dabei drei Strategien:

- *Multilateralismus:* Die Bundesregierung setzt ihre sicherheitspolitischen Ziele auf der Basis der grundgesetzlichen Werteordnung und gemeinsam mit ihren Partnern um: Bewährte Bündnisse wie die Nordatlantische Allianz und die Europäische Union sowie die globalen und regionalen Sicherheitsinstitutionen der Vereinten Nationen sind Grundlage für diesen Ansatz.
- *Vernetzte Sicherheit:* Deutsche Sicherheitspolitik ist umfassend angelegt und berücksichtigt politische, ökonomische, ökologische, gesellschaftliche und kulturelle Bedingungen. Die Sicherheitspolitik stützt sich damit nicht nur auf militärische Mittel, sondern auf ein breites Spektrum staatlicher Instrumente wie Diplomatie, Wirtschafts- und Handelspolitik, Entwicklungspolitik oder zivilpolizeiliche Instrumente.
- *Krisenprävention:* Deutsche Sicherheitspolitik ist vorausschauend. Durch ein Mehr an Prävention sollen das Risiko krisenhafter Entwicklungen und damit die Notwendigkeit insbesondere einer militärischen Krisenreaktion vermieden werden.

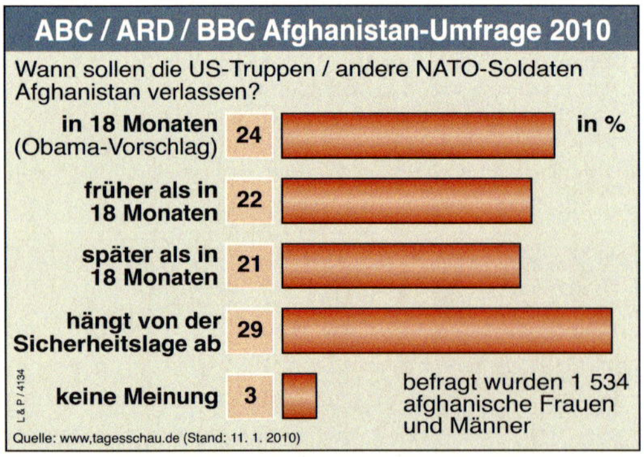

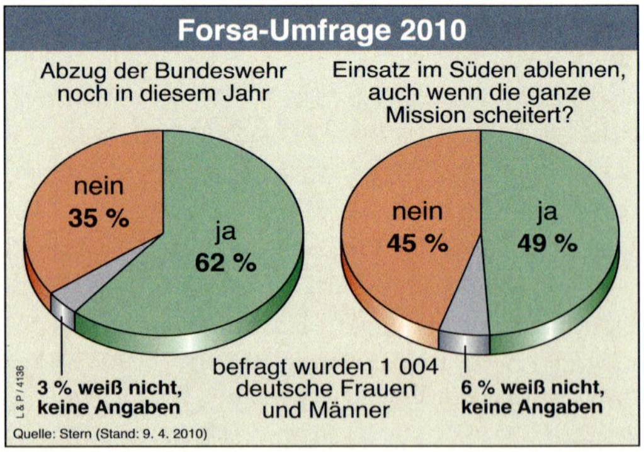

Zielkonflikte deutscher Sicherheitspolitik

Die Umsetzung der genannten Leitmotive stellt in der Praxis eine höchst anspruchsvolle und komplexe Herausforderung dar. Insbesondere der Wandel der Bundeswehr von einer Verteidigungsarmee zu Zeiten des Ost-West-Konflikts hin zu einer „Armee im Einsatz" zwingt Politiker und Bürger dazu, Antworten auf Fragen zu finden, die seit der deutschen Einheit im Raum stehen und die vor allem mit dem Engagement der Bundeswehr im Norden Afghanistans neue Dringlichkeit erfahren haben:

- Wie definiert die deutsche Politik Sicherheit und welche *Opfer* ist man bereit zu erbringen, wenn es gilt, diese zu gewährleisten?
- Ist die Bundesrepublik entschlossen, etwa Seewege oder den Zugang zu Rohstoffen auch unter Einsatz von *Waffengewalt* zu sichern?
- Das Grundgesetz verbietet der Bundesrepublik, *Angriffskriege* zu führen. Sind daher offensive Einsätze im Rahmen der NATO zulässig, z. B. in Afghanistan?
- Welchem Wandel unterliegen das Selbstbild der Bundeswehr einerseits und das Leitbild des *„Bürgers in Uniform"* andererseits?

Ziele deutscher Entwicklungspolitik

Das Beispiel Afghanistan zeigt, dass Sicherheitspolitik oftmals Hand in Hand mit Entwicklungspolitik geht. Grundsätzlich ist die deutsche Entwicklungspolitik darum bemüht, durch das Zusammenwirken von Industrie- und Entwicklungsländern die Lebensbedingungen der dortigen Bevölkerung, vor allem in Afrika, zu verbessern. Im Zentrum dieser Anstrengungen steht die weltweit angelegte Bekämpfung von Armut.

Strategien deutscher Entwicklungspolitik

Bereits in den 1990er Jahren hat Deutschland in Orientierung an Vorgaben der Organisation für Entwicklung und Zusammenarbeit (OECD) einen Leitfaden für seine Zusammenarbeit mit Entwicklungsländern vorgelegt. Gemäß dem Prinzip der nachhaltigen Entwicklung („Hilfe zur Selbsthilfe") soll die arme Bevölkerung in die Lage versetzt werden, selbstständig ihre Lebensbedingungen zu verbessern. Wichtige Schritte in diese Richtung sind:

- die Achtung der Menschenrechte,
- die Etablierung von Rechtsstaatlichkeit und Rechtssicherheit (Good Governance),
- die Schaffung einer marktfreundlichen und sozial orientierten Wirtschaftsordnung, unter Verzicht z. B. auf Kinderarbeit, und
- eine Entwicklungsorientierung der Entwicklungsländer. Dies meint insbesondere die Verringerung des Militär- und Rüstungsbudgets und die Korruptionsbekämpfung.

Zielkonflikte deutscher Entwicklungspolitik

Obwohl gerade in Afrika südlich der Sahara nur wenige Länder eine positive Entwicklungsbilanz aufzuweisen haben – die Probleme medizinischer Unterversorgung, struktureller Schwächen der Landwirtschaft, hoher Jugendarbeitslosigkeit und kaum kontrollierbarer Megacitys sind weiterhin akut – gibt es doch auch hoffnungsvolle Anzeichen und positive Trends: eine zunehmende Demokratisierung, ein allmähliches Erstarken der Zivilgesellschaft (in Kenia, Tansania, Senegal, Benin und Namibia) oder eine wachsende Schicht afrikanischer Unternehmer, die ihre Chancen auf dem Weltmarkt nutzen und kritisch gegenüber „Entwicklungshilfe" eingestellt sind. Dennoch: Selbst wenn weite Bereiche von Entwicklung wie Korruptionsbekämpfung und Good Governance nicht in erster Linie vom Geld abhängen – Entwicklungspolitik bleibt immer auch eine finanzielle Herausforderung für die Geberländer.

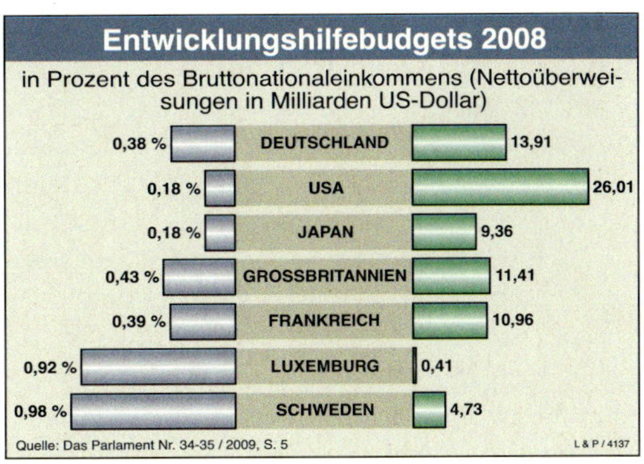

MATERIAL

1 „Taschenkarte" überarbeitet – Bundeswehr darf eher schießen

Die Bundeswehrsoldaten in Afghanistan dürfen ab sofort ihre Waffen häufiger einsetzen und auch auf flüchtende Angreifer schießen. Das wurde in der Neufassung der Einsatzregeln verankert, über die das Verteidigungsministerium in Berlin informierte. [...]

Ressortchef Franz Josef Jung (CDU) unterschrieb die überraschend schnell erarbeitete neue „Taschenkarte", wie das Dokument in der Militärsprache genannt wird und die jeder Soldat bei sich führen muss, am vergangenen Freitag [Stand: 27.7. 2009]. Ob dies im Zusammenhang mit der am 19. Juli gestarteten, bisher größten deutsch-afghanischen Militäroffensive in Nordafghanistan steht, ließ das Ministerium offen. Bislang durften deutsche Soldaten auch dann nicht schießen, wenn Angreifer sich zurückzogen und von ihnen eine weitere Attacke zu erwarten war. [...]

Ein Ministeriumssprecher erklärte, in der neuen Taschenkarte seien die Prioritäten in Gefechten „für den einfachen Soldaten" schlüssiger herleitbar, vereinfacht und deutlicher formuliert worden. „Vor allem der Aspekt, dass nicht erst auf einen Angriff gewartet werden muss, um verhältnismäßig militärische Gewalt entgegensetzen zu können, sondern durchaus auch präventiv gearbeitet werden darf." [...]

Der FDP-Politiker Rainer Stinner betonte: „Die Änderungen an der Taschenkarte sind Erweiterungen, nicht nur Klarstellungen. Das darf der Öffentlichkeit nicht vorenthalten werden." Die Taschenkarte hätte schon vor Jahren neu gefasst werden müssen. „Es ist unverständlich, warum bisher ein deutscher Soldat in Afghanistan weniger Befugnisse hatte als ein Polizist in Deutschland", sagte Stinner. Linkspartei-Geschäftsführer Dietmar Bartsch meinte dagegen, die neuen Regeln entsprächen der „Logik des Krieges", aber der Weg sei falsch. „Die Bundeswehr wird immer tiefer in den Sumpf gezogen."

Aus: „Taschenkarte" überarbeitet – Bundeswehr darf eher schießen, in: www.ntv-de, 27.7. 2009 (Zugriff am 7.1. 2010)

MATERIAL

2 Das Ende der Unschuld

Der Kommandeur des deutschen Wiederaufbauteams im nordafghanischen Kundus erlebt in diesen Tagen die schwierigste Zeit seines Lebens. Seine Entscheidung, in der Nacht zum 4. September [2009] zwei Bomben auf zwei gestohlene Tanklastwagen werfen zu lassen, hat alles verändert – ihn, seine Karriere, die deutsche Politik, das Verhältnis zu den Amerikanern, den Einsatz deutscher Soldaten in Afghanistan.

Es waren zwei Bomben, die das Selbstbild der Bundesrepublik erschüttert haben. Nach den Schrecken der Hitler-Zeit wollten die Deutschen die Musternation der Welt werden, die Ewigguten, die Ewiglieben. Nichts sollte mehr an das Grauen der Jahre 1933 bis 1945 erinnern. Die Soldaten sollten mit einer Rose im Gewehrlauf durch die Kriege ziehen, durch Somalia, durch Bosnien, durch das Kosovo, durch Afghanistan. Man suchte sich die sichersten Winkel aus, baute Brunnen und winkte Kindern zu. Bloß nicht schießen.

Doch nun hat ein deutscher Offizier zwei US-Jagdbombern einen verheerenden Schießbefehl erteilt: vielleicht 50 bis 100 Tote, darunter Zivilisten. [...]

Das Dorf Omar Khel, in dessen Nähe die Bomben einschlugen, steht nun für das Ende der Illusion, eine Nation könne in einer kriegerischen Welt sauber bleiben. Es ist eine Hybris, anzunehmen, den Krieg nach eigenen Regeln führen zu können. Der Krieg regiert den Krieg, er vertilgt die Unschuld und schafft die Situationen für einen Oberst Georg Klein, bis dahin ein untadeliger Soldat. [...]

Nun steht die Regierung vor einem Scherbenhaufen. Deutschlands Mission der netten Pazifizierung ist gescheitert, und es gibt ein Zerwürfnis mit vielen Verbündeten. Die haben [...] nicht mit Kritik am Bombardement gespart. „Wie in einem Brennglas", so sagte die Bundeskanzlerin im Bundestag, werden all diese Probleme offenbar, weil Taliban am Donnerstag vergangener Woche nahe Kundus zwei Tanklaster entführt haben.

Aus: Ralf Beste (u. a.): Das Ende der Unschuld, in: Der Spiegel 38/ 2009, S. 72–84; hier: S. 75

Querverweis: Kapitel II.6

MATERIAL 3

Von Panzerfaustgranaten und Untersuchungsausschüssen

Bundesverteidigungsminister Karl-Theodor zu Guttenberg beim Truppenbesuch in Afghanistan, 11. Dezember 2009

Nur noch bizarr findet Reinhold Robbe die Art, wie in Deutschland über den Einsatz in Afghanistan diskutiert wird. Deshalb wandte sich der Wehrbeauftragte des Bundestags per Parlamentsfernsehen an die Abgeordneten, um eine Mahnung loszuwerden. Die Soldaten, die vor Ort „jeden Tag ihren Kopf hinhalten und froh sind, wenn sie gesund und lebend von Patrouillenfahrten ins Feldlager zurückkommen", könnten nur verständnislos den Kopf schütteln, „wenn sie sich anschauen, was sich im politischen Berlin jeden Tag ereignet und in der Zeitung zu lesen ist".
Gestern war wieder so ein Tag [Stand: 16.12. 2009]. Während eine Bundeswehrpatrouille sieben Kilometer westlich des Stützpunktes in Kundus in ein Feuergefecht mit Aufständischen verwickelt wurde und ein deutscher Soldat durch eine Panzerfaustgranate schwer verwundet wurde, nahm in Berlin ein Untersuchungsausschuss des Parlaments seine Arbeit auf. Das Gremium soll klären, was bei dem vom deutschen Oberst Georg Klein befohlenen Luftangriff auf zwei Tanklaster am 4. September nahe Kundus passierte und welche Rolle die verantwortlichen Politiker bei der Aufarbeitung des Vorfalls spielten.

Aus: Thorsten Jungholt: Guttenberg nerven die innenpolitischen Gefechte, in: Welt Online vom 16.12. 2009 (Zugriff am 7.1. 2010)

MATERIAL 4

Aus einem Interview mit dem afghanischen Staatspräsidenten Hamid Karzai

Spiegel: Im vergangenen September sind auf deutschen Befehl in der Nähe von Kundus zwei Tanklaster bombardiert worden. Zahlreiche Zivilisten kamen ums Leben, die Stimmung in Deutschland wandelte sich. Hätten Sie Verständnis dafür, wenn die Deutschen abziehen möchten?
Karzai: Deutschland spielt eine besondere Rolle in Afghanistan. Alle anderen Länder werden bei uns „die Ausländer" genannt, sie nennt man „die Deutschen". Das hat mit unserer Geschichte und der Art zu tun, wie Deutschland seine Aufgabe hier wahrnimmt. Sie helfen uns seit nahezu einem Jahrhundert. Deutschland hat Afghanistan auch in schwierigen Zeiten nicht im Stich gelassen.
Spiegel: Aber es waren auch afghanische Zivilisten, die auf deutschen Befehl getötet wurden.
Karzai: Es hat auch vorher Tote in der Bevölkerung gegeben. In keinem Land sind deswegen der Verteidigungsminister und der oberste Soldat zurückgetreten. In Deutschland war das so. Die Bundesregierung hat den Angehörigen der Opfer geholfen. Keine andere Regierung hat sich so um die zivilen Opfer gekümmert wie die deutsche.

Aus: Der Spiegel 5/ 2010, S. 91 f.; hier: S. 92

Querverweis: S. 90 f.

1. Fassen Sie die Texte M 1 und M 2 thesenartig zusammen und skizzieren Sie die Zielkonflikte, in denen sich die Bundeswehr bzw. die Bundesregierung befinden.
2. Setzen Sie sich mit M 3 vor dem Hintergrund der Grafiken auf S. 112 auseinander.
3. Erarbeiten Sie aus M 4 die Haltung Hamid Karzais zur Rolle Deutschlands in Afghanistan und vergleichen Sie sie mit den Wahrnehmungen hierzulande (M 1 bis M 3).

MATERIAL

5 „Unsere Entwicklungshilfe ist krank“

In Afrika hat Bundespräsident Horst Köhler [Stand: 2004] Korruption, Kriegsprofiteure und Verstümmelungen angeprangert. Im Interview mit Spiegel Online lobt Cap-Anamur-Gründer Rupert Neudeck Köhlers klare Worte. Die deutsche Entwicklungspolitik sei reine Geldverschwendung:

Spiegel Online: Bundespräsident Horst Köhler hat seine Afrikareise beendet, auf der er, wie ihm in der Presse attestiert wurde, so deutlich wie kein anderer deutscher Politiker Klartext gesprochen hat. Die Länder Afrikas sollten nicht nur auf westliche Hilfe warten, sondern selbst aktiv werden. Liegt der Bundespräsident mit seiner Kritik richtig?

Neudeck: Diese Worte sind überhaupt nicht zu hart. Sie hätten in den letzten 15 Jahren längst gesprochen werden müssen. Dann wären wir mit unserer kranken Entwicklungshilfepolitik ein bisschen weiter. Wir sind aber überhaupt nicht vorangekommen, weil die klare Analyse einer Realität, die jeder sehen kann, nicht vorgenommen wird. [...]

Spiegel Online: Was läuft falsch in der deutschen Entwicklungshilfe?

Neudeck: Alles. Die Entwicklungspolitik in Deutschland hat es sehr schwer, weil wir mindestens 20 bis 30 Jahre lang einen Fehler gemacht haben, indem wir sie ausschließlich als Instrument der Belohnung oder Bestrafung benutzt haben. Hinzu kam, dass wir über 120 Ländern Entwicklungshilfe leisteten. Das war ein grandioser Unfug. Nun hat man umgesteuert und die Zahl reduziert. Aber auch mit 80 Ländern können wir keine wirksame Zusammenarbeit aufbauen. Das geht allenfalls mit zehn Ländern, mehr nicht.

Aus: Spiegel Online vom 17.12. 2004 (www.spiegel.de); das Interview führte Dorothée Junkers (Zugriff am 7.1. 2010)

MATERIAL

6 „Gleichberechtigte Partnerschaft auf Augenhöhe“

Aus einer Rede der ehemaligen Bundesministerin für wirtschaftliche Zusammenarbeit und Entwicklung, Heidemarie Wieczorek-Zeul (SPD), 27. August 2009, Bonn:

In Entwicklungsländern hat sich viel getan. Gerade in Afrika sind Erfolg und Hoffnung gewachsen. Die Fortschritte sind nun gefährdet: Die Ernährungs-, Finanz- und Wirtschaftskrise des letzten Jahres [2008] haben bis zu 100 Millionen Menschen in extreme Armut zurückgeworfen. Die Entwicklungsländer können auf internationalen Finanzmärkten keine Kredite mehr erhalten. Die Auslandsüberweisungen von im Ausland lebenden Familienangehörigen gehen zurück.

Die ärmsten Länder in Afrika, Asien oder Lateinamerika haben die Krise nicht verursacht, sind aber unmittelbar existenziell bedroht. Der G20-Gipfel in London im April war ein wichtiger Schritt: Die Bereitstellung von 750 Milliarden Dollar für die Bewältigung der Finanzkrise wurde gesichert; ein Teil davon kommt ärmsten Ländern zu Gute. Wir unterstützen die Weltbank [...] mit 100 Millionen Euro aus dem Konjunkturpaket II [...].

Mikrokredite sind ein ganz wichtiges Instrument zur Armutsbekämpfung. Auch Mikrofinanzinstitutionen haben wegen des Zusammenbruchs der Finanzmärkte Schwierigkeiten. Daher hat sich die KfW Entwicklungsbank mit zusätzlichen 130 Millionen US-Dollar an der Refinanzierung von Mikrofinanzinstitutionen in Entwicklungsländern beteiligt. Deutsche Entwicklungspolitik hat in Afrika, Lateinamerika und Asien umfassend auf die Krise reagiert:

Zeichnung: Burkhard Mohr

- Erhöhung oder Vorziehung von Zusagen, auch von Budgethilfe (Sambia, Mali, Senegal, Äthiopien, Burundi, DR Kongo, Liberia),
- Infrastrukturmaßnahmen,
- Landwirtschaft,
- Umsteuern von Programmen auf Fragen der Finanz- und Wirtschaftskrise,
- nachhaltige Wirtschaftsentwicklung (Zentralamerika, Asien),
- Ernährungssicherung (Nepal, Sri Lanka).

Entwicklungszusammenarbeit folgt schon längst nicht mehr dem oft kritisierten Bild von „Helfern und Geholfenen". Wir sprechen bewusst nicht mehr von „Hilfe", sondern von „Zusammenarbeit". Für die Abkehr von einer tradierten (paternalistischen) Geber-Empfänger-Beziehung. Für die Gestaltung der Zusammenarbeit im Sinne einer gleichberechtigten Partnerschaft auf Augenhöhe. [...] Afrika hat Priorität in der deutschen Entwicklungspolitik: 24 unserer 57 Partnerländer liegen im südlichen Afrika, 50 Prozent unserer Mittel fließen in diese Region. [...] Ownership heißt: Unsere Süd-Partner sind selbst verantwortlich für ihre Entwicklung und müssen sich Programme und Projekte der Entwicklungszusammenarbeit zu eigen machen: Nur dann sind diese erfolgreich. [...]

Aus: Bundesministerium für wirtschaftliche Zusammenarbeit und Entwicklung (BMZ); www.bmz.de (Zugriff am 26.8. 2009)

Querverweis: S. 74, M 5

MATERIAL 7

Comfort – eine Frau, die anpackt ...

Comfort Amofah ist eine Frau, die für sich und die Menschen in ihrer Region Verantwortung übernimmt. Man sieht ihr an, dass sie mit ihren kräftigen Händen in ihrem 63 Jahre alten Leben bereits eine Menge geschafft hat. Ihre ganze Energie steckt sie in ihre kleine Schule in Bonuso.
Bonuso ist ein kleines Dorf in der Ashanti-Region in Zentralghana. Dort gründete Comfort Amofah vor drei Jahren eine Schule. 60 war sie damals, gerade verwitwet und auf der Suche nach einer neuen Aufgabe: „Ich habe sechs Kinder. Die habe ich alle zur Schule geschickt. Ich weiß, wie wichtig Bildung für Kinder ist. Deshalb habe ich hier eine Schule gegründet".
Sie bekam einen ersten Kleinkredit von Opportunity International. Mit den 300 Cedis (150 Euro) kaufte sie Bretter. Aus den Brettern entstanden Klassenräume. Mit dem zweiten Kredit kaufte sie Zement, um den Brettern ein Fundament zu geben. In zwei Jahren entstanden so fünf Klassenräume unter freiem Himmel und die Schulküche: ein großer Bottich auf einer Feuerstelle, an der Mütter Essen für die Kinder kochen.
In den umliegenden Dörfern sprach sich schnell herum, dass es in Bonuso eine Schule gibt. Seitdem schicken die Menschen ihre Kinder zu Comfort Amofah. Die Eltern könnten ihre Kinder theoretisch auch in staatliche Schulen schicken. Doch die sind oft zu weit entfernt.
Neun Lehrer unterrichten inzwischen 200 Kinder. Das Schulgeld beträgt zwei Cedis pro Monat (rund ein Euro). Wer nicht zahlen kann, hilft – zum Beispiel beim Kochen in der Schulküche. Für Waisen ist der Schulbesuch sogar kostenlos. [...]

Aus: Opportunity International: Opportunity-Microschools ... den Kindern eine Chance; www.microschools.de (Zugriff: 7.1. 2010)

1. **Stellen Sie M 5 und M 7 einander gegenüber und nehmen Sie Stellung zu der Aussage, die deutsche Entwicklungspolitik sei „reine Geldverschwendung" (Rupert Neudeck).**
2. **Interpretieren Sie die Karikatur (S. 116) mithilfe von M 6 und der Grafik auf S. 113.**
3. **Erarbeiten Sie aus M 6 Ziele und Strategien der deutschen Entwicklungspolitik.**
4. **Informieren Sie sich über Entwicklungshilfeorganisationen und entwickeln Sie ein Konzept für realistische Entwicklungshilfemaßnahmen.**

3. Ziele, Strategien und Zielkonflikte der deutschen Außenpolitik II: Umwelt und Energie

Umweltpolitik als Außenpolitik

Umweltpolitik ist ein junges Politikfeld. Erst Anfang der 1970er Jahre hat die Bundesrepublik umweltpolitische Maßnahmen im Innern eingeleitet, ab Anfang der 1980er Jahre Umweltpolitik auch fest in der Außenpolitik verankert. Andere Industrieländer wie die USA, Großbritannien oder Schweden hatten ihre Umweltpolitik schon in den 1960er Jahren ausgebaut. „Außenpolitik für Umweltschutz" ist mittlerweile ein integraler Bestandteil deutscher Außenpolitik geworden. Bis heute wurde eine Vielzahl von bi- und multilateralen Abkommen zum Schutz der Umwelt unterzeichnet, der Beitritt zu zahlreichen internationalen Umweltregimen erfolgte.

„Drei Gründe, nichts zu tun"; Zeichnung: Gerhard Mester

Umweltschutz als Staatsziel

Während vor allem das Reaktorunglück in Tschernobyl Handlungsdruck „von außen" erzeugte, erhöhten Chemieunglücke oder das Waldsterben Mitte der 1980er Jahre den Handlungsdruck „von innen": 1986 wurde das Bundesministerium für Umwelt, Strahlenschutz und Natur (BMU) gegründet, 1992 mit dem „Wissenschaftlichen Beirat der Bundesregierung Globale Umweltveränderungen" (WBGU) ein Sensor für neue globale Phänomene wie den menschlich verursachten Treibhauseffekt oder die Erderwärmung entwickelt. 1994 wurde der Umweltschutz als Staatsziel in das Grundgesetz aufgenommen (Artikel 20a).

Europäisierung der Umweltpolitik

Umweltpolitische Entscheidungen fallen zunehmend auch auf europäischer Ebene. Mit der Einheitlichen Europäischen Akte von 1987 erhielt die europäische Umweltpolitik eine Rechtsgrundlage. Ein wesentlicher Grundsatz der aktuellen Umweltpolitik in Europa ist dabei das Vorsorgeprinzip, nach dem Belastungen bzw. Schäden für die Umwelt und die menschliche Gesundheit im Voraus vermieden oder weitestgehend verringert werden sollen.

Internationalisierung der Umweltpolitik

Auf internationaler Ebene wurden zuerst Länder übergreifende Umweltprobleme diskutiert. Dazu gehören vor allem die Luftverschmutzung und die Verschmutzung von Flüssen und der Meere. In den letzten Jahren sind u. a. der Abbau der Ozonschicht und die globale Erwärmung hinzugekommen. So war der Klimawandel erstmals 1992 Ge-

Kyoto-Protokoll

genstand einer UN-Konferenz. Die Vereinten Nationen spielen seit den 1970er Jahren eine zunehmend wichtigere Rolle in der Klimaschutzpolitik. Das am 11. September 1997 beschlossene und – aufgrund der Blockadehaltung insbesondere der USA und Russlands – erst am 16. Februar 2005 in Kraft getretene Kyoto-Protokoll sieht vor, den jährlichen Treibhausgas-Ausstoß der Industrieländer innerhalb der sogenannten ersten Verpflichtungsperiode von 2008 bis 2012 um durchschnittlich 5,2 Prozentpunkte gegenüber dem Stand von 1990 zu reduzieren. Mit dem im japanischen Kyoto beschlossenen Protokoll entstand das erste – und bislang einzige – völkerrechtlich verbindliche Abkommen mit konkretem Gestaltungsanspruch. Im Dezember 2009 scheiterte ein groß angelegter Klimagipfel in Kopenhagen an den nationalen Interessen der großen Industriestaaten.

Zielkonflikte deutscher Energiepolitik

Obwohl die Bundesrepublik bislang nur wenig am weltweiten Wachstumstrend der wichtigsten Treibhausgase ändern konnte, hat sie beim Klimaschutz eine Vorreiterrolle eingenommen. Dies bedeutet auch, dass Deutschland Technologieführer bei erneuerbaren Energien und Energieeffizienz ist. Zu den regenerativen Energien gehören Wasser-, Wind- und Sonnenkraft, aber auch Biomasse. Diese Energiearten sind klima- und umweltfreundlich, da mit ihrer Nutzung keine klimarelevanten Schadstoffe freigesetzt werden. Die deutsche Energiepolitik steht allerdings nicht nur im Zeichen der Umweltverträglichkeit. Sie soll stets auch wirtschaftlich sein und die Versorgung der Bevölkerung mit Rohstoffen sicherstellen.

Energiepolitisches Zieldreieck

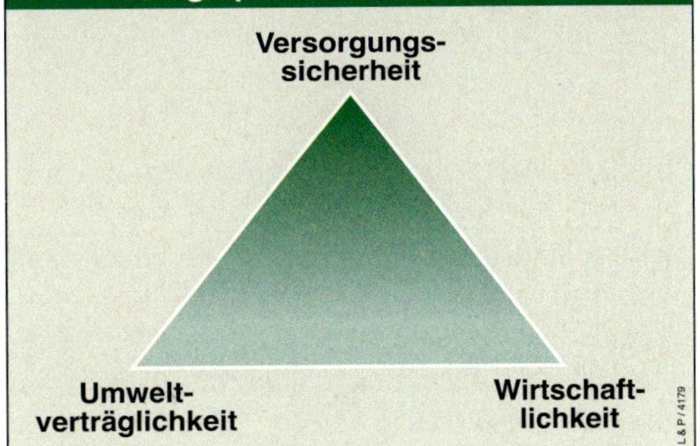

Quelle: Institut für Ökonomische Bildung Oldenburg: Ökonomie mit Energie, Braunschweig 2007, S. 35

Gerade Rohstoffe sind aber aufgrund ihrer ungleichmäßigen Verteilung – wie alle Natur- und Wirtschaftsgüter – ein Faktor internationaler Machtpolitik. Die Endlichkeit fossiler Rohstoffe weltweit, der hohe Energiebedarf hierzulande und die Tatsache, dass Deutschland nur sehr geringe Erdöl- oder Erdgasvorkommen besitzt, machen das Land in hohem Maße abhängig vom Energieimport. Die Bundesrepublik ist daher auf die Zusammenarbeit mit anderen Staaten angewiesen. Nach dem Ende des Ost-West-Konflikts ist vor allem Russland (neben den Ländern des Mittleren Ostens) zum wichtigsten Energie- und Rohstofflieferanten der Bundesrepublik avanciert. So vereinbarten auch deutsche Energiekonzerne mit dem russischen Monopolunternehmen Gazprom den Bau direkter Erdgasleitungen nach Europa.

energiepolitische Abhängigkeiten

Kernenergie in Deutschland

Ähnlich den erneuerbaren Energien verringert die kohlendioxidfreie Kernenergie die Abhängigkeit von fossilen Rohstoffen. Die schwarz-gelbe Bundesregierung nahm daher 2009 eine Kurskorrektur in der deutschen Atompolitik vor: Sie hob den von der rot-grünen Bundesregierung (1998 – 2005) getroffenen und von der großen Koalition (2005 – 2009) getragenen Beschluss auf, der ein Ende der Atomstromerzeugung ab 2021 bedeutet hätte. Grundsätzlich betrachtet die Bundesregierung die Kernenergie als Brückentechnologie. Dies wird nicht zuletzt daran deutlich, dass die Gewinne, die durch die Laufzeitverlängerung der deutschen Atomkraftwerke entstehen, nicht bei den Unternehmen verbleiben, sondern zu einem wesentlichen Teil zur Forschung für eine nachhaltige Energieversorgung genutzt werden sollen.

MATERIAL

1 Klimaschutzpolitik in Deutschland

Klimaschutz in Deutschland entwickelt sich mit großer Dynamik. Politik und Wirtschaft setzen dabei auf einen Mix von Maßnahmen und Instrumenten. Die nationale Klimaschutzpolitik steht im Kontext des Leitbilds einer nachhaltigen Entwicklung [...], denn es liegt auf der Hand, dass Handeln für den Schutz des globalen Klimas auf nationaler, regionaler und lokaler Ebene unbedingt erforderlich ist.

In der deutschen Umweltpolitik gibt es einen breiten Konsens über die Ziele sowie über die Notwendigkeit weiterer Maßnahmen, über ihre Ausgestaltung wird dagegen heftig gestritten. [...]

Der Anstieg der globalen Durchschnittstemperatur muss auf höchstens 2 °C gegenüber dem vorindustriellen Niveau begrenzt werden, um inakzeptable Folgen und Risiken des Klimawandels zu vermeiden. Mittel- und langfristige Ziele sind dabei notwendig, um gleichzeitig eine Stabilisierung der Treibhausgasemissionen zu erreichen und Planungs- und Investitionssicherheit zu gewährleisten. Die Bundesregierung hat zugesagt, dass Deutschland bis zum Jahr 2020 seine Treibhausgasemissionen um 40% (bezogen auf das Basisjahr 1990) reduzieren wird, wenn die EU-Staaten einer Reduzierung der europäischen Emissionen um 30% im gleichen Zeitraum zustimmen. [...]

Aus: Bundesministerium für Umwelt, Naturschutz und Reaktorsicherheit (BMU): Klimaschutzpolitik in Deutschland (Stand: Juni 2009); abrufbar unter www.bmu.de (Zugriff am 11.1. 2010)

MATERIAL

2 Physiker fordern größere Anstrengungen beim Klimaschutz

„Deutschland muss sich beim Klimaschutz mehr anstrengen", fordert Professor Eberhard Umbach, Präsident der Deutschen Physikalischen Gesellschaft (DPG), angesichts der jüngsten Zahlen des Umweltbundesamtes. Die Behörde hatte Ende März [2007] bekannt gegeben, dass der Ausstoß des wichtigsten Treibhausgases – Kohlendioxid – im Jahre 2006 gegenüber 2005 nicht etwa gesunken, sondern sogar um 0,6 Prozent angewachsen ist. „Seit Jahren gibt die deutsche Umweltpolitik ehrgeizige Ziele vor, die dann bei Weitem nicht erreicht werden. Das Bundeskabinett hat 1995 beschlossen, bis zum Jahr 2005 den CO_2-Ausstoß um 25 Prozent relativ zum Ausstoß von 1990 zu senken. Im Jahr 2000 wurde diese Zielmarke im Rahmen des Nationalen Klimaschutzprogramms abermals festgelegt. Doch dieses Ziel wurde nicht nur krass verfehlt, seit 1999 haben wir de facto eine Stagnation bei der Verminderung der Kohlendioxidemission in Deutschland. [...]

Die Europäische Union hat sich am 9. März 2007 in Brüssel darauf verständigt, ihre Treibhausgasemissionen bis 2020 um 20 Prozent gegenüber dem Referenzjahr 1990 zu drosseln. Diese Regelung bezieht sich auf die Gesamtemission aller Treibhausgase, ohne für einzelne Treibhausgase spezifische Ziele zu nennen. „Es ist jedoch klar, dass es im Wesentlichen um die Reduktion von CO_2 gehen muss", meint Umbach. [...] Der Beschluss von Brüssel betrifft die Gemeinschaft aller 27 EU-Staaten. Welche Kontingente einzelne Länder zu schultern haben, ist Gegenstand weiterer Verhandlungen. Sollten alle Mitglieder in gleicher Weise beitragen, dann müsste auch jeder einzelne EU-Staat und insbesondere Deutschland seine Treibhausgas-Emissionen – de facto seine CO_2-Emissionen – um 20 Prozent senken. Hierzulande wäre eine solche Reduktion bis 2020 tatsächlich erreichbar, vorausgesetzt der Trend der letzten Jahre setzt sich fort. Allerdings bliebe dieses Ergebnis weit zurück hinter den Vorgaben des eigenen Nationalen Klimaschutzprogramms aus dem Jahre 2000. Darin festgelegt ist nämlich eine Reduktion um 25 Prozent – und zwar bereits für das Jahr 2005. „Dieses Ziel wurde offensichtlich völlig verfehlt und so spricht heute niemand mehr davon", beklagt Umbach. „Deutschland möchte beim Klimaschutz Vorbild sein, dann sollten wir auch zu unseren Zielen stehen."

Aus: Pressestelle Deutsche Physikalische Gesellschaft (DPG), 17.4. 2007; Autor: Marcus Neitzert; abrufbar unter www.idw-online.de (Zugriff am 11.1. 2010)

Querverweis: S. 37, M 7

MATERIAL 3

Aktive Klimaaußenpolitik – Empfehlungen für den Außenminister

1. Mitarbeit im Außenministerformat für europäische und globale Klimapolitik: [...] Mit seinem Gewicht in der internationalen Klimadiplomatie, aber auch seiner Verantwortung gegenüber den mittelost-europäischen Staaten [kann] Deutschland [...] seine spezifischen Erfahrungen bei der Modernisierung seiner Energiewirtschaft, in der transatlantischen Klimakooperation, aber auch in der Technologieförderung, in einen gemeinsamen europäischen Ansatz einbringen. [...]

2. Vertiefung und Erweiterung der transatlantischen „Klimabrücke“: [...] Berlin und Washington sollten sich [...] intensiver darauf verständigen, wie China, Indien oder Russland durch gemeinsame Anstrengungen in die internationale Klimazusammenarbeit einbezogen werden können. [...]

3. Klimapolitik als integraler Bestandteil von Krisenprävention: Ein Klimakrieg steht zwar nicht unmittelbar bevor; sehr wohl aber kann der Klimawandel zu größeren Migrationsströmen und einer Eskalation von Konflikten in besonders betroffenen Regionen wie küstennahen Staaten oder in Gebieten führen, die bereits unter Wassermangel leiden. [...] Hilfe bei der Anpassung an die schon heute unvermeidlichen Folgen des Klimawandels wird deswegen zur Krisenprävention. [...] Auch eine Unterstützung der vom Klimawandel besonders betroffenen kleinen Inselstaaten gehört zu dieser Krisenprävention. [...]

4. Exportförderung „grüner“ Technologien: [...] Deutschland ist aufgrund seiner wissenschaftlichen und industriellen Basis hervorragend positioniert, vom Wachstum grüner Technologien auf dem Weltmarkt zu profitieren. Im Vergleich zu Wettbewerbern aus anderen Exportnationen Europas und den USA ist eine stärkere politische Flankierung notwendig.

5. Schaffung des Amtes eines Sonderbotschafters für Klimadiplomatie: Deutschland braucht kein eigenständiges Klima- und Energieministerium wie Dänemark oder Großbritannien. Das Umweltministerium bildet die wichtigsten innenpolitischen Funktionen eines Klimaministeriums bereits ab. International liegt in seinen bewährten Händen die Federführung bei den UN-Klimaverhandlungen. Wichtig wäre allerdings die herausgehobene Position eines politisch ernannten Klimabotschafters im Auswärtigen Amt, der die Querschnittsaufgabe des Klimaschutzes innerhalb des Amtes im Sinne einer Gestaltung von Globalisierung besser verankern, Verhandlungspakete strategischer Art vorbereiten und nach außen sichtbar machen müsste. [...]

Zeichnung: Kostas Koufogiorgos

Aus: Sascha Müller-Kraenner/ Martin Kremer: Aktive Klimaaußenpolitik. Sechs Empfehlungen für den Außenminister; abrufbar unter www.internationalepolitik.de (Zugriff am 2.2. 2010); gekürzt

1. Nennen Sie die Ziele, Strategien und Zielkonflikte deutscher Klimapolitik (M 1).
2. Vergleichen Sie M 1 mit den Forderungen deutscher Physiker (M 2) und diskutieren Sie den internationalen „Vorbildcharakter“ der deutschen Umweltpolitik.
3. Bewerten Sie die Empfehlungen für den Außenminister (M 3) und diskutieren Sie deren internationale Erfolgschancen unter Berücksichtigung der Karikatur auf S. 118.
4. Recherchieren Sie im Internet zum Klimagipfel von Kopenhagen und interpretieren Sie die Karikatur auf S. 121.

MATERIAL

4 Ostsee-Pipeline, Nabucco und Co.

Wie groß ist die deutsche Abhängigkeit von russischem Gas, was tut Deutschland, um diese Abhängigkeit zu verringern? Fragen und Antworten:

Zeichnung: Klaus Stuttmann

Wie kommt das russische Gas nach Europa?

Europa bezieht ein Viertel seines Erdgases vom russischen Gazprom-Konzern. Etwa 80 % der Lieferung wird durch die Ukraine transportiert. Im aktuellen Streit wirft Gazprom der Ukraine vor, illegal für Europa bestimmtes Gas abzuzapfen. Deutschland und Polen beziehen russisches Gas auch über die Jamal-Pipeline, die durch Weißrussland verläuft. Die Transportkapazität dieser Leitung beträgt aber nur ein Viertel der ukrainischen Leitung. Die Jamal-Pipeline verläuft von der gleichnamigen Halbinsel in Nordrussland nach Frankfurt (Oder) und hat eine Länge von über 4 000 Kilometern. Die Transportkapazität der Leitung soll voraussichtlich bis 2010 auf 67 Mrd. Kubikmeter pro Jahr mehr als verdoppelt werden. Die dritte Exportstrecke ist die Blue-Stream-Pipeline. Sie verläuft durch das Schwarze Meer in die Türkei. Wegen des Gasstreits mit der Ukraine hat Gazprom die Exporte über Blue-Stream und Jamal erhöht.

Welche weiteren Pipelines sind im Bau?

Deutschland will sich gleichzeitig von den Transitleitungen und von russischem Erdgas unabhängiger machen. Das erste Ziel soll mit dem Bau der Ostsee-Pipeline erreicht werden. Die mehr als sieben Mrd. Euro teure Leitung soll bis zu 55 Mrd. Kubikmeter Gas durch die Ostsee vom russischen Wyborg nach Greifswald transportieren. Dahinter steht das Nord-Stream-Konsortium. Gazprom hält mit 51 % die Mehrheit an der Nord-Stream AG. Die BASF-Tochter Wintershall und Eon Ruhrgas sind derzeit mit jeweils 20 % beteiligt. [...] Aufsichtsratschef ist Ex-Bundeskanzler Gerhard Schröder.
Die Ostsee-Pipeline soll die Abhängigkeit von Transitländern wie der Ukraine beim russischen Gasexport verringern. Mit dem Bau der Leitung wurde im Dezember 2005 begonnen, sie soll über 1 200 Kilometer durch die Ostsee führen. Gebaut werden zwei Leitungsstränge; der erste soll 2011 fertig sein, der zweite ein Jahr später.
Das zweite Ziel – größere Unabhängigkeit von russischem Erdgas – soll mit der Nabucco-Pipeline erreicht werden. Nabucco ist ein acht Mrd. Euro teures Pipeline-Projekt, dessen Initiator der österreichische Öl- und Gaskonzern OMV war. Mittlerweile stehen insgesamt sechs Unternehmen aus Deutschland, Österreich,

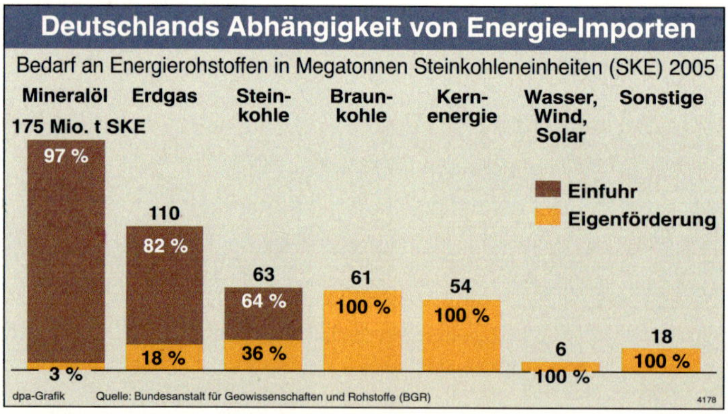

der Türkei, Bulgarien, Ungarn und Rumänien zu gleichen Teilen hinter Nabucco. Deutschland ist über RWE beteiligt. Geplant ist, dass 2013 Gas aus den kaspischen Erdgasvorkommen nach Österreich strömt. Bis 2020 könnten dann bis zu 31 Mrd. Kubikmeter Gas pro Jahr durch die 3 300 Kilometer lange Röhre transportiert werden. Perspektivisch ermöglicht Nabucco auch einen Anschluss an iranische, ägyptische und irakische Gasquellen. [...]

Wie groß ist die deutsche Abhängigkeit von russischem Erdgas?

Nach Angaben von Eon Ruhrgas kam das deutsche Erdgasaufkommen im Jahr 2007 zu 15 % aus dem Inland. 48 % kamen aus Norwegen, den Niederlanden, Dänemark und Großbritannien, die restlichen 37 % aus Russland. Deutschland war der mit Abstand größte Abnehmer von russischem Gas im Ausland, gefolgt von Italien (22 Mrd.), der Türkei (knapp 20 Mrd.), Frankreich (etwa 10 Mrd.) und Ungarn (8,5 Mrd.). Eon betont, dass Russland seit 1973 ein verlässlicher Partner gewesen sei. Dennoch wird der russischen Regierung immer wieder vorgeworfen, sie nutze Gas und Öl als politisches Druckmittel. Auf der anderen Seite ist natürlich auch Russland auf Abnehmer angewiesen – bislang kann Gas in großem Stil nur durch Pipelines geliefert werden.

Welche Länder fördern Erdgas?

Russland ist das mit Abstand wichtigste Erdgas-Förderland, auf den Plätzen zwei und drei folgen Iran und Katar. Diese drei Länder verfügen zusammen über mehr als die Hälfte der weltweiten Erdgasreserven. Insgesamt ist die Nähe zu Russland für Europa kein Grund, sich zu beschweren: „Der Europäische Markt hat dank Russland und Nordafrika Zugang zu ca. 45 % des weltweiten Gesamtpotenzials", schreibt die Bundesanstalt für Geowissenschaften und Rohstoffe in ihrem Energiebericht 2007. „Damit verfügt der Europäische Erdgasmarkt über eine komfortable Position im Vergleich zu anderen Märkten, insbesondere zu Nordamerika."

Wie mächtig ist Gazprom?

Der russische Konzern ist der weltgrößte Erdgasproduzent. Das vom Kreml kontrollierte Unternehmen kommt für etwa ein Fünftel der russischen Haushaltseinnahmen auf. Im Zuge der weltweiten Finanzkrise verlor Gazprom aber etwa 76 % seines ursprünglichen Marktwertes. [...] Vor der Finanzkrise hatte Gazprom angekündigt, dass weltweit größte Unternehmen werden zu wollen. Inzwischen ist der Konzern zum Bittsteller um Milliardenhilfen bei der russischen Regierung geworden, um seine Verbindlichkeiten zu bezahlen.

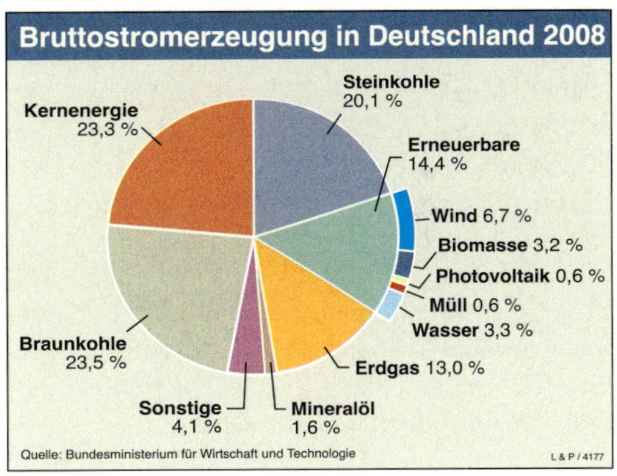

Aus: Blick in die Röhre: Ostsee-Pipeline, Nabucco und Co., in: www.n-tv.de (Zugriff am 8.1. 2010); zusammengestellt von Hubertus Volmer

Querverweis: Kapitel II.1

1. Erklären Sie das „Energiepolitische Zieldreieck" (S. 119) mit eigenen Worten.
2. Erläutern Sie mithilfe von M 4 und der Grafik auf S. 122 die energiepolitische Abhängigkeit Deutschlands von Russland.
3. Diskutieren Sie auf Basis der Grafiken auf S. 122/ 123 Chancen und Hemmnisse, die energiepolitischen Abhängigkeiten Deutschlands bzw. der EU zu verringern.
4. Interpretieren Sie die Karikatur (S. 122) und schreiben Sie einen Zeitungskommentar zum deutschen Atomausstieg.

Organisation einer Ausstellung: Umwelt und Energie

Es gibt verschiedene Arten von Ausstellungen, wobei entweder stärker auf den Informations- oder stärker auf den Erlebnischarakter Wert gelegt werden kann. Wenn Sie an Ihrer Schule eine Ausstellung für ein Projekt, z. B. die Bayerische Europawoche, konzipieren, sind Sie bei der Art und Weise, wie Sie das Thema behandeln, sowie bei der Präsentationsform Ihrer Ergebnisse grundsätzlich frei. In Übereinkunft mit Ihrem Kursleiter legen Sie den zeitlichen Rahmen zur Organisation der Ausstellung und den genauen Ort der Präsentation (Klassenzimmer, Aula, Außengelände der Schule etc.) fest. Die Organisation einer Ausstellung gelingt in mehreren Phasen:

1. Vorbereitung
In der Phase der *Vorbereitung* verständigen Sie sich auf den Zweck und die Ziele Ihrer Ausstellung. Folgende Fragen sollten Sie dabei grundsätzlich beachten:
- Auf welchen lokalen, regionalen, nationalen, internationalen Sachverhalt möchten wir mit unserer Ausstellung aufmerksam machen?
- Welche Zielgruppen sollen angesprochen werden? Welches Publikum soll unsere Ausstellung besuchen (Mitschüler, Eltern, Lehrer, Unternehmer, Politiker, die Presse)?

2. Umsetzung
In der Phase der *Umsetzung* steigen Sie konkret in Ihr Thema „ein", d. h. Sie nehmen eine Unterteilung in Einzelthemen vor, tragen den jeweils relevanten Stoff zusammen und bereiten das gesammelte Material auf. Folgende Fragen sollten Sie dabei grundsätzlich beachten:
- Welche Materialien (z. B. Bücher, Webangebote, Hörquellen, Filme, Archivquellen etc.) sind für Sie zugänglich? Besteht die Möglichkeit, Befragungen und Erkundungen durchzuführen?
- Wer untersucht die einzelnen Aspekte, d. h. welche Arbeitsgruppen werden gebildet und wer wirkt darin mit?
- Wie soll die Ausstellung aufbereitet werden – mithilfe von Schaukästen, Fotos, Karten, Statistiken, Computerpräsentationen etc.?

Zusammen mit Ihrem Kursleiter erarbeiten Sie zunächst im Unterricht die Grundlagen zu dem von Ihnen gewählten Thema. Danach folgen die Aufteilung in Arbeitsgruppen und die Stoffsammlung. Betrifft Ihre Ausstellung z. B. das Themenfeld „Umwelt und Energie", so können Sie Materialien zu folgende Einzelthemen sammeln:

- Arten von Energiequellen und Energiegewinnung
- Umweltbelastung durch Energieverbrauch
- Reserven und Ressourcen von fossilen Energiequellen; regenerative Energiequellen
- Umwelt- und Klimaschutz als globale Herausforderung mit Regelungsbedarf (Kyoto-Protokoll, Weltklimakonferenzen, „Kopenhagen 2009")
- Deutschland als „Umweltstaat" im internationalen Vergleich
- Kernkraft (Tschernobyl und die Folgen, Nachhaltigkeit im Sinne der UNO, Kern-

Zeichnung: Orlando Eisenmann

kraft in europäischen Ländern, Kernkraft in Deutschland)

- Energie als neue „Machtwährung" in der internationalen Politik.

Die Sammlung von Literatur (z. B. Zeitungsberichte, Internetrecherchen) und Materialien (z. B. Fotos, Diagramme und Tabellen) sowie deren Überprüfung auf Eignung für die Ausstellung erfolgen in den einzelnen Arbeitsgruppen. Im Rahmen eines Kurzreferats stellen die einzelnen Gruppen ihr jeweiliges Thema im Klassenverband vor. Danach setzt sich die Arbeit in den Gruppen fort, in denen Sie nun eigene Diagramme und Tabellen auf Grundlage Ihrer Daten graphisch aufbereiten, Texte für die Ausstellung verfassen, Fotos und Karten arrangieren (z. B. in Form von Collagen), Poster und Tableaus anfertigen, Ausstellungswände platzieren und das gesamte Material digitalisieren (z. B. auf einer CD-Rom). Es sind jederzeit auch Betriebserkundungen z. B. von Kraftwerken möglich, um vor Ort Anschauungsmaterial zu sammeln.

Ihre Ausstellung soll die von Ihnen gewählte Thematik möglichst facettenreich visualisieren, zu kontroversen Bewertungen anregen und Denkanstöße geben. Zu diesem Zweck ist es erwünscht, verschiedenste Elemente – klassische wie Schaukästen, Plakate oder Fotos und moderne wie Powerpoint-Präsentationen oder Multimediasimulationen – zu vereinen und daraus thematisch logische Sequenzen zu formen. Für jede Ausstellung gilt folgender Grundsatz: möglichst wenig Text, möglichst viele Bilder. Ihrer Kreativität und Phantasie sind keine Grenzen gesetzt!

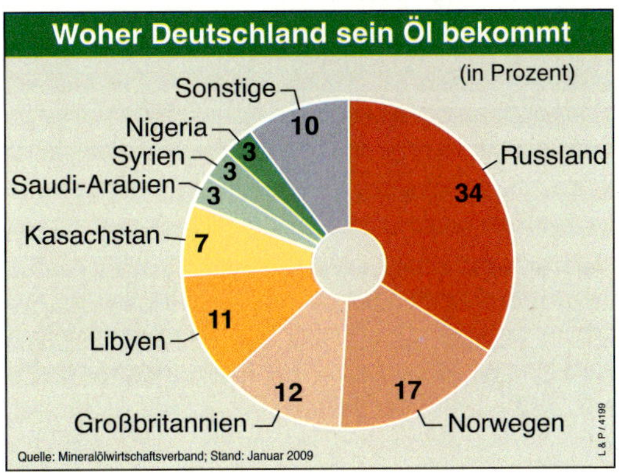

3. Nachbereitung

In der Phase der *Nachbereitung* tragen Sie die Ergebnisse Ihrer Ausstellung schriftlich zusammen und werten diese aus. An die Besucher Ihrer Ausstellung können jederzeit auch Fragebögen verteilt werden, deren Ergebnisse dann in die Auswertung einfließen können. Auch Interviews mit Besuchern sind denkbar. In diesem Zusammenhang ist auch eine Kontaktaufnahme mit der lokalen Presse möglich („Öffentlichkeitsarbeit").

1. Lassen Sie sich von den hier gezeigten Materialien inspirieren und organisieren Sie in Ihrem Kurs eine Ausstellung zum Thema „Umwelt und Energie" für die Bayerische Europawoche!

4. Grundlegende Merkmale der wirtschaftlichen Globalisierung

„Die Globalisierung ist kein Naturereignis. Sie ist von Menschen gewollt und gemacht. Darum können Menschen sie auch verändern, gestalten und in gute Bahnen lenken."

Bundespräsident Johannes Rau (1999 – 2004), Rede im Museum für Kommunikation Berlin, 13. Mai 2002

Globalisierung – Chance, nicht Schicksal?

„Globalisierung" ist zum Zentralbegriff unserer Epoche geworden. Tagtäglich ist von der „neuen" globalisierten Weltwirtschaft die Rede, die in den letzten Jahrzehnten hauptsächlich die ökonomische und daneben die soziale und kulturelle Lebenssituation des Menschen verändert hat. Die Ergebnisse dieser Veränderungsprozesse sind so faszinierend wie beängstigend, ihre Errungenschaften so hoffnungsvoll wie spannungsgeladen.

Globalisierung – neues, altes Phänomen

Die Globalisierung an sich ist dabei kein neues Phänomen. Interkontinentale Handelswege existierten bereits im späten Mittelalter. So z. B. verband die Hauptroute der Seidenstraße das Mittelmeer mit Ostasien über Land. Die ökonomische Globalisierung als grundsätzlicher Aspekt des Kapitalismus wurde bereits von Karl Marx (1818 – 1883) und Friedrich Engels (1820 – 1895) beschrieben. In ihrem Kommunistischen Manifest (1848) proklamierten sie, auf dem Weltmarkt stelle sich eine wechselseitige Abhängigkeit zwischen Nationen ein, der Kapitalismus werde zu einem globalen System. Marx sprach wörtlich von der „Verschlingung aller Völker in das Netz des Weltmarkts".

Globalisierung – janusköpfige Arbeitsteilung

In der Tat hat die Globalisierung – wenn man sie als einen politischen und ökonomischen Prozess weltweiter Arbeitsteilung definiert – einen Januskopf: Je nach Betrachtungsweise zeigt sie einem das eine, dann das andere Gesicht. Manche sehen in der Globalisierung nach dem Scheitern des Sozialismus die Vollendung der Marktwirtschaft mit der Aussicht auf den wachsenden weltweiten „Wohlstand der Nationen" (Adam Smith, 1723 – 1790). Andere erwarten das genaue Gegenteil: einen allgemeinen gesellschaftlichen Niedergang mit sinkenden Löhnen, Arbeitsplatzverlust, schrumpfendem Steueraufkommen und niedrigeren Sozialleistungen sowie eine zunehmende globale Ungleichheit und dramatische Umweltveränderungen.

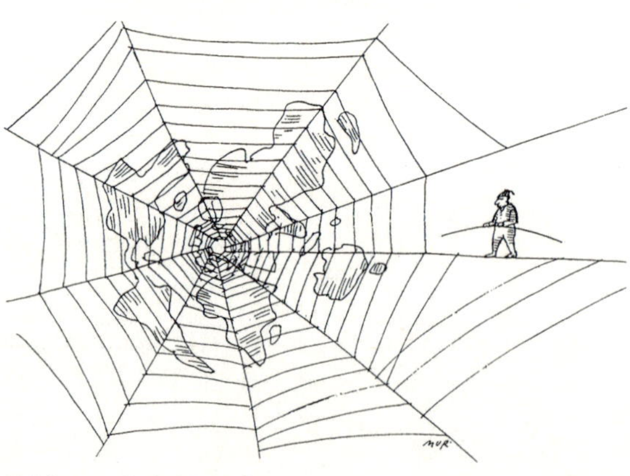

Zeichnung: Luis Murschetz

Globalisierung ist ein Werk von Menschenhand. Menschen revolutionierten mit Satelliten, Mobiltelefonen oder dem Internet die Kommunikationstechnologie, entwickelten neue Produktionsmethoden und erschufen

Globalisierung – von Menschen gemacht

bessere, schnellere Transportmittel wie Glasfaserkabel, Großraumflugzeuge und Hochgeschwindigkeitszüge. Über die Verkehrswege wurde die Welt gleich einem Spinnweb „vernetzt". Rapide sinkende Transport- und Kommunikationskosten sowie die Liberalisierung des Welthandels verwandelten die lokalen und regionalen Kapital-, Güter- und Dienstleistungsmärkte in einen Weltbinnenmarkt. Auch waren es Menschen, die im Umbruchjahr 1989 die Spaltung der Welt in Ost und West beendeten. Menschen bauten im Rahmen der Europäischen Union Handelsschranken für Personen, Güter, Dienstleistungen und Kapital ab und verwandelten die Welt in ein „globales Dorf".

Merkmale der Globalisierung

Die ökonomische Globalisierung weist folgende Merkmale auf:

- *Industrie-, Schwellen- und Entwicklungsländer:* Die westlichen Industriestaaten suchen für ihre hoch spezialisierten Technologieprodukte (z. B. Maschinen, Pharmaerzeugnisse) nach Absatzmärkten außerhalb ihrer relativ gesättigten heimischen Volkswirtschaften. So findet gerade die stark exportabhängige deutsche Wirtschaft diese Märkte meist in anderen Industriestaaten. Die hohe Inlandsnachfrage nach – in erster Linie billigen – Konsumgütern (z. B. Textilien, Unterhaltungselektronik) bringt die Wirtschaftsunternehmen andererseits dazu, ihre Produktionsstätten aufgrund der niedrigen Lohn- und Kostenstrukturen in Entwicklungs- und Schwellenländer, immer häufiger nach China, zu verlagern. Diese Entscheidungen festigen einerseits die Ungleichverteilung des weltweiten Wohlstands und führen in den westlichen Industriestaaten zu einem Arbeitsplatzabbau insbesondere bei niedrig qualifizierten Tätigkeiten. Andererseits steigen in den fernöstlichen Regionen Beschäftigungszahlen, Volkseinkommen und Wohlstand. Seine exorbitanten Wachstumserfolge der vergangenen Jahre verdankt China vor allem der Produktion und dem Export wettbewerbsfähiger Industriegüter und Dienstleistungen.
- *Multinationale Unternehmen:* Viele Konzerne produzieren heute als „global player", d. h. sie nutzen weltweit unterschiedlichste Standortvorteile (Lohn- und Lohnnebenkosten, Steuern, Subventionen etc.) zu ihren Gunsten. Die Tatsache, dass das Gütesiegel „Made in Germany" mitunter bedeutet, dass sehr viele Einzelteile z. B. eines Autos aus der ganzen Welt bezogen werden, löst dabei unter Kunden noch immer Erstaunen aus. Weltweite Kostenvorteile aber werden heute nicht nur für die Endmontage des PKW gesucht, sondern schon bei jeder Schraube, Felge oder Lampe.
- *Banken und Finanzdienstleister:* Das Finanzwesen gilt als Motor der Globalisierung. Mit moderner EDV lassen sich Geldtransaktionen innerhalb von Sekunden über den Globus durchführen. Die Finanzkrise vom Herbst 2008 hat gezeigt, wie schnell eine Störung in diesem sensiblen Bereich auf die Realwirtschaft überspringen und eine Weltwirtschaftskrise auslösen kann. Große Finanzdienstleistungszentren sind z. B. in New York, in Chicago und vor allem in London, aber auch in Frankfurt am Main, entstanden. Dort stehen die Zentralen der meisten deutschen Banken; hier befindet sich mit der Deutschen Börse AG das Zentrum des deutschen Aktienhandels. 332 Kreditinstitute, darunter 194 ausländische Vertretungen, beschäftigen hier rund 80 000 Mitarbeiter. Die Konkurrenz der Finanzzentren ist groß, denn mit immer neuen Finanzprodukten versuchen sie sich gegenseitig Kundschaft, Umsatz und Arbeitsplätze abzujagen.

Morgenappell in einer chinesischen Fabrik, 2009

MATERIAL

1 Die Weltzahnbürste

Perlweiße Haut, schlanker Hals, 161,034 Gramm, schnurrt los wie ein Kätzchen, 130 Euro, das perfekte Spielzeug für die Wohlhabenden dieser Welt, sie heißt Elite. Es wird niemals Nacht in ihrem Reich, im Reich der Bürste, denn acht Prozent Weltmarktanteil sind zu wenig, rund 20 Millionen Käufer, das genügt nicht, wer ihr dient, der muss kämpfen, etwa auf den Philippinen, am Stadtrand von Manila. [...]

Die Firma Philips produziert, inklusive Zulieferfirmen, die elektrische Zahnbürste „Sonicare Elite 7000" und ihre Schwestermodelle an zwölf Standorten und in fünf Zeitzonen. Ein- bis zweimal in der Woche verlassen rund 100000 Platinen mit aufgelöteten Komponenten das Werk in Manila, in dem Mary-Ann arbeitet. Vom Cargo-Flughafen Manilas werden sie via Tokio nach Seattle geflogen; eine Verzögerung von einem halben Tag kann alles durcheinander bringen, man arbeitet mit einem Minimum an Lagerreserven, an Zeitreserven.

Eine Reise durch die Präzisionsmaschine von „Oral Healthcare Philips" ist eine Tour in die globale Gegenwart – fast ohne Europäer und ihre romantischen Vorstellungen von Gerechtigkeit und ihre hässlichen, teuren Arbeitskämpfe, weil die Verlagerung nach Asien nämlich schon größtenteils stattgefunden hat.

Die Zahnbürste besteht im Wesentlichen aus 38 Komponenten. Die Einzelteile für die Energiezelle, ein Nickel-Cadmium-Akku, stammen aus Japan, Frankreich, China. Die Platine, das elektronische Herzstück, kommt vorgeätzt aus Zhuhai, am Perlflussdelta, im Südosten Chinas. Nicht weit von Zhuhai, aus der chinesischen Industriestadt Shenzhen, stammen auch die Kupferspulen, gedreht von Heerscharen von Frauen mit verpflasterten Fingerspitzen – die Globalisierung ist weiblich.

Die 49 Komponenten auf der Platine, streichholzkopfgroße Transistoren und Widerstände, wiederum stammen aus Malaysia. In Manila werden sie aufgelötet und getestet, unter anderem von Mary-Ann. Dann ausgeflogen nach Snoqualmie, an die amerikanische Westküste, wo das Mutterwerk ist. Gleichzeitig kommen aus Klagenfurt per Lkw die komplizierteren Kunststoff-Gussteile nach Bremerhaven, außerdem in Klagenfurt vorgeschnittene Stahlblätter, der Spezialstahl stammt aus Sandviken, Schweden. Von Bremerhaven aus fährt ein Frachtschiff die halbe Bürste über den Atlantik nach Port Elizabeth, New Jersey. Von dort geht es per Bahn weiter, quer durch die USA. Und in Snoqualmie, 40 Autominuten von Seattle entfernt, wird alles zusammengeschraubt, verpackt.

Zu dem Zeitpunkt haben die Komponenten 27880 Kilometer zurückgelegt, zwei Drittel des Erdumfangs.

Philips ist ein niederländischer Konzern. Aber unter etwa 120 Leuten, die man auf einer Reise durch das Karussell der Kulturen und Kontinente trifft, sind gerade mal zwei Niederländer. Der Vorarbeiter im amerikanischen Snoqualmie stammt aus Gambia. Bernard Lim Nam Onn, der Chef in Zhuhai, ist Chinese, aber in Malaysia geboren und in Singapur aufgewachsen. Es gibt Iren, Ukrainer, Inder, Kambodschaner, Vietnamesen, Thailänder. Globalisierung schafft überall auf der Welt neue Biografien und verzahnt sie. [...]

Die Konkurrenz ist hart, auch im hochpreisigen Segment: Es gibt die „3D Excel" des Konkurrenten Braun, die ebenfalls ausgezeichnete Beurteilungen bekommt, die „Interplak", die „Dentasonic", die „Waterpik Sonic Speed" – und die Trends, nach denen sich ein Kunde für dies oder jenes Modell entscheidet, sind kaum vorherzusehen. Selbst in einem Riesenladen wie Philips, mit einem Umsatz von 30,3 Milliarden Euro, muss eine unbedeutende, kleine Zahnbürste Gewinn einspielen. [...]

Etwa 300 Millionen Menschen auf der Welt, schätzt man bei Philips, benutzen bereits eine elektrische Zahnbürste. An die 900 Millionen Menschen können es in fünf bis zehn Jahren sein, das Gesundheitsbewusstsein nimmt zu, das Produkt schmeichelt dem Statusgefühl, es hat ein Hightech-Appeal – und die Differenz zwischen 300 und 900 Millionen, das ist die Mission.

Der Kampf kann nur weltweit gewonnen werden.

Aus: Ralf Hoppe: Die Weltbürste, in: Spiegel Special 7/ 2005, S. 136–141; hier: S. 136–139

Querverweis: S. 137, M 5

MATERIAL

Adam Smith: Egoismus und Gemeinwohl 2

„Der Mensch braucht fortwährend die Hilfe seiner Mitmenschen, und er würde diese vergeblich von ihrem Wohlwollen allein erwarten. Er wird viel eher zum Ziele kommen, wenn er ihren Egoismus zu seinen Gunsten interessieren und ihnen zeigen kann, dass sie ihren eigenen Nutzen davon haben, wenn sie für ihn tun, was er von ihnen haben will. [...] Nicht von dem Wollen des Fleischers, Brauers oder Bäckers erwarten wir unsere Mahlzeit, sondern von ihrer Bedachtnahme auf ihr eigenes Interesse. Wir wenden uns nicht an ihre Humanität, sondern an ihren Egoismus, und sprechen nicht von unseren Bedürfnissen, sondern von deren Vorteilen. [...] Jeder einzelne wird [...] weder darauf aus sein, das öffentliche Wohl zu fördern, noch wird er wissen, inwieweit er es fördert. „Er interessiert sich lediglich für seine eigene Sicherheit und seinen eigenen Gewinn. Und dabei wird er von einer unsichtbaren Hand geleitet, ein Ziel zu fördern, das gar nicht in seiner Absicht gelegen hatte. Indem er seinen eigenen Interessen dient, fördert er das Wohl der Allgemeinheit auf weit wirksamere Weise, als wenn es in seiner wahren Absicht gelegen hätte, es zu fördern."

Aus: Adam Smith: The Wealth of Nations, Buch I, Kap. I, 1776, übers. von Heinrich Schmidt, Leipzig 1924

MATERIAL

„Nokia-Village" – ein globales Dorf im Wandel 3

Januar 2008: Aus für die Handyproduktion in Deutschland: Der Weltmarktführer Nokia schließt sein Bochumer Werk und schickt 2 300 Beschäftigte in eine ungewisse Zukunft. Betroffen sind darüber hinaus bis zu 1 000 Leiharbeiter. Nokia setzt diese Leiharbeiter vor allem in der Produktion ein. Damit kehrt der finnische Riese als letzter Handyhersteller dem Produktionsstandort Deutschland den Rücken. Der IG Metall-Bezirksleiter Oliver Burkhard warf dem Nokia-Management „Gewinnsucht zu Lasten der Menschen" vor. [...] Aus Kostengründen will der finnische Welt-Konzern die Fertigung nach Rumänien, Ungarn und nach Finnland verlagern. Die Entscheidung sei vom Vorstand nicht leichtfertig getroffen worden, beteuerte der Aufsichtsratschef der Nokia GmbH, Veli Sundbäck. Aber die rasante globale Marktentwicklung habe das Unternehmen zum Handeln gezwungen. [...][1]

Januar 2009: Groß war die Aufregung, als der finnische Konzern Anfang 2008 ankündigte, in Rumänien Billighandys im großen Stil produzieren zu wollen. Doch inzwischen hat die Finanzkrise auch diesen Standort erreicht. „Nokia-Village" dümpelt vor sich hin. Statt Neueinstellungen gibt es immer mehr Kündigungen. Am Anfang war die Euphorie groß in Jucu, jenem gottverlassenen Bauern-Dorf unweit von Klausenburg. Sozusagen über Nacht hatte sich dort der angesagte Handy-Hersteller Nokia auf einem 200 Hektar großen Gemüseacker angesiedelt, um Handys am laufenden Band zu produzieren – dank niedriger Lohnkosten jedes um ein paar Euro billiger als in Bochum. [...] Doch die globale Finanzkrise hat auch die boomende Region rund um Klausenburg erreicht, die sich in den letzten Jahren zum Silicon Valley Rumäniens gemausert hatte.[2]

[1] Aus: Nokia schließt Werk in Bochum, 15.1. 2008; abrufbar unter www.heute.de (Zugriff am 2.2. 2010)
[2] Aus: Kein Wunder in „Nokia-Village", 15.1. 2009; abrufbar unter www.tagesschau.de (Zugriff am 2.2. 2010)

1. Beschreiben Sie anhand von M 1 das System der weltwirtschaftlichen Vernetzung und interpretieren Sie die Karikatur auf S. 126.
2. Zeigen Sie auf, worin Adam Smith (M 2) das Erfolgsgeheimnis freier Wirtschaften sieht und erläutern Sie sein Menschenbild und Staatsverständnis.
3. Ermitteln Sie aus M 3 die Nachteile der Globalisierung und diskutieren Sie das Verhalten Nokias unter Berücksichtigung wirtschaftlicher und sozialer Aspekte.

MATERIAL

4 Internationale Arbeitsteilung 2008

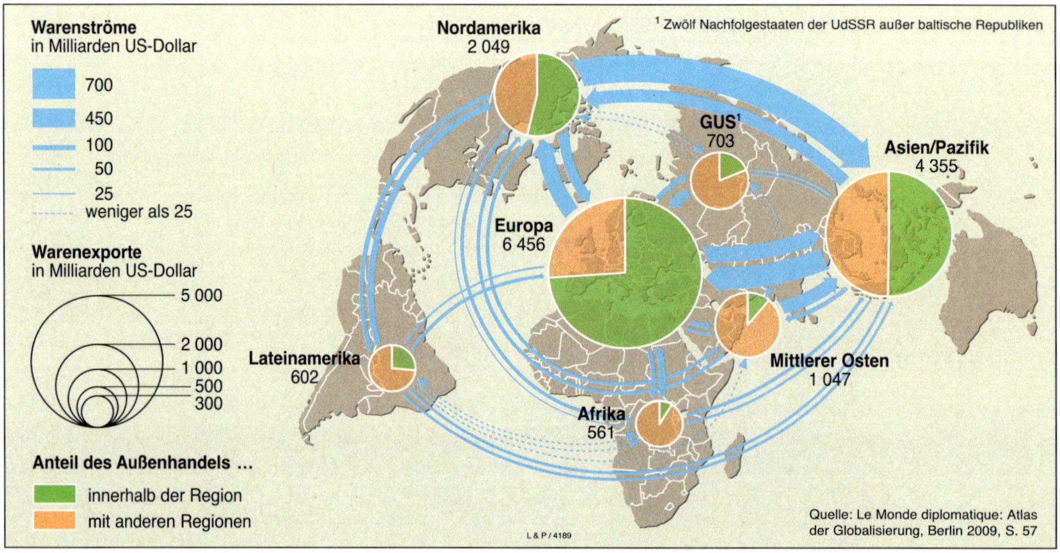

Quelle: Le Monde diplomatique: Atlas der Globalisierung, Berlin 2009, S. 57

MATERIAL

5 Die Transnationalen

Worauf gründet sich die neue Macht transnationaler Unternehmen? Woraus entsteht, wie vermehrt sich ihr strategisches Potential?

Es ist der Zugriff auf die materiellen Lebensadern moderner nationalstaatlicher Gesellschaften, die sich *ohne* Revolution, *ohne* Gesetzes- oder gar Verfassungsänderung, allein im Fortgang des Normalen, sozusagen als *business as usual* eröffnet hat:

Sie können erstens *Arbeitsplätze* dahin exportieren, wo die Kosten und Auflagen für den Einsatz der Arbeitskräfte möglichst niedrig sind.

Sie sind zweitens in der Lage [...], Produkte und Dienstleistungen so zu zerlegen und *arbeitsteilig an verschiedenen Orten der Welt zu erzeugen*, dass nationale und Firmen-Etikette geradezu als Irreführung gelten müssen.

Sie sind drittens in der Position, Nationalstaaten oder einzelne Produktionsorte gegeneinander auszuspielen und auf diese Weise „globalen Kuhhandel" um die billigsten Steuern und günstigsten Infrastrukturleistungen betreiben zu können; ebenso können sie Nationalstaaten „bestrafen", wenn sie als „teuer" oder „investionsfeindlich" gelten.

Schließlich können sie viertens in dem erzeugten und kontrollierten Dickicht globaler Produktion zwischen *Investitionen*, *Produktionsort*, *Steuerort* und *Wohnort* selbsttätig unterscheiden und diese gegeneinander ausspielen. Mit dem Resultat: Die Führungskräfte können dort leben und wohnen, wo es am schönsten ist, und dort Steuern zahlen, wo es am billigsten ist.

Wohlgemerkt: alles ohne Eingabe oder Beratung im Parlament, ohne Regierungsbeschluss, ohne Gesetzesänderung, ja, nicht einmal eine Debatte in der Öffentlichkeit ist dazu erforderlich. [...]

Transnationale Unternehmen überbieten sich mit Rekordgewinnen – und dem massenhaften Abbau von Arbeitsplätzen. In ihren Jahresabschlüssen präsentieren die Vorstände reihenweise Traumgewinne. [...]

Während sich die Transnationalen dem nationalstaatlichen Steuerzugriff entziehen können, müssen die kleinen und mittelständischen Unternehmen, die einen Großteil der Arbeitsplätze schaffen, in den neu eingestellten Daumenschrauben der Steuerbürokratien bluten.

Aus: Ulrich Beck: Was ist Globalisierung?, Frankfurt am Main 2007, S. 16, 21

Querverweis: Kapitel III.7

MATERIAL

Wirtschaften mit Werten 6

Im internationalen Zusammenhang wird das Verhalten weltweit operierender Unternehmen kritisch verfolgt. [...] Die Erwartungen an die Unternehmen und an ihre Moral sind damit sehr gestiegen. Die BDA als Spitzenverband der deutschen Wirtschaft greift diese kritischen Fragen an die Unternehmen auf. Es ist uns ein Anliegen, das Verantwortungsbewusstsein der deutschen Unternehmen deutlich zu machen und zu zeigen, in welcher Weise sie ihre ethische Verantwortung wahrnehmen.

„Wer als ordentlicher Unternehmer Gewinne erzielt, der hat andere von seiner Leistung überzeugt und ihnen geholfen. Und nur wer Gewinne erwirtschaftet, kann den Fortbestand seines Unternehmens durch Investitionen sichern, seine Mitarbeiter weiterbeschäftigen und zusätzliche Arbeitsplätze schaffen" (Bundespräsident Horst Köhler). [...]

Ziel eines Unternehmens ist es und muss es sein, seine Position im Markt zu sichern und damit wettbewerbs- und zukunftsfähig zu bleiben. Nur dann kann es Arbeitsplätze schaffen, Lebens- und Entfaltungschancen bieten, kann es zu Wohlstand und Fortschritt in der Gesellschaft beitragen, hat es Freiraum für weiteres Engagement. Gewinn signalisiert, dass die Strategie des Unternehmens im Markt und im Wettbewerb richtig ist. [...]

Ethik und Ökonomie sind daher keine erst mühsam zu überbrückenden Gegensätze. Gutes Wirtschaften setzt sich zusammen aus ethisch und ökonomisch richtigem Handeln. Unternehmen, die erfolgreich wirtschaften und sich in einer Wettbewerbsordnung behaupten, leisten einen wichtigen und unersetzbaren Beitrag zum Gemeinwohl. [...]

Durch die Globalisierung steht die Wirtschaft heute national wie international in einer Umbruchssituation und die Unternehmen vor großen Herausforderungen. [...] Die Globalisierung eröffnet weltweite Produktions- und Absatzchancen – für Deutschland wie für alle anderen Marktteilnehmer. [...] Bereiche, die eindeutig von der Globalisierung profitieren, sind diejenigen, die sich geöffnet und den Wandel proaktiv aufgenommen haben, sei es durch Investitionen im Ausland, sei es durch Zukauf im Ausland, sei es durch Nutzung der Exportchancen. [...] Unternehmen beachten bei ihrem internationalen Engagement die Verantwortung für das wirtschaftliche und politische Umfeld, in dem sie tätig sind. Im Rahmen ihrer Direktinvestitionen im Ausland

- schaffen deutsche Unternehmen in ärmeren Ländern Arbeitsplätze,
- tragen zu wirtschaftlichem Wachstum bei,
- ermöglichen dort in der Folge höhere Sozialstandards, mehr Wohlstand und Umweltschutz, bessere Bildung und ein höheres Lebensniveau der Menschen,
- erhöhen damit das Potential für mehr Demokratie und Menschenrechte, für mehr Transparenz und Partizipation des Einzelnen.

Ethik und Ökonomie sind auch im internationalen Bereich keine Gegensätze: Die Stärkung politischer Freiheiten fördert die wirtschaftliche Entwicklung, z. B. durch mehr Investitionsmöglichkeiten, Freizügigkeit oder Bildungsmöglichkeiten für Arbeitskräfte.

Aus: Bundesvereinigung der Deutschen Arbeitgeberverbände (Hrsg.): Wirtschaften mit Werten – für alle ein Gewinn, Berlin 2006, S. 3–5, 8–10

➠ Querverweis: S. 148, M 1

1. Analysieren Sie die internationale Arbeitsteilung 2008 (M 4) und erklären Sie Auffälligkeiten. Recherchieren Sie im Internet nach Vergleichszahlen.
2. Fassen Sie die Texte M 5 und M 6 jeweils thesenartig zusammen und stellen Sie die Argumente einander gegenüber. Führen Sie anschließend eine Pro- und Kontra-Diskussion zu Chancen und Gefahren der wirtschaftlichen Globalisierung.
3. Widerlegen Sie die These des „ethisch" handelnden Unternehmens (M 6) anhand im Internet recherchierter Beispiele (Tipp: *www.weltsozialforum.org*).

5. Dimensionen der Globalisierung

Zeichnung: Klaus Stuttmann

„Weltrisikogesellschaft"

Die wirtschaftliche Dimension der Globalisierung bildet eine wichtige Ursache und Triebkraft für Globalisierungsprozesse in anderen Bereichen, etwa der Politik, der Gesellschaft, der Kultur oder der Ökologie. Globale Umweltprobleme wie Erderwärmung oder Wassermangel können heute nicht isoliert von Wirtschaft und Politik betrachtet werden. Ihre Folgen sind stets für die gesamte Menschheit zu kalkulieren, die der Soziologe Ulrich Beck (*1944) als „Weltrisikogesellschaft" bezeichnet. Diese weltweite und gleichzeitige Vernetzung nicht nur von Akteuren, sondern auch von Themenbereichen zählt zu den Besonderheiten der Globalisierung, die daher eine ökonomische, politische, kulturelle, kommunikationstechnische und soziale Dimension aufweist.

ökonomische Dimension

Der Abbau von Handelsschranken, die Mobilität des Kapitals, sinkende Transport- u. Kommunikationskosten sowie homogene Verbraucherwünsche führen in der wirtschaftlichen Dimension der Globalisierung zu einem erheblichen Standortwettbewerb und zu starker Konkurrenz. Nationalstaaten verlieren hier ihre traditionellen Regelungskompetenzen, transnational operierende Großkonzerne gewinnen an Einfluss.

politische Dimension

Die Politik hat in der Globalisierung mit massiven Problemen zu kämpfen, denn gerade der Standortwettbewerb schränkt den nationalen Handlungsspielraum enorm ein.

- *Finanzpolitik:* Der Kollaps der amerikanischen Investmentbank Lehman Brothers am 15. September 2008 stürzte die fast vollständig deregulierten Finanzmärkte dieser Welt in eine tiefe Krise. Erst billionenteure Stütz- und Hilfsprogramme der großen Notenbanken und der Nationalstaaten verhinderten den Kollaps des Bankensystems und der Realwirtschaft. Sie konnten die größte Krise der Weltwirtschaft seit der Weltwirtschaftskrise 1929 aber nicht verhindern.
- *Umweltpolitik:* Die Erderwärmung, das Ozonloch oder die Abholzung der tropischen Regenwälder veranschaulichen Globalisierung am eindrücklichsten, da es sich hier unbestritten um globale Probleme handelt, die einer politischen Bearbeitung bedürfen. Politische Abhängigkeiten werden deutlich, wenn man sich vor Augen führt, dass das Überleben z. B. der südpazifischen Inselstaaten durch einen weiteren Anstieg der Meeresspiegel existentiell bedroht ist und vom zukünftigen Verhalten aller, besonders der Menschen in den hochentwickelten Industriestaaten, abhängt.

- *Sicherheitspolitik:* Der mörderische Angriff auf das Symbol der Weltwirtschaft, das New Yorker World Trade Center, markierte am 11. September 2001 den Anbruch einer Zeit des transnationalen Terrorismus – nicht nur die Wirtschaft hatte sich globalisiert, auch der Terrorismus wurde global. Seine Gefahren gehen von schwer lokalisierbaren und oft ressourcenschwachen Einzelpersonen auf regionaler oder lokaler Ebene aus. Ohne eine polizeiliche Zusammenarbeit mit anderen Staaten ist es nahezu unmöglich geworden, Verbrecher – zu denen heute auch neuzeitliche Piraten z. B. am Horn von Afrika zählen – frühzeitig zu erkennen und zu fassen.

kulturelle Dimension

Globalisierung lässt sich als Ausdruck von Massenkultur und Massengeschmack begreifen. Die (sub-)kulturelle Dominanz der USA zeigt sich hier besonders in der Kultur-, Konsum-, und Unterhaltungsindustrie. Immer wieder ist von der „McDonaldisierung" die Rede. Die Unterhaltungsindustrie aus „Hollywood" gilt als Vermittler von Lebensweisen und dient gerade Jugendlichen oft als Orientierung für Geschmack, Mode und Stil. Im Zusammenhang mit dem Konfliktpotenzial der Globalisierung auf kultureller Ebene sehen manche gar einen „Kampf der Kulturen" heraufziehen. Der US-amerikanische Politikwissenschaftler Samuel P. Huntington (1927 – 2008) etwa stellte 1993 in seinem Buch „Clash of Civilizations" die These auf, dass die Weltpolitik des 21. Jahrhunderts nicht von Auseinandersetzungen politischer, ideologischer oder wirtschaftlicher Natur, sondern von Konflikten zwischen Angehörigen unterschiedlicher Kulturkreise, insbesondere des westlichen mit dem chinesischen und dem islamischen Kulturkreis, bestimmt sein werde.

kommunikationstechnische Dimension

Das Internet symbolisiert die Globalisierung geradezu, denn hier wird die Welt zum „Global Village", zum globalen Dorf. Neuartige Netzwerke (Facebook, SchülerVZ) und Kommunikationsgemeinschaften (Chats, Blogs) treten über große Entfernungen hinweg zu traditionellen Gemeinschaften wie Familie, Freundeskreis oder Nachbarschaft und bieten dem Einzelnen die Möglichkeiten, in verschiedene Rollen zu schlüpfen.

soziale Dimension

Globalisierung ist gekennzeichnet durch die „Gleichzeitigkeit des Ungleichzeitigen". Während die Mehrzahl der Menschen in den Industriestaaten der Nordhalbkugel in Wohlstand und Fortschritt lebt und soziale Daseinsvorsorge genießt, bleiben viele Länder der Südhalbkugel unterentwickelt. Vorrangig sind wirtschaftliche Gründe für diese Unterentwicklung verantwortlich. Aber auch innerstaatliche Faktoren, z. B. autoritäre Herrschaftsstrukturen, Kriege oder Misswirtschaft, spielen eine Rolle. Ferner existiert ein Zusammenhang zwischen Armut und der Anerkennung und Durchsetzung der Menschenrechte, der Demokratie und der Rechtsstaatlichkeit. Nicht zuletzt sind es die fehlende Infrastruktur und der verpasste Anschluss an die technologische Entwicklung, die die Entwicklungschancen hemmen.

Ein Darfur-Rebell der Sudanesischen Befreiungsbewegung (SLM) reist im Oktober 2007 nach Libyen zu einer Friedenskonferenz.

MATERIAL

1 Die fünf Eigenschaften der Globalisierung

Erstens die *Offenheit* des Systems. Es gibt keinen einzelnen, die Weltpolitik strukturierenden ideologisch-militärischen Konflikt mehr, und es gibt vor allem keine natürliche Begrenzung der Akteure mehr. Das System ist im Prinzip offen für alle: Für Staaten, für terroristische Organisationen, für andere NGOs, für Unternehmen, für Religionsgemeinschaften.

[Die] zweite Charakteristik [...] ist die *Geschwindigkeit* und deshalb Unvorhersehbarkeit, mit der Entwicklungen vonstatten gehen. Auch Krisen und Gefahren entfalten sich rascher als wir das bisher gewohnt sind und als es unseren Planungsfähigkeiten zumeist entspricht. Das hat mit der technischen Entwicklung bei Kommunikations- und Transportsystemen, aber auch mit unseren wirtschaftlichen und politischen Interdependenzen zu tun. Und es gilt gerade auch für nichtmilitärische Sicherheitsrisiken, wie wir das etwa im Bereich der Seuchenbekämpfung erleben.

Das dritte Charakteristikum ist die [...] *Gleichzeitigkeit* der Ereignisse. [...] Dazu gehört etwa [...], dass nicht nur die Zunahme von Hurrikans oder Taifunen etwas mit globaler Klimaveränderung zu tun haben dürfte, sondern dass auch die Förderung nachwachsender Rohstoffe, mit denen wir den Klimawandel bekämpfen wollen, zu Konflikten, zu Instabilitäten und zu Nahrungsmittelkrisen in Afrika und Asien beitragen kann. [...]

Viertens [...], echte *Globalität* [...] in dem Sinne, dass Krisen und Probleme [...] (Finanzkrise, Klimawandel, Weiterverbreitung von Massenvernichtungswaffen) nicht nur weltweit wirken, sondern dass ihre Bearbeitung auch nur noch durch Formen des globalen Regierens, durch Global Governance möglich ist. Das ist einerseits positiv, weil es ja Anreize [...] zur Kooperation schafft. Es schränkt andererseits aber auch unsere politischen Handlungsmöglichkeiten ein – insbesondere unsere Möglichkeit, zwischenstaatlichen, internationalen Druck auf Akteure auszuüben, die wir gleichzeitig zur Bearbeitung globaler Probleme brauchen. [...]

Fünftens [...] beinhaltet Globalisierung auch eine *Neuverteilung der Gewichte* in der Welt. Fakt ist, dass der Westen [...] – Europa, die USA und Japan – relativ an Macht verlieren. [...]

Nach: Volker Perthes: Globalisierung und Konflikt. Ein vorsichtiger Blick auf die Entwicklung unseres sicherheitspolitischen Umfelds, 10.10. 2009

MATERIAL

2 „McDonaldisierung"?

Viele global agierende Markenkonzerne haben ihren Ursprung in den USA. Mit ihren Produkten erweitern sie nicht nur das Warenangebot in der jeweiligen Zielregion bzw. verdrängen regionale Produkte. Das Tragen von Nike-Schuhen, das Trinken von Coca Cola und das Essen bei McDonald's ist immer auch ein kultureller Ausdruck.

Im Globalisierungsdiskurs werden einerseits die Dominanz westlicher Kulturen und die damit verbundenen Konsummuster kritisiert. Andererseits wird auf Homogenisierungstendenzen hingewiesen, die im Zuge von Standardisierungs- und Vereinheitlichungsprozessen zu einer Verschmelzung von Kulturen führen: Wenn sich das weltweite Konsumverhalten und andere Bereiche des Alltagslebens immer weiter angleichen, werden lokale Traditionen schrittweise durch eine Einheitskultur ersetzt. Für beide Thesen – westliche Dominanz und kulturelle Konvergenz – wird der Konzern McDonald's als Beispiel angeführt. Für die westliche Dominanz steht das durch den amerikanischen Soziologen George Ritzer geprägte Schlagwort „McDonaldisierung". Die Fast-Food-Kette McDonald's steht in diesem Zusammenhang für die negativen Folgen der Globalisierung und verkörpert den prototypischen Übergang von traditionellen zu rationalen Geschäfts- und Gedankenmodellen, die auf effizienten, kalkulierbaren, voraussagbaren und

kontrollierbaren Prinzipien basieren. Als größte und wohl bekannteste Fast-Food-Kette der Welt ist der Konzern regelmäßig Ziel von Protestaktionen von Globalisierungskritikern sowie Umwelt- und Verbraucherschützern. Darüber hinaus wurde dem Konzern häufig die Ausbeutung von schlecht bezahlten Arbeitskräften, Kinderarbeit und das Verhindern gewerkschaftlicher und betriebsrätlicher Zusammenschlüsse vorgeworfen. [...] Gleichzeitig ist McDonald's auch ein Beispiel für die These der kulturellen Konvergenz, da McDonald's den Auftritt und die Produktpalette je nach Region den kulturellen Gegebenheiten anpasst. So wird etwa in israelischen Niederlassungen lediglich koscheres Essen angeboten. Alle Restaurants bleiben am Sabbat geschlossen. In Indien werden keine Rindfleischgerichte verkauft und auch in islamisch geprägten Ländern die jeweiligen Speisevorschriften eingehalten. [...]

Quelle: Bundeszentrale für politische Bildung (Hrsg.): Globalisierung; Stand: Juni 2006; www.bpb.de (Zugriff am 12.1. 2010)

MATERIAL 3

Chancen und Probleme der Globalisierung

	Chancen	Probleme
Politik (Global Governance)	– globales Regieren – Problemlösungsgemeinschaft	– Demokratiedefizit, Legitimität – Zurechenbarkeit von Verantwortlichkeit
Ökonomie („Weltbinnenmarkt")	– Schaffung neuer Arbeitsplätze – Verbilligung von Produktionskosten und Preisen	– globale Konkurrenz – regionaler Verlust von Arbeitsplätzen – Ausbeutung rohstoffreicher Entwicklungsländer – Umweltzerstörung
Gesellschaft („Global Village")	– neue Mobilität (Reisen) – Zusammengehörigkeitsgefühl („eine Welt") – globale Netzwerke gesellschaftlicher Gruppen	– Entsolidarisierungstendenzen – Identitätsprobleme – gesellschaftliche Fragmentierung
Kommunikation („Vernetzung" und Innovation)	– Teilhabe an weltweiter Kommunikation und Information – Vertiefung sozialer Kontakte – Abbau von Vorurteilen	– Reizüberflutung – Flucht in virtuelle (Schein-)Welten
Sicherheit („Weltrisikogesellschaft")	– Zwang zur Kooperation – Lernen aus den Fehlern der Vergangenheit	– globale Gefahren (Klima, Armut, Migration) – teils irreversible Schäden – Überforderung des Einzelnen und der Nationalstaaten

Eigene Darstellung

Querverweis: S. 151, M 7

1. Erläutern Sie die Eigenschaften der Globalisierung (M 1) vor dem Hintergrund der Abbildungen auf S. 132/ 133.
2. Charakterisieren Sie das Phänomen der „McDonaldisierung" (M 2) und überprüfen Sie, wie sich die kulturelle Globalisierung in Ihrem Leben bemerkbar macht. Bewerten Sie die Folgen.
3. Diskutieren Sie die Chancen und Probleme der Globalisierung (M 3) und erstellen Sie eine Rangfolge nach Wichtigkeit/ Dringlichkeit.

MATERIAL

4 Kampf der Kulturen?

Huntington: Ich bin [...] der festen Überzeugung, dass die Weltpolitik künftig nicht mehr primär von konkurrierenden Ideologien oder von Nationalstaaten oder Wirtschaftsblöcken bestimmt wird – sondern vom Zusammenprall verfeindeter Kulturen (Zivilisationen). Wenn es einen nächsten Weltkrieg geben sollte, wird es ein Krieg zwischen unterschiedlichen Zivilisationen sein [...]

Spiegel: Wie definieren Sie Zivilisation?

Huntington: Als die größte kulturelle Einheit [...] mit der sich die Menschen identifizieren. Gemeinsame Sprache, Geschichte, Gebräuche gehören dazu. Der schnelle soziale Wandel und die weltweite wirtschaftliche Modernisierung lassen die Menschen nach neuen Gemeinsamkeiten suchen; das schwächt den Nationalstaat als Quelle der Identität. Oft tritt die Religion an seine Stelle: Eine Person kann zur Hälfte französisch, zur Hälfte arabisch sein – aber nicht halb katholisch, halb moslemisch. Religion schafft Zusammengehörigkeit, Abgrenzung gegenüber anderen. Deshalb gewinnen die Fundamentalisten des Islam, aber auch die Fundamentalisten des Christentums und des Hinduismus an Boden.

Spiegel: Wie viele Kulturen unterscheiden Sie?

Huntington: Die Welt wird künftig hauptsächlich durch die Wechselbeziehungen zwischen sieben oder acht großen Kulturen (Zivilisationen) geprägt: die westliche, die islamische, die chinesische, die japanische, die hinduistische, die slawisch-orthodoxe, die lateinamerikanische und möglicherweise die afrikanische. Die Fronten zwischen diesen Kulturen (Zivilisationen) ersetzen die ideologischen Grenzlinien des Kalten Krieges als Brennpunkte für Krisen und Blutvergießen.

Spiegel: Wo liegen die großen Bruchlinien zwischen den Kulturen, an denen Ihrer Meinung nach die Kriegsgefahr am größten ist?

Huntington: Entlang der islamischen Welt, die blutige Grenzen hat. Im Balkan, im Kaukasus, in Zentralasien, in Nahost, quer durch Nordafrika; aber auch in Südostasien zwischen moslemischen Fanatikern und ihren Nachbarn – verstärkt durch den demografischen Druck: Islamische Gesellschaften haben extrem hohe Geburtenraten.

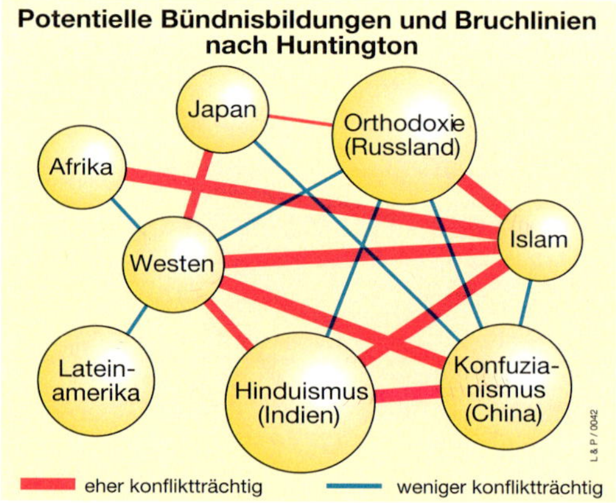

Spiegel: Gibt es eine gefährliche kulturelle Frontlinie auch in Europa?

Huntington: Der Eiserne Vorhang wird von einem kulturellen Graben abgelöst, der sich nach dem Ende des Kalten Krieges zwischen dem christlichen Westeuropa und dem orthodoxen Osten bzw. dem Islam vertieft hat. [...]

Spiegel: Ist die Welt nicht viel zu komplex geworden für ein so vereinfachtes Modell wie Sie es mit dem Kampf der Kulturen (Zivilisationen) aufgestellt haben? [...] Heizt nicht die ungleiche Verteilung von Reichtum auf der Welt die Konflikte mehr an, als es die Gedanken von Mohammed, Jesus oder Konfuzius vermögen? Siegt nicht die Habgier der Nationen, die mit dem chinesischen Angriff wegen der Ölfelder ja auch Ausgangspunkt ist für Ihr Kriegsszenario?

Huntington: Natürlich existieren wirtschaftliche Interessen, aber sie sind nicht wirklich von primärer Bedeutung. Die Menschen kämpfen für ihren Glauben und identifizieren sich mit ihrer Kultur – das hält sie zusammen. [...] Deshalb ist mein Gedankenmodell, das den Kalten Krieg ersetzt, der beste Kompass für die Zukunft.

Kritiker haben Samuel Huntington vielfach vorgeworfen, seine Globaltheorie pflege ihre Tugend der Einfachheit auf Kosten der Wahrheit und verfälsche die Realität; Huntingtons Thesen redeten einen „Kampf der Kulturen" geradezu herbei.

Aus: Der Spiegel Nr. 48/ 1996, S. 178 ff.

➠ Querverweis: Kapitel II.1

MATERIAL

Drei verkaterte Schweden nehmen Handelsbeziehungen zu Nordkorea auf 5

Sie sind drei Schweden, jung, männlich, verkatert, sie waren die Nacht zuvor trinken, um Liebeskummer wegzuspülen, und sie haben eine Idee. Sie mailen an Nordkorea, Betreff: „Investieren in der Demokratischen Volksrepublik“. Mehr als zwei Jahre später landen 1 100 Designerjeans in Stockholm, gefertigt in zwei verschiedenen Modellen, „Kara“, slim fit, und „Oke“, loose fit, made in Pjöngjang. Es ist die Geschichte eines Experiments. Wie bekommt man Zugang zu einem der abgeschottetsten Länder der Welt? Im digitalen Zeitalter ist Nordkorea so etwas wie der letzte weiße Fleck im weltweiten Netz. Jakob Ohlsson, 23, Tor Rauden Källstigen, 24, und Jacob Aström, 25, leben online. An jenem 20. Juli 2007 schauen sie mal wieder, was sich auf der „offiziellen Webpage“ Nordkoreas so tut, und entdecken einen neuen Knopf, „Business“ steht darauf. Ein Klick, noch ein Klick, und sie sehen eine Liste möglicher nordkoreanischer Exportgüter: Kosmetik, Lastwagen, Marmor, Waffen, Mineralwasser, Feuerlöscher – Jeans. Sie schreiben an die Kontaktadresse, machen sich zu Import-Export-Managern einer erfundenen Firma und warten. Kaum 24 Stunden später dankt ihnen ein freundlicher Herr Sapmak für das Interesse, per Mail. Das ist der Beginn von „Noko Jeans“. [...]

Im Dezember 2007 übergaben sie einer nordkoreanischen Delegation zwei Musterjeans, darunter eine eigene, gebrauchte, zur Ansicht für eine Textilfabrik in Pjöngjang. Im Frühjahr 2008 schickten sie der nordkoreanischen Botschaft ihre Wunschliste fürs Reiseprogramm: Besuch eines Computerzentrums, Treffen mit normalen jungen Leuten in Pjöngjang, Massenspiele. Die Botschaft wünschte sich: Mausoleum des „Großen Führers“, Statue des Großen Führers, Präsentesammlung des Großen Führers, Bärenkopf von Ceaucescu, Koffer aus Krokodilleder von Castro, schusssichere Limousine von Stalin.

Am 27. Juli 2008 fuhren die Schweden mit dem Zug aus Peking in Pjöngjang ein, und schon am Bahnhof warteten ihre Aufpasser: Herr Dong, Frau Lee und „Mr. Driver“, so wurde er ihnen vorgestellt. Ihren ersten Abend verbrachten sie alle zusammen in der Karaokebar des Koryo-Hotels, die später den Jeansmodellen ihren Namen gab. Sie sangen abwechselnd nordkoreanische Marschlieder und Beatles und schließlich gemeinsam „Nacht in Pjöngjang“, eine Ballade aus dem Staatsrundfunk. [...] Es folgten zehn Tage Besuche in Textilfabriken, ohne Ergebnis. [...]

Einen Tag vor der Abreise endlich trafen sie den Direktor eines Bergbauunternehmens, das neben einer Zink- auch über eine Textilabteilung verfügte. Besiegelt wurde der Deal mit Handschlag, Gruppenfoto und schwedischem Wodka. Man entschied sich für schwarze Jeans, bei blauen, hatten die Schweden festgestellt, zierten sich die Nordkoreaner. Die erschienen ihnen wohl zu sehr als amerikanisches Symbol. [...]

Am 11. November 2009 trafen die Jeans schließlich in Stockholm ein, und aus dem Experiment wurde ein Problem. Das Warenhaus, in dem die Jeans aus Nordkorea, die Noko Jeans, verkauft werden sollten, verweigerte die Zusammenarbeit mit dem Hinweis, man wolle nicht in politische Diskussionen verwickelt werden. Und tatsächlich diskutierte ganz Schweden plötzlich, ob es eigentlich ethisch zulässig sei, bei Diktatoren zu produzieren, die das eigene Volk in Arbeitslager sperren und die Welt mit Atomwaffen bedrohen.

Die drei Schweden sind jetzt vorsichtig geworden mit dem, was sie sagen. Sie sagen: „Wir glauben nicht an Isolation. Wir glauben, dass jeder äußere Einfluss nur gut sein kann für solch ein Land.“ [...]

Nach: Sandra Schulz: Im Land der traurigen Krokodile, in: Der Spiegel 1/2010, S. 85

➠ Querverweis: S. 128, M 1

1. Nehmen Sie Stellung zur These vom „Kampf der Kulturen“ (M 4). Entwerfen Sie dazu Gegenthesen.
2. Begründen Sie die Mehrdimensionalität der Globalisierung anhand von M 5.
3. Verfassen Sie einen Kommentar zur Bedeutung von „Heimat“ in der Globalisierung.

6. Herausforderungen der Globalisierung für die nationale Politik: Terrorismus ...

Zeichnung: Burkhard Mohr

Mit Blick auf die Globalisierung verhalte sich Deutschland wie das Kaninchen im Angesicht der Schlange, konstatierte der Soziologe Ulrich Beck 1999. Die Globalisierung erschüttere das Selbstbild eines abgeschlossenen und abschließbaren nationalstaatlichen Raums, gleichzeitig aber sei die Exportnation Deutschland schon längst ein globaler Ort, an dem Waren aus aller Welt gehandelt werden und sich auch die Kulturen der Welt und ihre Widersprüche tummeln.

Dschihadisten aus Deutschland

Die zweifellos größte globale Gefahr geht heute vom transnationalen Terrorismus aus, denn er ist in der Lage, unkalkulierbare Schäden in der Zivilbevölkerung und an den verwundbarsten Flanken der Infrastruktur in den westlichen Industrienationen (Energie, Transport, Telekommunikation, Finanzen) anzurichten. Mangelnde Bildung, fehlende Berufsperspektiven oder falsche Vorstellungen von „Ehre", „Religion" oder „Moral" machen gerade junge Männer anfällig für Hassprediger und religiöse Fundamentalisten. Rekrutiert werden sie meist – jedoch nicht ausschließlich – in den unteren Schichten islamischer Länder. Auch in Deutschland haben sich bereits terroristische „Zellen" gebildet, aus denen junge Fanatiker immer wieder in ihren „Heiligen Krieg" (Dschihad) gegen die USA und das westliche Lebensmodell gezogen sind.

Terrorismusbekämpfung

Anders als die im Deutschland der 1970er Jahre aktive linksextremistische Terrorgruppe „Rote Armee Fraktion" (RAF) gilt der „neue" transnationale Terrorismus durch den regelmäßigen Einsatz des eigenen Lebens im Dschihad als die unberechenbarste Spielart der ungleichgewichtigen Kriegsführung. Er beraubt die technologische und militärische Stärke der westlichen Welt ihrer Vorteilhaftigkeit, untergräbt das gesellschaftliche Werteverständnis und ermattet durch die Verbreitung von Angst und Schrecken die individuelle Psyche. Zum Schutz gegen den islamistischen Terrorismus hat der Bundestag im Jahr 2008 das sogenannte BKA-Gesetz verabschiedet. Fünf Ziele bilden den Bezugspunkt aller nationalen wie internationalen Bekämpfungsmaßnahmen:

- die Verhinderung von Anschlägen,
- die Begrenzung und Bewältigung der Konsequenzen von Terroranschlägen,
- die Schwächung und Beseitigung terroristischer und extremistischer Strukturen,
- die Beseitigung struktureller Ursachen und Triebkräfte von Terrorismus und
- die Integration und der Schutz friedliebender Muslime.

... und Migration

Migration als Massenphänomen

Weltweite Flüchtlings- und Wanderungsbewegungen dringen erst aufgrund spektakulärer Ereignisse in das Bewusstsein unserer Gesellschaft, obwohl Migration zu einem massenhaften Phänomen geworden ist. Die Gesamtzahl der Migranten wurde Mitte der 1990er Jahre auf mindestens 150 Millionen geschätzt, jedes Jahr kommen 2 bis 4 Millionen hinzu. Ein großer Teil von ihnen wird von direkten Nachbarländern aufgenommen, die meist nicht viel wohlhabender sind als die Herkunftsländer.

Push- und Pull-Faktoren

Vor allem Verteilungsprobleme bei einer zugleich rapide wachsenden Weltbevölkerung führen zu Migrationsströmen. Um die Ursachen der Wanderungsbewegungen zu erklären, unterscheidet die Migrationsforschung Push- und Pull-Faktoren. Als Push-Faktoren werden unbefriedigende oder bedrohliche Bedingungen im Herkunftsland bezeichnet, angefangen bei wirtschaftlich-materieller Not über Diskriminierung bis hin zu Lebensgefährdung durch Kriege, Verfolgung, Umweltzerstörung oder Naturkatastrophen. Bei den Pull-Faktoren geht es um die Bedingungen im Zielland, die ein besseres Leben verheißen und daher anziehend wirken. Zu ihnen zählen (bessere) Lebens- und Verdienstmöglichkeiten oder allgemein ein Leben in Freiheit und Sicherheit. Die Migrationsbereitschaft steigt, wenn sich Push- und Pull-Faktoren summieren.

Entwicklungshilfe und globale Umweltpolitik

Zur Lösung von Migrationsproblemen sind Programme in Zusammenarbeit aller betroffenen Länder und Bevölkerungsgruppen notwendig. Am effektivsten und billigsten sind auf Dauer Maßnahmen zur Prävention von unkontrollierter Migration, die in erster Linie den Frieden und die Verbesserung der Lebensqualität in den Abwanderungsgebieten fördern, z. B. durch verstärkte Entwicklungshilfe, durch eine globale Umweltpolitik, aber auch durch sozial- und bevölkerungspolitische Maßnahmen.

Migration und Integration auf der EU-Agenda

Die Bilder wiederholen sich immerzu: Afrikanische Bootsflüchtlinge landen auf den Kanarischen Inseln oder werden im Mittelmeer aufgegriffen. Auch auf der EU-Agenda stehen Migration und Integration daher ganz oben. Der Europäische Rat verabschiedete am 16. Oktober 2008 eigens den „Europäischen Pakt zu Einwanderung und Asyl". Die Kommission startete im gleichen Jahr mehrere neue Initiativen zum Gesamtansatz der Migration, zur Asyl- und Flüchtlings- sowie zur Integrationspolitik. Wie andere Teilbereiche des übergeordneten Politikfeldes „Justiz und Inneres" (Raum der Freiheit, der Sicherheit und des Rechts) ist jedoch gerade die Asyl- und Einwanderungspolitik ein ausgesprochen sensibler Bereich. In ihm treten die EU-Mitgliedstaaten nur ungern und erst allmählich Kompetenzen an die Gemeinschaft ab. Grundsätzlich gilt, dass die Vergemeinschaftung der Asyl- und Flüchtlingspolitik daher stärker vorangeschritten ist als die der Migrations- und Integrationspolitik.

Ein erschöpfter afrikanischer Bootsflüchtling konnte sich an den Strand von Fuerteventura retten; im Hintergrund Touristen (2007).

MATERIAL

1 Kriterien des „neuen" Terrorismus

Der islamistische Terrorismus speist sich vordergründig aus religiösen Motiven. Fünf zentrale Merkmale machen den „neuen" Terrorismus dabei von bisherigen Formen innerstaatlicher Terrorgewalt unterscheid- und abgrenzbar:

Quantitative Zerstörung: Zwar sind Terroristen noch nicht in der Lage gewesen, ABC-Waffen einzusetzen. Dennoch sind die Opferzahlen bereits drastisch angestiegen. Der 11. September 2001 brachte neue Dimensionen an menschlichem Leid mit sich. Auch die infrastrukturelle, materielle Zerstörung hat gigantische Ausmaße angenommen.

Ubiquität der Opferziele: Der „neue" Terrorismus ist zunehmend gegen „wahllose" Opfer gerichtet. Am 11. September mussten diejenigen mit dem Leben bezahlen, die sich „zufällig" im World Trade Center oder im Pentagon befanden. Für den terroristischen Islamisten gibt es nicht nur den nahen, lokalen oder regionalen Feind, sondern auch den fernen und unbekannten, den internationalen Gegner. Die „Rote Armee Fraktion" definierte ihre Feinde seinerzeit weitaus klarer. Sie war gegen das demokratische System und das Führungspersonal in Politik, Wirtschaft und Finanzen gerichtet.

Selbstmordattentäter: Die „neuen" Terroristen nehmen eine doppelte Rolle ein, zum einen als Attentäter, zum anderen als Selbstmörder. Ihr Anschlag dient als spiritueller Akt, hat aus Sicht der Ausführenden einen höheren, gottgewollten Sinn.

Netzwerke statt hierarchischer Organisation: Der „neue" Terrorismus „haust" nicht mehr in Höhlen, sondern im virtuellen Raum. Das Internet macht es möglich, unter den Aktivisten online Bauanleitungen für Bomben, Trainingspläne und Instruktionen zum Zellenaufbau zu verbreiten.

Global-mediale Multiplikatoren: Der 11. September war ein globales Medienereignis, das durch die Live-Berichterstattung ein Millionenpublikum „traumatisierte". Zum ersten Mal in der Geschichte der Menschheit konnte eine internationale Öffentlichkeit ein derartiges Geschehen in Echtzeit verfolgen.

Autorentext

Querverweis: S. 43, M 6

MATERIAL

2 „Wie'n zweiter 11. September"

„Zweihundert Kilogramm mit Splittern, inschallah, das macht 'nen Riesenbums", sagt der eine. Und sein Mitfahrer stimmt ihm freudig zu: „Ja, inschallah, das wäre wie'n zweiter 11. September." Die amerikanische Airbase Ramstein könnte ein Ziel sein oder eine Diskothek, die von amerikanischen Soldaten besucht wird. Aber auch die Deutschen „sollten eins in die Fresse kriegen", weil sie in Afghanistan dabei sind.

Es ist Anfang September 2007. In vier Wochen soll der Bundestag über das ISAF-Mandat der Bundeswehr entscheiden, und eine Gruppe junger Islamisten – zwei deutsche Konvertiten und hier aufgewachsene Türken – will mit mindestens drei gleichzeitig ausgeführten Bombenanschlägen Dschihad-Geschichte schreiben. [...]

Die beiden jungen Männer, die so reden und planen, sind unterwegs in einem Mietwagen und halten sich für Herren über Leben und Tod. Das deutsche Scheidungskind Fritz Gelowicz, achtundzwanzig Jahre alt, und sein sieben Jahre jüngerer Freund Daniel Schneider aus Neunkirchen fühlen sich als „Gotteskrieger". „Bis jetzt hat Gott alles perfekt gemacht, fast alles perfekt. Wir haben richtig Power", glaubt Fritz, der am Morgen in Dortmund allerlei Zubehör für den Bombenbau gekauft hat – Platinen, Schalter, Kabel, 33,5 Kilo Mehl, Edelstahl-Kochtöpfe. [...]

Dass man sie noch stoppen könnte, halten Gelowicz, Schneider und ein Dritter im Bunde, Adem Yilmaz, inzwischen für ausgeschlossen. 720 Liter Wasserstoffperoxid-Lösung in zwölf 60-Liter-Kanistern hat Gelowicz besorgt und in einer gemieteten Garage im Schwarzwald versteckt. Ein vierter Komplize hat – so die Bundesanwaltschaft in ihrer Anklageschrift – sechsundzwanzig militärische Zünder beschafft und über die Türkei nach Deutschland schmuggeln lassen.

Gelowicz erhielt von der Islamischen Dschihad Union (IJU) in Pakistan und Usbekistan per Mail eine Bauanleitung, wie man damit möglichst viele Menschen tötet. Denn das ist ihr Ziel. [...]
Hass gibt Kraft. Seit vielen Monaten arbeiten Gelowicz und seine mutmaßlichen Komplizen fieberhaft an den Vorbereitungen für ihren ganz großen Anschlag. In einem Ferienhaus in Medebach-Oberschledorn [...] wollen sie heute und morgen die erste Bombe herstellen. Im halben Orient – Syrien, Pakistan, Saudi-Arabien und Afghanistan – haben sie in den zwei Jahren zuvor Arabisch gelernt und den Koran studiert, haben in Terrorlagern die Kalaschnikow geschultert und sich im Bau von Sprengsätzen unterweisen lassen. 2005 ist Fritz Gelowicz, der in Neu-Ulm in einer Sackgasse wohnt, nach Mekka gepilgert. [...]
Hass macht erfinderisch. Tütenweise tragen die Verschwörer Handys und Prepaid-Karten von Saturn nach Hause, um die Telefone nach wenigen Gesprächen zu wechseln. [...]
Hass macht aber auch blind. Zum Beispiel sehen die Möchtegern-Terroristen nicht, dass rund um ihr Sauerland-Häuschen ein riesiges Polizeiaufgebot zusammengezogen wird. Um das Dorf haben etwa dreihundert Observationsspezialisten, Abhörexperten und Beamte von Sondereinsatzkommandos Position bezogen. Es ist die „Operation Alberich". Sie verfolgen jede Bewegung, jedes Wort, jedes Geräusch in der 88-Quadratmeter-Wohnung. [...]
Was hat Gelowicz, Schneider und Yilmaz dorthin gebracht – woher kommen ihre Verachtung, ihre Wut? Wieso ließ Gelowicz, das Akademikerkind, sein Wirtschaftsingenieurstudium sausen? Warum kündigt Yilmaz seinen Job am Frankfurter Flughafen? Warum hat der beinahe noch Jugendliche Daniel Schneider nach seiner Bundeswehrzeit bei den Luftlandepionieren plötzlich angefangen, seine Nachbarn im saarländischen Neunkirchen mit lauten Allah-Gebeten zu nerven? Darüber rätseln die Experten nach wie vor. Verrückt sind die drei nicht, jedenfalls nicht im konventionellen Sinne, das haben psychiatrische Gutachten ergeben, die ihnen Intelligenz und Zurechnungsfähigkeit bescheinigen. [...]
Sucht man nach den Anfängen der Radikalisierung der Sauerland-Gruppe und ihres Umfeldes, gelangt man nach Neu-Ulm. Dort, im Multikulti-Haus, haben sie Dr. Yehia Yousif alias „Scheich Abu Omar" kennengelernt, einen Prediger und Verführer, der inzwischen als der einflussreichste Rekrutierer in Deutschland für den Heiligen Krieg gilt. Der Ägypter, der einige Zeit auch für den Verfassungsschutz gearbeitet haben soll, war der Hirnwäscher für etliche Angehörige der Sauerland-Gruppe und für deren Dunstkreis von vierzig, fünfzig jungen Leuten. Viele von ihnen waren inzwischen in Terrorcamps im afghanisch-pakistanischen Grenzgebiet. Manche haben bereits den Tod gefunden [...]. Yousif selbst hat sich kurz vor dem Verbot des Multikulti-Hauses 2005 nach Ägypten abgesetzt. [...] Da waren Gelowicz, Schneider und Yilmaz längst auf ihrem Weg. [...]

Der polizeiliche Zugriff auf die „Sauerland-Gruppe" erfolgte im September 2007. Gegen die drei Hauptverdächtigen Gelowicz, Schneider und Yilmaz wurde am 22. April 2009 vor dem Oberlandesgericht Düsseldorf ein Strafverfahren eröffnet.

➠ Querverweis: S. 73, M 3

Aus: Peter Carstens: Wie'n zweiter 11. September, in: Frankfurter Allgemeine Zeitung vom 11.10.2008, S. 3

1. Visualisieren Sie die Kennzeichen des „neuen" Terrorismus (M 1) in einer Mind-Map. Recherchieren Sie zur „Roten Armee Fraktion" (RAF) und zeigen Sie Gemeinsamkeiten und Unterschiede auf.
2. Recherchieren Sie unter Bezugnahme auf M 1 im Internet zur „Sauerlandgruppe" (M 2) und zum Ausgang des Prozesses gegen die Hauptangeklagten. Präsentieren Sie Ihre Ergebnisse im Kursrahmen.
3. Diskutieren Sie auf Grundlage von M 2 und der Karikatur auf S. 138 nationale und internationale Möglichkeiten der Terrorismusbekämpfung.
4. Entwickeln Sie ein Szenario zu möglichen Folgen eines Terroranschlags hierzulande.

MATERIAL
3 Fakten zur Migration

Nach Schätzungen der Weltbank lebten im Jahr 2005 weltweit etwa 190 Mio. Menschen in Staaten, in denen sie nicht geboren sind. Fünf bzw. fünfzehn Jahre zuvor lag diese Zahl noch bei 174 bzw. 155 Mio. 54% aller Migranten leben in nur zehn Staaten, alleine 32% in den USA, Russland und Deutschland.

Allerdings sind die Staaten, in denen absolut die meisten Migranten leben, nicht gleichzeitig die Staaten, in denen der Anteil der Migranten an der Gesamtbevölkerung am höchsten ist. Um zu dieser Staatengruppe zu gehören, muss der Anteil der Migranten an der Gesamtbevölkerung bei über 25% liegen – dies gilt hier nur für die Vereinigten Arabischen Emirate (71,4%), Hongkong als Teil von China (42,6%), Israel (39,6%) und Saudi Arabien (25,9%). Andere Staaten mit einem sehr hohen Anteil an Migranten sind Kuwait, Jordanien, Singapur, Oman, Estland, Lettland, die Schweiz und Neuseeland.

In den ökonomisch entwickelten Staaten hat sich der Anteil der Migranten an der Gesamtbevölkerung von 6,2% im Jahr 1990 auf 9,3% im Jahr 2005 erhöht. In den Staaten mit mittlerem Einkommen ist der Anteil der Migranten an der Gesamtbevölkerung seit zwanzig Jahren stabil unter 2%; in den Staaten mit niedrigem Einkommen geht der entsprechende Anteil seit 1985 kontinuierlich zurück und liegt gegenwärtig bei etwa einem Prozent.

Nach Prognosen der UN wird die Nettozuwanderung in die ökonomisch entwickelten Staaten bis 2050 bei insgesamt etwa 97 Mio. liegen – das sind durchschnittlich 2,2 Mio. Migranten pro Jahr. Von diesen 2,2 Mio. Migranten werden schätzungsweise 1,1 Mio. auf die USA, jeweils 200 000 auf Deutschland und Kanada, 130 000 auf Großbritannien, 120 000 auf Italien und 100 000 auf Australien entfallen. Die meisten Migranten werden nach den Schätzungen der UN aus China (–327 000), Mexiko (–293 000), Indien (–241 000), den Philippinen (–180 000), Indonesien (–164 000), Pakistan (–154 000) und der Ukraine (–100 000) stammen.

Unter den Migranten gab es laut Weltbank im Jahr 2004 weltweit 8,7 Mio. Flüchtlinge, davon stammten 6,8 Mio., also fast 80%, aus nur 15 Staaten. Allein aus Afghanistan, dem Sudan und Burundi flüchteten im selben Jahr 3,3 Mio. Menschen. Afghanistan war auch in den Jahren 1995 und 2003 der Staat, aus dem am meisten Menschen geflüchtet sind. Deutlich über die Hälfte aller Flüchtlinge wurden 2004 von nur sieben Staaten aufgenommen: Iran, Pakistan, Deutschland, Tansania, USA, China und Großbritannien. [...]

Nach: Bundeszentrale für politische Bildung (Hrsg.): Migration (Stand: 2006), in: www.bpb.de (Zugriff am 11.5.2010)

MATERIAL
4 Push- und Pull-Faktoren (vereinfachte Darstellung)

Querverweis: S. 40, M 2

MATERIAL
Strategien gegen das Weltproblem Migration 5

Da die Migrationsursachen sowohl im wirtschaftlichen wie im politischen Bereich vornehmlich struktureller Natur sind, müssen sich auch Gegenmaßnahmen auf Struktur verändernde Maßnahmen konzentrieren. Zentrale Elemente bilden im ökonomischen Bereich – im Osten wie im Süden – ein verstärkter Kapitalzufluss aus privaten und öffentlichen Quellen, entwicklungskonforme Entschuldungsstrategien, ein stärkerer Technologietransfer, vor allem aber eine Öffnung unserer Märkte. Eine solche Öffnung setzt allerdings in den Industriestaaten zweierlei voraus: den Abbau von Branchen, die ohne Subventionen auf dem Weltmarkt nicht mehr konkurrenzfähig sind, und zugleich die Entwicklung neuer kapital- und technologieintensiver Strukturen zur Schaffung neuer Arbeitsplätze. In den Ländern des Ostens und des Südens müssen gleichzeitig marktwirtschaftliche Strukturen geschaffen und Eigeninitiativen gefördert werden. Hinzukommen müssen eine stärkere Berücksichtigung ökologischer Probleme bei der Gestaltung der Modernisierungsprozesse sowie eine gezielte Familienplanungspolitik.

Nicht minder schwierig und nur langfristig durchführbar sind Strukturreformen im politischen und sicherheitspolitischen Bereich. Zu ihnen gehört auch der Aufbau leistungsfähiger internationaler und regionaler Organisationen. Ihnen kommen vor allem zwei Aufgaben zu: Die Durchsetzung einer friedlichen Austragung zwischenstaatlicher Konflikte sowie die Garantie eines besseren Menschen- und Minderheitenschutzes. Da selbst bei verstärkter Ursachenbekämpfung auf mittlere Sicht der Migrationsdruck weiter steigen wird, stellen sich weitere Aufgaben. Ergänzend zur Erhaltung einer liberalen Asylpolitik, die politisch Verfolgten auch weiterhin freien Zutritt und sichere Zukunft bietet, ist eine europäisch koordinierte Zuwanderungspolitik überfällig. Eine solche Politik würde nicht nur die betreffenden Einwanderungsländer entlasten, sondern könnte – angesichts rückläufiger Bevölkerungsentwicklungen in vielen Ländern Westeuropas – auch zur Lösung der daraus entstehenden arbeitsmarkt- und sozialpolitischen Probleme beitragen.

Eine wichtige Komponente einer Zuwanderungspolitik bilden Maßnahmen zur Integration der Zuwanderer. Solche Maßnahmen müssen eine doppelte Zielrichtung verfolgen: Sie müssen zum einen den Zuwanderern Hilfestellung leisten, sich voll in den Arbeitsprozess und die Gesellschaft der Gastländer zu integrieren; und sie müssen zum anderen die einheimische Bevölkerung auf das Zusammenleben mit diesen Zuwanderern vorbereiten; dazu gehört der Abbau von Vorurteilen und Vorbehalten, Ängsten und Aggressionen, die sich insbesondere gegen Zuwanderer aus anderen Kulturen richten.

Aus: Peter J. Opitz: Weltproblem Migration. Neue Dimensionen internationaler Instabilität, in: Carsten Tessmer (Hrsg.): Deutschland und das Weltflüchtlingsproblem, Opladen 1994, S. 60 ff.

Querverweis: Kapitel I.5

1. Stellen Sie auf Basis von M 3 Fakten zur weltweiten Migration bzgl. Herkunfts- und Aufnahmeländern sowie bzgl. grenzüberschreitender und Binnenmigration zusammen.
2. Erläutern Sie die Strategien gegen das Weltproblem Migration (M 5). Diskutieren Sie, inwiefern Migration wünschenswert ist und inwiefern sie ein Problem darstellt.
3. „Eine europäisch koordinierte Zuwanderungspolitik ist überfällig." Überprüfen Sie diese Forderung vor dem Hintergrund des Vertrags von Lissabon (Tipp: *http://europa.eu/lisbon_treaty*).
4. Führen Sie Interviews mit Zuwanderern aus Ihrer Umgebung und ermitteln Sie dabei die Gründe für deren Migration auf Basis von M 4.

Die Weltwirtschaftskrise 1929

Nach den Schrecken und Entbehrungen des Ersten Weltkriegs und einer alle Sparguthaben vernichtenden Inflation in Deutschland nahmen viele Menschen die Jahre 1924 bis 1929 als „Goldene Zwanziger" („Roaring Twenties") wahr. Vor allem in den USA setzte nach dem Krieg ein ungeheurer Wirtschaftsaufschwung ein, da das Verlangen nach Konsumgütern immens stieg. Dass die nachgefragten Güter, z. B. Automobile oder Kühlschränke, nun auch für eine breite Masse bezahlbar wurden, war der Rationalisierung und Mechanisierung der Produktion zu verdanken. Dieser Boom wurde über den internationalen Finanzkreislauf – von den USA ausgehend durch die Gewährung von Krediten – nach Europa getragen.

Der amerikanische Aufschwung aber finanzierte sich zunehmend über Geld, das nur geliehen war – und zwar von der eigenen Bevölkerung. Da viele US-Amerikaner, im Glauben an eine „eternal prosperity", am Aufschwung ihrer Wirtschaft teilhaben wollten, liehen sie sich von den Banken zu teils horrenden Zinsen Geld, um davon Aktien zu kaufen. Die Unternehmen wiederum investierten die neuen Geldmittel in ihre Produktionsanlagen und erhöhten damit das Güterangebot. Als sich im Herbst 1929 aufgrund der Überproduktion eine Verschärfung des bereits seit 1928 spürbaren Wirtschaftsabschwungs abzeichnete, stießen viele Aktienspekulanten ihre Wertpapiere ab. Innerhalb kürzester Zeit taten ihnen dies andere Aktienbesitzer gleich, und die Spekulationsblase platzte: Am 23. Oktober 1929 gab der Dow Jones um 13 Prozent nach. Der übernächste Tag ging als „Schwarzer Freitag" in die Geschichte ein.

Die Tatsache, dass die Boomphase in den USA quasi über Nacht in eine schwere Rezession gemündet war, bewirkte nun, dass die amerikanischen Kapitalanleger, und damit auch die Banken, ihre investierten Gelder und kurzfristig gewährten Kredite weltweit zurückzogen, um die eigene Liquidität zu erhalten. Dies stürzte andere Volkswirtschaften in eine schwere Krise, die dadurch verstärkt wurde, dass sich die wirtschaftliche Entwicklung ohnehin in einer Abwärtsbewegung befand: Produktion und Beschäftigung brachen dramatisch weg, Löhne und Preise gingen zurück. Gefangen in nationalstaatlichem Denken und bar einer funktionsfähigen und willigen supranationalen Organisation, die diesem ersten globalwirtschaftlichen „Schiffbruch" hätte entgegensteuern können, verfielen die Industriestaaten Europas in einen Protektionismus der eigenen Märkte: Durch eine rigide Zollpolitik wurde versucht, die eigenen Industrien vor billigen Importen aus dem Ausland zu schützen. Ein drastischer Rückgang des Welthandels war die Folge – ohne dass dadurch allerdings die Bin-

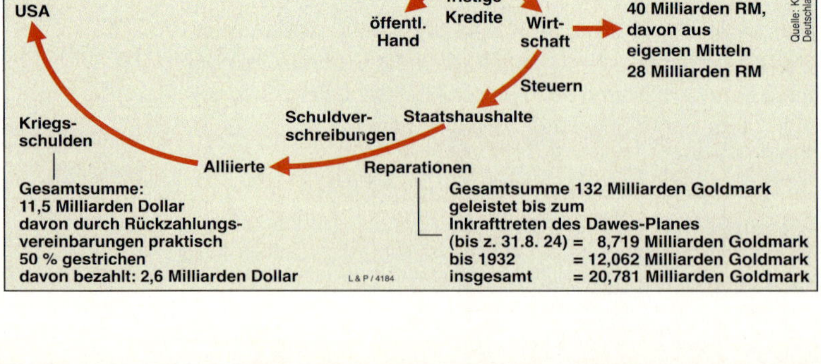

Fließbandproduktion des Ford T-Modells („Tin Lizzy")

nennachfrage erneut hätte angekurbelt werden können. Zwei Jahre später, im Sommer 1931, wurde die Wirtschaftskrise noch einmal durch die von Deutschland ausgehende Bankenkrise verschärft. Die Kapitaldecke der deutschen Banken war auch in den „Goldenen Zwanzigern" dünn geblieben, ein ordentlicher Geschäftsbetrieb nur durch die von US-Banken gewährten (kurzfristigen) Kredite möglich gewesen, die in Deutschland aber langfristig angelegt wurden. Deshalb waren kleinere deutsche Banken bis 1931 bereits bankrott gegangen. Als im Frühjahr 1931 die größte Bank Österreichs, die Österreichische Creditanstalt, zusammenbrach, befürchtete man im In- und Ausland, dass nun auch die großen deutschen Banken kollabieren könnten. Jetzt zogen auch Gläubiger und Kunden in Panik ihre Anlagen zurück. Um den Zusammenbruch des deutschen Bankensystems zu verhindern, schlossen alle deutschen Banken im Juli 1931 für zwei Tage ihre Schalter. Danach konnten die Kunden nur noch in begrenztem Umfang über ihre Einlagen verfügen.

Franklin D. Roosevelt (1882 – 1945)

Die Bankenkrise wurde u. a. durch die Revisionspolitik Reichskanzler Heinrich Brünings (1885 – 1970) mit verursacht und verstärkt: Nicht die Bekämpfung von Massenarbeitslosigkeit und Wirtschaftskrise hatte für ihn Priorität, sondern eine rigide Deflationspolitik, die das Land von den Reparationszahlungen befreien sollte. So verzichtete Brüning im Sommer 1931 nicht nur darauf, mit Auslandskrediten die dringendsten Finanzierungsschwierigkeiten zu lösen, sondern kündigte an, Deutschland werde in Kürze die Reparationszahlungen einstellen. Diese Politik hatte einen Vertrauensverlust des Auslands in die deutsche Wirtschaft zur Folge; es kam zum verstärkten Rückzug auch ausländischen Kapitals aus Deutschland.

Angesichts der Verschärfung der Krise durch die Deflations- und Schutzzollpolitik wurde der Ruf nach staatlicher Hilfe in den am schwersten betroffenen Ländern unüberhörbar. In den USA stellte der neue Präsident Franklin D. Roosevelt seine Politik des „New Deal" zur Lösung der Krise im eigenen Land vor und bot damit eine demokratische Alternative zum diktatorischen Lösungsversuch Adolf Hitlers (1889 – 1945). So sollte in den USA die Kaufkraft der Farmer wiederhergestellt werden, der Banken-, Kredit- und Kapitalmarkt wurde unter staatliche Aufsicht gestellt und Arbeitsbeschaffungsmaßnahmen initiiert. Roosevelts Politik zeitigte Erfolge, doch die endgültige Überwindung der Krise gelang den USA erst im und durch den Zweiten Weltkrieg.

1. Erarbeiten Sie aus dem Text den Hergang der Weltwirtschaftskrise 1929.
2. Recherchieren Sie zur Weltwirtschaftskrise 2009 und ermitteln Sie Gemeinsamkeiten und Unterschiede im Vergleich zum Jahr 1929.

7. Global Governance – von der Notwendigkeit kooperativen Handelns

„Die Welt hat genug für jedermanns Bedürfnisse, aber nicht genug für jedermanns Gier."

Mahatma Gandhi (1869 – 1948)

Global Governance

Die Frage nach den Ordnungs- und Regulierungsmöglichkeiten der internationalen Finanzmärkte und des Welthandels zählt zu den großen Herausforderungen der Globalisierung. Aber auch Klimawandel und Umweltzerstörung, Terrorismus oder Armut sind nur gemeinsam, d. h. mithilfe internationaler Institutionen zu bewältigen. Unter dem Schlagwort der Global Governance, einer Art grenzüberschreitender Mehrebenenpolitik, wird dabei auf Möglichkeiten eines „Regierens jenseits des Nationalstaats" hingewiesen: Neue Ebenen der Regulierung und Steuerung, an denen neben staatlichen Stellen vor allem internationale Institutionen und Nichtregierungsorganisationen teilnehmen, haben sich entwickelt, um die globalen Probleme der Gegenwart zu lösen.

IWF

Zur Steuerung des globalen Finanz- und Handelssystems wurden verschiedene internationale Institutionen bzw. Regime geschaffen, wie der Zusammenschluss der wichtigsten 20 Industrie- und Schwellenländer (G 20), die Welthandelsorganisation (WTO) und der Internationale Währungsfonds (IWF). Letzterer wurde als Sonderorganisation der UNO gegründet, um das Weltwirtschaftssystem nach 1945 neu aufzubauen. 186 Staaten sind derzeit Mitglied des IWF; ihr Stimmrecht orientiert sich an ihrem Kapitalanteil. Da die Beschlüsse im IWF mit einer Mehrheit von 85 Prozent getroffen werden, verfügen die USA und die 27 EU-Staaten de facto jeweils über eine Sperrminorität. Der IWF verfolgt die Ziele, den Welthandel auszuweiten, die internationale Zusammenarbeit in der Währungspolitik zu fördern, die internationalen Finanzmärkte zu stabilisieren und kurzfristige Kredite zum Ausgleich von Zahlungsbilanzdefiziten zu vergeben. Für die Regulierung der Weltwirtschaft hat er damit eine zentrale Bedeutung. Eine globale Finanzmarktkrise, wie sie im Herbst 2008 ihren Ausgang nahm, konnte aber auch der IWF nicht vermeiden.

Weltwirtschaftskrise 2009

Der supranationale Staatenverbund der Europäischen Union gilt als ein besonders erfolgversprechendes Laboratorium für Global Governance. Anders als bei der Weltwirtschaftskrise 1929 gab es 2009 einen Konsens, der Krise mit vereinten Kräften und über Staatsgrenzen hinweg zu begegnen: Protektionismus und Schutzzollpolitik unterblieben ebenso wie Deflationsversuche. Stattdessen bemühten sich viele Staaten, der Krise antizyklisch mit Konjunkturprogrammen entgegenzutreten, ohne diese rein nationalwirtschaftlich auszurichten: Die Abwrackprämie galt z. B. in Deutschland – wie im Übrigen auch in den USA – nicht nur für inländische Fahrzeuge. Man hatte erkannt, dass in einer globalisierten Welt nur kooperatives Handeln Erfolge bringt.

Weltkonferenzen …

Das Ziel von Global Governance besteht allerdings nicht nur darin, globale Probleme auf wirtschaftlichem Gebiet gemeinsam zu lösen. Auch in anderen Politikfeldern bemühen sich viele Akteure um eine enge Zusammenarbeit: Ein Paradebeispiel für die Global Governance-Architektur sind die Weltkonferenzen. Solche Verhandlungsforen gab es unter dem Dach oder in Regie der UNO zwar schon seit den 1960er Jahren. In den meisten Fällen standen diese aber unter dem Einfluss des Ost-West-Konflikts. Seit den 1990er Jahren ist ein enormer Anstieg der Weltkonferenzen zu verzeichnen, wie z. B. der Weltkindergipfel 1990 in New York, die Weltumweltkonferenz 1992 in Rio de Janeiro oder die Weltklimakonferenz 2009 in Kopenhagen zeigen, die Ausdruck einer eng miteinander verbundenen Welt sind. Trotz möglicher Blockaden oder der Verfolgung von nationalen Interessen sind die Weltkonferenzen zu einem wichtigen Forum geworden, auf dem z. B. Staatenvertreter, internationale Organisationen und Nichtregierungsorganisationen oder Medien eng zusammenarbeiten. Häufig führen dabei internationale Verhandlungen zur Gründung von internationalen Regimen, also Institutionen, die sich im Unterschied zu internationalen Organisationen auf einzelne Problemfelder (z. B. Klimaschutz oder Zugang zu Wasserressourcen) konzentrieren.

Zeichnung: Burkhard Mohr

... und internationale Regime

Problemfelder globaler Zusammenarbeit

Das gemeinsame Interesse an der Lösung von globalen Problemen richtet sich vor allem auf folgende Themenfelder:

- die Problematik der Verletzung von Menschenrechten, bei der es um die Achtung der Menschenwürde, den Aufbau von Zivilgesellschaften und die Bewahrung der kulturellen Vielfalt in der Welt geht,
- die globalen Umweltkrisen, die eine Zusammenarbeit im Bereich des Klima- und Artenschutzes erforderlich machen,
- die Sicherung des internationalen Friedens,
- die Verwirklichung weltweit akzeptabler Lebensbedingungen und sozialer Standards sowie
- die Bewältigung von Herausforderungen auf den globalen Finanz-, Handels-, Arbeits- oder Gütermärkten.

demokratische Legitimation und Global Compact

Auch wenn es bei dem Konzept von Global Governance am ehesten um „Weltordnungspolitik" geht und nicht um die Errichtung einer Weltregierung (*Global Government*), bleibt die Frage der Umsetzung und demokratischen Legitimation von Global Governance bestehen. Der Vorwurf, dass Entscheidungen über die Köpfe der Menschen hinweg getroffen würden und internationale Institutionen oft nur über eine indirekte, von den Regierungen abgeleitete demokratische Legitimation verfügten, hat zu unterschiedlichen Protestbewegungen und alternativen Weltgipfeln geführt. Auf die Bewältigung dieses Problems zielt u. a. der vom ehemaligen UN-Generalsekretär Kofi Annan initiierte *Global Compact,* der die Selbstverpflichtungen globaler Unternehmen mit den Aktivitäten von INGOs und internationalen Organisationen fördern soll.

MATERIAL

1 „Der Markt braucht Regeln und Moral"

Aus der „Berliner Rede" von Bundespräsident Horst Köhler vom 24. März 2009:

„Ich will Ihnen eine Geschichte meines Scheiterns berichten. Es war in Prag, im September 2000. Ich war neu im Amt als Geschäftsführender Direktor des Internationalen Währungsfonds. Mein Ziel war es, den IWF zum Exzellenzzentrum für die Stabilität des internationalen Finanzsystems zu machen. Die Entwicklung auf den Finanzmärkten bereitete mir Sorgen. Ich konnte die gigantischen Finanzierungsvolumen und überkomplexen Finanzprodukte nicht mehr einordnen. Ich begann, kapitalmarktpolitische Expertise im IWF aufzubauen. Das sahen nicht alle gern. Und ich wunderte mich, dass sich die G 7-Staaten nur zögerlich einer Überprüfung ihrer Finanzsektoren unterziehen wollten […].

Viele, die sich auskannten, warnten vor dem wachsenden Risiko einer Systemkrise. Doch in den Hauptstädten der Industriestaaten wurden die Warnungen nicht aufgegriffen: Es fehlte der Wille, das Primat der Politik über die Finanzmärkte durchzusetzen. Jetzt sind die großen Räder gebrochen, und wir erleben eine Krise, deren Ausgang das 21. Jahrhundert prägen kann. Ich meine: zum Guten, wenn wir aus Schaden klug werden.

Noch aber entfaltet die Rezession sich weiter. Jeder Kontinent ist erfasst. Die Finanzkrise hat blitzschnell durchgeschlagen auf die reale Wirtschaft. Gestern war Deutschland noch Exportweltmeister. Ein stolzer Titel fällt uns heute vor die Füße. Aufträge brechen weg, mit nie da gewesener Geschwindigkeit.

Es ist ein gutes Zeichen, dass die meisten Unternehmen in Deutschland versuchen, Entlassungen zu vermeiden. Sie wissen, dass sie ihre hoch motivierten und gut qualifizierten Mitarbeiterinnen und Mitarbeiter dringend brauchen, wenn sie die Krise überwinden wollen. Wir müssen aber auch ehrlich sein: Viele Unternehmen werden ihr Überleben und damit zugleich Arbeitsplätze nur sichern können, wenn sie sich auch von Mitarbeiterinnen und Mitarbeitern trennen. Wir müssen uns darauf einstellen: Die Arbeitslosigkeit in Deutschland wird sich wieder deutlich erhöhen. Manche fragen: Können wir nicht einfach aussteigen aus der Globalisierung? Aber eine Volkswirtschaft, in der vom Brot bis zum Hemd, vom Computer bis zum Auto alles im eigenen Land hergestellt werden müsste, ist nicht mehr denkbar. Der Ausstieg aus den Weltmärkten würde unseren Wohlstand in kürzester Zeit vernichten. Stellen wir uns also der Verantwortung. Sie deckt sich mit unserem Interesse. Wir verkaufen die Hälfte unserer Wirtschaftsleistung ins Ausland. Die Weltwirtschaft ist unser Schicksal. Deshalb müssen wir unser Gewicht jetzt aktiv und konstruktiv in die internationale Zusammenarbeit zur Überwindung der Krise einbringen. […]

Die Krise ging von den Industriestaaten aus – von denen, die sich bislang am stärksten fühlten. Und sie wirft ein Schlaglicht auf die Widersprüche, in die sich die industrialisierte Welt in den vergangenen Jahrzehnten verstrickt hat. Wir haben diese Welt selbst mitgestaltet. Aber wir finden uns immer weniger darin zurecht. […] Und wir haben uns eingeredet, es gebe einen Königsweg, diese Widersprüche aufzulösen: Wir haben uns eingeredet, permanentes Wirtschaftswachstum sei die Antwort auf alle Fragen. Solange das Bruttoinlandsprodukt wächst, so die Logik, können wir alle Ansprüche finanzieren […].

Die Finanzmärkte waren Wachstumsmaschinen. Sie liefen lange gut. Deshalb haben wir sie in Ruhe gelassen. Das Ergebnis waren Entgrenzung und Bindungslosigkeit. Jetzt erleben wir, dass es der Markt allein nicht richtet. Es braucht einen starken Staat, der dem Markt Regeln setzt und für ihre Durchsetzung sorgt. Denn Marktwirtschaft lebt vom Wettbewerb und von der Begrenzung wirtschaftlicher Macht. Sie lebt von Verantwortung und persönlicher Haftung für das eigene Tun; sie braucht Transparenz und Rechtstreue. Auf all das müssen die Menschen vertrauen können.

Dieses Vertrauen ist jetzt erschüttert. Den Finanzmärkten fehlte eine ordnende Kraft. Sie haben sich den Staaten entzogen. Die Krise zeigt uns: Schrankenlose Freiheit birgt Zerstörung. Der Markt braucht Regeln und Moral. […]"

Aus: „Die Glaubwürdigkeit der Freiheit" – Berliner Rede 2009 von Bundespräsident Horst Köhler; abrufbar unter www.bundespraesident.de (Zugriff am 15.1.2010)

Querverweis: S. 131, M 6

MATERIAL
Karikatur **2**

Zeichnung:
Klaus Stuttmann

MATERIAL
Der Weg zur globalen Finanz- und Wirtschaftskrise **3**

Amerikanische Hausbesitzer
Nehmen Kredite zu historisch niedrigen Zinsen auf

Amerikanische Banken
Vergeben Kredite ohne Einkommen der Kreditnehmer ausreichend zu prüfen
Bündeln Kredite zu Wertpapier-Paketen („Verbriefung")

Internationale Banken
Kaufen Wertpapier-Pakete mit hohem Anlagerisiko

Ende 2006: Zinsen steigen – 2007: Krise

Amerikanische Hausbesitzer
Können Kredite nicht zurückzahlen
Zwangsversteigerung
Preisverfall bei Eigenheimen

Amerikanische Banken
Kreditausfälle, hohe Verluste, teilweise Insolvenzen
Geld wird knapp

Internationale Banken
Gekaufte Papiere wertlos, hohe Verluste
Misstrauen: Banken leihen sich untereinander kein Geld mehr

2007/ 2008/ 2009: Folgen

Amerikanische Wirtschaft
Weiterer Preisverfall
Stark rückläufiger privater Konsum
Unternehmen investieren weniger
Rückgang Wirtschaftswachstum

Notenbanken
Stellen Milliarden von Euro zur Verfügung, um internationalen Zahlungs- und Kreditverkehr zu sichern

Internationaler Kapitalmarkt
Kapitalanleger verkaufen ihre Bankaktien, Kurssturz an der Börse („Schwarzer Montag": 21.1. 2008)

Weltwirtschaft
Rückgang Wirtschaftswachstum

L & P / 4187

Quelle: Arbeitsgemeinschaft Jugend und Bildung e. V. (Stand: März 2008)

Querverweis: S. 144 f.

1. Interpretieren Sie die Karikatur (M 2) und zeigen Sie mögliche Handlungsschwierigkeiten der nationalen Politik in der globalen Ökonomie auf.
2. Erarbeiten Sie aus dem Text M 1 die Forderungen des Bundespräsidenten und nehmen Sie dazu Stellung.
3. Erarbeiten Sie die Auswirkungen der Krise auf den internationalen Kapitalmarkt und die (Real-)Wirtschaft (M 3). Erwägen Sie die Folgen für private Kapitalanleger.
4. Recherchieren Sie zu den Strategien der Bundesregierung bei der Bewältigung der Finanz- und Wirtschaftskrise (M 1) und interpretieren Sie danach die Karikatur auf S. 147.

MATERIAL
4 Das Global Governance-Konzept

Das Konzept von Global Governance hat [...] eine gemeinsame Zielsetzung: Institutionelle Mittel und Wege zur kooperativen Bearbeitung von Weltproblemen [...] und politischen Gestaltung der Globalisierung aufzuzeigen. [...] In Zeiten politischer Unübersichtlichkeit, sich häufender Gewaltkonflikte in der weltpolitischen Peripherie, wachsender sozialer Ungleichheiten und ökologischer Krisen wuchs das Bedürfnis nach einer „neuen Weltordnung", die Lösungsmöglichkeiten für Krisen versprach, die das herkömmliche diplomatische ad hoc-Krisenmanagement nicht mehr zur Verfügung stellte, sondern eine Verstetigung und Institutionalisierung internationaler Kooperation verlangte, die in der UN-Charta an vielen Stellen eingefordert wird. Die Weltkonferenzen der 1990er Jahre wurden zutreffend als „Bausteine für Global Governance" bezeichnet, weil auf ihnen eine neue Dramaturgie der Weltpolitik inszeniert wurde. Hier zeichneten sich neben allem Spektakel neue globale Akteurskonstellationen ab, die darauf schließen ließen, dass die Staaten nicht mehr wie auf dem Wiener Kongress in diplomatischer Exklusivität schalten und walten können und nicht mehr das Monopol bei der Gestaltung der internationalen Beziehungen besitzen. Diese Trends spielten bei der Fortentwicklung des Global Governance-Konzepts eine wichtige, obgleich umstrittene Rolle.

Nach: Dirk Messner/ Franz Nuscheler: Das Konzept Global Governance. Stand und Perspektiven, INEF-Report Heft 67/ 2003

MATERIAL
5 Die Prinzipien des Global Compact

Die Prinzipien des Global Compact beruhen auf einem weltweiten Konsens, der sich herleitet aus

- der Allgemeinen Erklärung der Menschenrechte,
- der Erklärung der Internationalen Arbeitsorganisation über grundlegende Prinzipien und Rechte bei der Arbeit,
- der Rio-Erklärung über Umwelt und Entwicklung und
- dem Übereinkommen der Vereinten Nationen gegen Korruption.

Der Global Compact verlangt von den Unternehmen, innerhalb ihres Einflussbereichs einen Katalog von Grundwerten [...] in die Praxis umzusetzen:

Prinzip 1: Unternehmen sollen den Schutz der internationalen Menschenrechte innerhalb ihres Einflussbereichs unterstützen und achten. [...]
Prinzip 4: [Unternehmen sollen] für die Beseitigung aller Formen der Zwangsarbeit,
Prinzip 5: die Abschaffung der Kinderarbeit und
Prinzip 6: die Beseitigung von Diskriminierung bei Anstellung und Beschäftigung eintreten. [...]
Prinzip 8: [Unternehmen sollen] Initiativen ergreifen, um ein größeres Verantwortungsbewusstsein für die Umwelt zu erzeugen, und
Prinzip 9: die Entwicklung und Verbreitung umweltfreundlicher Technologien fördern.

Aus: Der Global Compact, United Nations, New York 2005; abrufbar unter www.unglobalcompact.org (Zugriff: 2.2. 2010)

1. Erläutern Sie das Global Governance-Modell (M 6, M 7) und erklären Sie dabei die Bedeutung der bisher stattgefundenen Weltkonferenzen (M 4).
2. Ordnen Sie die jeweiligen Prinzipien des Global Compact seinen „Herleitungen" zu und erwägen Sie weitere Prinzipien, die Bestandteil des Global Compact sein sollten (M 5).
3. Führen Sie eine Pro- und Kontra-Diskussion zu der Frage: Ist Global Governance ein sinnvolles Konzept zur Lösung globaler Probleme?

MATERIAL

Das Global Governance-Modell 6

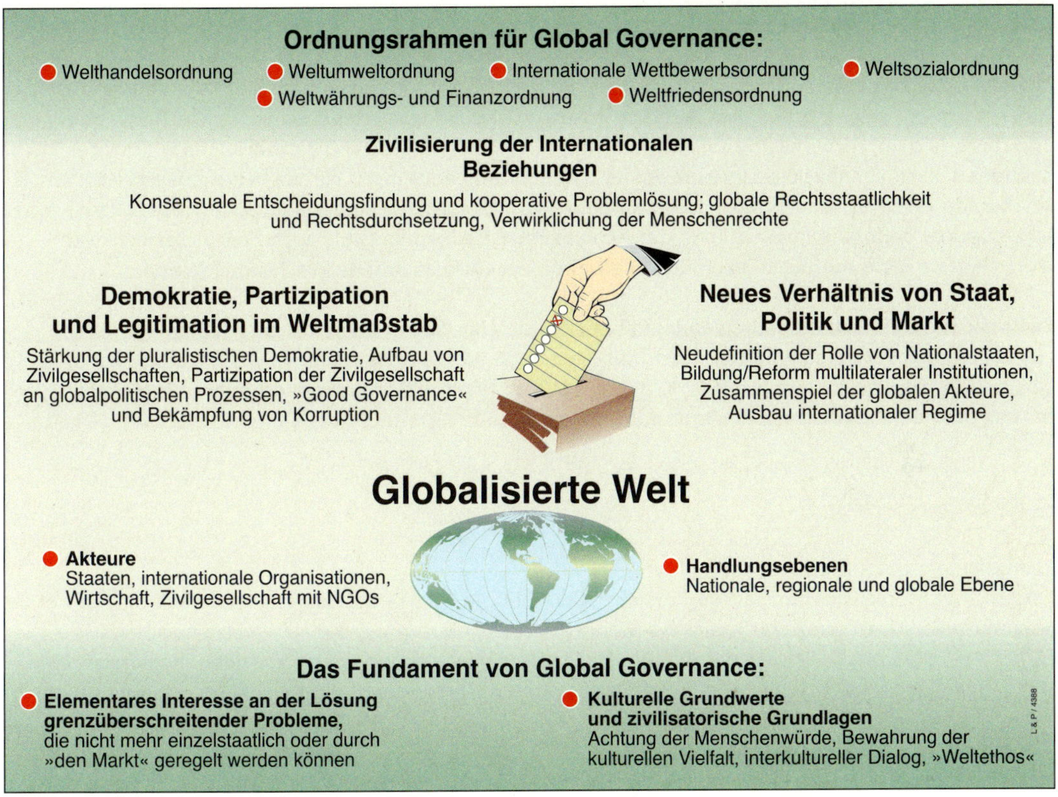

Querverweis: S. 82 f., Methode

MATERIAL

Global Governance als Lösungsweg? 7

Der Versuch zur Bewältigung der globalen Herausforderungen wird unter dem Schlagwort Global Governance diskutiert. Grunderkenntnis ist dabei, dass sich bei Globalisierung der Probleme auch „die" Politik globalisieren muss. Dies bezieht sich nicht nur auf die Zusammenarbeit zwischen den Staaten, um etwa weltweite Steuersenkungswettläufe, Lohn-, Sozial-, Subventions- und Umweltdumping zu verhindern, sondern auch auf die Entwicklung eines neuen Politikmodells, bei dem staatliche und nichtstaatliche Akteure auf verschiedenen Ebenen zusammenarbeiten. Somit meint Global Governance [...]

- erstens die Neudefinition staatlicher Souveränität,
- zweitens die Verdichtung und Verrechtlichung der internationalen Beziehungen,
- drittens die Erweiterung des Kreises der Akteure über die Staaten hinaus und
- viertens ein neues Verständnis für Außenpolitik, bei dem ein normatives, am „Weltgemeinwohl" orientiertes Verständnis vorherrscht. [...]

Für eine Global Governance-Architektur werden fünf Säulen als maßgeblich angesehen:

- eine Welthandelsordnung,
- eine internationale Wettbewerbsordnung,
- eine Weltwährungs- und Finanzordnung,
- eine Weltsozialordnung und
- eine Weltökologieordnung.

Querverweis: S. 135, M 3

Aus: Johannes Varwick, Globalisierung, in: W. Woyke (Hg.), Handwörterbuch Internationale Politik, 8. Aufl., Opladen 2000, S. 145 f.

Zeitungsartikel und Zeitungskommentar

Im Rahmen einer neuen Aufgabenkultur an den deutschen Gymnasien werden Sie in der Oberstufe zunehmend mit sogenannten gestalterischen Aufgabenstellungen konfrontiert. Solche Aufgaben orientieren sich in Vorbereitung auf eine künftige berufliche Tätigkeit an Materialien oder Textproduktionen, die im Hinblick auf Ihre universitäre Ausbildung oder Ihren Eintritt in das Erwerbsleben eine wichtige Rolle spielen. Neben der Entwicklung von Szenarien bzw. der Beurteilung ihrer Wahrscheinlichkeit oder dem Entwurf bzw. der Analyse einer Rede müssen Sie auch Zeitungsartikel und -kommentare nicht nur erschließen und bearbeiten, sondern auch selbst verfassen können.

Bevor Sie mit dem Schreiben beginnen, müssen Sie sich das Szenario, in das die Aufgabenstellung eingebettet ist, vergegenwärtigen, damit Ihr Text auch adressatengerecht verfasst werden kann. Überprüfen Sie also, ob der Artikel/ Kommentar z. B. für Ihre Schülerzeitung oder Ihre Heimatzeitung oder eine politische Zeitschrift gedacht ist.

a) Der Zeitungsartikel

1. Inhalt

Ein Zeitungsartikel will einen Sachverhalt informativ und sachlich neutral darstellen. Dabei sollte ein Maximum an Information mit möglichst wenig Worten geboten werden. Um dies gewährleisten zu können, müssen Sie über ein entsprechend großes Hintergrundwissen verfügen. Persönliche Wertungen eines Sachverhalts oder Ereignisses sollten unterbleiben.

2. Aufbau

Nach der Schlagzeile liefert ein kurzer Vorspann die wichtigsten Informationen des folgenden Hauptteils. Die Einleitung ist gleichsam die „Visitenkarte" des gesamten Textes. Wenn Sie schlecht formuliert ist oder den Kern des Artikels nicht wiederzugeben vermag, begegnet der geneigte Leser bzw. der Korrektor dem folgenden Text mit einer eher negativen Einstellung.

3. Sprachliche Gestaltung

Der Zeitungsartikel zeichnet sich durch kurzen und prägnanten Sprachstil aus, der auf übermäßigen Gebrauch von Stilmitteln verzichtet, ohne allerdings die Verwendung korrekter Fachtermini außer Acht zu lassen. Hüten Sie sich dabei vor dem Gebrauch nichtssagender Phrasen (z. B. „Abschließend kann gesagt werden, dass ...", „Wir müssten letztlich daran interessiert sein, dass ...").

b) Der Zeitungskommentar

1. Inhalt

Der Zeitungskommentar ist ein subjektiv wertender Text, in dem Sie einen klaren Standpunkt zu einem konkreten Thema einnehmen müssen. Neben der Information, die auch der Zeitungsartikel bietet, beinhaltet der Kommentar Argumentation und Appell. Ein Sachverhalt wird also nicht nur dargestellt, sondern auch beurteilt. Dabei müssen Argumente – analog zur Vorgehensweise einer Erörterung im Fach Deutsch – für die eigene Meinung angeführt werden.

2. Aufbau

Im Kommentar werden die Darstellung von Fakten und die eigene Meinung in einem erörternden Text miteinander verwoben. Wie beim Zeitungsartikel wird auch dem Kommentar eine kurze Einleitung – die zum Lesen des Textes anregen soll und ein Problem auf den Punkt bringt – vorangestellt. Am Ende eines Kommentars steht dabei meist ein Appell zur Lösung des von Ihnen beschriebenen Problems.

3. Sprachliche Gestaltung

Im Gegensatz zum Zeitungsartikel ist die bewusste sprachliche Gestaltung durch Stilmittel im Kommentar gewünscht. Polemik, etwa durch Ironie oder Übertreibung, ist erlaubt, sofern Sie niemanden beleidigen oder schmähen.

c) Beispieltext

Europa bleibt kaum noch Zeit

Der Lissabon-Prozess ist gescheitert, Europa steht am Scheideweg und muss endlich krisenfester werden. Aber harte Sparprogramme allein helfen nicht, denn die führen in die nächste Rezession. Die Eurozone braucht jetzt eine glaubwürdige Wachstumsstrategie und muss rasch ihre Hausaufgaben machen.

Angela Merkel hat Recht: Europa steht am Scheideweg. Das Griechenland-Programm wird zeigen, ob es noch einen dritten Weg zwischen politischer Union und Zerfall gibt. Europa hat es in der Hand, im Fall Griechenland ein Exempel zu statuieren. Das heißt: Kredite darf es nur geben, wenn die harten Bedingungen auch eingehalten werden.

Die große Frage ist allerdings, ob die Märkte Europa überhaupt noch so viel Zeit geben. Es ist klar, dass weitere Hilfspakete von dieser Dimension nicht mehr möglich sind. Spanien oder gar Italien sind nicht zu retten, ohne die ganze Eurozone in den Abgrund zu ziehen.

Die Märkte lassen sich also nicht mehr mit Hilfsankündigungen überzeugen, die unglaubwürdig sind. Die ganze Eurozone muss krisenfester werden. Das heißt: Alle Staaten müssen ihre Defizite runterfahren, auch Deutschland.

Das ist alles andere als trivial. Sparen allein bringt es nicht. Wenn alle Länder der Eurozone auf die Bremse drücken, endet das in einer Rezession. Es muss deshalb auch schnell eine Wachstumsstrategie geben. Der einst vollmundig gestartete Lissabon-Prozess, der Europa zur Nummer eins weltweit machen sollte, ist kläglich gescheitert. Weniger Bürokratie, einfachere Steuersysteme, neue Strategien für Bildung und Innovation – das sind neben der Budgetdisziplin die Hausaufgaben, die Europa machen muss. Viel Zeit dafür bleibt nicht.

Aus: Jörg Eigendorf: Europa bleibt kaum noch Zeit, in: Welt Online vom 5.5. 2010; www.welt.de (Zugriff am 12.5. 2010)

1. Erklären Sie die Unterschiede zwischen Zeitungsartikel und Zeitungskommentar.
2. Ermitteln Sie, welche Textart bei obigem Beispieltext vorliegt.
3. Verfassen Sie einen Zeitungskommentar zur Topmeldung des heutigen Tages.

Weiterführende Informationen

1. Literaturhinweise

Einen sehr guten Überblick zur Rolle Deutschlands in der Globalisierung bieten folgende Standardwerke:

- Bredow, W. v., Die Außenpolitik der Bundesrepublik Deutschland, Wiesbaden 2008
- Schmidt, S./ Hellmann, G./ Wolf, R. (Hg.), Handbuch zur deutschen Außenpolitik, Wiesbaden 2007
- Wilhelm, A., Außenpolitik. Grundlagen, Strukturen und Prozesse, München 2006

Folgende Werke befassen sich eingehend mit den Inhalten einzelner Kapitel:

- Bundeszentrale für politische Bildungsarbeit (Hg.), Deutsche Außenpolitik, Informationen zur politischen Bildung, Heft 304, Bonn 2009
- Beck, U., Weltrisikogesellschaft. Auf der Suche nach der verlorenen Sicherheit, Frankfurt/ Main 2007
- Böckenförde, S. /Gareis, S. B. (Hg.), Deutsche Sicherheitspolitik. Herausforderungen, Akteure, Prozesse, Opladen 2009
- Meier-Walser, R. C./ Stein, P. (Hg.), Globalisierung und Perspektiven internationaler Verantwortung. Problemstellungen, Analysen, Lösungsstrategien, München 2004
- Nuscheler, F., Lern- und Arbeitsbuch Entwicklungspolitik, Bonn 2004
- Scholl-Latour, P., Die Angst des weißen Mannes: Ein Abgesang, München 2009
- Steingart, G., Weltkrieg um Wohlstand. Wie Macht und Reichtum neu verteilt werden, München 2006
- Urban, J., Die Bekämpfung des Internationalen Islamistischen Terrorismus, Wiesbaden 2006
- Viehrig, H., Militärische Auslandseinsätze. Entscheidungen europäischer Staaten zwischen 2000 und 2006, Wiesbaden 2010
- Wagner, B. (Hg.), Kulturelle Globalisierung. Zwischen Weltkultur und kultureller Fragmentierung, Frankfurt/ Main (u.a.) 2001

2. Links im Internet (Stand: 11.5.2010):

- *www.auswaertiges-amt.de* (Auswärtiges Amt)
- *www.bmu.de* (Bundesministerium für Umwelt, Naturschutz und Reaktorsicherheit)
- *www.bmvg.de* (Bundesministerium der Verteidigung)
- *www.bmz.de* (Bundesministerium für wirtschaftliche Zusammenarbeit und Entwicklung)
- *www.bpb.de* (Bundeszentrale für politische Bildung)
- *www.diw.de* (Deutsches Institut für Wirtschaftsforschung e.V.)
- *www.iwkoeln.de* (Institut der deutschen Wirtschaft Köln)

Unter folgenden Links können stets aktuelle Videos oder Audios zu den Themen des dritten Kapitels heruntergeladen werden (Stand: 11.5.2010):

- *www.ardmediathek.de* (Mediathek der ARD)
- *www.br-online.de* (Bayerischer Rundfunk)
- *www.dradio.de/portale/audio* (Audio-Portal des Deutschlandfunks)
- *www.phoenix.de* (Fernsehsender PHOENIX)
- *www.zdf.de/zdfmediathek* (Mediathek des ZDF)

IV. Abiturtrainer

Sozialkunde

1. Eigenorganisation und Vorbereitung

Die Abiturprüfung ist die *wichtigste Prüfung* Ihrer schulischen Karriere. Sie unterscheidet sich von den Klausuren und Schulaufgaben, die Sie bisher geschrieben haben – nicht im Schwierigkeitsgrad oder der Art der Aufgabenstellung, sondern im Umfang, denn Sie werden innerhalb von kurzer Zeit über eine große Menge an Stoff abgeprüft. Sollten Sie bisher eher punktuell gelernt haben oder aufgrund der Vielzahl der Klausuren pro Halbjahr nur ein bis zwei Wochen auf die Prüfungsvorbereitung verwendet haben, so müssen Sie sich jetzt umstellen. Da Sie mit Ihrem Abitur die wesentliche *Zugangsvoraussetzung für ein Hochschulstudium* erhalten, wird von Ihnen in der Reifeprüfung eine Arbeitsweise erwartet, wie sie an Universitäten üblich ist: Dort werden die Zensuren nicht über ein Semester verteilt. Vielmehr stehen am Ende eines Semesters meist Abschlussklausuren über den Inhalt der von Ihnen belegten Seminare. Diese Prüfungsart gleicht dem Abitur und ist nur zu bewältigen, indem Sie Ihren *Lernrhythmus* den Gegebenheiten anpassen.

a) Eingrenzung des Stoffs
Zuerst sollten Sie sich über den Stoff, den Sie für die Abiturprüfung lernen müssen, im Klaren sein. Die Abiturprüfung im Fach *Sozialkunde (einstündig)* kann nur in Kombination mit dem Fach *Geschichte* abgelegt werden. Der Semesterstoff umfasst

- in 11/1 das Themengebiet „Struktur und Wandel der Gesellschaft in der Bundesrepublik Deutschland",
- in 11/2 das Themengebiet „Grundzüge politischer Systeme der Gegenwart",
- in 12/1 die Themengebiete „Aspekte der europäischen Einigung" und „Frieden und Sicherheit als Aufgabe der internationalen Politik" sowie
- in 12/2 das Themengebiet „Herausforderungen für die nationale Politik in einer globalisierten Welt".

Je nachdem, wie risikobereit Sie sind, können Sie es wagen, ein bis drei Semester zu streichen. Sich auf den Stoff lediglich eines Semesters vorzubereiten, ist allerdings ein *Vabanquespiel:* Vielleicht liegen Ihnen weder die Fragestellung noch das Material, das in dem von Ihnen gelernten Semester angeboten wird. In einer Abiturprüfung jedenfalls sollten Sie auf Nummer sicher gehen. Es liegt also in Ihrem eigenen Interesse, möglichst viele Semester zu lernen, zumal der Stoff in Sozialkunde aufgrund des einstündigen Unterrichts pro Woche überschaubar ist. Um den Lernstoff leichter eingrenzen zu können, ist es sicher hilfreich, sich einmal die Themengebiete der jeweils *vorjährigen Abiturprüfung* anzusehen. Eine Wiederholung derselben Fragestellung in zwei aufeinander folgenden Jahren ist eher selten, aber nicht gänzlich auszuschließen. Ebenso sei Ihnen angeraten, einen Blick in den Lehrplan zu werfen (Tipp: *www.isb.bayern.de*). Sobald dort die Formulierung „z. B." auftaucht, ist der Stoff fakultativ und nicht expressis verbis in einer Abitur-Prüfung verwendbar.

Beispiel: Lehrplan Sozialkunde/Jahrgangsstufe 11/Kapitel Sk_1 11.1.3 Sozialstaat und soziale Sicherung/2. Spiegelstrich; hier heißt es:

„Herausforderungen für die Sozialpolitik gezeigt an einem aktuellen Konfliktfeld, Lösungsansätze (z. B. zu: Generationenproblem, Armut und Reichtum, Erwerbstätige und Arbeitslose, Verhältnis der Geschlechter, Einheimische und Fremde, Randgruppe und Kerngesellschaft)."

Es kann im Abitur nicht von Ihnen verlangt werden, das Konfliktfeld „Erwerbstätige und Arbeitslose" aus dem Gedächtnis zu reproduzieren, da alle Lehrer in Bayern die Freiheit besitzen, *ein* Konfliktfeld im Unterricht zu behandeln. Hätte sich Ihr Kursleiter für ein anderes Thema entschieden, wären Sie im Nachteil, im anderen Fall im Vorteil. Daher ist dieses Themengebiet entweder nur materialgestützt zu bearbeiten, oder die Fragestellung ist allgemein gehalten, in etwa wie folgt:

Beispiel: „Beschreiben Sie die Herausforderungen für die Sozialpolitik in der Bundesrepublik Deutschland anhand eines aktuellen Konfliktfelds Ihrer Wahl!"

Schüler bei einer Abiturprüfung, 2007

In den Schülerbänden der Reihe *Mensch und Politik* (Jahrgangsstufe 11 und 12) sind diese wählbaren Lehrplaninhalte im Inhaltsverzeichnis jeweils mit einer Fußnote gekennzeichnet („Von den hier angebotenen Unterkapiteln ist jeweils eines auszuwählen").

b) Entwurf eines Lernplans
Sobald Sie den Stoff eingegrenzt haben, sollten Sie Ihren eigenen *Lernplan* entwerfen. Bedenken Sie dabei, dass Sie in *drei Fächern* die Abiturprüfung *schriftlich* ablegen müssen und in *zwei Fächern mündlich.* Folgende Vorgaben müssen dabei erfüllt sein:

Die Abiturprüfung wird in
- Mathematik,
- Deutsch
- und einem weiteren Fach schriftlich
- und in den verbleibenden beiden Fächern mündlich durchgeführt (Kolloquium).

Die 5 Abiturfächer	
1. Deutsch	*schriftlich*
2. Mathematik	*schriftlich*
3. Fremdsprache (fortgeführt)	*nach Wahl des Schülers: 1 x schriftlich 2 x mündlich*
4. Religionslehre (bzw. Ethik), Geschichte und Sozialkunde, Geschichte, Geographie, Wirtschaft und Recht	
5. Physik, Chemie, Biologie, Informatik[1], weitere Fremdsprache[2], Kunst[3], Musik[3], Sport[4]	

[1] nur am Naturwissenschaftlich-technologischen Gymnasium
[2] spät beginnende Fremdsprachen können nur mündliches Abiturprüfungsfach sein
[3] als schriftliche Prüfung: mit praxisbezogenem Teil (besondere Fachprüfung)
[4] mit praxisbezogenem Teil (besondere Fachprüfung)

Aus: Bayerisches Staatsministerium für Unterricht und Kultus: Abiturprüfung, Bayerisches Gymnasialnetz (BGN); online abrufbar unter www.gymnasium.bayern.de/gymnasialnetz/oberstufe/abiturpruefung (Zugriff am 18.1.2010)

c) Lernplan (Beispiel; angelegt auf acht Wochen)

Mo	Di	Mi	Do	Fr	Sa	So	Mo	Di	Mi	Do	Fr	Sa	So
neu: M/ D/ G+Sk *(S. 1–5)*	neu: M/ D/ G+Sk *(S. 6–10)* Wh.: M/ D/ G+Sk *(S. 1–5)*	Wh.: M/ D/ G+Sk *(S. 1–10)*	neu: M/ D/ G+Sk *(S. 11–15)* Wh.: M/ D/ G+Sk *(S. 6–10)*	neu: M/ D/ G+Sk *(S. 16–20)* Wh.: M/ D/ G+Sk *(S. 11–15)*	🕑	Wh.: M/ D/ G+Sk *(S. 1–20)*	neu: M/ D/ G+Sk *(S. 21–25)* Wh.: M/ D/ G+Sk *(S. 16–20)*	neu: M/ D/ G+Sk *(S. 26–30)* Wh.: M/ D/ G+Sk *(S. 21–25)*	Wh.: M/ D/ G+Sk *(S. 1–30)*	neu: M/ D/ G+Sk *(S. 31–35)* Wh.: M/ D/ G+Sk *(S. 26–30)*	neu: M/ D/ G+Sk *(S. 36–40)* Wh.: M/ D/ G+Sk *(S. 31–35)*	🕑	Wh.: M/ D/ G+Sk *(S. 1–40)*
Mo	**Di**	**Mi**	**Do**	**Fr**	**Sa**	**So**	**Mo**	**Di**	**Mi**	**Do**	**Fr**	**Sa**	**So**
neu: M/ D/ G+Sk *(S. 41–45)* Wh.: M/ D/ G+Sk *(S. 36–40)*	neu: M/ D/ G+Sk *(S. 46–50)* Wh.: M/ D/ G+Sk *(S. 41–45)*	Wh.: M/ D/ G+Sk *(S. 1–25)*	Wh.: M/ D/ G+Sk *(S. 26–50)*	neu: M/ D/ G+Sk *(S. 51–55)* Wh.: M/ D/ G+Sk *(S. 46–50)*	🕑	neu: M/ D/ G+Sk *(S. 56–60)* Wh.: M/ D/ G+Sk *(S. 51–55)*	Wh.: M/ D/ G+Sk *(S. 1–30)*	Wh.: M/ D/ G+Sk *(S. 31–60)*	neu: M/ D/ G+Sk *(S. 61–65)* Wh.: M/ D/ G+Sk *(S. 56–60)*	neu: M/ D/ G+Sk *(S. 66–70)* Wh.: M/ D/ G+Sk *(S. 61–65)*	Wh.: M/ D/ G+Sk *(S. 1–35)*	🕑	Wh.: M/ D/ G+Sk *(S. 36–70)*
Mo	**Di**	**Mi**	**Do**	**Fr**	**Sa**	**So**	**Mo**	**Di**	**Mi**	**Do**	**Fr**	**Sa**	**So**
neu: M/ D/ G+Sk *(S. 71–75)* Wh.: M/ D/ G+Sk *(S. 65–70)*	neu: M/ D/ G+Sk *(S. 76–80)* Wh.: M/ D/ G+Sk *(S. 71–75)*	Wh.: M/ D/ G+Sk *(S. 1–40)*	Wh.: M/ D/ G+Sk *(S. 41–80)*	neu: M/ D/ G+Sk *(S. 81–85)* Wh.: M/ D/ G+Sk *(S. 76–80)*	🕑	neu: M/ D/ G+Sk *(S. 86–90)* Wh.: M/ D/ G+Sk *(S. 80–85)*	Wh.: M/ D/ G+Sk *(S. 1–45)*	Wh.: M/ D/ G+Sk *(S. 46–90)*	neu: M/ D/ G+Sk *(S. 91–95)* Wh.: M/ D/ G+Sk *(S. 86–90)*	neu: M/ D/ G+Sk *(S. 95–100)* Wh.: M/ D/ G+Sk *(S. 91–95)*	Wh.: M/ D/ G+Sk *(S. 1–50)*	🕑	Wh.: M/ D/ G+Sk *(S. 51–100)*
Mo	**Di**	**Mi**	**Do**	**Fr**	**Sa**	**So**	**Mo**	**Di**	**Mi**	**Do**	**Fr**	**Sa**	**So**
Wh.: G+Sk *(S. 1–100)*	Wh.: M *(S. 1–100)*	Wh.: D *(S. 1–100)*	Wh.: G+Sk *(S. 1–100)*	Wh.: M *(S. 1–100)*	🕑	Wh.: D *(S. 1–100)*		Prüfung D	Wh.: M *(S. 1–100)*		Prüfung M	Wh.: G+SK *(S. 1–100)*	Wh.: G+Sk *(S. 1–100)*
Mo	**Di**	**Mi**	**Do**	**Fr**	**Sa**	**So**	**Mo**	**Di**	**Mi**	**Do**	**Fr**	**Sa**	**So**
	Prüfung G+Sk												

M = Mathematik
D = Deutsch
G+Sk = Geschichte und Sozialkunde

neu = Neuaufnahme von Stoff
Wh. = Wiederholung gelernten Stoffs
S = Seiten

= freier Tag
🕑 = Puffertag

Das Beispiel für einen Lernplan (S. 158) geht von folgenden Prämissen aus:

- Die schriftliche Abiturprüfung wird in *Deutsch, Mathematik* und *Geschichte/Sozialkunde* durchgeführt.
- Die insgesamt zu bewältigende Stoffmenge pro Fach wird mit *100 Seiten* angesetzt.
- Die an einem Tag neu aufzunehmende Stoffmenge umfasst in jedem Fach *fünf* Seiten.

Um Ihren Lernplan einzuhalten, benötigen Sie ein hohes Maß an *Selbstdisziplin,* oder Sie platzieren großzügig „Puffertage" in der Lernperiode. Wenn Sie nur an einem Tag die von Ihnen selbst angesetzte Stoffmenge nicht bewältigen, wird es sehr schwer, den Rückstand wieder aufzuholen. Muten Sie sich deshalb nur „kleine" Stoffportionen pro Tag zu und kalkulieren Sie stattdessen genügend *Wiederholungstage* ein.

- Als Faustregel gilt: Was man siebenmal wiederholt hat (ohne nachblättern zu müssen), ist im Gedächtnis verankert.

Der gegenüberliegenden Seite entnehmen Sie, dass Sie mindestens *sieben bis acht Wochen vor dem Beginn der Abiturprüfung* zu lernen beginnen sollten. Bei höherer Stoffdichte oder für den Fall, dass Sie weniger Stoff pro Tag aufnehmen können, müssen Sie entsprechend früher starten. Haben Sie sich an Ihren Lernplan gehalten und den Stoff entsprechend wiederholt, sei Ihnen angeraten, am Tag vor der Prüfung nichts mehr zu lernen oder zu wiederholen. Erstens haben Sie das nun nicht mehr nötig und zweitens garantiert Ihnen ein Tag ohne Abiturvorbereitung eine ruhige Nacht vor dem Prüfungstag.

Fertigen Sie zuerst einen Lernplan mit der Stoffverteilung für die schriftlichen Prüfungsfächer an, dann für die mündlichen. Bedenken Sie dabei, dass Sie sich im Zeitraum der schriftlichen Prüfungen kaum auf das Lernen für die Kolloquien werden konzentrieren können. Wenn daher eine große Stoffmasse für die mündlichen Prüfungen anfällt, werden Sie diese parallel zur Vorbereitung auf das Schriftliche bewältigen müssen. Liegen die beiden Prüfungsteile in einem ausreichend großen zeitlichen Abstand voneinander, können Sie den Stoff für die mündlichen Prüfungen vorerst vernachlässigen und erst nach dem schriftlichen Teil damit beginnen, diesen zu lernen.

d) Lernen mit *Mensch und Politik*

Menschen nehmen Lerninhalte auf unterschiedlichen Wegen auf, z. B. visuell, auditiv oder kommunikativ. Nach zwölf Schuljahren wissen Sie selbst am besten, welchem Lerntyp Sie sich zurechnen müssen. Unabhängig vom Lerntyp sollten Sie den Stoff jedes Fachs aber in Kapitel einteilen.

Bei der Arbeit mit *Mensch und Politik* (Jahrgangsstufe 11 und 12) können Sie dazu die Überschriften aus Ihrem Buch verwenden (z. B. „Der europäische Integrationsprozess I – von Maastricht nach Nizza"). Anschließend unterteilen Sie jedes Kapitel in Sinneinheiten. In *Mensch und Politik* wird Ihnen dieser Schritt ebenfalls abgenommen: Verwenden Sie einfach die roten Randbegriffe neben jedem Absatz (z. B. ***von der EG zur EU***). Lesen Sie dann die Inhalte jeweils zu einer Sinneinheit/ zu den roten Randbegriffen und memorieren Sie diesen Inhalt so oft, bis Sie alle wichtigen Fakten auswendig können. Diesen Vorgang wiederholen Sie so lange, bis Sie in einem Kapitel zu jeder Sinneinheit die Inhalte einschließlich der „Überschrift" (= roter Randbegriff) auswendig wiedergeben können. Klären Sie Fachbegriffe und Fremdwörter, auf die Sie während Ihrer Lektüre stoßen, sofort. In diesem Zusammenhang können Sie jederzeit auch die Glossare oder Personenverzeichnisse der *Mensch und Politik*-Bände heranziehen.

2. Mögliche Operatoren des Anforderungsbereichs I

Im *Anforderungsbereich I* werden die Operatoren verwendet, die der Anforderungsstufe *Wissen* (Anteil in der Abitur-Prüfung: 30 %) zugeordnet werden. Verlangt wird hier die *Reproduktion* von grundlegendem Fachwissen unter Verwendung der Fachterminologie. Dabei bestimmen Sie die jeweilige Materialart, kennen Arbeitstechniken und Methoden und können diese auch darstellen. Sie müssen also in der Lage sein, Ihr gelerntes sozialkundliches Fachwissen wiederzugeben. Dazu gehört manchmal auch die reine Informationsentnahme aus gestellten Materialien.

1. Nennen – Auflisten – Aufführen – Aufzählen – Wiedergeben

Hier müssen Sie Ihre gelernten Kenntnisse (dazu zählen Fachbegriffe, Daten, Fakten und Modelle) in komprimierter Form, aber begrifflich präzise, niederschreiben, ohne diese zu kommentieren.

Beispiel 1: *Nennen* Sie drei wesentliche Bestimmungen des Vertrags von Lissabon!
oder
Geben Sie drei wesentliche Bestimmungen des Vertrags von Lissabon *wieder!*

Erwartungshorizont:
Ein hauptamtlicher Ratspräsident übernimmt für zweieinhalb Jahre die Leitung des Europäischen Rates und sorgt damit für Kontinuität.
In einem neuen Abstimmungssystem gilt ab 2014 die neue „doppelte Mehrheit": Damit gilt ein Beschluss in der EU als angenommen, wenn 55 % der Staaten zustimmen und diese zugleich mindestens 65 % der EU-Bevölkerung repräsentieren.
Bündelung der Funktionen des EU-Außenkommissars und des EU-Außenbeauftragten im Amt des „Hohen Vertreters für die Außen- und Sicherheitspolitik". Damit werden EU-Kommission und Parlament keine erweiterten Zuständigkeiten in der Außenpolitik zugestanden.

Da es sich hier um eine sehr einfache Aufgabenstellung handelt, werden Sie im Abitur auf diese Operatoren nur im Zusammenhang mit weiteren Operatoren treffen (Bsp.: *Nennen* und *erläutern* Sie drei wesentliche Bestimmungen des Vertrags von Lissabon!).

2. Benennen – Bezeichnen – Angeben

Hier müssen Sie Sachverhalte, Strukturen und Prozesse begrifflich präzise aufführen. Die Aufgabenstellung ist damit ähnlich wie im *Beispiel 1*, der zu benennende Gegenstand ist aber meist etwas komplexer. Die Ansprüche an die sprachliche Qualität Ihrer Beantwortung sind gestiegen.

Beispiel 2: *Bezeichnen* Sie die wichtigsten Funktionen des Europäischen Parlaments!
oder
Geben Sie die wichtigsten Funktionen des Europäischen Parlaments *an!*

Erwartungshorizont:
Das Europäische Parlament ist die Vertretung der europäischen Bürgerinnen und Bürger und das einzige direkt gewählte Organ der EU.

Das Parlament ist neben dem Ministerrat das zweite Legislativorgan der EU. Wie andere Legislativorgane in demokratischen Staaten ist das Parlament mitverantwortlich für den Haushalt und wählt den Regierungschef, in der EU also den Kommissionspräsidenten.
Weiterhin muss es der Einsetzung der Kommission zustimmen. Wenn das Parlament der Kommission mit einer Zweidrittelmehrheit das Misstrauen ausspricht, muss diese zurücktreten.

Da es sich hier um eine sehr einfache Aufgabenstellung handelt, werden Sie im Abitur auf diese Operatoren nur im Zusammenhang mit anderen Operatoren treffen (Bsp.: *Bezeichnen* Sie die wichtigsten Funktionen des Europäischen Parlaments und *stellen* Sie diese dem Deutschen Bundestag *gegenüber*!).

3. Beschreiben – Darlegen – Darstellen – Schildern

Hier werden wesentliche Aspekte eines Sachverhalts im logischen Zusammenhang wiedergegeben. Zusammenhänge, Beziehungen und Folgen eines Sachverhalts rücken gegenüber dem bloßen Wiedergeben von Fakten in den Vordergrund.

Beispiel 3: *Beschreiben* Sie den Wandel der Lebensformen in Deutschland seit den 1960er Jahren!

oder

Stellen Sie *dar*, welchem Wandel die Lebensformen in Deutschland seit den 1960er Jahren unterworfen waren!

Erwartungshorizont:
Bis in die 60er Jahre des letzten Jahrhunderts galt die bürgerlich-moderne Kleinfamilie, bestehend aus einem Ehepaar mit Kindern, als Idealbild und „kulturelle Selbstverständlichkeit". Man heiratete früh, ließ sich selten scheiden, und die Mutter kümmerte sich meist um den Haushalt und die Kindererziehung. Andere Lebensformen wurden gesellschaftlich i. d. R. nicht anerkannt; Ausnahmen bildeten Mitglieder des (katholischen) Klerus oder Verwitwete.
Die gesellschaftliche Anerkennung alternativer Lebensformen verläuft parallel zum Rückgang der Kleinfamilie. Der mit dem zweiten demographischen Übergang verbundene Geburtenrückgang führte ab Mitte der 1960er Jahre zur Abnahme von Mehrkindfamilien und ab 1980 zunehmend zur Kinderlosigkeit. Somit verlor auch die Institution der Ehe zunehmend an Bedeutung; sie wird heutzutage oft nur noch geschlossen, wenn ein Kinderwunsch besteht. Damit korrespondiert der stetige Anstieg der Scheidungsrate seit den 1960er Jahren, insbesondere in den großen Städten.
Rund 70 % aller Familien sind heute Zwei-Kind-Familien. Die Zahl der Ein-Kind-Familien ist seit Jahren tendenziell rückläufig und bewegt sich zurzeit bei 19 %. Drei und mehr Kinder finden sich gehäuft in sozial schwachen Familien oder in Haushalten, die über ein Einkommen von mehr als 5 000 Euro netto im Monat verfügen.
Zur Gruppe der Alleinerziehenden zählen ca. 1,5 Millionen Haushalte in Deutschland, in denen 15 % aller Minderjährigen leben. War früher die Verwitwung meist die Ursache für den Status des Alleinerziehenden, ist es seit den 1970er Jahren zunehmend die Scheidung der Ehepartner. Dieser Grund wirkt sich aber im Vergleich zur ersten Hälfte des 20. Jahrhunderts nicht mehr diskriminierend aus. Vier typische Merkmale kennzeichnen diese Gruppe: Die meisten (ca. zwei Drittel) haben nur ein Kind und befinden sich in einer sozioökonomisch schlechten Lage. Dadurch, dass viele Aufgaben allein bewältigt werden müssen, sind Alleinerziehende einer hohen psychischen Belastung ausgesetzt und damit oft auf Hilfe bei der Kinderbetreuung angewiesen.

Der Familiensektor schrumpft stetig zugunsten des Nicht-Familiensektors, dessen Anteil an Lebensformen in der Bundesrepublik auf ein Drittel angewachsen ist.
Zum Nicht-Familiensektor zählen zum Einen nichteheliche (kinderlose) Lebensgemeinschaften, deren Zahl sich seit den 1970er Jahren nahezu verzehnfacht hat. Im Vergleich zu früher hat diese Lebensform einen hohen sozialen Akzeptanzgrad und kann vor allem bei jungen Paaren fast schon als Norm bezeichnet werden. Diese soziale Entwicklung ist in der Hauptsache ursächlich für den Rückgang der Eheschließungen. Die nichtehelichen Lebensgemeinschaften haben sich damit zu einer beständigen Phase im Leben der Menschen entwickelt und können nicht mehr „nur" als Vorehezeitraum bezeichnet werden.
Parallel dazu bleiben viele Ehen bewusst kinderlos, selbst ohne medizinische Gründe. Diese bewusste Entscheidung treffen vor allem verheiratete Akademikerinnen.
Die letzte Gruppe, die zum Nicht-Familiensektor gezählt werden muss, sind die Singles. Deren Zahl ist in den letzten 100 Jahren von 1 auf 14 Millionen gestiegen. Single zu sein bedeutet aber nicht, keine Partnerschaft einzugehen. Vor allem die Generation der 18- bis 35-Jährigen lebt zu zwei Dritteln in einer festen Beziehung, allerdings in getrennten Haushalten. Singles sind überdurchschnittlich gebildet, verdienen überdurchschnittlich viel Geld und leben häufig in größeren Städten.

4. Zusammenstellen – Zusammenfassen

Hier müssen Sie Fakten und Gegenstände vollständig präsentieren, ohne diese zu kommentieren.

Beispiel 4: *Stellen* Sie die Ursachen für den Wandel der Familie in Deutschland seit den 1960er Jahren *zusammen!*

oder

Fassen Sie die Ursachen für den Wandel der Familie in Deutschland seit den 1960er Jahren *zusammen!*

Erwartungshorizont:
Die Ursachen für den Wandel in den Lebensformen liegen in der zunehmenden Individualisierung unserer Gesellschaft, die möglich wurde durch einen steten Einflussverlust der Kirchen und des Glaubens, durch den zunehmenden Wohlstand seit den 1950er Jahren, durch die Bildungsexpansion und die Emanzipation der Frau seit den 1970er Jahren, durch die Mobilitätsanforderungen seit den 80er Jahren und schließlich durch den aus den genannten Aspekten resultierenden Wertewandel.

5. Definieren

Diesen Operator kennen Sie auch aus den Naturwissenschaften. Hier müssen Sie einen Begriff oder Sachverhalt unter Verwendung von Fachbegriffen erklären.

Beispiel 5: *Definieren* Sie den Begriff „europäischer Integrationsprozess"!

Erwartungshorizont:
Der Begriff umschreibt den immer enger werdenden Zusammenschluss der europäischen Völker innerhalb des supranationalen Staatenverbundes der Europäischen Union.

Seit dem Vertrag von Maastricht 1993 wurde der Zusammenschluss der EU-Staaten auf wirtschaftlicher, politischer, rechtlicher und militärischer Basis intensiviert, indem immer mehr einzelstaatliche Befugnisse auf die supranationalen Organe der EU übertragen wurden.

Da es sich hier um eine sehr einfache Aufgabenstellung handelt, werden Sie im Abitur auf diesen Operator nur im Zusammenhang mit anderen Operatoren treffen (Bsp.: *Definieren* Sie den Begriff „europäischer Integrationsprozess" und *beurteilen* Sie den gegenwärtigen Stand!).

6. Skizzieren

Dieser Operator bedeutet nicht, dass Sie eine Skizze zeichnen müssen, außer es ist ausdrücklich in der Aufgabenstellung verlangt (Bsp.: *Skizzieren* Sie unter Zuhilfenahme einer Grafik die Bevölkerungsentwicklung in Deutschland seit den 1960er Jahren!). Im Regelfall müssen Sie hier Fakten und Informationen knapp aneinander reihen, ohne diese im Detail zu erläutern.

Beispiel 6: *Skizzieren* Sie das System der „checks and balances" im politischen System der USA an einem Beispiel!

Erwartungshorizont:
In den USA basiert das politische System mehr auf einer Trennung der Verfassungsorgane als auf einer Teilung der Gewalten. Dies bedeutet, dass die den drei Gewalten zugeordneten obersten Verfassungsorgane – der Kongress in der Legislative, der Präsident in der Exekutive und das Oberste Bundesgericht in der Judikative – zwar getrennt voneinander amtieren, an den Grundfunktionen der Staatsgewalt aber gemeinsam teilhaben. So kommt es zu wechselseitigen Kontrollen.
Die Gesetzgebung z. B. obliegt zwar dem Kongress, aber der Präsident wirkt an der Gesetzgebung insofern mit, als er Gesetze unterzeichnet oder ein suspensives Veto gegen sie einlegen kann. Das Veto kann wiederum mit einer Zweidrittelmehrheit in beiden Kammern des Kongresses überwunden werden. Andererseits kann der Senat bei der Anwendung der Gesetze, z. B. bei präsidentiellen Personalentscheidungen, mitwirken. Die Gesetzgebung des Kongresses unterliegt der Normenkontrolle des Supreme Court, der Gesetze für nichtig erklären kann. So kann jedes Verfassungsorgan von einem anderen zur Rechenschaft gezogen und kontrolliert werden.

7. Charakterisieren

Hier müssen Sie wesentliche Kennzeichen eines Sachverhalts herausarbeiten oder unter einem bestimmten Gesichtspunkt zusammenführen. In Zusammenhang mit einem Textmaterial kann dieser Operator auch in den *Anforderungsbereich II* fallen.

Beispiel 7: *Charakterisieren* Sie die relative Straftheorie!

Erwartungshorizont:
Der zentrale Strafzweck ist die Vorbeugung. Dem Täter soll durch eine Strafe das von ihm begangene Unrecht bewusst gemacht werden. Dadurch soll er wieder in die Gesellschaft eingegliedert werden können (Resozialisierungsgedanke) und sich künftig rechtskonform verhalten.
Seit der Strafrechtsreform von 1975 bildet die relative Straftheorie die Grundlage für die Bestrafung von Kriminellen in der Bundesrepublik Deutschland.

3. Mögliche Operatoren des Anforderungsbereichs II

Im *Anforderungsbereich II* werden alle Operatoren verwendet, die der Anforderungsstufe *Anwenden* (Anteil in der Abitur-Prüfung: 40 %) zugeordnet werden. Verlangt werden damit Reorganisation und Transferleistungen. Sie müssen hier also Gelerntes in einen neuen Kontext einordnen und danach bearbeiten und erklären, Zusammenhänge erklären, unterschiedliche Sachverhalte sinnvoll verknüpfen, unterschiedliche Materialien wie Grafiken / Tabellen / Karikaturen analysieren und interpretieren sowie Sach- und Werturteile unterscheiden. Ihr sozialkundliches Fachwissen bildet in diesem Bereich das notwendige Hintergrundwissen zur Bearbeitung der Aufgabenstellungen.

Basismaterial M 1: Die Entwicklung der Bevölkerungszahl in Deutschland von 1950 bis 2050

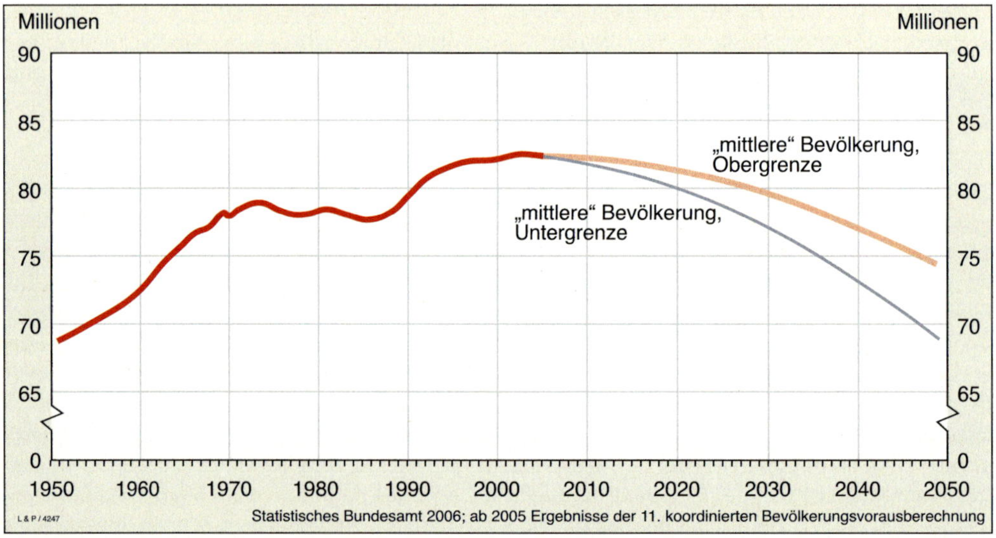

Aus: Raps, C./ Hartleb, F., Mensch und Politik, Sozialkunde Bayern, Klasse 11, Braunschweig 2009, S. 10

Die *Beispiele 1* bis *4* beziehen sich auf obige Grafik.

1. **Analysieren – Charakterisieren** (bei materialgestützter Fragestellung)

Hier müssen Sie Materialien oder Sachverhalte je nach Aufgabenschwerpunkt erschließen, in systematische Zusammenhänge einordnen und mitunter auch Hintergründe und Beziehungen herausarbeiten.

Beispiel 1: *Analysieren* Sie die Grafik M 1!

Erwartungshorizont:
Von 1950 bis 1974 steigt die Bevölkerungszahl von etwa 69 auf 79 Millionen Einwohner an. Die Gründe hierfür lagen zum Einen in ansteigenden Geburtenziffern, dem sogenannten „Babyboom" bis Mitte der sechziger Jahre, und zum Anderen in drei Einwanderungswellen: Von 1944 bis 1950

strömten rund 8 Millionen Flüchtlinge und Vertriebene aus den ehemaligen deutschen Ostgebieten nach Westen, von 1949 bis zum Mauerbau 1961 kamen etwa 3 Millionen Bürger der DDR hinzu, die ihr Land in Richtung Bundesrepublik verließen, und zwischen 1961 und 1974 folgten ca. 3,5 Millionen Ausländer dem Ruf der Bundesregierung, um in Deutschland Arbeit zu finden.
Von 1974 bis 1986 stagniert die Bevölkerungszahl mit leicht rückläufiger Tendenz bei ca. 78/79 Millionen Einwohnern. Ursächlich dafür sind der Geburtenrückgang seit 1964 („Pillenknick") und das Ende größerer Einwanderungswellen ab 1974, ausgelöst durch den von der Bundesregierung verhängten Anwerbestopp für ausländische Arbeitnehmer.
Von 1986 bis 2005 wächst die Bevölkerung von 78 Millionen auf ca. 82,5 Millionen Einwohner an. Dies war in erster Linie bedingt durch eine neue Einwanderungswelle der Spätaussiedler aus Osteuropa. Zudem hielten sich die Geburtendefizite in der Bundesrepublik in den letzten 30 Jahren noch in Grenzen, da sich in den 1980er und 90er Jahren die geburtenstarken Jahrgänge der ersten beiden Nachkriegsjahrzehnte im Elternalter befanden. Diese große Anzahl an Eltern glich die geringe Kinderzahl einzelner Frauen aus.
Ab 2005 kommt es zu einem kontinuierlichen Rückgang. Bis 2050 soll die Bevölkerungszahl auf 75 Millionen Einwohner (Obergrenze) bzw. 70 Millionen Einwohner (Untergrenze) schrumpfen, vorausgesetzt, die Fruchtbarkeitsrate bleibt unter zwei Kindern und es wandern durchschnittlich pro Jahr nur 100 000 bis 200 000 Menschen zu.

2. Auswerten

Hier müssen Sie Fakten oder Einzelergebnisse zu einer abschließenden Gesamtaussage zusammenführen.

Beispiel 2: *Werten* Sie das Material M 1 *aus!*

Erwartungshorizont:
Von 1950 bis 1974 steigt die Bevölkerungszahl von etwa 69 auf 79 Millionen Einwohner an. Von 1974 bis 1986 stagniert die Bevölkerungszahl mit leicht rückläufiger Tendenz bei ca. 78/79 Millionen Einwohnern. Von 1986 bis 2005 wächst die Bevölkerung von 78 Millionen auf ca. 82,5 Millionen Einwohner an. Ab 2005 kommt es zu einem kontinuierlichen Rückgang. Bis 2050 soll die Bevölkerungszahl auf 75 Millionen Einwohner (Obergrenze) bzw. 70 Millionen Einwohner (Untergrenze) schrumpfen.
Die zentrale Aussage der Grafik lässt sich wie folgt zusammenfassen: Nach einem Anwachsen der Bevölkerung in Deutschland von 1950 bis – mit Ausnahme einer Unterbrechung – 2005, befindet sich die Bevölkerungszahl in Deutschland seit 2005 in einem kontinuierlichen Abwärtstrend, der selbst bei positiver Sichtweise nur verlangsamt, aber nicht aufgehalten werden kann.

Da es sich hier um eine sehr einfache Aufgabenstellung handelt, werden Sie im Abitur auf diesen Operator nur im Zusammenhang mit anderen Operatoren treffen (Bsp.: *Werten* Sie das Material M 1 *aus* und *nehmen* Sie dazu *Stellung*!).

3. Erklären

Hier müssen Sie einen Sachverhalt klar darstellen und in einen Zusammenhang einordnen.

Beispiel 3: (*Werten* Sie die Grafik M 1 *aus*) und *erklären* Sie die Entwicklung ab 2005!

Erwartungshorizont:
Zum einen geht die Bevölkerungszahl zurück, da die Geburtenziffern unter der Anzahl der Sterberate liegen. Dies wird sich auch langfristig nicht ändern, da die Anzahl der Frauen im gebärfähigen Alter stetig abnimmt.
Auch die Fruchtbarkeitsrate befindet sich in einem Abwärtstrend. Dies lässt sich auf den Funktions- und Strukturwandel der Familie, die Emanzipation der Frau, die mangelnde Vereinbarkeit von Familie und Beruf sowie auf die zunehmende Ausrichtung der Gesellschaft an den Bedürfnissen Erwachsener zurückführen.
In der Erhöhung der Immigrationsrate scheint keine optimale Lösung zu liegen, da alle Industriestaaten auf die verstärkte Einwanderung insbesondere hoch qualifizierter Migranten angewiesen sind, um ihre Staatsausgaben, vor allem in Sozialbereich, auch in Zukunft decken zu können. Damit befindet sich Deutschland als Einwanderungsland in Konkurrenz zu teils attraktiveren westlichen Staaten wie z. B. den USA.

4. Erläutern

Der Erwartungshorizont ist nahezu identisch zum Operator „Erklären". Allerdings wird hier eventuell noch von Ihnen erwartet, zusätzliche Informationen und Beispiele zur Verdeutlichung anzuführen. So könnte in *Beispiel 3* die Stagnation der Fruchtbarkeitsrate genauer ausgeführt werden.

Beispiel 4: (*Werten* Sie das Material M 1 *aus*) und *erläutern* Sie die Entwicklung ab 2005!

Erwartungshorizont:
[...] Dies lässt sich erstens auf den Funktions- und Strukturwandel der Familie zurückführen: Kinderreichtum dient heutzutage nicht mehr der Alterssicherung, und Kinder werden häufig als finanzielle Belastung angesehen. Zweitens ... [...].

Basismaterial M 2: Rezension über das Buch „Die Ausgeschlossenen. Das Ende vom Traum einer gerechten Gesellschaft" von Heinz Bude

Der jüngste Armutsbericht der Bundesregierung hat unsere schlimmsten Befürchtungen bestätigt. Die einst so breite Mittelschicht schrumpft immer weiter, die Kluft zwischen Arm und Reich wird immer klarer sichtbar. Und am Rande der Wohlstandsgesellschaft tummeln sich nicht mehr Tausende, sondern mittlerweile Millionen von „Ausgeschlossenen". Zu ihnen gehören nicht nur die üblichen „Verdächtigen" wie Obdachlose, Langzeitarbeitslose oder arme Alte. Zu ihnen zählen heute Menschen mit und ohne Hauptschulabschluss, „überqualifizierte" Akademiker, Scheinselbstständige oder sich von Job zu Job hangelnde Gering- und Garnichtqualifizierte. Menschen, die sich abstrampeln, den Anschluss nicht halten können und dabei ihr Selbstwertgefühl und damit den letzten Halt verlieren. So schätzt zumindest der renommierte Gesellschaftswissenschaftler Heinz Bude die soziale Lage der Nation ein.
Diese Situation wird sich seinen empirisch gestützten Beobachtungen zufolge noch weiter verschärfen, weil die Mittelschicht heutzutage nichts mehr fürchtet als das Schreckgespenst „Soziale Exklusion" und dementsprechend handelt respektive nicht handelt. Während die vom Ausschluss Betroffenen den Glauben an den sozialen Aufstieg schon längst verloren haben, klammern sich die

potenziell vom Ausschluss Bedrohten an den Fortschrittsglauben der Wohlsituierten und Erfolgreichen. Sie passen sich dem turbokapitalistischen Tempo an und beugen sich dem Diktat permanenter Lernbereitschaft, Flexibilität und Eigeninitiative. Und bestrafen aus Angst vor dem eigenen Abstieg die Abgehängten mit Verachtung und „belohnen" sie nur widerwillig mit den von ihren Steuern finanzierten Sozialleistungen.

Keine Frage, die von beiden Seiten vorangetriebene „Abschottung" treibt einen „Keil durch unsere Gesellschaft" und verhärtet die Fronten. Die vermeintlichen Gewissheiten der goldenen 50er- und 60er-Jahre des vergangenen Jahrhunderts sind einer latenten Unruhe und Unsicherheit gewichen. Doch der von Bude verloren geglaubte „Traum von einer gerechten Gesellschaft" war auch im Zeitalter des Wirtschaftswunders nur eine Schimäre. Bereits Ludwig Erhard wusste um die übersteigerten Wohlstandserwartungen und ermahnte die Bundesbürger immer wieder zum Maßhalten. Bereits die erste Rezession 1966 versetzte die Republik in eine „Statuspanik". Freilich glaubten die Wohlstandsverwöhnten noch an Vollbeschäftigung. Mit Solidarität und sozialer Gerechtigkeit hatte dieser Glauben aber nichts zu tun. Schon damals war sich jeder selbst der Nächste. Das Prinzip Leistung dominierte das Gerechtigkeitsprinzip schon immer.

Je stärker der bundesdeutsche Wohlstand vom verschärften globalen Wettbewerb bedroht scheint, desto stärker rückt dieses Prinzip wieder ins Bewusstsein. Und da ist es schon aufschlussreich, wenn Bude berichtet, wie alleinerziehende Mütter oder „verwilderte Jungmänner" in den urbanen „Anti-Ghettos" als „Ausgeschlossene" leben, denken und fühlen.

Doch es reicht gewiss nicht aus, sich als „unvoreingenommener" Wissenschaftler auf die exemplarische Beschreibung sozialer Zustände zu beschränken und der Regierung ihre mangelhafte Integrations- und Sozialpolitik vorzuwerfen. Insofern verschärft sich nicht nur die soziale Spaltung in der Gesellschaft – sondern auch die Spaltung zwischen den theoretischen Wissenschaften und der praktischen Politik. Heinz Bude sollte über seinen gelehrten Schatten springen und wie die von ihm kritisierten Politiker ebenso über gerechte wie nachhaltige Strategien nachdenken.

Aus: Jörg von Bilavsky: Die latente Angst des Mittelstands. Eine Besprechung des Buches „Die Ausgeschlossenen. Das Ende vom Traum einer gerechten Gesellschaft" von Heinz Bude, in: Das Parlament Nr. 31 vom 28.7. 2008; zitiert nach: Abiturprüfung 2009, Sozialkunde als Grundkursfach, S. 10f.

Die Beispiele 5 bis *9* beziehen sich auf obigen Text.

5. Umschreiben/Paraphrasieren

Hier müssen Sie einen Sinngehalt mit eigenen Worten knapp darstellen.

Beispiel 5: *Paraphrasieren* Sie den Begriff „verwilderte Jungmänner" (Z. 32)!

Erwartungshorizont:
Der Begriff meint Männer, die in Singlehaushalten leben und sehr wahrscheinlich beziehungs- bzw. familienuntauglich (geworden) sind, da ihr Singledasein schon zu lange andauert und keiner sozialen Kontrollinstanz mehr unterliegt.

Da es sich hier um eine sehr einfache Aufgabenstellung handelt, werden Sie im Abitur auf diese Operatoren nur im Zusammenhang mit anderen Operatoren treffen (Bsp.: *Paraphrasieren* Sie den Begriff „verwilderte Jungmänner" (Z. 32) und *ordnen* Sie ihn dem Phänomen des Bevölkerungsrückgangs *zu*!).

6. Einordnen – Zuordnen

Hier müssen Sie ein einzelnes Phänomen oder eine Position zu einem anderen, eventuell umfassenderen Phänomen oder zu einer anderen Position in Beziehung setzen.

Beispiel 6: *Paraphrasieren* Sie den Begriff „verwilderte Jungmänner" (Z. 32) und *ordnen* Sie ihn dem Phänomen des Bevölkerungsrückgangs *zu*!

Erwartungshorizont:
Siehe Erwartungshorizont zu *Beispiel 5*.
In den Ursachen für die erhöhte Zahl an Singlehaushalten spiegelt sich der allgemeine Trend des Bevölkerungsrückgangs wider. Zugleich verstärken Singlehaushalte den Bevölkerungsrückgang.
So können männliche Alleinstehende erstens „verwildern", weil sie z. B. beziehungsunfähig (geworden) sind. Dies wäre zurückzuführen auf die zunehmende Individualisierung der Gesellschaft, da die Menschen zu ihrer Existenzgründung weniger aufeinander angewiesen sind als zu früheren Zeiten, und die Anforderungen des modernen Arbeitslebens den Einzelnen zu mehr Mobilität und Flexibilität zwingen. Beide Faktoren erschweren eine Familiengründung.
Zweitens kann es zu einer „Verwilderung" aus finanziellen Gründen kommen: Eine Familiengründung kostet Geld; vor allem für Menschen aus dem Niedriglohnsektor bedeutet eine Familiengründung den Verzicht auf teure Konsumgüter oder die Einschränkung eines aufwändigen Lebensstils. Hinzu kommt die mangelnde Vereinbarkeit von Familie und Beruf, häufig aufgrund fehlender oder bezahlbarer Kinderbetreuungsplätze. Auch der Funktionswandel der Familie wäre an dieser Stelle zu nennen: Kinder dienen heutzutage nicht mehr der Alterssicherung.

7. Thesenartig zusammenfassen

Hier wird von Ihnen erwartet, die Kernaussagen des Textes in vollständigen Sätzen kurz und prägnant zusammenzufassen. Vorsicht: Vermeiden Sie eine „Nacherzählung" des Textes!

Beispiel 7: *Fassen* Sie den Text M 2 *thesenartig zusammen!*

Erwartungshorizont:
Laut Heinz Budes Buch „Die Ausgeschlossenen" bestätigt der Armutsbericht der Bundesregierung, dass sich die Schere zwischen Arm und Reich immer weiter öffnet und die Mittelschicht weiter schrumpft.
Beide Entwicklungen führen zu einem Anwachsen der Randschicht der Armen, zu denen nicht nur die klassischen von Armut bedrohten Bevölkerungsgruppen zählen, sondern immer häufiger auch höher Qualifizierte. Gerade in diesen Gruppen verringert Armut das Selbstwertgefühl und führt oft zu einem emotionalen Absturz.
Die Situation droht sich zu verschärfen, da die Mittelschicht Armut generell fürchtet und daher alles tut, um diese zu vermeiden: Sie passt sich also den neuen wirtschaftlichen Gegebenheiten und Anforderungen an. Dabei verachtet sie die Bevölkerungsteile aus dem unteren Bereich der sozialen Skala und ist nur wider Willen bereit, Steuern für Sozialleistungen zu bezahlen.
Der Autor der Rezension, Jörg von Bilavsky, bestätigt zwar Budes Einschätzung, nach der sich die Fronten zwischen „Arm" und „Reich" verhärten; er negiert aber dessen Ansicht, der „Traum von einer gerechten Gesellschaft" zu Zeiten des Wirtschaftswunders in den 1950er und 60er Jahren

sei mehr als nur ein Traum gewesen: Bilavsky zufolge glaubte man zwar an Vollbeschäftigung und Wohlstand, nicht jedoch an Solidarität und soziale Gerechtigkeit. Auch damals dominierte das Leistungsprinzip.
Schließlich wirft der Autor Bude vor, dieser beschreibe lediglich die sozialen Zustände und richte Vorwürfe an die Regierung. Dies verschärfe nicht nur die soziale Spannung in der Gesellschaft, sondern auch die Spannung zwischen Wissenschaft und Politik. Der Autor erwartet von Bude – genau wie von der Politik – konkrete Lösungsansätze für das Problem.

8. Erschließen – Ermitteln – Erarbeiten – Herausarbeiten (aus einem Text)

Hier wird von Ihnen erwartet, aus Materialien bestimmte, in der Aufgabenstellung bezeichnete, Sachverhalte herauszufiltern. Bei der zusätzlichen Anweisung „ausgehend vom Text" müssen auch weitere, über das Material hinausgehende, Aspekte angeführt werden.

Beispiel 8: *Erarbeiten* Sie *ausgehend vom Text* Kennzeichen der „Mittelschicht" (Z. 2)!
oder
Ermitteln Sie *ausgehend vom Text* Kennzeichen der „Mittelschicht" (Z. 2)!

Erwartungshorizont:
Nach M 2 ist die Mittelschicht in einem Schrumpfungsprozess begriffen. Sie ist gekennzeichnet durch ihre Furcht vor einem sozialen Abstieg, vertraut aber andererseits auf den Fortschritt. Angehörige der Mittelschicht passen sich daher dem Zeitgeist an und versuchen durch Lernbereitschaft, Flexibilität und Eigeninitiative ihren sozialen Status zu halten. Unter der Mittelschicht befindliche Schichten werden verachtet und Sozialabgaben nur widerwillig gezahlt.
Zur Mittelschicht gehören Familien von Angestellten, Handwerkern, Beamten, kleinen und mittleren Unternehmern, freien Berufen, der Arbeiterelite oder Bauern, die Landwirtschaft im Haupterwerb betreiben. Das monatliche Einkommen bewegt sich im Durchschnitt bei etwa 2 800 Euro netto (Stand: 2009). Die Mittelschicht orientiert sich im Lebensstil nach oben, nutzt gerne kulturelle Angebote und ist bildungs- und aufstiegsorientiert. Die Mittelschicht leistet überdies einen maßgeblichen Beitrag zur Stabilisierung des politischen und sozialen Systems und wünscht sich gesicherte und harmonische Verhältnisse.

9. Gegenüberstellen – Vergleichen

Hier müssen Sie verschiedene Sachverhalte einander gegenüberstellen und je nach Aufgabenstellung Gemeinsamkeiten, Ähnlichkeiten und Unterschiede herausarbeiten. Ihr Ergebnis sollten Sie gegen Ende der Beantwortung klar auf den Punkt bringen. Dieser Operator kann bei anspruchsvoller Aufgabenstellung auch dem *Anforderungsbereich III* zugeordnet werden.

Beispiel 9: *Stellen* Sie den Ausführungen Budes zur Vertiefung der „Kluft zwischen Arm und Reich" (Z. 2) die funktionalistische Theorie der Ungleichheit *gegenüber!*

Erwartungshorizont:
Bude spricht von einer mangelnden sozialen Gerechtigkeit in Deutschland. Dies beweist er mit dem jüngsten Armutsbericht der Bundesregierung, aus dem hervorgeht, dass sich die Schere zwischen

Arm und Reich immer weiter öffnet und die Mittelschicht weiter schrumpft. Dies führe zu einem Anwachsen der Randschicht der Armen, zu denen nicht nur die klassischen von Armut bedrohten Bevölkerungsgruppen, sondern immer häufiger auch höher Qualifizierte zählen. Die Situation droht sich zu verschärfen, da die Mittelschicht Armut generell fürchtet und daher alles tut, um diese zu vermeiden: Sie passt sich also den neuen wirtschaftlichen Gegebenheiten und Anforderungen an. Dabei verachtet sie die Bevölkerungsteile aus dem unteren Bereich der sozialen Skala und ist nur wider Willen bereit, Steuern für Sozialleistungen zu bezahlen.
Die funktionalistische Theorie der Ungleichheit besagt, dass eine Leistungsgesellschaft soziale Ungleichheit benötigt. Wer das Leistungspotenzial eines Menschen und einer Gesellschaft mobilisieren will, muss Leistungsanreize schaffen.
Diese Theorie widerspricht damit einerseits den Ausführungen Budes, indem konstatiert wird, eine Kluft zwischen Arm und Reich sei einem marktwirtschaftlichen System immanent. Auf der anderen Seite zeigen die Ausführungen Budes aber auch, dass Einkommen, Beruf und Bildung nicht immer mit individueller Leistung zusammenhängen. Ansonsten würden keine „überqualifizierten" Akademiker von Armut bedroht.

Basismaterial M 3: „Ehrenwort!"

Zeichnung:
Burkhard Mohr

Die *Beispiele 10* und *11* beziehen sich auf obige Karikatur.

10. Interpretieren

Hier wird von Ihnen erwartet, Sinnzusammenhänge aus Materialien (meist Karikaturen) zu erschließen.

Beispiel 10: *Interpretieren* Sie die Karikatur M 3!

Erwartungshorizont:
Die Karikatur zeigt im Zentrum einen Mann, der symbolisch für die EU steht (siehe Jackenaufdruck) und den Eindruck eines weltfremden Bürokraten vermittelt (Statur und Haltung, Brille, phlegma-

tischer Gesichtsausdruck). Er ist im Begriff, mit einer Schere ein Band zu durchschneiden, das symbolisch für den Wegfall der Grenzkontrollen innerhalb der Schengenstaaten steht (siehe Jackenaufdruck bzw. Hinweisschild „EU-Grenzen" am Band). Vor „der Grenze" steht eine Ansammlung von zwielichtigen Gestalten. Im Einzelnen kann man erkennen: einen Menschenschleuser, einen Mafioso, einen Plutoniumschmuggler, einen Terroristen, einen Drogenkurier, ein BSE-krankes Rindvieh und einen Versicherungsbetrüger in einem wahrscheinlich gestohlenen Fahrzeug.
Die kriminellen Subjekte stehen symbolisch für die Verbrechen, die in Zukunft – nachdem das Band durchschnitten wurde – unkontrolliert zwischen den Schengenstaaten passieren können (siehe die Richtungspfeile am Boden). Auf die Bitte des EU-Vertreters, „schön artig" zu sein, geben die nicht gerade vertrauenswürdigen Gestalten ihr „Ehrenwort". Die Kernaussage der Karikatur lautet somit: Verbrechen jedweder Art sowie Krankheiten sind durch den Wegfall der Grenzkontrollen Tür und Tor geöffnet worden, und die EU bzw. die teilnehmenden Schengenstaaten stehen diesen Gefahren nicht mit der gebotenen Achtsamkeit gegenüber.

Da es sich hier um eine sehr einfache Aufgabenstellung handeln kann, wird dieser Operator im Abitur oft mit einer anderen Aufgabenstellung verknüpft (Bsp.: *Interpretieren* Sie die Karikatur M 3 und *widerlegen* Sie deren Aussage!).

11. Widerlegen

Hier müssen Sie argumentativ überzeugend und logisch begründend darstellen, dass Daten, eine Position oder eine Behauptung nicht haltbar sind.

Beispiel 11: (*Interpretieren* Sie die Karikatur M 3) und *widerlegen* Sie deren Aussage!

Erwartungshorizont:
Siehe Erwartungshorizont zu *Beispiel 10.*
Die Kernaussage des Karikaturisten kann angezweifelt bzw. entschärft werden. Man verpflichtete sich zwar im Rahmen des Schengener Abkommens von 1985, die innerstaatlichen Grenzkontrollen abzuschaffen, um einen freien Reiseverkehr zu ermöglichen. Von einem völligen Wegfall von Kontrollen und einer „Öffnung" der EU für das internationale Verbrechen kann aber nicht die Rede sein: Erstens werden an den EU-Außengrenzen scharfe Kontrollen an den Zollstationen durchgeführt. Zweitens ist für die Einreise in einen Schengenstaat ein Visum nötig. Drittens patrouillieren an der „grünen" Grenze permanent Zollbeamte und Polizisten, um Schleuseraktivitäten zu unterbinden. Auch innerhalb der EU werden in den Grenzgebieten Personenkontrollen durchgeführt. Die grenzüberschreitende polizeiliche Zusammenarbeit wurde ausgeweitet, um Kriminellen das Handwerk zu legen. Auch der Transport kranker Tiere ist nur schwer möglich, da jedes Tier mit Ohrclips registriert ist und amtsärztlich überwacht wird. Nach wie vor dürfen Zollkontrollen von Staaten, die nicht Mitglied der Zollunion sind, durchgeführt werden, z. B. von der Schweiz.
Ebenfalls muss angemerkt werden, dass es auch schon vor dem Wegfall der Grenzkontrollen Möglichkeiten für Kriminelle gab, einen Staat illegal zu betreten.

12. An einem Beispiel **Belegen – Beweisen – Zeigen – Darstellen – Nachweisen**

Hier wird von Ihnen erwartet, an einem geschickt und sinnvoll gewählten Beispiel einen Sachverhalt verständlich, logisch und überzeugend darzustellen.

Beispiel 12: *Belegen* Sie an einem Beispiel die Bedeutung der Wandlungs- und Problemlösungsfähigkeit des demokratischen Systems der Bundesrepublik Deutschland für die Akzeptanz bei den Bürgern!

oder

Beweisen Sie an einem Beispiel die Bedeutung der Wandlungs- und Problemlösungsfähigkeit des demokratischen Systems der Bundesrepublik Deutschland für die Akzeptanz bei den Bürgern!

oder

Zeigen Sie an einem Beispiel die Bedeutung der Wandlungs- und Problemlösungsfähigkeit des demokratischen Systems der Bundesrepublik Deutschland für die Akzeptanz bei den Bürgern!

oder

Stellen Sie an einem Beispiel die Bedeutung der Wandlungs- und Problemlösungsfähigkeit des demokratischen Systems der Bundesrepublik Deutschland für die Akzeptanz bei den Bürgern *dar!*

oder

Weisen Sie an einem Beispiel die Bedeutung der Wandlungs- und Problemlösungsfähigkeit des demokratischen Systems der Bundesrepublik Deutschland für die Akzeptanz bei den Bürgern *nach!*

Erwartungshorizont:
Die Grundlage für die strafrechtliche Verfolgung von Verbrechen bildet auch heute noch das 1871 veröffentlichte Reichsstrafgesetzbuch. Lange Zeit galten die Prinzipien des „alten" StGB als öffentlich anerkannt, weswegen es erst in den 1970er Jahren zu tiefgreifenden Änderungen im Strafrecht und Familienrecht kam. Nötig wurden die Veränderungen durch die gesellschaftlichen Umwälzungen in der Bundesrepublik infolge der Achtundsechziger-Bewegung und nach dem Wahlsieg der sozialliberalen Koalition 1969. Analog zu den Bereichen Außen- oder Sozialpolitik sollte die Bevölkerung auch in der Rechtspolitik wieder für den Staat gewonnen werden. Der Regierungswechsel 1969 bewies so die Wandlungsfähigkeit des demokratischen Systems in der Bundesrepublik, denn der Wandel des Werte- und Normensystems wurde nun auf das kodifizierte Recht übertragen. Im Zuge der Aktualisierung des Rechts wurde auch das Familienrecht dem Geist der Zeit angepasst. Bis 1977 war das Scheidungsrecht noch stark von der katholischen Eheethik beeinflusst. Entsprechend galt das *Schuldprinzip*. Wer für das Scheitern einer Ehe verantwortlich war und damit moralisch gefehlt hatte, wurde bestraft. Für die oft im Haushalt und mit der Kindererziehung beschäftigte Frau konnte dies im Falle eines Nachweises ihrer schuldhaften „Verfehlung" in der Ehe den sozialen Niedergang bedeuten, da sie dann nicht unterhaltsberechtigt war.
Im heutigen Scheidungsrecht gilt das *Zerrüttungsprinzip;* es wird nicht mehr nach einem „Schuldigen" gesucht. Damit wird dem Selbstbestimmungsrecht des Individuums Rechnung getragen. Der Staat hat bei einer Scheidung heute nur noch die Aufgabe, die Verantwortung des wirtschaftlich stärkeren Ehepartners für seinen geschiedenen Partner und die aus einer Ehe hervorgegangenen Kinder durch die Festsetzung der zu leistenden Unterstützung festzustellen, um so sozialschädlichem Verhalten vorzubeugen.

4. Mögliche Operatoren des Anforderungsbereichs III

Im *Anforderungsbereich III* werden alle Operatoren verwendet, die der Anforderungsstufe *Urteilen* (Anteil in der Abitur-Prüfung: 30 %) zugeordnet werden. Verlangt werden Reflexion und Problemlösung. Sie müssen hier unterschiedliche Sachverhalte und Probleme erörtern bzw. diskutieren. Dabei wird besonders auf eine klar strukturierte und problembewusste Argumentation geachtet. Ferner wird von Ihnen erwartet, Hypothesen zu Fragestellungen zu entwickeln und die eigene Urteilsbildung zu reflektieren.
Wie im *Anforderungsbereich II* benötigen Sie zur Bearbeitung der Aufgabenstellungen sozialkundliches Fachwissen. Ebenso wird auf sprachliche Richtigkeit und Gewandtheit im Ausdruck sowie auf den korrekten Gebrauch von Fachbegriffen geachtet. Bevor Sie zu schreiben beginnen, sollten Sie Ihren Ausführungen eine kurze Gliederung voranstellen, um Ihre Gedankenführung für Sie selbst und den Korrektor transparent zu machen. Im *Anforderungsbereich III* kann es aufgrund des Schwierigkeitsgrades für einen relativ kurzen Text viele Bewertungseinheiten geben. Bei den meisten Operatoren des *Anforderungsbereiches III* ist es wichtig, anhand der Aufgabenstellung im Vorfeld zu prüfen, ob eine lineare oder eine dialektische Auseinandersetzung mit dem Thema verlangt wird. Bei der *dialektischen* Variante müssen Sie – wie in einem Deutsch-Aufsatz – Pro- und Kontra-Argumente einander gegenüberstellen, um dann im Schlussteil, der Synthese, zu einem Ergebnis zu kommen. Bei einer *linear* aufgebauten Erörterung wird von Ihnen erwartet, nur eine Seite zu beleuchten.

1. Untersuchen – Überprüfen – Beurteilen – Stellung nehmen – Bewerten – Erörtern/ Diskutieren – Sich kritisch auseinandersetzen mit – Erwägen

Hier wird von Ihnen erwartet, dass Sie sich argumentativ mit einem Thema auseinandersetzen.

Beispiel 1 (dialektisch konzipierte Herangehensweise):

> *Untersuchen/ Überprüfen/ Beurteilen/ Bewerten/ Erörtern/ Diskutieren/ Erwägen* Sie, ob der Vertrag von Lissabon lediglich die abgelehnte Europäische Verfassung „in neuem Kleide" darstellt!

oder

> *Nehmen Sie Stellung* zu der Behauptung von EU-Kritikern, der Vertrag von Lissabon stelle lediglich die abgelehnte Europäische Verfassung „in neuem Kleide" dar!

oder

> *Setzen* Sie *sich* kritisch mit der Behauptung von EU-Kritikern *auseinander,* der Vertrag von Lissabon stelle lediglich die abgelehnte Europäische Verfassung „in neuem Kleide" dar!

Erwartungshorizont (Gliederung):

1. *Einleitung:* Die Vorgeschichte des Vertrags von Lissabon
2. *Hauptteil:* Der Vertrag von Lissabon – abgelehnte EU-Verfassung in „neuem Kleide"?
2.1 Staatliche Symbolik
2.2 Grundrechtscharta
2.3 Institutionelle Reformen
3. *Schluss/ Synthese:* Weitgehende Deckung zwischen dem Vertrag von Lissabon und der abgelehnten Europäischen Verfassung in wichtigen Aspekten

Erwartungshorizont (Ausführung):

- *Einleitung: Die Vorgeschichte des Vertrags von Lissabon*

Der Vertrag von Lissabon sollte die EU reformieren, nachdem in Referenden in den Niederlanden und Frankreich die Europäische Verfassung 2005 abgelehnt worden war. Nach einer auf dem Brüsseler Krisengipfel 2005 durch die Regierungschefs selbst verordneten „Denkpause" wurde unter der deutschen Ratspräsidentschaft 2007 ein neuer Anlauf unternommen. Die in der „Berliner Erklärung" vom 25. März 2007 formulierte Aufruf zu weiterer Integration und einer grundlegenden EU-Reform ermöglichte es der nachfolgenden portugiesischen EU-Ratspräsidentschaft, den Vertrag von Lissabon 2007 vorzulegen. Da die Ratifikation des Reformvertrags, außer in Irland (wo er erst in einem zweiten Referendum angenommen wurde), in den alleinigen Kompetenzbereich der nationalen Parlamente fiel, ging man von einem schnellen Zustimmungsprozess aus. Die Zustimmung erfolgte in einigen EU-Staaten, z. B. in Irland oder in Tschechien, aufgrund deren Forderungen nach Modifikationen erst 2009. Der Vertrag konnte daher erst am 1. Dezember 2009 in Kraft treten.

- *Hauptteil: Der Vertrag von Lissabon – abgelehnte EU-Verfassung in „neuem Kleide"?*

Einerseits bestehen wichtige Unterschiede zwischen dem Vertrag von Lissabon und der Europäischen Verfassung. So fehlt im Lissabon-Vertrag jegliche staatliche Symbolik, die in der Verfassung vorgesehen gewesen wäre und den Staatenverbund EU weiter in die Richtung eines Bundesstaats gerückt hätte, zumindest im Bewusstsein der Bürger. Die staatsanalogen Symbole, u. a. eine gemeinsame europäische Flagge und Hymne, existierten aber auch schon vor der EU-Verfassung. Ob die explizite Verankerung der Symbolik in einer Verfassung das Bewusstsein der Bürgerinnen und Bürger in der EU tatsächlich „europäischer" gemacht hätte, bleibt daher fraglich. Flagge und Hymne wurden durch den Vertrag von Lissabon nicht aufgehoben oder geändert; sie sind nur nicht Teil des Vertrags und erhalten damit weiterhin keinen staatstragenden offiziellen Charakter.
Die ebenfalls als Teil der Verfassung vorgesehene Charta der Grundrechte wurde im Vertrag von Lissabon vom eigentlichen Vertragswerk abgekoppelt. Das ist ein wesentlicher Unterschied! Die Vorstellung einer Staatsgrundlage ohne Definition und Erklärung von Menschenrechten ist im Verständnis vieler repräsentativer Demokratien wie z. B. Deutschland oder der USA undenkbar. In diesem Zusammenhang hat der Vertrag von Lissabon den Charakter einer „Verfassung" eingebüßt. Auf der anderen Seite wurde die Grundrechtscharta ebenso wie der Vertrag selbst für rechtlich bindend erklärt (Ausnahme: Großbritannien). Die Frage, ob die Charta nun Teil einer Verfassung ist oder, abgekoppelt von einem Vertrag, eigenständig bindend ist, hat in der Praxis daher keine Bedeutung.
Die zentralen institutionellen Reformen der EU und damit das Herzstück der gescheiterten Verfassung wurden im Vertrag von Lissabon meist unverändert übernommen. Dies galt etwa für das neue Abstimmungssystem der „doppelten Mehrheit" oder die Reduzierung der Abgeordnetenzahl im Parlament. Einige Bestimmungen der ursprünglichen EU-Verfassung mussten für den Vertrag von Lissabon auf Wunsch einiger Staaten aber geändert werden: So wurde die Zahl der EU-Kommissare letztlich nicht, wie von der Verfassung vorgesehen, von 27 auf 15 reduziert. Der neuen Kommission gehören folglich 27 Kommissare an. Es steht zu erwarten, dass die Entscheidungsfindung dadurch nicht wesentlich erleichtert wird. Auch das in der Verfassung vorgesehene Amt eines Europäischen Außenministers wurde nicht geschaffen, die für dieses Amt geplanten Kompetenzen allerdings im Amt des „Hohen Vertreters der Union für Außen- und Sicherheitspolitik" vereint. Obgleich dessen Befugnisse nicht mit denen eines klassischen Außenministers gleichzusetzen sind, vereint er doch eine große Machtfülle auf sich, denn er führt den Vorsitz im Rat für Auswärtige Angelegenheiten und übt als Vizepräsident der Kommission zugleich die Funktion des ehemaligen EU-Außenkommissars aus. Ernannt wird er vom Europäischen Rat.

- *Schluss/Ergebnis: Weitgehende Deckung zwischen dem Vertrag von Lissabon und der abgelehnten Europäischen Verfassung in wichtigen Aspekten*

Im Gegensatz zum Verfassungsentwurf baut der Vertrag von Lissabon zwar offiziell nur auf den bestehenden Verträgen auf. Die wesentlichen Elemente der gescheiterten Verfassung hinsichtlich der institutionellen Reformen wurden jedoch in den Lissabon-Vertrag aufgenommen. Auch die Charta der Grundrechte ist für die EU-Staaten bindend, d. h. die darin garantierten Rechte und Freiheiten sind nun für alle EU-Bürger vor dem Europäischen Gerichtshof (EuGH) einklagbar geworden (Ausnahmen: Großbritannien, Polen und Tschechien). Es entfällt lediglich eine schriftlich verankerte Symbolik, was allerdings nichts an der Tatsache ändert, dass die EU-Flagge, die Europahymne, der Euro und der Europatag (9. Mai) nach wie vor Verwendung finden. Bezogen auf die Aufgabenstellung kann deshalb konstatiert werden, dass der Vertrag von Lissabon weitgehend die Europäische Verfassung „in neuem Kleide" darstellt.

Beispiel 2 (linear konzipierte Herangehensweise):

> *Untersuchen/Überprüfen/Beurteilen/Erörtern/Erwägen* Sie, warum eine unbegrenzte Erweiterung der EU abgelehnt werden sollte!

Erwartungshorizont (Gliederung):

1. *Einleitung:* Die Erweiterung der EU seit 1967
2. *Hauptteil:* Argumente gegen eine unbegrenzte Erweiterung der EU
2.1 Wirtschaftliche Gründe
2.2 Institutionelle Probleme
2.3 Inkompatibilität mancher Staaten
2.3.1 Kulturelle Differenzen
2.3.2 Politische Probleme
3. *Schluss/Synthese:* Warnung vor einer unbedachten Erweiterung

Erwartungshorizont (Ausführung):

- *Einleitung: Die Erweiterung der EU seit 1967*

Die Geschichte der EU war bisher auch eine Geschichte ihrer stetigen Erweiterung und Ausbreitung. Nach der Gründung der EWG 1957 verdoppelte die Europäische Gemeinschaft (ab 1967) in der Ära nach dem französischen Staatspräsidenten Charles de Gaulle ihre Mitgliederzahl von sechs auf zwölf. Nach dem Fall des Eisernen Vorhangs 1989/90 und der Gründung der EU 1993 erhöhte sich die Attraktivität der EU merklich, und sie wurde zum Motor der europäischen Integration. Nach dem Beitritt Finnlands, Österreichs und Schwedens 1995 war der größte Kraftakt in der Geschichte der europäischen Integration geplant: die Osterweiterung, die 2004 und 2007 mit der Aufnahme zwölf neuer Mitgliedstaaten erfolgte. Die wesentliche Voraussetzung für deren EU-Beitritt war die Erfüllung der Kopenhagener Kriterien.

- *Hauptteil: Argumente gegen eine unbegrenzte Erweiterung der EU*

Durch jeden neuen Mitgliedstaat, der der EU beitritt, erhöht sich der Konkurrenzdruck für die anderen Staaten. Da sich bereits zahlreiche ökonomisch schwache Staaten in der EU befinden, könnte

eine unbegrenzte Erweiterung diese Staaten wirtschaftlich und sozial weiter destabilisieren. Bisher war es nach Erweiterungsrunden nämlich regelmäßig der Fall, dass Arbeitsplätze – vor allem im produzierenden Gewerbe – aufgrund der billigeren Lohn- und Lohnnebenkosten in die neu hinzu gekommenen Staaten abgewandert sind. Auch die Zahl der sogenannten „Nehmerländer", also Staaten, die Gelder aus EU-Fördertöpfen erhalten, steigt mit weiteren Erweiterungsrunden. Dies aber bedeutet geringere Zahlungen gerade an die Staaten, die nach ihrem erst erfolgten EU-Beitritt noch am Anfang erfolgreicher Integration und wirtschaftlichen Aufbaus stehen. Dieses Argument gewinnt an Stärke, da es außerhalb der Europäischen Union in Europa mit Ausnahme von Norwegen und der Schweiz keine wirtschaftlich starken Länder mehr gibt.
Gegen einen weiteren Ausbau sprechen auch institutionelle Schwierigkeiten: Bereits die Annahme des Vertrags von Lissabon war ein ungewöhnlicher, von zahlreichen Kompromissen begleiteter Kraftakt. Dieser Kraftakt sollte die EU handlungsfähiger machen, was aber nur mit Einschränkungen gelang. So wurde die Zahl der EU-Kommissare nicht auf 15 reduziert, sondern es blieb bei der Regelung: ein Kommissar pro Mitgliedstaat. Eine Erweiterung bedeutete also den Anstieg der Zahl der Kommissare und die Verkomplizierung politischer Entscheidungen in der EU. Die Alternative wäre die Konzeption eines neuen Grundlagenvertrags. Nach den oben beschriebenen Problemen mit dem Lissabon-Vertrag ist dies in nächster Zukunft aber eher unwahrscheinlich.
Gegen einen weiteren Ausbau spricht auch, dass einige der Kandidaten, die sich derzeit um Aufnahme bemühen oder sich um Aufnahme bemühen könnten, nur bedingt zu den bereits in der EU befindlichen Ländern passen, sei es aus kulturellen oder politischen Gründen.
Im Fall der Türkei werden z. B. immer wieder die Schwäche der demokratischen Institutionen, der politische Einfluss des Militärs, die Diskriminierung der Volksgruppe der Kurden im Osten des Landes sowie Menschenrechtsverletzungen, z. B. beim Strafvollzug, angeführt. Auch die wirtschaftlichen Rückstände sind immer wieder bemängelt worden. Der Freizügigkeit für türkische Arbeitnehmer, der Aufwendung von EU-Subventionen für die türkische Landwirtschaft und der islamischen Prägung des Landes stehen viele Europäer skeptisch gegenüber. Insbesondere in der Frage der Gleichberechtigung von Mann und Frau besteht in der Türkei noch immer akuter Nachholbedarf. Zudem spielen sicherheitspolitische Überlegungen eine Rolle, denn mit einem Beitritt der Türkei läge die Außengrenze der EU mit einem Mal nicht nur am Kaukasus, sondern auch am Irak und dem Iran, d. h. im arabischen bzw. persischen Kulturkreis, und an zentralen Krisengebieten des 21. Jahrhunderts.
Vor dem Hintergrund des Bosnien-Kriegs (1992–1995) und des Kosovo-Kriegs (1999) existieren politische Probleme z. B. im Falle Serbiens. Zwar hat die serbische Regierung eine der wichtigsten Forderungen der EU erfüllt, indem sie den mutmaßliche Kriegsverbrecher Radovan Karadžić festgenommen und dem Internationalen Kriegsverbrechertribunal nach Den Haag überstellt hat. Doch Karadžićs Militärchef Ratko Mladić sowie Goran Hadžić, der damalige Anführer der Serben in Kroatien, sind noch immer auf freiem Fuß (Stand: Mai 2010). Dies erschwert die Annäherung an die EU. Überdies hat Serbien die Unabhängigkeitserklärung des Kosovo vom 17. Februar 2008 nicht formal anerkannt. Auch wenn die EU von Serbien nicht erwartet, Kosovo als unabhängigen Staat anzuerkennen, so bleibt das Thema dennoch ein Dauerproblem in den Beziehungen.

- *Schluss/ Synthese: Warnung vor einer unbedachten Erweiterung*

Zwar sprechen viele Gründe – zuvorderst die Erhöhung der politischen und ökonomischen Stabilität in Europa – für eine Erweiterung der EU, doch die oben angeführten Argumente zwingen dazu, eine unbedachte und übereilte unbegrenzte Erweiterung der EU gründlich zu überdenken. Dabei ist nicht nur die Beitrittsfähigkeit der Kandidatenländer ausschlaggebend, sondern immer auch die Aufnahmefähigkeit der Europäischen Union.

2. Begründen

Hier müssen Sie zu einem Sachverhalt die Ursachen und erklärenden Argumente schlüssig ausführen, ohne zu stark zu vereinfachen. Dieser Operator bezieht sich im Regelfall auf eine linear konzipierte Erörterung.

Beispiel 3: *Begründen* Sie, warum eine unbegrenzte Erweiterung der EU abgelehnt werden sollte!

Erwartungshorizont (Gliederung und Ausführung): siehe *Beispiel 2*

Basismaterial M 1: Der Staatsaufbau der Islamischen Republik Iran

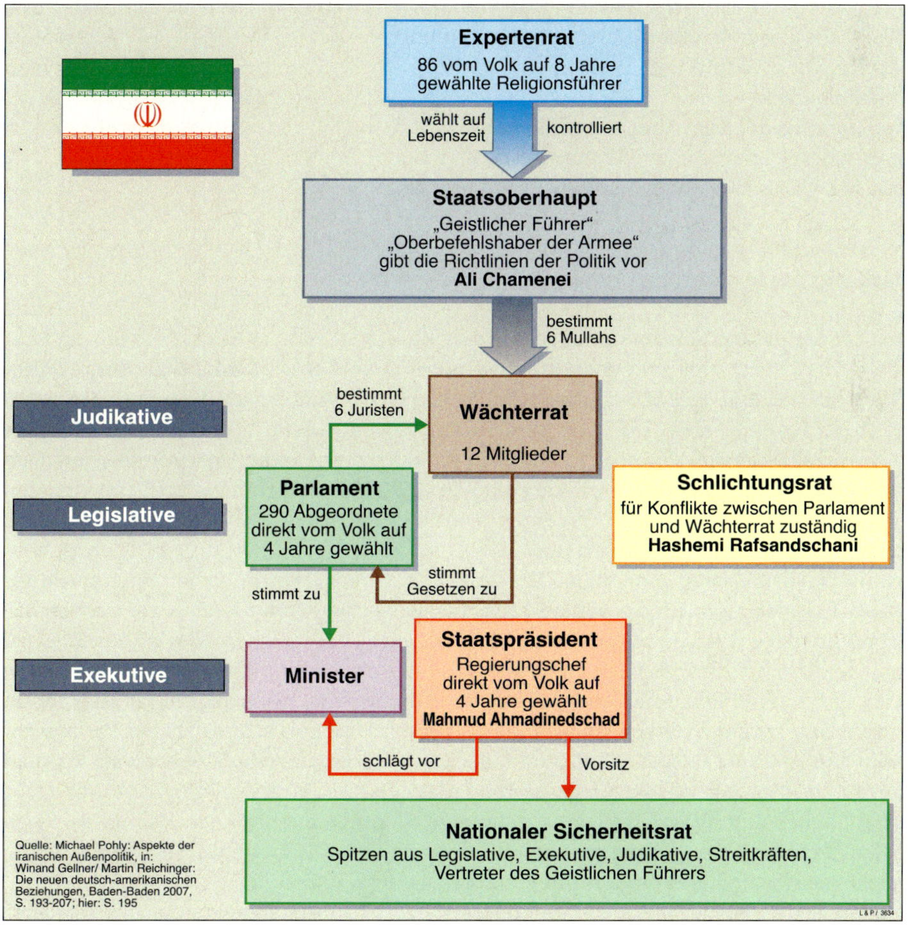

Aus: Raps, C./ Hartleb, F., Mensch und Politik, Sozialkunde Bayern, Klasse 11, Braunschweig 2009, S. 207

Die *Beispiele 4* und *5* beziehen sich auf obige Grafik.

3. Problematisieren

Bei dieser Aufgabenstellung müssen Sie Widersprüche herausarbeiten oder Positionen bzw. Theorien hinterfragen.

Beispiel 4: *Problematisieren* Sie ausgehend von M 1 die Behauptung, der Iran sei ein demokratischer Staat!

Erwartungshorizont (Gliederung):

1. *Einleitung:* Die Entstehung der Islamischen Republik Iran
2. *Hauptteil:* Der Iran – ein demokratischer Staat?
2.1 Die demokratischen Elemente in der Verfassung
2.2 Undemokratische Elemente im Iran
2.2.1 Stellung des Staatsoberhaupts und religiösen Führers
2.2.2 Bedeutung des Wächterrats
2.2.3 Wahlfälschungen
2.2.4 Keine Garantie der Menschen- und Bürgerrechte
2.2.5 Wesen eines theokratischen Systems
3. *Schluss/ Ergebnis:* Der Iran als undemokratischer Staat

Erwartungshorizont (Ausführung):

- *Einleitung: Die Entstehung der Islamischen Republik Iran*

Mit der Islamischen Revolution und dem Sturz des autoritären Regimes von Schah Reza Pahlevi entstand 1979 der theokratische Staat „Islamische Republik Iran". Als oberste Autorität des Staates etablierte sich der aus dem Pariser Exil zurückgekehrte schiitische Geistliche und Anführer der „Revolution", Ayatollah Khomeini. Untersucht man den Aufbau des politischen Systems des Iran nach M 1, so stellt man fest, dass sich demokratische und diktatorische Elemente gegenüberstehen.

- *Hauptteil: Der Iran – ein demokratischer Staat?*

Als demokratische Elemente zeigen sich die Wahl des Legislativorgans, des Parlaments, sowie die Direktwahl des Präsidenten durch die wahlberechtigte Bevölkerung. Auch der Expertenrat, der außerhalb der traditionellen drei Gewalten steht und einer „geistig-moralischen" Gewalt gleicht, wird von der wahlberechtigten Bevölkerung gewählt. Damit hat das Volk zumindest indirekt Einfluss auf die Wahl des Staatsoberhauptes und „Geistlichen Führers", der aufgrund seiner Funktionen und Befugnisse zur Exekutive zu rechnen ist. Indirekt hat das Volk durch die Wahl des Parlaments und die Wahl des Expertenrats auch Einfluss auf die Zusammensetzung des Wächterrats, der den vom Parlament beschlossenen Gesetzen zustimmen muss. Ebenso muss das Parlament und damit indirekt das Volk den vom Präsidenten vorgeschlagenen Ministern zustimmen. Damit zeigt sich laut Verfassungsschema, dass – abgesehen vom Nationalen Sicherheitsrat und dem Schlichtungsrat – sämtliche konstitutionellen Organe demokratisch legitimiert sind.
Auf der anderen Seite sprechen viele Argumente gegen die Behauptung, der Iran sei ein demokratischer Staat. So wird das Staatsoberhaupt zwar de jure von dem vom Volk gewählten Expertenrat gewählt und kontrolliert – de facto aber erfolgt die Wahl auf Lebenszeit. Erweist sich ein geistlicher Führer als undemokratisch, kann er darum nicht mehr mit demokratischen Mitteln abgelöst

werden. Zudem ist er es, der die Hälfte der obersten Richter im Wächterrat ernennt. Überdies liegt es in der Macht des Staatsoberhauptes, demokratisch im Parlament beschlossene Gesetze oder Regierungsentscheidungen jederzeit zu verwerfen.
Der Wächterrat ist als zentrales Verfassungsgericht zwar formell der Judikative zugeordnet. Faktisch aber untersteht er der außerhalb der drei Gewalten angesiedelten religiösen Führung. Er wirkt nicht nur bei der Gesetzgebung mit, wobei er Gesetze auf die Vereinbarkeit mit der Verfassung prüft und hier speziell die Vereinbarkeit mit religiösen Prinzipien überwacht. Vielmehr entscheidet der Wächterrat auch über die Zulassung von Kandidaten bei den Parlamentswahlen; so wird sichergestellt, dass keine Kandidaten antreten, die der religiösen Führung des Landes nicht genehm sind. Der Ausschluss von Kandidaten vor einer Wahl ist aber als höchst undemokratisch zu bezeichnen.
Abgesehen von den Verfassungsmängeln existieren weitere Gründe dafür, dem Iran kein demokratisches System zu attestieren. So wurde die Bevölkerung bei Wahlen immer wieder systematisch eingeschüchtert, Wahlergebnisse wurden gefälscht, zuletzt bei den Präsidentschaftswahlen 2009, als Staatspräsident Mahmud Ahmadinedschad angeblich in seinem Amt bestätigt wurde. Auch bei Parlamentswahlen hat der Wächterrat regelmäßig reform- und demokratieorientierte Kandidaten ausgeschlossen.
Menschen- und Bürgerrechte werden im Iran nicht – wie in einer Demokratie üblich – garantiert. Im Gegenteil: Religiöse Minderheiten, Homosexuelle und Frauen werden diskriminiert. So dürfen sich Frauen ohne die vollständige Bedeckung ihres Körpers und ihrer Haare nicht in der Öffentlichkeit bewegen; in Bussen sitzen sie hinten, von den Männern durch eine Barriere getrennt. Gemischte Schulen sind ebenso undenkbar wie männliche und weibliche Kommilitonen gemeinsam auf einer Hörsaalbank. Die Freiheit der Presse existiert nicht.
Schließlich ist ein theokratisches System per se undemokratisch. In einer Theokratie nämlich begründen die staatlichen Machthaber ihre Herrschaft und alle Gesetze allein religiös, stützen sich einzig auf die Autorität eines Gottes und lassen nur ihre eigene Interpretation des Gotteswillens gelten. Weltliche Würdenträger haben sich den religiösen Führern zu unterwerfen oder sie bekleiden diese Ämter in Personalunion.

- *Schluss/ Ergebnis: Der Iran als undemokratischer Staat*

Die Behauptung, der Iran sei ein demokratischer Staat, lässt sich also nur bei oberflächlicher Betrachtung der Verfassung halten. Betrachtet man die Islamische Republik Iran und die Regierungspraxis sowie die Realität des politischen und öffentlichen Lebens genauer, so kann von einer Demokratie im Iran nicht die Rede sein. Die Staatsform des Iran ist stattdessen theokratisch.

4. Entwerfen/ Entwickeln

Hier wird von Ihnen erwartet, ausgehend von der Themenstellung, eine begründete Ausführung zu einer Fragestellung zu konzipieren, die sich aus einer bestimmten Perspektive oder einem bestimmten Lösungsansatz ergibt. Im Zusammenhang mit der Entwicklung eines Szenarios kann es sich bei diesem Operator auch um eine gestalterische Aufgabenstellung handeln (siehe Kapitel IV. 5, S. 181 ff.).

Beispiel 5: *Entwerfen/ Entwickeln* Sie ausgehend von M 1 ein Konzept zur Demokratisierung des Iran!

Erwartungshorizont (Gliederung):

1. *Einleitung:* Prämissen für eine Demokratisierung des Iran
2. *Hauptteil:* Konzept zur Demokratisierung des Iran
2.1 Umbau der Verfassung I – Abschaffung der religiösen Institutionen
2.2 Umbau der Verfassung II – Neukonzeption des Wächterrats
2.3 Flankierende Maßnahmen
3. *Schluss/Ergebnis:* Voraussetzungen für einen erfolgreichen Demokratisierungsprozess

Erwartungshorizont (Ausführung):

- *Einleitung: Prämissen für eine Demokratisierung des Iran*

Ein Konzept zur Demokratisierung des Iran muss von folgenden Prämissen ausgehen: Eine Rückkehr zum autoritären Regime eines Schahs, d. h. zu einer Monarchie, muss ausgeschlossen sein. Eine Demokratisierung des Iran muss den geistig-kulturellen Hintergrund des Landes berücksichtigen, und die Mehrheit der iranischen Bevölkerung muss diese Demokratisierung mittragen. Es wäre in der Realität also nötig, mit integrativer Bedachtsamkeit und schrittweise vorzugehen und für den Demokratisierungsprozess eine Zeitspanne von mehreren Jahren einzuplanen.

- *Hauptteil: Konzept zur Demokratisierung des Iran*

Von der Verfassung ausgehend, müsste in einem ersten Schritt der Einfluss der außerhalb der drei Gewalten angesiedelten religiösen Institutionen aufgehoben werden. Dies bedeutet die Auflösung des Expertenrats sowie des Amtes eines „Geistlichen Führers". Dieser Schritt würde die Übertragung der Funktionen des Staatsoberhaupts auf den Staatspräsidenten notwendig machen.
In einem zweiten Schritt müsste die Befugnis zur Bestellung der bisher vom Staatsoberhaupt ernannten Mitglieder des Wächterrats dem Nationalen Sicherheitsrat als einer Art zweiter Legislativkammer übertragen werden. Im Rahmen dieser Änderung müsste zugleich ein Umbau des Wächterrats von einem Instrument der religiösen Führung zu einem „echten" Verfassungsgericht erfolgen. In diesem Fall könnte unter Umständen auf den Schlichtungsrat verzichtet werden. Es wäre hingegen wichtig, die bisherigen Vertreter des Geistlichen Führers aus dem Nationalen Sicherheitsrat zu entlassen, um eine echte Trennung von Staat und Religion herzustellen.
Mit diesen Maßnahmen wäre die Verfassung des Iran demokratisch ausgerichtet und die theokratische Staatsform abgeschafft. Bei dem soeben vorgestellten Modell handelt es sich um ein präsidentielles Regierungssystem, teilweise analog zur Verfassung der USA.
Um der Demokratie zum Durchbruch zu verhelfen, wären flankierende Maßnahmen notwendig: Von grundlegender Bedeutung ist die Gewährleistung eines Meinungspluralismus. Die Pressefreiheit sowie die Menschen- und Bürgerrechte für alle Iraner wären in der Verfassung zu verankern und sollten vor Gericht einklagbar werden. Ebenso müssten demokratisch legitimierte Wahlbeobachter eingesetzt werden, um eine abermalige Fälschung von Wahlergebnissen zu verhindern.

- *Schluss/Ergebnis: Voraussetzungen für einen erfolgreichen Demokratisierungsprozess*

Da die Macht im Iran aktuell bei den religiösen Führern liegt, könnte ein Umbau der Verfassung nur mit deren Zustimmung erfolgen. Dies ist jedoch als unrealistisch einzuschätzen. Es ist im Lauf der modernen Geschichte noch nie vorgekommen, dass sich autoritäre Machthaber selbst entmachtet hätten. Theoretisch könnte die Demokratisierung des Iran aufgrund einer friedlichen Revolution verbunden mit dem Umsturz des bisherigen Regimes erfolgen. Eine Stärkung der Zivilgesellschaft ist in jedem Fall nötig, um die Gewaltförmigkeit eines Umbruchs zu verhindern.

5. Gestalterische Aufgabenstellungen

Die gestalterischen Aufgabenstellungen können alle Anforderungsstufen umfassen, meist mit einem Schwerpunkt auf *Anforderungsbereich III*. Sie stellen eine essayartige thematische Vertiefung eines Themas dar und können die Präsentation oder Beurteilung dieses Themas oder Sachverhalts aus einer bestimmten oder aus verschiedenen Perspektiven erfordern.
Wie in den *Anforderungsbereichen II* und *III* benötigen Sie zur Bearbeitung der Aufgabenstellungen sozialkundliches Hintergrundwissen. Ebenso wird auf sprachliche Richtigkeit und Gewandtheit im Ausdruck sowie auf den korrekten Gebrauch von Fachbegriffen geachtet. Dies gilt vor allem, wenn Sie eine Rede entwerfen oder einen Kommentar verfassen müssen. Analog zu *Anforderungsbereich III* können auch für einen relativ kurzen Text aufgrund des Schwierigkeitsgrades viele Bewertungseinheiten vergeben werden.

1. Eine Rede entwerfen

Hier sind klare und möglichst vielfältige Aspekte eines Sachverhalts zu berücksichtigen. Wenn Sie Ihre Zuhörer mithilfe Ihrer Rede von etwas überzeugen, also ein Plädoyer konzipieren sollen, so müssen Sie – wie in einer Erörterung – argumentativ vorgehen. Weiterhin ist es von großer Wichtigkeit, den formalen Ansprüchen an eine Rede gerecht zu werden:

- Verwenden Sie am Beginn der Rede eine Anrede an das Publikum.
- Benennen Sie im ersten Teil Ihrer Rede klar das Thema, um das es geht, und versuchen Sie zugleich, einen Einstieg zu finden, der die Aufmerksamkeit Ihrer Zuhörer erregt.
- Die „unsichtbare" Gliederung einer Rede ist von großer Wichtigkeit. Mit ihrer Hilfe nämlich verhindern Sie, dass Sie während Ihrer Ansprache von einem Aspekt zum nächsten „springen". Aus der Sicht des Zuhörers sollte – im Unterschied zu einer schriftlichen Erörterung – zuerst das zweitwichtigste Argument vorgebracht werden, gefolgt vom schwächsten. Kurz vor dem Ende der Rede verwenden Sie Ihr stärkstes Argument.
- Der Schlusssatz der Rede muss appellativen Charakter haben, d. h. die Zuhörer zu einer Handlung oder Meinungsbildung auffordern.

Beispiel 1: *Entwerfen* Sie *eine Rede* zum Thema „Mehr plebiszitäre Elemente in der Bundesrepublik Deutschland", die Sie vor einem Jugendkonvent von Erstwählern halten.

Anmerkung: Hier müssen Sie genau auf die Satzzeichen achten. Stünde hinter dem Beispielthema ein Ausrufungszeichen, so müssten Sie dafür plädieren, mehr plebiszitäre Elemente in das Grundgesetz aufzunehmen; im Falle eines Fragezeichens könnten Sie beide Seiten der Problematik beleuchten, um dann im Schlussappell zu einer entsprechenden Aufforderung an das Publikum zu gelangen. Ohne Vorgabe eines Satzzeichens steht Ihnen die Beantwortung offen: Entweder Sie führen nur Pro- oder Kontra-Argumente an oder Sie stellen die Argumente einander gegenüber.

Erwartungshorizont:

Sehr geehrte Teilnehmer des Konvents!

Der Begriff Demokratie bedeutet aus dem Griechischen übersetzt „Volksherrschaft". Aber herrscht das Volk in der Bundesrepublik Deutschland tatsächlich?

Wir wählen alle vier Jahre den Bundestag und alle fünf Jahre den Bayerischen Landtag, und wir wählen unsere kommunalen Vertreter. Das klingt sehr demokratisch. Aber reicht dies aus?

Unsere Auswahl beschränkt sich nämlich lediglich auf Parteien und deren Vertreter, die niemals die Ansichten jedes Einzelnen zu jedem einzelnen Sachthema repräsentieren können. In Bayern hat die Bevölkerung die Möglichkeit, mittels Volks- und Bürgerentscheiden auch über Sachfragen zu entscheiden. Auf Ebene des Bundes ist dies hingegen nicht möglich. Ich fordere daher die Einführung bundesweiter plebiszitärer Elemente zur Ergänzung unserer parlamentarischen Demokratie!

So könnten zum Beispiel auch Minderheiten ihre Ansichten besser in den politischen Prozess einbringen, da Themen, die sie betreffen, bislang häufig keinen Eingang in Partei- oder Wahlprogramme gefunden haben und damit meist auch nicht Gegenstand von Gesetzesentwürfen sind. Ganz Deutschland könnte dann z. B. darüber entscheiden, ob die Lebensgemeinschaft Homosexueller mit der Ehe in allen Aspekten gleichgestellt werden sollte oder nicht.

Ebenso könnten Argumente, die Politiker – aus Furcht, nicht an den falschen Stellen „anzuecken" – häufig unausgesprochen lassen, in den politischen Prozess eingebracht werden. Dies betrifft zum Beispiel die Frage der EU-Erweiterung: Soll doch das Volk darüber entscheiden, ob Deutschland dem EU-Beitritt der Türkei, Serbiens, Kroatiens oder der Ukraine zustimmt oder nicht!

Überdies wäre die Politik transparenter. Immer mehr Bürger haben heute das Gefühl, von Politikern regiert zu werden, die ihre Wahlversprechen nach der Wahl vergessen haben und tun, was sie wollen. Existierten bundesweite Plebiszite, so könnte das Volk ungerechtfertigten Entscheidungen jederzeit entgegentreten. Wahlbetrug oder Lippenbekenntnissen würde so dauerhaft vorgebeugt.

Schließlich könnte die Einführung von Volksentscheiden auf Bundesebene die sinkende Wahlbeteiligung in Zeiten der Politikverdrossenheit kompensieren. Die Menschen hätten wieder Lust an der politischen Partizipation, würden aktiv am demokratischen Leben teilnehmen und die politischen Strukturen und Prozesse ein Stück weit bürgernäher machen.

Den Kritikern der plebiszitären Elemente auf Bundesebene möchte ich noch entgegenhalten, dass der Missbrauch von Volksentscheiden in der Weimarer Republik oder im Nationalsozialismus lange zurück liegt und die Bevölkerung nicht mehr mit der demokratieunerfahrenen Bevölkerung der Nachkriegszeit vergleichbar ist!

Meine Damen und Herren! Trauen wir uns endlich, mehr Demokratie zu wagen, wie es Bundeskanzler Willy Brandt bereits 1969 forderte! Und den Politikern sei gesagt: Trauen Sie dem Volk doch endlich zu, Demokratie auch wirklich zu praktizieren!

Ich danke Ihnen für Ihre Aufmerksamkeit!

2. Einen Kommentar verfassen

Hier wird von Ihnen erwartet, meist einen Zeitungskommentar zu einem bestimmten Thema oder Sachverhalt zu verfassen. Dabei ist wichtig, dass Sie die formalen Kriterien für einen Zeitungskommentar beherzigen:

- Ein Kommentar vertritt einen klaren Standpunkt zu einem konkreten Thema.
- Ein Kommentar enthält Information, Argumentation und Appell: Er stellt einen bestimmten Sachverhalt also nicht nur dar und erklärt ihn, sondern er beurteilt den Sachverhalt auch.
- Begründen Sie Ihre Meinung mit überzeugenden Argumenten!
- Verwenden Sie keine Argumente, die sich gegen die freiheitlich-demokratische Grundordnung (FDGO) der Bundesrepublik Deutschland richten.
- Polemik, zum Beispiel durch Ironie oder Übertreibung, ist erlaubt. Schmähen oder beleidigen Sie dabei aber niemanden, auch keine Institutionen.
- Fordern Sie zu Lösungen des von Ihnen beschriebenen Problems auf!

Beispiel 2: *Verfassen* Sie einen *Zeitungskommentar* zum Thema „Deutschland – ein Einwanderungsland?"!

Erwartungshorizont:
Zuwanderung ist in Deutschland ein heikles Thema. Das hat nichts mit Fremdenfeindlichkeit zu tun. Die gibt es zwar auch, doch die Skepsis gegenüber Ausländern entspringt meist anderen Motiven. Da ist die Erfahrung mit dem teils geringen Integrationswillen einiger Nationalitäten. Auch landen viele Zuwanderer in den Sozialsystemen und kosten Steuergeld. Doch Deutschland kommt aus verschiedenen Gründen nicht mehr um eine Zuwanderung herum, wenn der Wohlstand erhalten werden soll. Fachleute fehlen jetzt schon an allen Ecken und Enden. Bis eine echte Bildungsoffensive ausreichend eigenen Nachwuchs auf den Arbeitsmarkt bringt, vergehen zu viele Jahre. Der steil anwachsende Bedarf kann also nur aus dem Ausland gedeckt werden. Das Problem lässt sich auch nicht lösen, indem man Arbeitslose mal eben zur Schulung schickt und dann in die Betriebe. Nicht jeder lässt sich für die enorm hohen Anforderungsprofile der Unternehmen weiterbilden. Außerdem globalisiert sich nicht nur die Wirtschaft, sondern auch der Arbeitsmarkt. Ohne international anerkannte Wissenschaftler gerät die deutsche Forschung ins Hintertreffen. Ohne international geprägte Manager wird sich so manches Unternehmen auf dem Weltmarkt nicht behaupten können. Es geht daher nicht um das „Ob", sondern um das „Wie" der Zuwanderung. Das geplante Gesetz ist keine Öffnung des Arbeitsmarktes für jeden. Dazu sind die Restriktionen zu groß. Mehr Mut wäre aber schon nötig, um dem Akademikermangel entgegenzuwirken. Angst vor Überfremdung und der Flucht in die Sozialsysteme sind bei den betreffenden Zuwanderergruppen nicht angebracht. Gebildete Menschen mit Arbeit integrieren sich schnell.

Aus: Mehr Mut, in: Allgemeine Zeitung Mainz vom 27.8.2008; abrufbar unter http://p2news.com/politik/mehr-mut (Zugriff am 22.1.2010)

3. Ein Szenario entwickeln

Hier müssen Sie alle Elemente der Szenario-Technik beachten (siehe dazu ausführlich S. 24/ 25 in diesem Band).

Beispiel 3: *Entwickeln Sie ein Szenario* zur künftigen Entwicklung der EU!

Erwartungshorizont:

Szenario zum Thema: *„Die EU als künftige Supermacht Europas"*

Im folgenden Szenario nutzt die EU ihr Potenzial in vollem Umfang. Wirtschaftliche Leistungsfähigkeit, Bevölkerungszahl, militärisches Potenzial und das europäische Wertesystem bieten ihr eine beachtliche Handlungsbasis.
Das Szenario ist gekennzeichnet durch stetige Reformerfolge, die die Handlungsfähigkeit der EU erheblich verbessern. Die zunehmende Transparenz im EU-System sowie die Fähigkeit, den internen und internationalen Herausforderungen erfolgreich gerecht zu werden, wirkt sich positiv auf die Akzeptanz bei den Bürgern aus. Die sich ausweitende Vernetzung der Gesellschaften fördert die öffentliche Auseinandersetzung mit europäischen Themen. Gesamteuropäische Bürgerinitiativen und die Kooperation von Gebietskörperschaften auf der Ebene der Länder tragen zu einer Europäisierung von unten bei. Auf der Basis eines wachsenden „Wir-Gefühls" entwickelt sich die EU stetig in Richtung einer Politischen Union. Die Union nähert sich unter Einschluss aller Mitgliedstaaten dem großen Ziel einer Staatswerdung Europas.
Der Gedanke der Solidarität und das Ziel der Angleichung der Lebensverhältnisse führen dazu, dass die Mitgliedstaaten immer mehr Zuständigkeiten an die EU übertragen (Innen-, Außen-, Verteidigungs-, Sozial- und Wirtschaftspolitik). Insgesamt wird der europäischen Ebene eine höhere Problemlösungsfähigkeit zugeschrieben als den zum Teil reformunfähigen Nationalstaaten.
Der Geschichte und den Traditionen ihrer einzelnen Mitgliedstaaten und Regionen folgend haben das Staatsverständnis und das Regierungssystem der Supermacht Europa eine eigene Qualität: Die Supermacht Europa respektiert nationale und regionale Vielfalt und sorgt gleichzeitig für ein notwendiges Maß an Zusammenhalt.
Das Prinzip der Gewaltenteilung zwischen Exekutive [ausführende Gewalt], Legislative [gesetzgebende Gewalt] und Judikative [richterliche Gewalt] wird zum prägenden Muster des politischen Systems der Supermacht Europa. In einem klar geregelten System der gegenseitigen Kontrolle der Machtausübung übernimmt die Kommission die Rolle einer europäischen Regierung. Der Kommissionspräsident wird direkt von den europäischen Bürgern gewählt. Das Europäische Parlament als Vertreter der Bürgerinnen und Bürger und eine Europäische Staatenkammer als Vertreterin der Mitgliedstaaten werden mit sämtlichen gesetzgeberischen Rechten ausgestattet. Die richterliche Kontrolle unterliegt uneingeschränkt dem Europäischen Gerichtshof. Durch eine klar geregelte Finanzverfassung verfügt die Europäische Union über eigene aus Steuern gespeiste Finanzierungsquellen.
Die sich stetig in Richtung einer Supermacht Europa entwickelnde Europäische Union erweist sich als ein offenes System, das auch im Prozess der Staatswerdung fähig ist, neue Mitglieder aufzunehmen. Damit ist die EU global das einzige System, das sich geographisch immer weiter ausdehnt. Nachdem der Türkei der Weg in die Europäische Union geöffnet wurde, wird letztlich keinem europäischen Staat die EU-Mitgliedschaft verwehrt. Auch nichteuropäische Staaten, wie Israel oder

Marokko, sind zunehmend an der Mitgliedschaft in der EU interessiert. Europa betrachtet diese große Erweiterung nicht nur als Solidarakt, sondern auch als Investition in die eigene Zukunft: Die jungen Marktwirtschaften der neuen Mitgliedstaaten entwickeln sich zum Wachstumsmotor für die gesamte Europäische Union und sind gleichzeitig ein interessanter Absatzmarkt für die spezialisierten Produkte der „alten" europäischen Volkswirtschaften.
Als Ergebnis einer umfassenden Abtretung nationaler Souveränitätsrechte der Mitgliedstaaten an die EU entwickelt sich die Union zu einem umfassenden globalen Sicherheitsakteur. Die Schaffung einer Sicherheits- und Verteidigungsunion und vor allem der Aufbau von Vereinten Europäischen Strategischen Streitkräften (VESS), die sich unter einem gemeinsamen europäischen Oberkommando des Atomwaffenpotenzials Frankreichs und Großbritanniens bedienen können, stärken die internationale Rolle der EU.
Nach der Reform der Vereinten Nationen erhält die EU einen ständigen Sitz im UN-Sicherheitsrat. Nach den Konflikten am Anfang des 21. Jahrhunderts (vor allem zum Irakkrieg), die Befürchtungen über eine transatlantische Spaltung aufkommen ließen, können Washington und Brüssel ihre globalen Interessen weitgehend ausgleichen. Die Errungenschaften der Europäischen Sicherheits- und Verteidigungsunion führen zu einer Ausbalancierung des internationalen Systems und zu einem Machtgleichgewicht mit den Vereinigten Staaten. Die Schaffung eines Atlantischen Wirtschaftsraums wird zum Symbol des neuen transatlantischen Gleichgewichts.

Nach: Werner Weidenfeld: Europa leicht gemacht, Bonn 2007, S. 138 ff.

GLOSSAR

Achtundsechziger-Bewegung (68er-Revolution): Verschiedene, meist linksgerichtete Studenten- und Bürgerrechtsbewegungen in Europa und den USA. Diesen Bewegungen gemeinsam waren u. a. der Protest gegen den Vietnamkrieg (Friedensbewegung), der Kampf gegen Autorität (insbesondere in Bildung und Erziehung) und für die Gleichstellung von Minderheiten sowie der Einsatz für mehr sexuelle Freiheiten (Frauenbewegung, „Sexuelle Revolution"). Der Name bezieht sich auf das Jahr 1968, als sich die Bewegungen teilweise radikalisierten, etwa die Antikriegsdemonstrationen in den USA oder die dortige Bürgerrechtsbewegung infolge der Ermordung Martin Luther Kings am 4. April 1968.
Agenda 2010: Die A. bezeichnet ein ganzes Bündel von Reformen (vor allem in den Bereichen Wirtschaft, Arbeitslosen-, Kranken- und Rentenversicherung) der rot-grünen Bundesregierung in den Jahren 2003 bis 2005. Ziel war es, durch Senkung der Lohnnebenkosten, Flexibilisierung der Arbeitsverhältnisse sowie Kürzungen der Sozialleistungen die deutsche Wirtschaft international wettbewerbsfähiger zu machen. Bekanntestes Beispiel für diese Maßnahmen ist die Hartz-IV-Reform zur Neuregelung des Arbeitslosengeldes.
Agenda 21: Aktionsplan für das 21. Jahrhundert, der auf der Weltkonferenz in Rio de Janeiro 1992 von 174 Staaten unterzeichnet wurde. Das darin vorherrschende Prinzip der → **„Nachhaltigkeit"** hat seinen Ursprung in einer Kompromissformel zwischen den Befürwortern eines Wirtschaftswachstums für eine bessere Welt und Umweltschützern. In dem Dokument werden die ökonomisch-sozialen, die ökologischen und politischen Dimensionen und Fragen der Umsetzung gerade unter Einbeziehung der kommunalen Ebene erörtert.
Aktiengesellschaft: Unternehmungsform, bei der für die Verbindlichkeiten für die Gläubiger nur in Höhe des Gesellschaftsvermögens Haftung besteht. Die Gesellschafter (Aktionäre) sind mit Einlagen an dem Aktienkapital beteiligt. Das Grundkapital der AG wird meist von einer größeren Zahl von Kapitalgebern aufgebracht. Der Vorteil für den Aktionär liegt darin, dass er jederzeit die Aktie an der → **Börse** verkaufen kann; dem Unternehmen erschließen sich Kapitalquellen. Die Banken spielen bei der Gründung einer AG und der Aktienausgabe eine große Rolle. Die Aktiengesellschaft muss über eine Satzung (Statut, Gesellschaftsvertrag) verfügen, die den Namen der Firma, Sitz, Gegenstand des Unternehmens, Grundkapital, den Nennwert der Aktien, Art der Zusammensetzung des Vorstandes und die Form für die Bekanntmachungen der AG enthalten muss.
Armut: Begriff, der nur relativ zur Entwicklung des gesellschaftlichen Reichtums zu bestimmen ist. Armut ist nicht nur eine Frage finanzieller Mittel (definiert durch ein Mindesteinkommen), sondern betrifft weitere Dimensionen der Unterversorgung (wie Gesundheit, Bildung, Erwerbsstatus) und auch die Verfügbarkeit von Handlungsspielräumen in Abhängigkeit von gesellschaftlichen Rahmenbedingungen.
ASEAN (Association of Southeast Asian Nations): Der Verband Südostasiatischer Nationen, 1967 mit dem Ziel gegründet, den sozialen und wirtschaftlichen Wohlstand sowie den Frieden in dieser Region zu festigen und zu fördern. Mitgliedstaaten: Brunei, Indonesien, Kambodscha, Laos, Malaysia, Myanmar (Burma), die Philippinen, Singapur, Thailand und Vietnam. Innerhalb der Organisation herrschen sehr große wirtschaftliche und soziale Unterschiede, z. B. zwischen dem armen und bäuerlich geprägten Myanmar und dem reichen, urbanen Singapur.
Asylbewerber: → **Migranten**, die einen Antrag auf Asyl nach Art. 16a GG gestellt haben, der noch in Bearbeitung ist. Voraussetzung für eine Anerkennung ist der Nachweis, persönlich von Verfolgung bedroht zu sein. Sie sind meist in Sammelunterkünften untergebracht und erhalten erst nach einem Jahr eine eingeschränkte Arbeitserlaubnis. Nach Anerkennung eines Asylantrages wird der Antragsteller zu einem Asylberechtigten.
Aufklärung, Europäische: Eine Epoche, die Ende des 17. Jahrhunderts in England ihren Anfang nahm und im 18. Jahrhundert das geistige Leben im gesamten europäisch geprägten Raum bestimmte. Wesentliches Ziel der A. war es, den Menschen „aus seiner selbst verschuldeten Unmündigkeit" (Immanuel Kant) zu befreien, also vorgegebene und feste (religiöse) Denkmuster zu hinterfragen.
Aufschwung: Belebung der → **Konjunktur.**
Berliner Mauer: Die befestigte und schwer bewachte Grenze der DDR während des → **Kalten Krieges** in Berlin. Vom 13. August 1961 an errichteten Armee, paramilitärische Einheiten und Polizeikräfte der DDR die Grenzsperranlagen, die in den folgenden Jahren immer weiter ausgebaut wurden. Nach der Grenzöffnung der DDR am 9. November 1989 wurde die Mauer größtenteils abgerissen. Zwischen 1961 und 1989 starben bei Fluchtversuchen an der B. 123 Menschen.
BIP (Bruttoinlandsprodukt): Siehe Sozialprodukt.
Bipolarität: Zweipoligkeit im internationalen System während des → **Kalten Krieges**; sie war gekennzeichnet von der machtpolitischen Rivalität zwischen den Supermächten USA und der UdSSR und vom weltanschaulichen Gegensatz zwischen Kommunismus und westlicher Demokratie.
BKA-Gesetz: Das „Gesetz über das Bundeskriminalamt und die Zusammenarbeit des Bundes und der Länder in kriminalpolizeilichen Angelegenheiten" regelt in seiner Fassung aus dem Jahr 1997 die Aufgaben des Bundeskriminalamtes (BKA). Die Novellierung des Gesetzes im Jahr 2008 brachte gravierende Neuerungen mit sich. So hat das BKA weitreichende Kompetenzen im Bereich der Terrorismusbekämpfung erhalten. Datenschutzrechtliche Bedenken sind nicht der einzige Grund dafür, dass der Gesetzesentwurf der Großen Koalition politisch erbittert umkämpft war und Verfassungsbeschwerden schon im Vorfeld angekündigt wurden.
Bundesnachrichtendienst (BND): Der Auslandsnachrichtendienst der Bundesrepublik Deutschland mit Sitz in Pullach bei München und in Berlin. Der BND ist neben dem

Bundesamt für Verfassungsschutz (BfV) und dem Militärischen Abschirmdienst (MAD) einer der drei Nachrichtendienste des Bundes. Er besteht seit 1956 und untersteht dem Bundeskanzleramt. Seit 1978 unterliegt er der Kontrolle des Parlamentarischen Kontrollgremiums (PKG), einem Organ des Bundestages. Hauptaufgabe des BND ist das frühzeitige Erkennen von Gefahren, die der Bundesrepublik aus dem Ausland drohen.

Börse: Eine staatlich genehmigte Marktveranstaltung, auf der sich Kaufleute treffen, um Effekten, Waren oder Devisen, die nicht im Börsenraum körperlich vorhanden sind, zu standardisierten Börsen- und Vertragsbedingungen zu handeln.

Boom: Phase der Hochkonjunktur.

Bretton-Woods-System: Noch während des Zweiten Weltkriegs (1944) beschlossenes, stabiles Währungssystem. Dabei waren die Währungen der Teilnehmer an den US-Dollar gekoppelt. Ziel war die reibungslose und von Handelsbarrieren befreite Abwicklung des Welthandels bei festen Wechselkursen. Zur Kontrolle und Durchsetzung des Abkommens wurden in der Folge die Bretton-Woods-Organisationen bzw. -Institutionen → **Weltbank** und → **Internationaler Währungsfonds** geschaffen. Das System hatte bis zu seinem Zusammenbruch 1973 Bestand; die Institutionen existieren bis heute.

BSP (Bruttosozialprodukt): Siehe Sozialprodukt.

Deflation: Sinkendes Preisniveau in einer Volkswirtschaft.

Dienstleistungen: In Abgrenzung zur Warenproduktion (materielle Güter) spricht man bei den D. von immateriellen Gütern. D. zeichnen sich dadurch aus, dass sie unmittelbar verbraucht werden (z. B. Haarschnitt). In der Volkswirtschaftlichen Gesamtrechnung werden D. als Tertiärer Sektor erfasst. Der Drei-Sektoren-Theorie zufolge dehnt sich der Dienstleistungsbereich in entwickelten Industriegesellschaften immer stärker aus.

Dritte Welt: Der Begriff wird verwendet für wenig oder überhaupt nicht industrialisierte Länder, deren Wohlstand erheblich unter dem der Industrieländer liegt, die sich als Erste Welt bezeichnen. „Zweite Welt" waren die industrialisierten sozialistischen Staaten zur Zeit des → **Kalten Krieges.** Die Länder der „Dritten Welt" erstrecken sich vornehmlich auf die tropischen und subtropischen Gebiete der südlichen Halbkugel, auf die früher koloniale Welt. Der Begriff wird heute immer öfter durch den Begriff der → **Entwicklungsländer** ersetzt.

Dschihad (arab.: „sich bemühen"): Verteidigung und Verbreitung des islamischen Glaubens mit geistigen und bisweilen auch militärischen Mitteln. Meist einseitig als „Heiliger Krieg" übersetzt, bezeichnet der D. das „Sichbemühen auf dem Wege Gottes", d. h. vor allem die persönliche Anstrengung, ein Gott wohlgefälliges Leben zu führen.

Einwanderungsland: Bezeichnung für ein Land, in das über längere Zeit größere Gruppen fremder Staatsangehöriger einwandern, um sich dort ständig niederzulassen.

Energieträger, fossile: Erdöl, Erdgas, Braun- und Steinkohle; diese E. entstanden vor Jahrmillionen bei der Zersetzung abgestorbener Pflanzen und Tiere unter Sauerstoffabschluss, hohen Temperaturen und dem Druck darüber liegender Gesteinsschichten. Grenzen für die Nutzung f. E. ergeben sich – je nach Entwicklung des technischen Fortschritts und je nach Technologieeinsatz – aus den unterschiedlichen Ressourcenverfügbarkeiten sowie aus deren Umwelt- und Klimaverträglichkeit. Bei der Verbrennung bzw. Umwandlung der fossilen Brennstoffe wird Kohlendioxid (CO_2) freigesetzt, das wesentlich zum → **Klimawandel** beiträgt.

Energieträger, regenerative: Während → **fossile E.** endliche Vorräte darstellen, erneuern r. E. sich beständig. Zu ihnen gehören Wasser-, Wind- und Sonnenkraft, aber auch Biomasse. Diese E. sind klima- und umweltfreundlich, da mit ihrer Nutzung sehr viel geringere Umweltbelastungen verbunden sind und keine klimarelevanten Schadstoffe freigesetzt werden.

Entwicklungsländer: → **Staaten,** die im Vergleich zu den Industrieländern („Erste Welt") u. a. ein deutlich geringeres → **Sozialprodukt** pro Kopf, eine geringe Arbeitsproduktivität, hohe Analphabetenquoten und einen hohen Anteil landwirtschaftlicher Erwerbstätigkeit aufweisen. Das Ende des → **Ost-West-Konflikts** hat die Dreiteilung der Welt in Erste, Zweite und → **Dritte Welt** brüchig werden lassen.

Ethnie: Betrifft die Volkszugehörigkeit. Menschen mit gleichen sprachlichen und kulturellen Eigenschaften oder Merkmalen gehören einer E. an.

Euro: Europäische Währungseinheit, die im Rahmen der Europäischen Wirtschafts- und Währungsunion nach dem Vertrag von Maastricht seit dem 1.1.1999 in Europa in Ländern, die die festgelegten Kriterien erfüllen, eingeführt wurde. Die Gemeinschaftswährung gilt in 16 Ländern (Stand: 2010).

Europäische Sicherheits- und Verteidigungspolitik (ESVP): Militärischer Arm der → **GASP;** vom Europäischen Rat im Dezember 1999 gebilligte Übertragung der Fähigkeiten der Westeuropäischen Union (WEU) zur zivil-militärischen Konfliktprävention und Krisenbewältigung auf die EU. Die EU soll damit in die Lage versetzt werden, autonom Beschlüsse zu fassen und in den Fällen, in denen die NATO als Ganzes nicht involviert ist, eigene Militäreinsätze in Reaktion auf internationale Krisen einzuleiten und durchzuführen. Die EU handelt dabei im Spektrum der → **Petersberg-Aufgaben.** Mit dem → **Vertrag von Lissabon** wurde die E. in „Gemeinsame Sicherheits- und Verteidigungspolitik" (GSVP) umbenannt.

Europäische Union (EU): 1993 von den 12 EG-Mitgliedern (Belgien, Dänemark, Deutschland, Frankreich, Griechenland, Großbritannien, Irland, Italien, Luxemburg, Niederlande, Portugal, Spanien) gegründete überstaatliche Organisation. Sie baut auf der Europäischen Gemeinschaft (EG) auf, deren Anfänge bis in das Jahr 1951 zurückreichen. Seit 2007 zählt die EU 27 Mitgliedstaaten. Die EU bildet den Rahmen für:
- eine gemeinsame Außen- und Sicherheitspolitik (GASP)
- die Zusammenarbeit in der Justiz- und Innenpolitik
- die Europäischen Gemeinschaften (Europäische Wirtschaftsgemeinschaft, Europäische Gemeinschaft für Kohle und Stahl (bis 2002), Europäische Atomgemeinschaft).

Die zentralen Organe der EU sind:
1. der Europäische Rat,
2. der Ministerrat (Rat der Europäischen Union),
3. das Europäische Parlament,
4. die Kommission der EU,
5. der Europäische Gerichtshof,
6. der Europäische Rechnungshof.

Die EU wurde im Lauf ihrer Geschichte immer wieder reformiert, zuletzt durch den am 1. Dezember 2009 in Kraft getretenen → **Vertrag von Lissabon.**
Europäische Währungsunion (EWU): Währungsvereinheitlichung auf dem Gebiet der Europäischen Union (bzw. Teilen davon). Die EWU bildet einen Kernpunkt in den Bestrebungen zur Errichtung eines in Form einer Wirtschafts- und Währungsunion (WWU) geeinten Europas.
Europäische Zentralbank (EZB): Zentralnotenbank in „Euroland" mit Sitz in Frankfurt/Main, die das alleinige Recht zur Ausgabe von Banknoten und Geldmünzen (→ **Euro/Cent**) hat und die Geld- und Währungspolitik der → **Europäischen Union** durchführt. Geleitet wird die E. von sechs Direktoren aus verschiedenen Euro-Ländern, denen die Präsidenten der nationalen Zentralbanken aller → **Staaten** der Eurozone beratend zur Seite stehen.
Europäischer Konvent (off.: „Konvent zur Zukunft Europas"; ugs.: „Verfassungskonvent"): Forum, in dem zwischen dem 28. Februar 2002 und dem 20. Juli 2003 der Entwurf für einen Vertrag über eine Verfassung für Europa erarbeitet wurde. Arbeitsziele waren neben der Vereinfachung des europäischen Primärrechts die Demokratisierung und Entbürokratisierung sowie die Klärung von Zuständigkeiten innerhalb der → **Europäischen Union.** Der E. setzte sich aus Regierungs- und Parlamentsvertretern der EU-Mitgliedstaaten, der damaligen mittel- und osteuropäischen Beitrittskandidaten sowie des Europäischen Parlaments und der EU-Kommission zusammen. Den Vorsitz führte der ehemalige französische Staatspräsident Valéry Giscard d'Estaing.
Europarat: 1949 gegründet, befasst sich vorrangig mit Fragen der Harmonisierung des Rechts, dem Schutz der Menschenrechte (Europäische Menschenrechtsdeklaration) und der Demokratie sowie der Erhaltung des kulturellen Erbes. Fast alle europäischen Staaten sind Mitglieder.
Extremismus: Bezeichnet eine politische Einstellung, die eine grundlegende Veränderung der derzeitigen Gesellschaftsordnung anstrebt bzw. die freiheitlich-demokratische Grundordnung beseitigen will. Extremisten vertreten im Allgemeinen fanatische oder → **fundamentalistische** Haltungen, → **Ideologien** oder Ziele, oftmals auch mit Gewalt.
Finanzpolitik: Sie verfolgt das Ziel, Struktur und Höhe des Sozialprodukts einer Volkswirtschaft mithilfe öffentlicher Einnahmen und öffentlicher Ausgaben zu beeinflussen. Sie wird als Ordnungspolitik und Prozesspolitik betrieben. Unter ordnungspolitischem Aspekt gehört zu einer Wettbewerbswirtschaft z. B. ein Steuersystem, das den Wettbewerbsmechanismus möglichst wenig verfälscht; unter prozesspolitischem Aspekt verändern staatliche Einnahmen und Ausgaben die volkswirtschaftlichen Gesamtgrößen, aber auch Entscheidungen auf Einzelmärkten.
Fundamentalismus: Im Allgemeinen das kompromisslose Festhalten an politischen oder religiösen Grundsätzen. Der F. bezeichnet unterschiedliche, meist religiös motivierte → **Ideologien** und Strömungen, die den Gedanken des Pluralismus ablehnen und den Dialog verweigern.
G 8 (Gruppe der Acht): Entstanden 1997 aus der Gruppe der sieben führenden Wirtschaftsnationen (G 7: Deutschland, Frankreich, Großbritannien, Italien, Japan, Kanada und USA) nach Umwandlung des Beobachterstatus' Russlands in eine Vollmitgliedschaft. An den Gipfeltreffen der G 8 nimmt neben den Staats- und Regierungschefs auch der Präsident der EU-Kommission teil.
G 20 (Gruppe der 20): Die Gruppe der zwanzig wichtigsten Industrie- und → **Schwellenländer.** Ein seit 1999 bestehender, informeller Zusammenschluss aus 19 Staaten und der → **Europäischen Union.** Die Gruppe soll als Forum für die Kooperation und Konsultation in Fragen des internationalen Finanzsystems dienen. Mitglieder: Vereinigte Staaten von Amerika, Japan, Deutschland, China, Vereinigtes Königreich, Frankreich, Italien, Kanada, Brasilien, Russland, Indien, Südkorea, Australien, Mexiko, Türkei, Indonesien, Saudi-Arabien, Südafrika, Argentinien, EU.
GATT (General Agreement on Tariffs and Trade): Allgemeines Zoll- und Handelsabkommen. Teil der → **WTO** (World Trade Organization).
Gemeinsame Außen- und Sicherheitspolitik (GASP): In Weiterentwicklung der Europäischen Politischen Zusammenarbeit (EPZ) die „Zweite Säule der EU": Verpflichtung des Maastrichter Vertrages, entsprechend den Leitlinien des Europäischen Rates eine gemeinsame Außen- und Sicherheitspolitik zu „erarbeiten" und zu „verwirklichen". Entscheidungen werden einstimmig getroffen.
Gewinn: Die positive Differenz zwischen Umsatz und Kosten.
Globalisierung: Der Begriff bezeichnet eine Zunahme der Staatsgrenzen überschreitenden sozialen Beziehungen v. a. ab den 1990er Jahren. Insbesondere werden zu den Merkmalen der G. eine starke Zunahme internationaler Wirtschafts- und Finanztransaktionen, die Ausdehnung der Kommunikationstechnologien (Internet usw.) sowie eine weltweite Ausdehnung westlicher Kultur verstanden. Ursachen sind neben der technischen Entwicklung vor allem der Abbau von wirtschaftlichen Schranken durch die wichtigsten Industriestaaten. Eine genaue historische Abgrenzung der G. von der früheren Entwicklung z. B. des Weltmarktes ist umstritten.
Hegemonie: Vormachtstellung eines Staates gegenüber anderen. H. ergibt sich durch ein tatsächliches militärisches, kulturelles oder wirtschaftliches Übergewicht und ist häufig durch Verträge abgesichert.
Hierarchie: Ein System von über- bzw. untergeordneten Elementen, die unterschiedliche Funktionen ausüben.
Ideologie: Eine politische Ansicht. Der Begriff wird in nichtwissenschaftlichen Kreisen häufig als eine abwertende Bezeichnung für ein starres Weltbild oder für unverrückbare Ansichten benutzt.
Imperialismus: Im Allgemeinen die „Machterweiterungspolitik" eines → **Staates.** Im Speziellen ist die Zeitspanne von 1870 bis 1914 als I. bekannt, als vor allem die europäischen Mächte, aber auch die USA und Japan versuchten, die nicht industrialisierten Länder insbesondere in Afrika und Asien als Kolonien zu beherrschen.
Inflation: dauerhafter Anstieg des gesamtwirtschaftlichen Preisniveaus.
Inflationsrate: Prozentsatz, der den Anstieg des Preisniveaus in einem bestimmten Zeitraum (meist ein Jahr) ausdrückt. Dazu werden Preisveränderungen, die ein definierter Warenkorb aus Gütern und Dienstleistungen erfährt, mit den Preisen eines Basisjahres verglichen.
intergouvernemental: Zwischen Regierungen stattfindende Zusammenarbeit. Sie bedarf im Unterschied zur

→ **supranationalen** Integration der Einstimmigkeit unter den teilnehmenden Ländern.

Internationaler Gerichtshof (International Court of Justice): 1945 gegründet, ist er das Haupt-Rechtsprechungsorgan der → **Vereinten Nationen** mit 15 unabhängigen Richtern aus 15 verschiedenen → **Staaten.** Seine Hauptfunktion erstreckt sich auf internationale Streitigkeiten. Als Parteien können nur Staaten auftreten. Er kann nur tätig werden, wenn beide Parteien mit der Behandlung des Streitfalls vor dem Gerichtshof einverstanden sind; er hat nicht die Möglichkeit, seine Entscheidungen auch durchzusetzen.

Internationaler Strafgerichtshof (International Criminal Court): 1998 beschlossener internationaler Gerichtshof (mit Sitz in Den Haag) zur strafrechtlichen Verfolgung von Völkermord, Verbrechen gegen die Menschlichkeit und Kriegsverbrechen; das betrifft auch interne Konflikte. Das Gericht kann sich eines Falles annehmen, wenn er vom UN-Sicherheitsrat überwiesen worden ist oder wenn das Land, in dem das Verbrechen stattgefunden hat, oder das Land, dessen Staatsangehöriger verdächtigt wird, seine Jurisdiktion anerkannt hat. Der Ankläger arbeitet unabhängig.

Internationaler Währungsfond (IWF): Der I. (gegründet 1944, heute 186 Mitgliedstaaten, Sitz in Washington) überwacht die Wechselkurspolitik der Mitgliedstaaten: Er analysiert die nationale Wirtschaftsentwicklung und -politik, überprüft fiskal-, wechselkurs- und geldpolitische Maßnahmen und beurteilt die Auswirkungen der Politik der Mitgliedstaaten auf deren Zahlungsbilanzen, begutachtet die Weltwirtschaftslage und erteilt Finanzhilfen zur Überbrückung von Zahlungsbilanzdefiziten.

Investition: Zielgerichtete, meist langfristige Kapitalbindung zur Erwirtschaftung zukünftiger Erträge.

Kalter Krieg: Bezeichnung für die feindselige Auseinandersetzung zwischen → **Staaten** unterhalb der Schwelle offener kriegerischer Handlungen. Kalter Krieg bezeichnete auch die besondere Form der Beziehungen zwischen den USA und der UdSSR und ihren Verbündeten zwischen 1946 und 1989. Kennzeichen waren neben der Rüstungsspirale die „psychologische Kriegführung" sowie wirtschaftlicher und militärischer Druck und eine entsprechende Bündnispolitik.

Kapitalismus: Besonders durch Karl Marx und Friedrich Engels geprägter Begriff für das System der Wirtschaft, in dem wir leben. Es zeichnet sich durch Privateigentum an den Produktionsmitteln und Gewinnstreben aus, wobei letzteres durch das Wirtschaftssystem selbst erzeugt wird (Marktsteuerung, Konkurrenz). Kapitalismus geht von der Freiheit der einzelnen Wirtschaftssubjekte aus sowie der Annahme, dass deren Austausch auf dem Markt nicht nur ihrem eigenen Gewinn, sondern letztlich dem Wohle aller diene. Karl Marx kritisierte am Kapitalismus demgegenüber besonders die „Ausbeutung der Arbeiterklasse", seine Krisenhaftigkeit sowie seine Neigung zur Verschwendung (durch Konkurse, Krisen usw.) und zur Hervorbringung von → **Armut.** Versuche, eine Wirtschaft statt über den Markt zentral durch den Staat zu steuern, sind in der jüngeren Geschichte mehrfach gescheitert.

Klimawandel: In den vergangenen Jahrzehnten hat sich die Durchschnittstemperatur der Erdatmosphäre und der Meere erhöht, eine weitere Erwärmung wird erwartet. Die meisten Naturwissenschaftler führen dies auf den vom Menschen verstärkten Treibhauseffekt zurück, besonders seit Beginn der Industriellen Revolution. Das Verbrennen → **fossiler Energieträger** und die großflächige Rodung von Wäldern reichern den Anteil von Kohlendioxid (CO_2) in der Luft an. Hinzu kommt der erhöhte Ausstoß von Methangas durch eine intensive Viehwirtschaft. Der Treibhauseffekt wird auf Wasserdampf, Kohlenstoffdioxid, Methan, Stickstoffoxid und fluorierte Verbindungen, z. B. FCKW, zurückgeführt. Verdoppelt sich der CO_2-Anteil in der Erdatmosphäre, rechnet die Klimaforschung mit einer Erhöhung der Erdmitteltemperatur innerhalb von 1,5 bis 4,5 Grad Celsius. Folgen der globalen Erderwärmung sind schon heute erkennbar: verringerte Schneebedeckung, Gletscherschmelze, ein steigender Meeresspiegel, Überschwemmungen und Wetterveränderungen. Der K. war 1992 erstmals Gegenstand einer UNO-Konferenz. Im Jahre 1997 entstand mit dem → **Kyoto-Protokoll** das erste völkerrechtlich verbindliche Abkommen mit konkreten Gegenmaßnahmen.

Komitee Cap Anamur (Deutsche Notärzte e. V.): Unabhängige humanitäre Hilfsorganisation, 1979 anlässlich großer Not vietnamesischer Flüchtlinge (benannt nach einem ersten Flüchtlingsboot) vom Journalistenehepaar Rupert und Christel Neudeck gegründet; Sitz: Köln. Finanziert aus Spendengeldern, arbeiten Ärzte, Krankenschwestern und -pfleger, Techniker sowie Logistiker weltweit in unterschiedlichen Hilfsprojekten.

Konjunktur: Bezeichnung für die Existenz von zyklischen Schwankungen der wirtschaftlichen Aktivität.

Konzern: Ein zeitlich unbefristeter, durch Kapitalverflechtung vollzogener vertraglicher Zusammenschluss von Unternehmen, die rechtlich selbstständig bleiben, aber ihre wirtschaftliche Eigenständigkeit vollständig aufgegeben haben.

Kyoto-Protokoll: Ein 1997 geschlossenes Abkommen der → **Vereinten Nationen** zum Schutz des Klimas. Es schreibt verbindliche Zielwerte für den Ausstoß von Treibhausgasen fest, die die Hauptursache der globalen Erwärmung sind.

Liberalismus: Politische Anschauung, in deren Mittelpunkt die ungehinderte Entfaltung des Einzelnen und einzelner Gruppen unter Zurückdrängen der Ansprüche des → **Staates** steht.

Macht: Verhältnis der Über- und Unterordnung zwischen Personen, Gruppen, Organisationen oder → **Staaten,** das – im Unterschied zu Herrschaft und Autorität – nicht der Anerkennung der von ihr Betroffenen bedarf. Max Weber definierte Macht als „die Chance, innerhalb einer sozialen Beziehung den eigenen Willen auch gegen Widerstreben durchzusetzen, gleichviel, worauf diese Chance beruht".

Marktwirtschaft: Wirtschaftssystem des Wettbewerbs, in dem die Wirtschaftsprozesse dezentral geplant und über die Preisbildung auf den Märkten gelenkt werden. Gewerbe- und Vertragsfreiheit sowie die freie Wahl des Berufs bzw. des Arbeitsplatzes sind Grundvoraussetzungen der Marktwirtschaft (→ **Kapitalismus**).

Massenmedien: Technische Mittel, durch die Aussagen schnell und über große Entfernungen zu einer großen Zahl von Menschen gebracht werden können. Empfänger und Sender von Nachrichten sind sich dabei nicht persönlich bekannt. M. sind sehr einflussreich und werden als eine Kontrollinstanz z. B. gegenüber dem → **Staat** angesehen. Zugleich aber sind die durch sie verbreiteten Nachrichten für die Empfängerinnen und Empfänger kaum noch zu

überprüfen. Zu den M. zählt neben Zeitungen, Rundfunk und Fernsehen auch das Internet.
Menschenrechte: Rechte, die jedem Menschen zustehen, unabhängig von seiner Herkunft, seinem Geschlecht, seiner Religion und seinem Vermögen. Ihr Inhalt liegt darin, jedem Menschen eine gesicherte Existenz und Entfaltung zu ermöglichen. Im Gegensatz zu anderen Rechten sollen die Menschenrechte jedem Menschen von Natur aus zukommen, also nicht erst durch die Garantie eines → **Staates** (Bürger). Deshalb „gelten" sie nicht wie andere Rechte, sondern bezeichnen den Anspruch auf ein menschenwürdiges Leben.
Mercosur: Kurzbezeichnung für *Mercado Común del Sur* (dt.: Gemeinsamer Markt des Südens); regionale Wirtschaftsgemeinschaft in Lateinamerika nach dem Vorbild der → **Europäischen Union.** Gegründet wurde der M. 1991; Gründungsmitglieder waren Argentinien, Brasilien, Paraguay und Uruguay; Venezuela hat 2006 den Beitritt unterzeichnet, die formelle Aufnahme steht jedoch noch aus. Chile ist seit 1996 assoziiertes Mitglied. Weitere assoziierte Mitglieder sind Bolivien (seit 1997), Peru (seit 2003) sowie Kolumbien und Ecuador (beide seit 2004). Wichtigste Ziele: stufenweiser Abbau von Zöllen und Handelshemmnissen (Zollunion), Handelsliberalisierung mit Drittstaaten sowie Schaffung eines gemeinsamen Außenzollsystems und Koordinierung der Wirtschaftspolitik.
Migration (lat.: migratio = Wanderung): Mit diesem Ausdruck werden verschiedene Formen der Ein- und Auswanderung zusammengefasst (→ **Asylsuche,** Arbeitsmigration, Flucht vor Krieg usw.). Das trägt der Tatsache Rechnung, dass alle diese Formen Gemeinsamkeiten aufweisen: Einen Migrationsgrund, der in fast allen Fällen irgendeine Art von Zwang beinhaltet – und soziale Probleme, die aus der Situation im Aufnahmeland folgen.
Multilateralismus: Prozess oder Zustand in der internationalen Politik, bei dem mehrere oder viele → **Staaten** kooperativ und prinzipiell gleichberechtigt Diplomatie betreiben und gemeinsam handeln. Dabei werden die Interessen aller Partner berücksichtigt. Oft existieren schriftliche, in Form von Verträgen vereinbarte Regelungen oder → **Regime,** die alle Beteiligten binden.
Multipolarität: Mehr- oder Vielpoligkeit. Sie geht davon aus, dass das internationale System nicht wie in der → **Bipolarität** durch zwei, sondern durch mehrere oder viele → **Staaten** bestimmt wird, die in etwa gleich mächtig eingeschätzt werden.
Nachhaltige Entwicklung: Bezeichnung für das Prinzip, nach dem die wirtschaftliche Entwicklung so zu beeinflussen ist, dass der Umweltverbrauch zunehmend geringer wird und das ökologische System sich erholen kann.
Nationalismus: Die auf den Begriff der Nation und den souveränen Nationalstaat als zentrale Werte bezogene Ideologie. Nationalismus und Nationalbewusstsein sind geeignet, soziale Großgruppen zu integrieren und sie durch Identifikation von der andersstaatlichen Umwelt abzugrenzen. Als politische → **Ideologie** gewann der Nationalismus seit der Französischen Revolution durch die Verbindung mit den demokratischen Ideen der Selbstbestimmung und der Volkssouveränität überragende Bedeutung.
NATO (engl.: North Atlantic Treaty Organization): Während des → **Ost-West-Konflikts** war die Allianz unter Führung der USA in Europa das Gegengewicht zur militärischen Präsenz der Sowjetunion und des → **Warschauer Paktes.** Das Militärbündnis wurde 1949 in Washington geschlossen; 1955 trat die Bundesrepublik bei. Sitz der N. ist Brüssel. 2010 zählte die N. 28 Mitgliedstaaten, darunter viele ehemalige Mitglieder des Warschauer Paktes. Nach dem Ende des Ost-West-Konflikts wandelte sich die N. von einem defensiven Verteidigungsbündnis zu einer auch global agierenden Sicherheitsorganisation. Während sich die Allianz in den 1990er Jahren zunächst auf die Konfliktprävention und das Krisenmanagement auf dem Balkan konzentrierte, bestimmen heute vor allem Abwehr und Bekämpfung des transnationalen Terrorismus ihre Ausrichtung.
Neokonservatismus: Eine politische Strömung in den USA, die während des Vietnamkriegs (1965 – 1975) in Abgrenzung zur → **68er**- und zur Bürgerrechtsbewegung Martin Luther Kings entstand. Das Hauptaugenmerk des N. liegt – neben den herkömmlichen konservativen Bezugspunkten Familie, Heimat, Religion und Nation – auf dem Abbau wohlfahrtsstaatlicher Elemente sowie dem Glaube, das westliche Demokratiemodell sei der Endpunkt aller politischen Entwicklung. Die Vorsilbe „Neo" verweist darauf, dass die intellektuellen Vorreiter dieser Strömung ursprünglich liberale und sogar sozialistische Überzeugungen vertreten hatten, die sich jedoch in einen umso konservativeren Politikstil verkehrten. Ein bekannter Vertreter des N. ist der ehemalige US-Präsident George W. Bush (2001 – 2009).
Neoliberalismus: Denkrichtung des → **Liberalismus,** die eine freiheitliche, marktwirtschaftliche Wirtschaftsordnung mit den entsprechenden Gestaltungsmerkmalen (z. B. Privateigentum an Produktionsmitteln, freie Preisbildung, Wettbewerbsfreiheit) anstrebt, staatliche Eingriffe in die Wirtschaft jedoch auf ein Minimum beschränken will. Die Ideen des N., dessen führender Vertreter in Deutschland Walter Eucken (1891 – 1950) war, basieren auf den negativen Erfahrungen mit dem ungezügelten Liberalismus des Laissezfaire im 19. Jahrhundert. Die deutsche Variante des N., in der staatliche Eingriffe in die Wirtschaft dann gerechtfertigt sind, wenn sie z. B. die Bildung von Monopolen verhindern oder dem sozialen Ausgleich dienen, wird auch als Ordoliberalismus bezeichnet. Die angelsächsische Variante mit ihrem Hauptvertreter Friedrich August von Hayek (1899 – 1992) setzt stärker auf die Selbststeuerung der → **Marktwirtschaft.**
New Deal (etwa: „Neuverteilung der Karten"): Umfangreiches Notprogramm des US-Präsidenten Franklin D. Roosevelt (1882 – 1945), der ab 1933 versuchte, die 1929 in den USA ausgebrochene Wirtschaftskrise durch staatliche Interventionen (scharfe Eingriffe in Bank- und Kreditwesen, Anbauprämien, Abwertung des Dollars, intensive Außenhandelspolitik u. a.) sowie durch sozialpolitische Maßnahmen (z. B. Einführung einer progressiven Einkommensbesteuerung) zu überwinden. Zwar konnten die Vertrauenskrise beseitigt und die amerikanische Wirtschaft neu belebt werden. Die hohe Arbeitslosigkeit aber wurde erst im Zweiten Weltkrieg überwunden.
OECD (engl.: Organization for Economic Cooperation and Development): Als Nachfolgeorganisation der Organisation für europäische wirtschaftliche Zusammenarbeit (OEEC) 1961 gegründet; Sitz: Paris; Hauptaufgaben: Sicherung der Währungsstabilität, Förderung des Welthandels, Planung und Förderung des wirtschaftlichen Wachstums in Europa

und Koordination der Wirtschaftshilfe für die → **Entwicklungsländer.**

Öffentliche Güter: Güter, die nicht individuell genutzt werden können, z. B. öffentliche Schwimmbäder oder Müllverbrennungsanlagen.

OPEC: Kurz für „Organization of Petroleum Exporting Countries" (Organisation Erdöl exportierender Länder). Das 1960 in Bagdad entstandene Kartell versucht, die Ölförderpolitik seiner Mitgliedstaaten zu koordinieren, die Förderquoten festzulegen und so die Weltmarktpreise stabil zu halten. Mittlerweile gehören zwölf Länder zur O. (Stand: 2010): Algerien, Angola, Ecuador, Iran, Irak, Kuwait, Libyen, Nigeria, Katar, Saudi-Arabien, die Vereinigten Arabischen Emirate und Venezuela. Die O.-Mitglieder fördern etwa 40 Prozent der weltweiten Erdölproduktion und verfügen über rund drei Viertel der weltweiten Erdölreserven. Seit 1965 hat das Kartell seinen Sitz in Wien.

Ost-West-Konflikt: Siehe Kalter Krieg.

Petersberg-Aufgaben: Wurden 1992 bei einem Gipfel des Ministerrats der Westeuropäischen Union (WEU) auf dem Petersberg bei Bonn definiert und markierten seither deren operativen Aufgabenbereich. Die P. umfassen humanitäre Aufgaben und Rettungseinsätze, friedenserhaltende Aufgaben sowie Kampfeinsätze bei der Krisenbewältigung einschließlich friedensschaffender Maßnahmen. Diese Aufgaben gingen 1999 auf die → **Europäische Sicherheits- und Verteidigungspolitik** der → **Europäischen Union** über, ebenso wie die meisten Komponenten der WEU. Im → **Vertag von Lissabon** wurden die P. erweitert, insbesondere um Aufgaben der Terrorismusbekämpfung.

Realsozialismus: Als Realsozialismus oder real existierender Sozialismus wird ein politisches und ökonomisches System bezeichnet, das in der Sowjetunion (UdSSR) und vielen mit ihr eng verbundenen Staaten des ehemaligen Ostblocks existierte. Neben der Berufung der politischen Führung auf die Lehren von Marx und Engels galten staatlicher Zentralismus und Planwirtschaft als Kennzeichen dieser Länder. Bürgerliche Freiheitsrechte existierten nicht.

Regime: Im Allgemeinen eine abwertende Bezeichnung für eine Herrschaftsform, die nicht demokratisch legitimiert ist und in der ein Einzelner oder eine Gruppe von Menschen → **Macht** über alle anderen ausüben. Im strengen politikwissenschaftlichen Sinne bezeichnet der Begriff jedes Regierungs- oder Herrschaftssystem auf nationaler und internationaler Ebene.

Rezession: Abschwung der → **Konjunktur.**

Rote-Armee-Fraktion (RAF): (Selbst-)Bezeichnung einer 1969 entstandenen linksextremen Vereinigung. Die Mitglieder der R. versuchten, über gezielte terroristische Anschläge (gegen Einrichtungen der US-Armee und gegen Repräsentanten aus Politik und Wirtschaft) die politische und soziale Grundordnung der Bundesrepublik Deutschland gewaltsam zu verändern. Die R. ist aus der sog. Baader-Meinhof-Gruppe hervorgegangen, die wiederum ihre Wurzeln in den sozialrevolutionärutopischen Teilen der Studentenbewegung hatte. Nach Abspaltungen erklärte die R. 1992, auf die Anwendung von Gewalt zu verzichten. Nach Einschätzung des Generalbundesanwaltes ist sie seit 1995 nicht mehr aktionsfähig.

Scharia: Das islamische Recht. Es basiert hauptsächlich auf dem Koran und der „Sunna", einer umfassenden Sammlung überlieferter Äußerungen und Handlungen des Propheten Mohammed (570 – 632) unterschiedlicher Herkunft. Ferner umfasst die S. sämtliche Vorschriften und Empfehlungen für das private und öffentliche Leben, von den religiösen Pflichten über das Familien- und Handelsrecht bis hin zur Kriegsführung.

Schengener Abkommen: Abkommen von 1985, in dem (mittlerweile die meisten) EU-Staaten den Abbau der Grenzkontrollen und u. a. eine verstärkte grenzüberschreitende Zusammenarbeit der Polizeibehörden vereinbart haben.

Schwellenländer: Länder, die aufgrund ihrer fortgeschrittenen Wirtschaftskraft, ihrem (mittleren) Volkseinkommen und ihrer infrastrukturellen Entwicklung aus dem Status von → **Entwicklungsländern** herausgewachsen sind und damit von der wirtschaftlichen Entwicklung her an der Schwelle zu den Industrieländern stehen. Vor allem die NIC-Länder oder NIE-Länder („newly industrialized countries" bzw. „economies") gehören hierzu.

Souveränität: Der Begriff Souveränität ist ein Produkt des modernen → **Staates** und seiner Theorie und bezeichnet die höchste, nicht abgeleitete, umfassende und nach innen wie nach außen unbeschränkte Hoheitsgewalt, im Staatsinneren als staatliches Gewalt- und Rechtsetzungsmonopol, nach außen als „Völkerrechtsunmittelbarkeit", d. h. also Hoheit über ein bestimmtes Staatsgebiet (Prinzip der Selbstregierung) und rechtliche Unabhängigkeit nach außen.

Soziale Marktwirtschaft: Von Alfred Müller Armack, Walter Eucken und Ludwig Erhard konzipiertes wirtschaftspolitisches Leitbild, das ab 1948 in der Bundesrepublik Deutschland verwirklicht worden ist. Es greift die Forderung des Ordoliberalismus nach staatlicher Gewährleistung einer funktionsfähigen Wettbewerbsordnung auf, ergänzt jedoch den Katalog wirtschaftspolitischer Staatsaufgaben unter Betonung sozialpolitischer Ziele mit dem Zweck der Integration aller Bürger.

Sozialprodukt: Verkürzende Bezeichnung für die wirtschaftliche Leistung einer Volkswirtschaft. Im Bruttosozialprodukt ist die gesamte Wertschöpfung einer Volkswirtschaft in einer Periode zusammengefasst, einschließlich der Investitionen. Wird diese Größe um die Abschreibungen vermindert, so spricht man vom Nettosozialprodukt. Wird der gesamte von Inländern erwirtschaftete Produktionswert berechnet, so spricht man vom Inlandsprodukt. Das Nettoinlandsprodukt entspricht dabei dem Volkseinkommen.

Staat: Erstmals seit der Renaissance für den obersten Herrschaftsverband verwendeter Begriff, der seit dem 19. Jahrhundert zunehmend Eingang in den Sprachgebrauch fand. Der Begriff umfasst das Staatsvolk, das Staatsgebiet und die Staatsgewalt. Als rechtlich verfasste Gemeinschaft ist der S. mit dem Gewaltmonopol ausgestattet, um Rechtsfrieden und Sicherheit zu gewährleisten.

Subsidiaritätsprinzip: Aus der katholischen Soziallehre stammendes gesellschaftliches Gestaltungsprinzip, das die Selbstbestimmung und Selbstverantwortung des Individuums bzw. der jeweils kleineren sozialen Gruppen im Verhältnis zum → **Staat** sowie den Vorrang von Regelungen auf jeweils unterer Ebene gegenüber Regelungen „von oben" betont.

supranational (lat.: übernational, überstaatlich): Mit dem Adjektiv werden Organisationen, Zusammenschlüsse oder Vereinbarungen versehen, die durch völkerrechtliche Verträge begründet und deren Entscheidungen und Regelungen für die einzelnen Mitglieder (→ **Staaten,** Nationen) übergeordnet und verbindlich sind. So steht etwa das Recht der EU als s. Recht über dem der einzelnen Mitgliedstaaten; bestimmte Entscheidungen s. Institutionen der → **EU** sind für alle EU-Staaten und die gesamte EU-Bevölkerung bindend. Im Gegensatz dazu haben z. B. Entscheidungen internationaler Organisationen nur dann bindende Wirkung, wenn sie von den Mitgliedern ausdrücklich anerkannt werden.

Taliban (dt.: Koranschüler): Islamistische Gruppierung beiderseits der afghanisch-pakistanischen Grenze. Die Bewegung ist einem radikalen sunnitischen Islam verpflichtet, den sie mit aller Gewalt durchzusetzen bereit ist. T.-Milizen beteiligten sich seit 1994 mit Unterstützung Pakistans und Saudi-Arabiens (z. T. auch der USA) am afghanischen Bürgerkrieg und beherrschten bald den größten Teil des Landes. 1996 wurde Kabul eingenommen. Die T. setzten eine → **fundamentalistische** islamische Ordnung durch, in der besonders Frauen unter strenger Kontrolle standen. Führer der T. wurde Mullah Mohammed Omar. Die Zusammenarbeit der T. mit dem islamischen → **Extremisten** Osama Bin Laden führte nach den Anschlägen auf das World Trade Center und das Pentagon 2001 zum militärischen Eingreifen der USA in Afghanistan; Ende der Herrschaft der T. 2001. Auch durch die Unterstützung der paschtunischen Landbevölkerung konnten die T. in der Folgezeit an Schlagkraft zurückgewinnen und seit 2003 wieder militärische und terroristische Aktionen durchführen. Sie gefährden damit den staatlichen Neuaufbau Afghanistans.

Umweltpolitik: Gesamtheit der Maßnahmen, die darauf zielen, die natürliche Umwelt als Lebensgrundlage der Menschen auch für die nachfolgenden Generationen zu erhalten.

UN-Blauhelme: Bezeichnung für Angehörige der Friedenstruppen der → **Vereinten Nationen.** Ihre friedenserhaltenden Maßnahmen (peacekeeping operations) sind teilweise sehr erfolgreich verlaufen, jedoch nicht immer. Für die Entsendung von B. ist die Zustimmung des UN-Sicherheitsrates und aller am Konflikt beteiligten Parteien notwendig. Von den beteiligten Truppenverbänden wird strikte Neutralität erwartet. Sie dürfen, außer zur Selbstverteidigung, keine Gewalt anwenden. 1988 wurde den UNO-Friedenstruppen der Friedensnobelpreis verliehen.

Vereinte Nationen (engl.: United Nations, UN oder United Nations Organization, UNO): Die UN wurde 1945 in San Francisco gegründet, ihr Hauptsitz ist New York (daneben: Genf und Wien), 2009 waren 192 Staaten Mitglied der UN. Laut der UN-Charta bestehen ihre Hauptaufgaben in der Sicherung des Friedens und in der Beseitigung von Friedensbedrohungen, der Verständigung der Völker untereinander, der internationalen Zusammenarbeit zur Lösung wirtschaftlicher, kultureller, sozialer und humanitärer Probleme u. a. m. – dies alles auf der Grundlage der Gleichberechtigung der Staaten und der Selbstbestimmung der Völker (Art. 1).
Die wichtigsten Organe der UN sind:
1. die jährlich stattfindende Vollversammlung (jeder Mitgliedsstaat hat eine Stimme) und deren Ausschüsse;
2. der Sicherheitsrat der UN mit fünf ständigen Mitgliedern (China, F, GB, Russland, USA, die über ein Vetorecht verfügen, Deutschland bemüht sich um Aufnahme) und zehn jeweils für zwei Jahre gewählten Mitgliedern;
3. das Generalsekretariat mit einem Generalsekretär an der Spitze (auf fünf Jahre von der Vollversammlung gewählt);
4. der Wirtschafts- und Sozialrat mit 54 Mitgliedern (jährlich werden 18 Mitglieder für drei Jahre gewählt) und den fünf regionalen Kommissionen;
5. der → **Internationale Gerichtshof** (15 Richter, die von der Vollversammlung und dem Sicherheitsrat für neun Jahre gewählt werden).

In jüngster Zeit wurden verstärkt Forderungen laut, durch eine Reform der UNO den ärmeren → **Staaten** größere Einflussmöglichkeiten zu geben.

Vertrag von Lissabon: Völkerrechtlicher Vertrag zwischen den 27 Mitgliedstaaten der → **Europäischen Union,** der am 13. Dezember 2007 unter portugiesischer Ratspräsidentschaft in Lissabon unterzeichnet wurde und am 1. Dezember 2009 in Kraft trat. Der V. übernimmt wesentliche Inhalte der abgelehnten Europäischen Verfassung und gilt als wichtigster Reformschritt seit dem Vertrag von Nizza (2001).

Warschauer Pakt: Im Westen gebräuchliche Kurzform für den am 14.5. 1955 gegründeten militärischen Beistandspakt des Ostblocks, dem die DDR am 28.1. 1956 offiziell als Mitglied beitrat und der sich im Zuge des Zusammenbruchs der UdSSR am 31.3. 1991 auflöste.

Weltbank: 1944 als eine Sonderorganisation der → **Vereinten Nationen** gegründet. Ihr Ziel ist es derzeit, meist durch Kreditvergabe → **Armut** in → **Entwicklungsländern** zu bekämpfen.

World Trade Organization (WTO): 1995 gegründet; Sitz: Genf; Sonderorganisation der → **Vereinten Nationen** mit derzeit 153 Mitgliedern (Stand: 2010); neben dem → **Internationalen Währungsfonds** und der → **Weltbank** die wichtigste Institution zur Behandlung internationaler Wirtschaftsprobleme; zu den wichtigsten Aufgaben der W. zählen die Liberalisierung des Welthandels, die Senkung von Zöllen und die Überwachung internationaler Handels- und Dienstleistungsregelungen.

PERSONENVERZEICHNIS

Abbé de Saint-Pierre, Charles Irénée Castel (1658 – 1743); war ein französischer Geistlicher, Gelehrter und Schriftsteller; verkündete die Fähigkeit des Menschen, sich zu vervollkommnen und durch die Ausschaltung von Vorurteilen und Unwissenheit wunschlos glücklich zu werden. Der A. schlug als einer der ersten vor, Kriege durch einen europäischen Staatenbund zu verhindern.
Adenauer, Konrad (1876 – 1967); war von 1949 bis 1963 der erste Bundeskanzler der Bundesrepublik Deutschland. Sein politischer Aufstieg begann 1917 als Oberbürgermeister der Stadt Köln. Dieses Amt hielt er bis 1933 und für einen kurzen Zeitraum 1945 inne. Bundesweite Bekanntheit erlangte er als Vorsitzender des Parlamentarischen Rates 1948/ 1949. Seine Politik als Bundeskanzler bestimmten außenpolitisch der Kalte Krieg und die Rehabilitierung Deutschlands nach dem Zweiten Weltkrieg. Innenpolitisch stand der Wiederaufbau auf der Tagesordnung, der im Wirtschaftswunder mündete. Gesellschaftlich prägte der Christdemokrat A. die konservativen Ansichten der 1950er- und 60er-Jahre mit. Das langfristige historische Vermächtnis A.s besteht in der Aussöhnung mit Frankreich, die 1963 im Deutsch-Französischen Freundschaftsvertrag (Elysée-Vertrag) formal bekräftigt wurde. Von großer Bedeutung war hierbei sein gutes persönliches Verhältnis zum Präsidenten der Französischen Republik, → **Charles de Gaulle.**
Ahmadinedschad, Mahmud (geb. 1956); ist ein fundamentalistisch-islamischer Politiker; seit 2005 ist er der sechste Präsident der Islamischen Republik Iran. Unter seiner Regierung hat sich das theokratisch geprägte Land außenpolitisch zunehmend isoliert, insbesondere im Streit mit den USA um das iranische Atomprogramm. Innenpolitisch geriet A. wegen seiner repressiven und antifreiheitlichen Politik in Verruf.
Barroso, José Manuel Durão (geb. 1956); Jurist und portugiesischer Politiker. Er war von 2002 bis 2004 Ministerpräsident Portugals, ist Mitglied der Europäischen Volkspartei (EVP) und seit November 2004 Präsident der Europäischen Kommission.
Bin Laden, Osama (geb. vermutl. 1957); der Islamist entstammt einer sehr reichen Familie aus Saudi-Arabien. Ursprünglich eher weltoffen, radikalisierte er sich Ende der 1970er-Jahre. So kämpfte er zunächst mit US-amerikanischer Unterstützung im Widerstand der afghanischen Mujaheddin gegen die sowjetische Besatzung. Unter dem Eindruck des Abzugs der sowjetischen Truppen aus Afghanistan begründete B. die Organisation Al Qaida und begann, mit terroristischen Mitteln die westliche Welt, vor allem die USA, zu bekämpfen. Höhepunkt waren die Terroranschläge vom 11. September 2001. Seither ist B. untergetaucht. Auf Hinweise zu seinem Verbleib hat der US-Senat 2007 ein Kopfgeld i. H. v. 50 Mio. Dollar ausgesetzt.
Boutros-Ghali, Boutros (geb. 1922); ein ägyptischer Diplomat. Der Jurist und Politikwissenschaftler gilt als einer der Architekten des Camp-David-Abkommens von 1979, das den andauernden Konflikt zwischen Ägypten und Israel beendete. Von 1992 bis 1996 war B. Generalsekretär der Vereinten Nationen. Auf ihn geht die bekannte „Agenda für den Frieden" zurück.
Brüning, Heinrich (1885 – 1970); war ein deutscher Politiker der Zentrumspartei und in der Weimarer Republik von 1930 bis 1932 der erste Reichskanzler, der beinahe ausschließlich mit Notverordnungen regierte.
Bush, George Walker (geb. 1946); war von 2001 bis 2009 der 43. Präsident der USA. Nach Geschäftstätigkeit in der Ölindustrie war der Republikaner B. zuvor seit 1994 Gouverneur von Texas. In seine Präsidentschaft fallen die Terroranschläge des 11. September 2001 und der darauf folgende „Krieg gegen den Terror" in Afghanistan sowie der Krieg gegen den Irak Saddam Husseins, bei dem zahlreiche europäische Staats- und Regierungschefs, vor allem Jacques Chirac und → **Gerhard Schröder,** den USA die Gefolgschaft verweigerten. Symbolisch für den v. a. von Tony Blair unterstützten Anti-Terror-Feldzug der US-Regierung standen das Gefangenenlager Guantánamo auf Kuba und das Militärgefängnis Abu Ghraib im Irak. Im Zuge der weltweiten Terrorbekämpfung kam es auch in den USA zur Einschränkung bürgerlicher Freiheitsrechte. Am Ende der Ära B. war die soziale Ungleichheit im Lande drastisch gestiegen, die Rassenproblematik hatte sich verschärft, und das Ansehen der USA in der Welt war gesunken. Großen Einfluss auf den Ausgang der Präsidentschaftswahlen 2008 und den Sieg → **Barack Obamas** hatte zudem die wirtschaftliche Rezession im Zuge der amerikanischen Immobilien- und Bankenkrise ab 2007.
Castro, Fidel (geb. 1926); kubanischer Revolutionär und Politiker. War von 1959 bis 2008 Regierungschef und von 1976 bis 2008 in Personalunion Staatspräsident von Kuba. Während dieser Zeit lehnte er sich an die Sowjetunion an und organisierte Wirtschaft und Gesellschaft nach den kommunistischen Vorstellungen. Zeitgleich entwickelte sich ein an ihm ausgerichteter Personenkult. C. weigerte sich auch nach dem Zusammenbruch der kommunistischen Herrschaft in Osteuropa, einen Systemwandel zu vollziehen. Dadurch wurde Kuba außenpolitisch isoliert. 2006 musste er seine Ämter krankheitsbedingt auf seinen Bruder Raúl übertragen.
Ceaucescu, Nicolae (1918 – 1989); war von 1967 bis 1989 politischer Führer Rumäniens. In dieser Zeit etablierte er eine brutale Diktatur nach stalinistischem Vorbild. Er betrieb einen bizarren Personenkult um sich und seine Familie. Während große Teile der rumänischen Bevölkerung verelendeten, wirtschaftete C. das Land in den Staatsbankrott. Als es im Umbruchjahr 1989 zu einer Volkserhebung kam, schloss sich das Militär der Bevölkerung an. Trotz des Widerstands der Geheimpolizei „Securitate" wurde C. gestürzt und zusammen mit seiner Frau Elena hingerichtet.
Comenius, Johann Amos (1592 – 1670); war ein Philosoph, Theologe und Pädagoge aus Südostmähren (im heutigen Tschechien). Im Mittelpunkt seiner Lehre steht eine christlich-humanistische Lebensgestaltung.
Coudenhove-Kalergi, Richard Nikolaus Graf von (1894 – 1972); politischer Schriftsteller, Gründer und Generalsekretär der Paneuropabewegung. C. verfasste viele

Schriften zur europäischen Einigung, darunter „Weltmacht Europa" (1971). Er war Träger des Karlspreises.
Churchill, Winston (1874–1965); gilt als bedeutendster britischer Staatsmann des 20. Jahrhunderts. Er zog 1901 als Konservativer (Tory) in das britische Unterhaus ein. C. war zweimal Premierminister (1940–45; 1951–55) und führte Großbritannien durch den Zweiten Weltkrieg. Zuvor hatte er bereits mehrere Regierungsämter bekleidet, u. a. das des Ersten Lords der Admiralität, des Innen- und des Finanzministers. Darüber hinaus trat C. als Autor politischer und historischer Werke hervor und erhielt 1953 den Nobelpreis für Literatur.
Engels, Friedrich (1820–1895); war ein deutscher Politiker, Unternehmer, Philosoph und Historiker. Zusammen mit → **Karl Marx** entwickelte er ab der Mitte der 1840er-Jahre die als Marxismus bezeichnete Gesellschaftstheorie. 1848 veröffentlichten Marx und Engels im Zuge der Revolution in Deutschland das bedeutende „Kommunistische Manifest". Nach Marx' Tod gab Engels den zweiten und den dritten Band von „Das Kapital. Kritik der politischen Ökonomie" heraus und übernahm auch die Bearbeitung und Herausgabe weiterer Werke seines Freundes.
Erasmus von Rotterdam (eigentl. Geert Geerts; 1465–1536); niederländischer Humanist und bedeutender Universalgelehrter. Er war Theologe, Philosoph, Philologe und Autor zahlreicher Bücher. Studium in Paris, Reisen nach England, Italien, Deutschland und der Schweiz, vielfältige Kontakte zu den führenden Vertretern des Geisteslebens seiner Zeit, u. a. zu Thomas Morus (1477–1535). E. vertritt das Konzept eines Humanismus, der die christlichen Ideale mit der Weisheit antiker Autoren und der menschlichen Vernunft zu vereinen sucht. Mit seiner Forderung, nicht das Trennende, sondern die Gemeinsamkeiten zwischen den Menschen zu erkunden und Gegensätzlichkeiten hinzunehmen, wird er zum Wegbereiter des Toleranzgedankens. Seine Lehren zählen zu den Vorläufern der Aufklärung.
Galtung, Johan (geb. 1930); der norwegische Friedens- und Konfliktforscher gilt als Pionier seiner Zunft. 1950 gründete er in Oslo das erste internationale Institut für Friedensforschung. G. beriet immer wieder die Vereinten Nationen und machte Vorschläge für gewaltfreie Konfliktlösungen. Sein großes Vorbild ist → **Mahatma Ghandi.** 1987 erhielt G. den Alternativen Friedensnobelpreis.
de Gaulle, Charles (1890–1970); war ein französischer General und Politiker. Nach der Niederlage Frankreichs im Zweiten Weltkrieg 1940 bildete er eine Exilregierung in London und nach der Befreiung des Landes den politischen Neuanfang. Mit Beginn der Algerienkrise 1958 gelangte d. G. in Regierungsverantwortung und setzte eine Verfassungsreform durch, mit der die Fünfte Französische Republik begründet wurde. Deren Präsident war er von 1959 bis 1969. Gemeinsam mit → **Konrad Adenauer** betrieb er die deutsch-französische Freundschaft. Unter seiner Präsidentschaft zog sich Frankreich 1966 aus der integrierten militärischen Kommandostruktur der NATO zurück, blieb aber weiterhin Mitglied der atlantischen Allianz. D. G. gilt als Nationalheld. Die auf ihn zurückgehende politische Ideologie des Gaullismus ist bis heute einflussreich in der französischen Politik.
Gandhi, Mahatma (eigentl. Mohandas Karamchand, genannt Mahatma – „die große Seele"; 1869–1948); indischer Staatsmann, Freiheitskämpfer und der herausragende Führer der indischen Unabhängigkeitsbewegung. Die politische Bedeutung liegt in seinem Konzept der Gewaltlosigkeit durch zivilen Ungehorsam und passiven Widerstand, das 1947 das Ende der britischen Kolonialherrschaft über Indien herbeiführte. Am 30. Januar 1948 wurde der 78-jährige G. von einem nationalistischen Hindu in Neu-Delhi erschossen.
Giscard d'Estaing, Valéry (geb. 1926); ist ein französischer Politiker der bürgerlich-liberalen Strömung und war von 1974 bis 1981 Staatspräsident Frankreichs. In seiner Amtszeit wurden verschiedene Modernisierungen des politischen und gesellschaftlichen Lebens in Frankreich angestoßen, u. a. ein liberalisiertes Scheidungsrecht. Auf dem europäischen Gipfel von Laeken im Dezember 2001 wurde der in Koblenz geborene G. als Präsident des Europäischen Verfassungskonvents berufen.
Gorbatschow, Michail Sergejewitsch (geb. 1931); ist ein russischer Politiker und war von März 1985 bis August 1991 Generalsekretär des Zentralkomitees der Kommunistischen Partei und von März 1990 bis Dezember 1991 Präsident der Sowjetunion. Durch seine Politik der Glasnost („Offenheit") und der Perestroika („Umbau") versuchte G. den Umbau der UdSSR, woran er allerdings scheiterte. Er leitete jedoch das Ende des Kalten Krieges ein und ermöglichte damit die deutsche Wiedervereinigung, an der er zusammen mit → **Helmut Kohl** maßgeblich mitgewirkt hat. G. erhielt 1990 den Friedensnobelpreis.
Grotius, Hugo (eigentl. Huig de Groot; 1583–1645); war ein niederländischer Philosoph, Theologe und Rechtsgelehrter. Er gilt als Begründer des klassischen Naturrechts und Vater des modernen Völkerrechts. Sein 1625 erschienenes Hauptwerk „De lure Belli ac Pacis" (Über das Recht des Krieges und des Friedens) stellt bis heute die Grundlage der Völkerrechtsordnung dar. Eingeflossen sind seine Überlegungen zuerst in den Westfälischen Frieden zu Münster und Osnabrück (1648), in dem die Souveränität und Gleichberechtigung der Staaten erstmals völkerrechtlich anerkannt wurden.
Hekmatjar, Gulbuddin (geb. 1947); ist ein afghanischer Kriegsherr. Schon seit den späten 1970er-Jahren soll er für die konsequente Umsetzung eines restriktiven Islams in Afghanistan gekämpft haben. Während der sowjetischen Besatzung gehörte seine Widerstandsgruppe zu den von den USA und dem pakistanischen Geheimdienst am stärksten unterstützten Einheiten. Nach dem Abzug der Sowjets konnte er 1993 und 1996 das Amt des Premierministers übernehmen. Mit dem Einzug der Taliban in Kabul floh H. in den Iran. Nach dem Sturz der Taliban 2001 aber erklärte er, mit diesen und Al Qaida gegen die USA kämpfen zu wollen.
Hobbes, Thomas (1588–1679); englischer Staatsphilosoph, der sich u. a. mit der Frage beschäftigte, wie der Krieg unter den Menschen zu vermeiden und der Frieden innerhalb eines Gemeinwesens zu gewinnen sei. Ausgehend von einem Naturzustand anarchischer Herrschaftslosigkeit entwarf der von den Schrecken des Englischen Bürgerkriegs (1640–1649) geprägte H. in seinem Hauptwerk „Leviathan" (1651) den Gedanken eines Sozialvertrags: H. zufolge wird die gesamte Gesellschaft zu einem einzigen Individuum, zum übermächtigen Leviathan, d. h. zum Staat, sobald der Gesellschaftsvertrag, den die Menschen untereinander zum Schutz

vor sich selbst abgeschlossen haben, ihr Recht zur Gewaltausübung auf einen einzelnen unter ihnen, den Herrscher, überträgt. H. gilt damit als Wegbereiter des Absolutismus.
Hussein, Saddam (1937 – 2006); war ein irakischer Diktator. Seit 1979 Staats- und Regierungschef, Generalsekretär der regierenden Baath-Partei und Oberbefehlshaber der Streitkräfte errichtete H. einen totalitären Überwachungsstaat, in dem Regimegegner rücksichtslos verfolgt und auch umgebracht wurden. Er verwickelte den Irak in den Ersten und Zweiten Golfkrieg (1980 bis 1988 und 1990/ 91), die zum wirtschaftlichen Niedergang des Landes führten. Sein langjähriger Widerstand gegen das Rüstungskontrollregime der UNO führte zur Konfrontation mit den USA. Die US-Regierung unter Präsident → **George W. Bush** beendete mit dem Irak-Krieg (Dritter Golfkrieg) im Frühjahr 2003 seine Herrschaft. H. konnte sich nach dem Sturz zunächst verstecken, wurde aber von US-Soldaten aufgespürt und verhaftet. Er wurde 2006 wegen Verbrechen gegen die Menschlichkeit von einem irakischen Sondertribunal zum Tode durch den Strang verurteilt und hingerichtet.
Jintao, Hu (geb. 1942); chinesischer Politiker (Kommunist); seit 2002 Generalsekretär des Zentralkomitees der Kommunistischen Partei sowie seit 2003 zugleich Staatspräsident der Volksrepublik China; seit 2005 auch Vorsitzender der staatlichen Zentralen Militärkommission.
Kant, Immanuel (1724 – 1802); gilt als bedeutendster deutscher Philosoph der Neuzeit. Mit seinem kritischen Denkansatz „Sapere Aude" (Habe Mut zu wissen) ist er der wohl wichtigste Denker der Aufklärung. Seine Hauptwerke sind „Kritik der reinen Vernunft" (1781) und „Zum ewigen Frieden. Ein philosophischer Entwurf" (1795). Darin wendet K. die Grundsätze seiner Moralphilosophie auf die Frage nach dem Frieden zwischen den Staaten an.
Karzai, Hamid (geb. 1957); ein afghanischer Politiker aus der Ethnie der Paschtunen. In den 1980er-Jahren unterstützte er die Mujaheddin im Kampf gegen die sowjetische Besatzung, gehörte nach deren Sieg der politischen Führung des Landes an und bekämpfte ab Mitte der 1990er-Jahre die Taliban. Nach deren Sturz wurde er 2001 zuerst Übergangspräsident und 2004 gewählter Staatspräsident Afghanistans. Besonders bei seiner Wiederwahl 2009 wurden Vorwürfe wegen Korruption, Vetternwirtschaft und Wahlbetrug gegen ihn laut.
Kennedy, John Fitzgerald (1917 – 1963); war von 1961 bis 1963 der 35. Präsident der USA und Mitglied der Demokratischen Partei. Seine charismatische Persönlichkeit und sein Sendungsbewusstsein machten ihn zum Hoffnungsträger vor allem der US-amerikanischen Jugend und Intellektuellen sowie sozial benachteiligter Gruppen. K. war der erste Katholik im Weißen Haus. Er konzentrierte sich zunächst auf ein ambitioniertes soziales Reformprogramm, das sich aber aufgrund von Widerständen im Kongress nicht vollständig realisieren ließ. Außenpolitisch verfolgte die Kennedy-Regierung eine harte Linie gegen den Kommunismus und die UdSSR, das Engagement in Südvietnam wurde verstärkt. Sein Auftritt in Berlin („Ich bin ein Berliner") nach dem Mauerbau 1961 und sein Ultimatum an die UdSSR nach der Stationierung russischer Raketenrampen auf Kuba 1962 stärkten K.s Profil als Verteidiger der freien Welt. K. wurde am 22. November 1963 in Dallas Opfer eines Attentats.
King Jr., Martin Luther (1929 – 1968); der farbige Baptistenpfarrer und Menschenrechtler war der Vorkämpfer des gewaltlosen Widerstandes gegen Rassendiskriminierungen in den USA. Er setzte sich für die Menschenrechte der farbigen Minderheit ein. Dieser Einsatz machte ihn zur Symbolfigur gegen die Unterdrückung der Afroamerikaner und Schwarzafrikaner sowie für soziale Gerechtigkeit. 1964 bekam K. den Friedensnobelpreis verliehen. Zwischen 1955 und 1968 wurde K. indes mehr als 30 Mal inhaftiert, ehe er 1968 in Memphis ermordet wurde.
Kohl, Helmut (geb. 1930); ist ein deutscher Politiker (CDU). Der frühere Ministerpräsident von Rheinland-Pfalz (1969 – 1976) wurde 1982 nach einem erfolgreichen Misstrauensvotum gegen → **Helmut Schmidt** (SPD) deutscher Bundeskanzler. In seiner Regierungszeit (bis 1998) gestaltete der promovierte Historiker den Prozess der deutschen Wiedervereinigung und wirkte maßgeblich am europäischen Einigungsprozess mit.
Köhler, Horst (geb. 1943); war von 2004 bis 2010 Bundespräsident; zuvor bis 2004 Geschäftsführender Direktor des Internationalen Währungsfonds (IWF). 1993 bis 1998 leitete er als Präsident den Deutschen Sparkassen- und Giroverband und anschließend bis 2000 die Europäische Bank für Wiederaufbau und Entwicklung.
Leonardo da Vinci (1452 – 1519); gilt als der bedeutendste europäische Universalgelehrte. L. war Maler, Bildhauer, Architekt, Anatom, Mechaniker, Ingenieur und Naturphilosoph. Neben vielen Kunstgegenständen, Skulpturen und Gemälden zeichnete der Renaissancekünstler eine große Anzahl von Entwürfen für Gebäude und Maschinen. Zu seinen bekanntesten Bildern zählen „Das letzte Abendmahl" (Cenacolo) und „Mona Lisa". In Florenz, Mailand und Rom betrieb der aus der Toskana stammende L. als einer der ersten Menschen in Europa nach dem Mittelalter anatomische Studien an Leichen.
Machiavelli, Niccolò (1469 – 1527); war ein italienischer Politiker und Gelehrter. Er ist durch sein Werk „Il Principe" (Der Fürst; 1532) berühmt geworden, in welchem er dem „idealen" Herrscher die Wahrnehmung der eigenen Ziele und Interessen anrät ohne ethische oder moralische Rücksichtnahme.
Marx, Karl (1818 – 1883); war ein deutscher Philosoph. Er untersuchte im Zeitalter der Industrialisierung zusammen mit → **Friedrich Engels** die kapitalistische Gesellschaft und gilt als bedeutendster Denker von Sozialismus und Kommunismus. M. gab an, durch seine historischen Untersuchungen einen fortdauernden Konflikt zwischen besitzenden und nicht besitzenden Klassen innerhalb einer Gesellschaft erkennen zu können; im Industriezeitalter wären dies die Bürger (Bourgeois), d. h. diejenigen, die Produktionsmittel besitzen, und die Arbeiter (Proletarier), die keinen solchen Besitz haben und ihre Arbeitskraft verkaufen müssen. Diesen Klassenkonflikten sprach M. die treibende Kraft für die Weiterentwicklung der Gesellschaft zu. Als Endstadium sah er dabei die klassenlose Gesellschaft im Kommunismus an. Diese sollte durch die Aufhebung des Privateigentums an Produktionsmitteln (z. B. Boden, Fabriken, Maschinen usw.) erreicht werden.
Merkel, Angela (geb. 1954); ist eine deutsche Politikerin (CDU). Sie ist seit dem 10. April 2000 Bundesvorsitzende

der CDU sowie seit dem 22. November 2005 die erste Frau im Amt des deutschen Bundeskanzlers. Zuvor bekleidete sie zwischen 1991 und 1994 das Amt der Bundesministerin für Frauen und Jugend und zwischen 1994 und 1998 das Amt der Bundesumweltministerin. M. wurde als Tochter eines evangelischen Pfarrers in Hamburg geboren, wuchs jedoch in der DDR auf.

Milošević, Slobodan (1941 – 2006); war ein serbischer Politiker (Kommunist); von 1989 bis 1997 Präsident Serbiens und danach bis 2000 jugoslawischer Staatspräsident. Seine großserbisch-nationalistische Politik trug zum Zerfall des kommunistischen Jugoslawiens und den Kriegen in Kroatien und Bosnien-Herzegowina bei. 1995 unterzeichnete er auf internationalen Druck hin das Friedensabkommen von Dayton. M. trug entscheidende Verantwortung für die Eskalation im Kosovokonflikt (1998/ 99). 1999 wurde er vom Internationalen Strafgerichtshof für das ehemalige Jugoslawien (ICTY) in Den Haag der Verbrechen gegen die Menschlichkeit angeklagt und 2001 vom neuen jugoslawischen Staatspräsidenten Vojislav Koštunica ausgeliefert. In Den Haag musste sich M. bis zu seinem Tod auch wegen Verstößen gegen die Gesetze und Gebräuche des Krieges und gegen die Genfer Konventionen sowie wegen Völkermordes verantworten.

Mitterrand, François (1916 – 1996); war ein französischer Politiker der sozialistischen Strömung. Er wurde 1981 und 1988 zum französischen Staatspräsidenten gewählt und hatte dieses Amt bis zum 17. Mai 1995 inne. 1988 erhielt er gemeinsam mit → **Helmut Kohl** den Karlspreis für seine Verdienste um die deutsch-französische Freundschaft und die Zukunft Europas.

Mladić, Ratko (geb. 1942); war ein bosnisch-serbischer General. Während der jugoslawischen Bürgerkriege der 1990er-Jahre machte er sich verschiedener Kriegsverbrechen schuldig, u. a. des Massakers in Srebrenica an 8 000 bosnischen Muslimen (11. Juli 1995). Seit 1996 ist M. untergetaucht. Er wird vom Internationalen Strafgerichtshof (UN-Kriegsverbrechertribunal) gesucht.

Mohammed (570 – 632); wird von den Muslimen als letzter Prophet angesehen, welcher mit dem Koran die Offenbarungen Allahs empfangen habe. Damit gilt M. als Religionsstifter des Islam. Sein Geburtsort Mekka und sein Sterbeort Medina gelten den Gläubigen als heilige Städte und sind als Wallfahrtsorte jedes Jahr Ziel mehrerer Millionen Muslime.

Nadschibullah, Mohammed (1947 – 1996); afghanischer Staatschef 1986 bis 1992. Der moskauorientierte Paschtune beteiligte sich am Sturz des Staatspräsidenten Mohammed Daud Khan (1978). Von den sowjetischen Streitkräften nach dem Einmarsch in Afghanistan (1979) als Chef des neugegründeten Geheimdienstes eingesetzt bekämpfte N. in den Folgejahren im Bürgerkrieg die Mujaheddin. 1987 übernahm er auch das Amt des Staatspräsidenten. Nach dem Abzug der sowjetischen Truppen (1989) verlor er gegen die Mujaheddin an Boden. Auch die Abkehr vom kommunistischen Kurs 1990 konnte seinen Sturz wenige Tage vor seinem angekündigten Rücktritt nicht verhindern. Nach der Einnahme Kabuls im September 1996 richteten die Taliban den aus dem UNO-Hauptquartier verschleppten N. ohne Gerichtsverfahren hin.

Obama, Barack Hussein (geb. 1961); seit 2009 der 44. Präsident der USA und der erste Afroamerikaner in diesem Amt. Sein Vater stammte aus Kenia, seine Mutter aus dem US-Bundesstaat Kansas. O. gehört der Demokratischen Partei an. Sein Wahlkampfslogan „Change" hatte den Nerv breiter Bevölkerungsschichten getroffen, die nach der Präsidentschaft → **George W. Bushs** und angesichts großer außenpolitischer, wirtschaftlicher und gesellschaftlicher Probleme einen Wechsel herbeisehnten. Das Motto „Yes, we can" begleitete die kaum vorhersehbare Erfolgsgeschichte des jugendlich und unverbraucht wirkenden Senators aus dem US-Bundesstaat Illinois und hatte eine stark mobilisierende Wirkung v. a. auf junge, farbige und weibliche amerikanische Wähler sowie auf die Gruppe der Hispanics.

Putin, Wladimir Wladimirowitsch (geb. 1952); ist ein russischer Politiker und seit Mai 2008 Ministerpräsident Russlands. Dieses Amt hatte er bereits zwischen 1999 und 2000 inne. Nachdem der damalige Präsident Boris Jelzin aus dem Amt schied und P. zu seinem Nachfolger ernannte, bekleidete P. das Präsidentenamt bis Mai 2008. Sein Nachfolger wurde sein Wunschkandidat Dimitri Medwedew. Die Ära P. war von außenpolitischer Selbstbehauptung und von Nationalismus gekennzeichnet, während innenpolitisch vor allem die Reform der Wirtschaft und die schrittweise Einschränkung von Grundrechten (z. B. Pressefreiheit) prägend waren. Zwischen 1985 und dem Ende der DDR war P. dort als Offizier des sowjetischen Auslandsgeheimdienstes KGB eingesetzt gewesen.

Rau, Johannes (1931 – 2006); war ein deutscher Politiker der SPD. Er war von 1978 bis 1998 Ministerpräsident des Landes Nordrhein-Westfalen und sah sich während dieser Zeit mit dem wirtschaftlichen Strukturwandel im Ruhrgebiet konfrontiert. 1999 zum Bundespräsidenten gewählt (bis 2004), hielt er 2000 als erstes deutsches Staatsoberhaupt eine Rede vor der israelischen Knesset. In innenpolitischen Auseinandersetzungen betonte Rau die Bedeutung ethischer Werte und religiöser Toleranz.

Reagan, Ronald Wilson (1911 – 2004); war von 1981 bis 1989 der 40. Präsident der USA. Bekanntheit erlangte er zuvor als Schauspieler und als Gouverneur von Kalifornien. R. gehörte der Republikanischen Partei an. Seine Präsidentschaft war innenpolitisch von massiven Steuersenkungen und von dem Versuch geprägt, Bundesaufgaben, v. a. in der Sozialpolitik, auf die einzelstaatliche Ebene zurückzuverlagern. Seine Außenpolitik stand im Zeichen eines starken Anti-Kommunismus und militärischer Aufrüstung. Dennoch machte sich R. insbesondere in seiner zweiten Amtszeit durch Verhandlungen mit → **Michael Gorbatschow** um das Ende des Kalten Krieges verdient, als dessen Sieger er zweifellos zu bezeichnen ist.

Roosevelt, Franklin Delano (1882 – 1945); war von 1933 bis zu seinem Tod der 31. Präsident der Vereinigten Staaten von Amerika. R., der – einzigartig in der Geschichte der USA – viermal nacheinander (1932, 1936, 1940 und 1944) in das Amt des Präsidenten gewählt wurde, führte das Land erfolgreich in Zeiten schwerer innen- und außenpolitischer Krisen. R. war seit einer Erkrankung im Jahr 1921 auf die Benutzung eines Rollstuhls angewiesen.

Schäuble, Wolfgang (geb. 1925); ist ein deutscher Jurist und Politiker (CDU), seit 1972 Mitglied des Bundestages und von 2005 bis 2009 Bundesminister des Innern. Dieses Amt bekleidete S. schon einmal von 1989 bis 1991. S. war damals maßgeblich an der Erarbeitung des Zwei-plus-Vier-Vertrags beteiligt, der den Weg zur Deutschen Wiedervereinigung ebnete. Seit einem Attentat am 12. Oktober 1990 ist er querschnittsgelähmt. S. tritt u. a. für den Bundeswehreinsatz im Inneren ein. Im Zusammenhang mit der Terrorismus-Bekämpfung spricht er sich für Grundgesetzänderungen aus, um Online-Durchsuchungen zu ermöglichen. Seit 2009 ist S. Bundesfinanzminister.

Schmidt, Helmut (geb. 1918); ist ein deutscher Politiker. Er gehört der SPD an, bekleidete verschiedene Ministerämter und war von 1974 bis 1982 Bundeskanzler. Landesweite Bekanntheit erlangte er durch die Koordinierung der Rettungskräfte bei der Hamburger Sturmflut 1962. Seine Kanzlerschaft stand unter den Zeichen der Wirtschaftskrise der 1970er-Jahre und des Terrors militanter linksgerichteter Gruppierungen, vor allem der Roten Armee Fraktion (RAF). Außenpolitisch versuchte S. an die Entspannungspolitik seines Vorgängers Willy Brandt anzuknüpfen, befürwortete aber den NATO-Doppelbeschluss. Die Regierung Schmidt fand durch den Wechsel des vormaligen Koalitionspartners, der FDP, in einem konstruktiven Misstrauensvotum ein unerwartetes Ende.

Schröder, Gerhard (geb. 1944); ist ein deutscher SPD-Politiker. Er war von 1998 bis 2005 der siebte Bundeskanzler der Bundesrepublik Deutschland sowie zuvor von 1990 bis 1998 Ministerpräsident des Landes Niedersachsen. Seine Kanzlerschaft war vor allem durch die umstrittenen Reformen der Sozialsysteme („Hartz IV") und ein neues Selbstbewusstsein in der Außenpolitik geprägt. Durch seinen Regierungsstil galt er als „Medienkanzler". Nach seiner politischen Karriere wechselte S. in die Wirtschaft, wo er bis heute verschiedene Positionen bekleidet.

Schuman, Robert (1886 – 1963); war ein deutsch-französischer Politiker und 1947 / 48 Ministerpräsident von Frankreich. Als Außenminister entwickelte er den Schuman-Plan, der zur Schaffung der Montanunion führte. Später war S. von 1958 bis 1960 erster Präsident des Europäischen Parlaments. Er gilt als einer der Gründerväter der Europäischen Union.

Smith, Adam (1723 – 1790); schottischer Nationalökonom und Philosoph; Begründer der klassischen Nationalökonomie (Volkswirtschaftslehre). Seine Lehre fußte auf den Ideen der Aufklärung, des Naturrechts und der englischen Moralphilosophie. Nach S. existiert ein Marktautomatismus, der über den Marktpreis Angebot und Nachfrage zum Ausgleich bringt. Die treibende Kraft aller wirtschaftlichen Vorgänge sei der Eigennutz. Wirtschaftspolitisch forderte S. Freihandel und „laissez faire". Sein Hauptwerk: „The Wealth of Nations" (Der Wohlstand der Nationen), erschienen in zwei Bänden im Jahr der amerikanischen Unabhängigkeitserklärung 1776.

Sokrates (469 – 399 v. Chr.); war ein für das abendländische Denken bedeutender griechischer Philosoph. S. ging es um Fragen der Ethik. In der Überzeugung, dass niemand gegen seine bessere Einsicht handeln könne („Tugend ist Wissen"), hielt er Tugend für lehrbar. Sein Bemühen, die Menschen vom Scheinwissen zu echtem Wissen zu bringen („Ich weiß, dass ich nichts weiß"), brachte ihm viele Feinde. Weil er u. a. die Götter des Staatskults nicht anerkenne und die Jugend verderbe, wurde S. zum Tode verurteilt. Die ihm angebotene Flucht lehnte er ab und trank den Schierlingsbecher. Da S. keine Schriften hinterließ, sind seine Lehren nur über seine Schüler, v. a. Platon (427 – 347 v. Chr.), überliefert.

Solana, Javier (geb. 1942); war von 1995 bis 1999 NATO-Generalsekretär und von 1999 bis Ende 2009 Generalsekretär des Rates der Europäischen Union und Hoher Vertreter für die Gemeinsame Außen- und Sicherheitspolitik (GASP). S. war damit lange Zeit der Politiker, der der Außenpolitik des geeinten Europas ein „Gesicht" verlieh. Seine Nachfolgerin im Amt des „Hohen Vertreters der Europäischen Union für Außen- und Sicherheitspolitik" ist die Britin Catherine Ashton.

Stalin, Josef (1878 – 1953); war ein sowjetischer Politiker und Diktator. „Stalin" („der Stählerne") war sein „Kampfname". Nach der Russischen Revolution diente er sich im Parteiapparat hoch, seit 1922 war er Generalsekretär des Zentralkomitees der Kommunistischen Partei der Sowjetunion (KPdSU). Aus dieser Position baute er nach dem Tod Lenins seine Alleinherrschaft systematisch aus. Dabei ließ er alle Personen und Personengruppen, die ihm gefährlich werden konnten oder die seiner Politik oder seinen Ansichten im Wege waren, verfolgen. Insgesamt fanden während seiner Herrschaft mehrere Millionen Menschen durch Terror oder Misswirtschaft den Tod. Stalin, der einen bizarren Kult um seine eigene Person betrieb, war der Meinung, der Sozialismus müsse zuerst in einem Land, nämlich der Sowjetunion, aufgebaut werden, um sich hernach in der ganzen Welt verbreiten zu können.

Thatcher, Margaret (geb. 1925); ehemalige britische Politikerin; T. war von 1979 bis 1990 (der erste weibliche) Premierminister des Vereinigten Königreichs und von 1975 bis 1990 Vorsitzende der Conservative Party. Mit ihrer Amtszeit werden eine weitgehende Privatisierung vormaliger Staatsbetriebe (z. B. British Telecom, British Petroleum, British Airways), die Schwächung von Gewerkschaften und der Rückbau von Arbeitnehmerrechten in Verbindung gebracht (Thatcherismus). Außenpolitisch betrieb die dezidierte Europa-Gegnerin eine stark nationale Interessenpolitik, die sie teilweise gegen alle Widerstände durchsetzte. 1984 erreichte sie unter dem Motto „I want my money back" den bis heute gültigen „Britenrabatt" zur Finanzierung der Europäischen Union.

Thukydides (460 – ca. 396 v. Chr.); athenischer Historiker und Stratege. Selbst Flottenkommandant im Peloponnesischen Krieg (431 – 404 v. Chr.) hat T. in seiner berühmten Geschichte über die langjährige Auseinandersetzung zwischen dem Attischen Seebund unter der Führung Athens und dem Peloponnesischen Bund unter der Landmacht Sparta Überlegungen zur Theorie und Stabilität militärischer Bündnisse angestellt. T. sah dabei im Machtstreben des Menschen die wichtigste geschichtswirksame Kraft.

Truman, Harry S. (1884 – 1972); US-amerikanischer Politiker (Demokrat); nach dem Tod von Präsident → **Franklin D. Roosevelt** 1945 wurde er 33. Präsident der USA (bis 1952). T. befahl den Abwurf der Atombomben auf Hiroshima und Nagasaki, nahm 1945 an der Potsdamer Konferenz teil, stimmte dem Rückzug der USA aus China 1947 / 48 zu und suchte seit 1947 der sowjetischen Expansion entgegenzutreten (Truman-Doktrin). Er veranlasste den Eintritt der USA in den Koreakrieg 1950.

STICHWORTVERZEICHNIS

BILDQUELLENVERZEICHNIS

AFP, Berlin: 133 (UN/Fred Noy); **Associated Press,** Frankfurt/M.: 68 o. re. + 124 (A. Zemlianichenko); **Avenue Images,** Hamburg: 105 u.; **Baaske Cartoons,** Müllheim: *G. Mester:* 12 re., 51, 71, 78 u., 85, 95, 118, *T. Plassmann:* 46; **Bergmoser + Höller,** Aachen: 80, 100; **Bühnen, D.,** Hamburg: 42; **CCC, www.c5.net,** Pfaffenhofen: *Luff:* 31 u., *G. Mester:* 31 o., 35, 102, *MUR:* 126, *T. Plaßmann:* 5, *R. Schwalme:* 58; **CORBIS,** Düsseldorf: 68 Mi. (Li Xueren), 57 re. u. (Damir Sagolj/Reuters), 68 u. r. (Punit Paranjpe); **dpa-infografik,** Hamburg: 75, 77, 78 o., 86 o., 94, 122 u.; **Eisenmann, O.,** Oberburg bei Burgdorf, CH: 125 o.; **Erl, M.,** Ingolstadt: 61; **Getty Images,** München: 60 Mi. li., 90 o. (J. Moore), 92 o. (J. Raedle); **Haitzinger, H.,** München: 15, 53, 96; **Haus der Geschichte,** Bonn: *K. Pielert:* 10 o., *J. Wolter:* 12 li., 84 li.; **Hempel, J.,** Aachen: 7 li.; **Horsch, W.,** Niedernhall: 20; **images.de,** Berlin: 76 (Kulkafoto); **Interfoto,** München: 8 o. (F. Rauch); **Kaiser, E.,** Waiblingen: 84 re.; **Kavanagh, M.:** 19; **Klant, M.,** München: 153 o.; **Kommission der Europäischen Gemeinschaft,** Bonn: 26; **Koufogiorgos, K.,** Stuttgart: 99, 121; **Laif,** Köln: 70 (C. de Bode), 127 (M. Wolf); **Mohr, B.,** Königswinter: 38, 116, 138, 147, 170; **Picture Alliance,** Frankfurt/M.: Umschlagfoto u. (M. Hanschke), 57 li. (P. Kneffel), 60 Mi. re. (epa PA Richards), 60 o. li. (epa/Abedin Taherkenareh), 60 o. re. (epa/Sataporn Thongma), 60 u. li. (DB), 60 u. re. (epa/M. Appleton), 64 o. (Leemage/Costa), 65, 68 o. li. (dpa/O. Hoslet), 73 (dpa/Fuchs/epa/AFP), 86 u., 92 u. (epa/Olivier Matthys), 93 (dpa/Johannes Eisele), 105 hi. (Pressefoto ULMER/R. Michael), 145 o. (akg-images), 155 (dpa/R. Weihrauch), 68 u. li. (abaca/J. Reed); **REUTERS,** Berlin: 115; **Sakurai, H.,** Köln: 21, 108; **Schopf, O.,** Wien: 50; **Stuttmann, K.,** Berlin: 22, 88, 122 o., 132, 149; **ullstein bild,** Berlin: Umschlagfoto o. (impact), 7 re. (Keith), 8 u. (Hartramph), 9, 10 u. (dpa), 57 re. o., 64 u. (Imagno), 139 (AP), 145 u., 153 re. (Imagebroker.net); **Vario Images,** Bonn: 153 li.